POÉSIES POPULAIRES
DE LA KABYLIE
DU JURJURA.

PARIS.

CHALLAMEL, ÉDITEUR COMMISSIONNAIRE,

30, RUE DES BOULANGERS.

—

ALGER.

BASTIDE, LIBRAIRE ÉDITEUR.

POÉSIES POPULAIRES
DE LA KABYLIE
DU JURJURA.

TEXTE KABYLE ET TRADUCTION.

PAR A. HANOTEAU,

COLONEL DU GÉNIE,
OFFICIER DE LA LÉGION D'HONNEUR ET DE L'ORDRE DE LÉOPOLD DE BELGIQUE,
COMMANDANT SUPÉRIEUR DU CERCLE DE FORT-NAPOLÉON.

PARIS.
IMPRIMÉ PAR ORDRE DE L'EMPEREUR
À L'IMPRIMERIE IMPÉRIALE.

M DCCC LXVII.

PRÉFACE.

En offrant au public ce recueil de *Poésies populaires de la Kabylie du Jurjura*, j'ai eu en vue un double objet : fournir des textes originaux aux personnes désireuses d'étudier la langue berbère, et faire connaître les populations qui parlent cette langue, non par les appréciations, toujours sujettes à erreur, d'un étranger, mais par les œuvres de l'esprit, que ces populations croient bien à l'abri de notre curiosité, et où elles se peignent elles-mêmes ingénument et, pour ainsi dire, à leur insu.

On a dit souvent que la littérature d'un peuple est l'expression la plus exacte de son développement intellectuel et moral; on peut ajouter, je crois, que ce criterium est d'autant plus sûr que le peuple est moins avancé en civilisation, car alors sa littérature n'est pas l'œuvre exclusive d'une classe lettrée, souvent très-différente du reste de la population, mais bien de cette population elle-même.

Les Kabyles du Jurjura offrent, à l'appui de cette opinion, un exemple remarquable.

Il est à peine besoin de dire qu'on ne doit pas s'attendre à rencontrer chez eux une littérature rappelant, même de loin, celles des nations civilisées. Sous l'influence des préjugés islamiques, l'idiome national a été exclu du programme d'études des écoles et remplacé par la langue sacrée du Koran. Les quelques marabouts qui reçoivent dans ces écoles le peu d'instruction que comporte l'enseignement musulman, croiraient donc manquer à leur dignité s'ils employaient dans leurs écrits une autre langue que celle du livre saint, et comme, en dehors de la caste religieuse, personne ne sait lire, il en résulte que le kabyle ne s'écrit pas. Toutes les recherches faites pour trouver un livre écrit dans cette langue ont été et seront, sans doute, toujours infructueuses.

Mais, s'ils ne possèdent pas de littérature écrite, les Kabyles ont, en revanche, une foule de poésies populaires destinées à être chantées pour la plupart, et qui se transmettent par la tradition orale.

Les gens réputés instruits dédaignent, en général, ces travaux de l'esprit, qui sont dus presque tous à des hommes du peuple complétement illettrés. Ces poésies y perdent peut-être sous le rapport littéraire, mais elles y gagnent certainement en naïveté, et reflètent, avec bien plus de force et de vérité, les idées, les sentiments, les préjugés et les passions des masses.

Les femmes fournissent un large contingent à cette

littérature toute primitive. Les couplets dont elles accompagnent leurs danses, les chansons, les complaintes qu'on leur entend répéter pendant des heures entières, sur des rhythmes lents et un peu monotones, lorsqu'elles se livrent aux travaux du ménage, tournent le moulin à bras ou tissent des étoffes, sont composés par des femmes, paroles et musique.

En lisant ces poésies, il ne faut pas perdre de vue leur origine. On risquerait de porter sur elles un jugement qui tomberait à faux, si l'on prenait un terme de comparaison plus élevé que les chansons des paysans illettrés de nos campagnes. Placées à ce niveau modeste, elles peuvent sans désavantage, je crois, soutenir le parallèle.

Le souvenir de cette origine rendra aussi plus facile l'indulgence pour certaines comparaisons, certaines images triviales ou grossières que le goût épuré par l'étude bannit avec soin des littératures cultivées.

On doit également tenir compte des difficultés de la traduction. La différence, si profonde cependant des deux langues, n'est pas toujours l'obstacle le plus sérieux. Comme dans toutes les littératures primitives, la forme, dans ces poésies, a, le plus souvent, une importance beaucoup plus grande que le fond. La coupe du vers, la rime, l'assonance des mots, rapprochés à dessein les uns des autres, produisent un effet qu'il faut bien renoncer à rendre. Telle chanson comique, par exemple, provoque invariablement un fou rire dans un auditoire kabyle, et, traduite, elle laisse le lecteur parfaitement froid.

Il est des mots, enfin, dont les équivalents manquent en français d'une manière absolue, par la raison bien simple qu'ils expriment des idées tout à fait étrangères à notre société.

Ces poésies sont répandues parmi le peuple par des chanteurs de profession qui parcourent les villages et vivent des offrandes du public. Cette profession est ordinairement héréditaire et se transmet de père en fils, souvent pendant plusieurs générations.

La plupart des poëtes sont en même temps chanteurs, et font connaître eux-mêmes leurs œuvres. Quelques-uns néanmoins, soit qu'ils aient peu de goût pour la vie vagabonde, soit que le talent musical leur fasse défaut, vivent retirés dans leurs villages. Leurs vers ne restent pas dans l'oubli pour cela. Dès qu'ils ont acquis une certaine réputation, les chanteurs qui n'ont pas reçu le don poétique viennent, souvent de fort loin, enrichir auprès d'eux leur répertoire. Moyennant une rétribution assez légère, mais toujours proportionnelle aux succès déjà obtenus par l'auteur, celui-ci leur répète ses chansons jusqu'à ce qu'elles soient gravées dans leur mémoire. Ils vont alors les répandre dans le public et les apprennent,

PRÉFACE.

par le même procédé, à leurs collègues, en se faisant rembourser, bien entendu, une partie des droits d'auteur qu'ils ont eu à payer.

On comprend combien un pareil mode de propagation des œuvres littéraires est défectueux, et quelles variantes il peut introduire, avec le temps, dans les textes primitifs. Il a toutefois un correctif, qui ne remédie pas, sans doute, à tous les inconvénients, mais qui les atténue d'une manière sensible. Je veux parler de la mémoire véritablement extraordinaire des chanteurs. Habitués dès l'enfance à exercer cette faculté de l'esprit et à ne compter que sur elle, ils arrivent à des résultats qu'on observe bien rarement chez les gens instruits, dont la mémoire est rendue paresseuse par la facilité qu'ils ont de recourir aux écrits. Je connais des Kabyles qui peuvent réciter des vers pendant tout un jour sans se répéter et sans hésitation. Je les ai plusieurs fois mis à l'épreuve, en leur faisant répéter des chansons écrites sous leur dictée un an ou deux auparavant, et jamais je ne les ai trouvés en défaut.

Afin d'obvier aux inconvénients que je viens de signaler, j'ai eu soin, toutes les fois que j'ai pu le faire, de recueillir ces poésies de la bouche même des auteurs. Après m'être fait réciter et expliquer une chanson, je la faisais transcrire en kabyle par un marabout lettré, qui la collationnait ensuite avec le poëte. Quand cette ressource me manquait, je comparais toujours les versions de plusieurs chanteurs, et je dois dire que j'ai eu rarement à constater des divergences essentielles.

Au point de vue historique, le système de publicité, par la seule tradition orale, a les conséquences les plus fâcheuses. Les chanteurs, naturellement désireux de faire entendre à leur auditoire des chants qui l'intéressent, choisissent de préférence ceux qui se rapportent à des événements contemporains connus de tous, et dont le souvenir agite encore les passions de la foule. Peu à peu les anciennes poésies tombent dans l'oubli, et il en est bien peu qui survivent à la génération qui les a vues naître ou tout au plus à la suivante.

L'absence du sens historique, chez les Kabyles, favorise singulièrement ce résultat. Il n'est peut-être pas, en effet, de peuple au monde qui ait aussi peu de souci des événements de l'histoire. Pour eux, le passé est mort, et nul ne songe à l'interroger afin d'y chercher un enseignement ou une règle de conduite; la curiosité, si naturelle à l'homme, de savoir ce qu'ont fait ses devanciers, n'existe même pas chez eux, et, dès que les faits antérieurs cessent d'exercer une influence directe sur les intérêts du présent, chacun se hâte de les oublier, ou du moins ne fait aucun effort pour en conserver le souvenir.

Les personnes qui ouvriraient ce livre dans l'espoir d'y

PRÉFACE.

rencontrer des légendes pouvant jeter quelque lumière sur l'histoire des siècles qui ont précédé le nôtre, éprouveraient donc la déception que j'ai subie moi-même en commençant mon travail. Je ne pouvais croire à une absence aussi complète des traditions du passé, et l'insuccès répété de nombreuses recherches a pu seul me faire renoncer à l'espérance d'en trouver.

Les poëtes chanteurs se divisent en deux catégories distinctes qui occupent, dans la société kabyle, des positions très-différentes.

Les premiers, connus sous les noms de *ameddah* ou *fecïeh'*[1], ne sont pas sans analogie avec les anciens bardes. Comme eux, ils chantent les louanges de Dieu, les exploits des guerriers, les luttes de la tribu, la gloire ou les malheurs de la patrie. Ils savent aussi, au besoin, flétrir les hommes qui ont manqué à leurs devoirs envers le pays, et ne ménagent les reproches et les sarcasmes ni aux personnes, ni même aux villages et aux tribus.

Dans ce rôle de dispensateurs de l'éloge et du blâme, ils suivent bien plus qu'ils ne dirigent l'opinion publique, et si les vers de quelques-uns d'entre eux ont exercé une véritable influence sur leurs concitoyens, c'est surtout parce qu'ils formulaient en peu de mots les sentiments

---

[1] Ces deux mots sont arabes. Le premier vient de مدح, «louer quelqu'un, faire l'éloge.» Le second de فصح, «être éloquent, parler bien.»

un peu confus des masses. Aussi, pourra-t-on remarquer que leurs chants affectent d'ordinaire la forme lyrique, et que les faits sur lesquels ils veulent appeler l'attention sont simplement indiqués. Les commentaires et les développements que ces faits comportent sont laissés à l'intelligence et à l'interprétation passionnée de l'auditoire.

Cette catégorie de poëtes chanteurs jouit d'une grande considération parmi les Kabyles. Mêlés activement aux affaires du pays, ils ont place au conseil et, bien reçus partout, ils sont traités comme des hôtes de distinction. Les prévenances dont ils sont l'objet exaltent leur orgueil et leur donnent une haute idée de la mission qu'ils remplissent. Aussi, malheur à qui manquerait aux égards qu'ils croient leur être dus! celui-là risquerait de voir son nom voué au ridicule par leur verve mordante.

Ils parcourent habituellement le pays à l'époque des récoltes. C'est la saison des collectes abondantes. Les Kabyles sont trop pauvres pour donner de l'argent, mais ils se dessaisissent volontiers d'une partie des produits de leurs champs en faveur de leurs poëtes favoris. Beaucoup de villages, et même des tribus entières, leur font des cadeaux annuels qui prennent, avec le temps, le caractère de véritables pensions, prévues au budget des dépenses de la communauté.

Tant soit peu parasites et très-amis de la bonne chère,

ces poëtes chanteurs fréquentent de préférence les bonnes maisons. Ils payent, en vers élogieux, l'hospitalité généreuse de leurs patrons, mais ils ne pardonnent pas un mauvais dîner, qu'ils regardent comme une offense personnelle. On trouvera dans ce recueil plusieurs pièces de vers où les poëtes exposent, avec une très-naïve bonhomie, leurs prétentions orgueilleuses et leurs petites rancunes d'estomac.

Ces chanteurs ne font usage, pour accompagner la voix, que du tambour de basque, avec lequel ils indiquent eux-mêmes le rhythme. Quelquefois ils sont suivis d'un ou plusieurs musiciens qui, après chaque couplet, jouent une espèce de ritournelle sur la flûte en roseau.

Les chanteurs de la seconde catégorie sont appelés *tebabla* (tambourineurs). Ce nom, dérivé de l'arabe *tebel* (tambourin), leur a été donné parce qu'ils voyagent ordinairement avec une petite troupe de musiciens qui les accompagnent avec le tambourin et le hautbois. Ces musiciens sont aussi quelquefois en même temps danseurs.

Les *tebabla* sont de véritables compagnons de la gaie science. Laissant de côté le genre sérieux, ils chantent l'amour et la gaieté.

Sans eux, pas de fête kabyle qui soit complète. Les jeunes filles, en se mariant, stipulent qu'ils viendront égayer la noce, et un homme riche qui réunit ses amis à l'occasion de la naissance d'un fils, d'une circoncision, d'un mariage, baisserait dans l'estime de ses concitoyens si sa maison ne retentissait pas, pendant plusieurs jours, de leurs chansons.

Très-recherchés pour le plaisir qu'ils procurent, ils sont loin cependant de jouir de la même considération que les chanteurs sérieux. La légèreté de leurs chansons, les danses lascives auxquelles elles donnent prétexte, font regarder leur profession comme contraire à la morale, et la placent sous le coup d'une réprobation analogue à celle qui a pesé si longtemps en France sur les artistes dramatiques. Ils forment donc, dans la société, une classe à part, exclue de la direction des affaires publiques et reléguée au même niveau que les bouchers, les mesureurs de grain et autres gens de métiers réputés vils.

J'ai cherché à réunir dans ce recueil les divers genres de poésie en usage chez les Kabyles, à l'exception toutefois des cantiques religieux, très-fastidieux en eux-mêmes, et qui, exclusivement musulmans, sont tout à fait dépourvus d'intérêt pour nous.

Pour la facilité des recherches, ce livre a été divisé en trois parties.

La première contient les poésies que l'on peut appeler *historiques* ou *politiques*. Presque toutes ont pour sujets des épisodes de l'histoire contemporaine. Les expéditions de nos colonnes, les actes de notre administration, y sont appréciés au point de vue kabyle. C'est, en quelque sorte, la contre-partie de nos bulletins. Les injures, cette consolation du vaincu, ne nous y sont pas épargnées, et le zèle patriotique, dans le but de soutenir le courage des combattants, n'hésite pas, en maintes circonstances, à altérer la vérité des faits. Mais, en faisant la part des exagérations et des petites vengeances de l'orgueil national blessé, ces poésies peuvent avoir pour nous un enseignement utile. Elles constatent, en effet, l'état des esprits pendant la guerre et dans les premières années qui ont suivi la conquête, alors que les populations étaient encore frémissantes de la longue lutte qu'elles venaient de soutenir. En comparant, dans quelques années, ces poésies à celles du même genre qui ne manqueront pas de se produire, on pourra donc se faire une idée exacte des modifications apportées, dans les sentiments à notre égard du peuple kabyle, par les bienfaits de la paix et la sage modération de notre gouvernement.

La seconde partie comprend des poésies de genres différents : éloges particuliers, satires, injures, narrations rimées, maximes, sentences et réflexions.

Dans la troisième, j'ai groupé tout ce qui concerne les femmes : chansons d'amour, couplets grivois ou moqueurs, rondes d'enfants, etc.

PRÉFACE.

La transcription en caractères arabes a été faite par Si-Moula-n-aït-Ameur, un des marabouts les plus instruits et les plus intelligents du pays.

Je ne crois pas ce mode de transcription meilleur que celui où il n'est fait usage que des lettres françaises, et je me suis expliqué à cet égard dans ma grammaire kabyle. On ne devra pas y chercher des règles d'orthographe, qui ne peuvent exister, puisque, le kabyle ne s'écrivant pas habituellement, chacun apprécie à sa manière l'emploi des caractères pour la représentation des sons. Cette transcription, néanmoins, ne sera pas sans utilité pour les personnes désireuses d'étudier la langue kabyle ; elle leur permettra, en effet, de se faire lire les textes par un Kabyle, qui leur donnera la véritable prononciation, que les meilleures transcriptions sont toujours impuissantes à reproduire.

Enfin M. Salvador-Daniel, qui a fait de sérieuses et savantes études sur la musique des indigènes de l'Algérie, a bien voulu, à ma prière, noter les airs d'un certain nombre de chansons et rédiger une notice sur la musique kabyle. Je suis heureux de pouvoir offrir au lecteur ce complément de renseignements, qui ne pouvait émaner d'une autorité plus compétente.

Pour la transcription des mots kabyles en caractères français, j'ai suivi naturellement la même méthode que dans ma grammaire kabyle et ma grammaire de la langue

PRÉFACE.

tamachek'. Afin d'éviter tout travail inutile, je rappellerai ici cette méthode en peu de mots.

Les règles principales que je me suis imposées dans la transcription, sont :

1° De conserver aux lettres françaises leur son naturel, à l'exclusion des sons accidentels qu'elles prennent quelquefois;

2° D'éviter, autant que possible, la multiplicité des voyelles.

D'après ces principes, *d* et *f* se prononceront toujours *d* et *f*, et jamais *t* ou *v*.

s et *t* conservent toujours leurs sons propres, et ne doivent jamais prendre les sons accidentels *z* et *c*.

e représentera souvent le son *eu*, surtout lorsqu'il précède la dernière articulation d'un mot.

g doit toujours se prononcer dur, même devant les voyelles *e*, *i*.

h représentant l'aspiration du ه arabe, dont le son n'existe réellement pas en français, on devra apprendre cette prononciation et faire toujours sentir l'aspiration.

Le son de l'*i* devra toujours se faire sentir distinctement, comme s'il était surmonté d'un tréma, même lorsqu'il est précédé des voyelles *a*, *e*.

On ne donnera jamais à l'*l* le son mouillé, et si deux *l* se suivent, on aura soin de les faire sonner tous les deux.

PRÉFACE.

Pour les sons de l'alphabet arabe que nous n'avons pas en français, j'ai adopté les signes conventionnels suivants :

ث	*th* (son du *th* anglais).
ح	*h'*
خ	*kh*
ذ	*d'*
ط	*t'*
ﺽ	*ç*
ﻅ	*dh*
ع	*â*
غ	*r'*
ق	*k'*
ه	*h.*

Pour l'intelligence des noms propres, il est bon de se rappeler que le mot *ou* veut dire fils. *Mohammed ou Kassi*, signifie donc *Mohammed fils de Kassi*.

Le pluriel de *ou* est *aïth*, qui devient, suivant les besoins de l'euphonie kabyle, *ath* et quelquefois *aït*. Il se traduit, suivant les cas, par *fils*, *enfants*, *famille*, *gens*.

Saïd-n-ath-Messâoud doit donc se rendre par *Saïd des fils de Messâoud* ou *de la famille de Messâoud*.

Ath Yahia se traduira par *fils* ou *enfants de Yahia* (Jean).

Ath boudrar, par *enfants* ou *gens de la montagne*.

Ath ouasif, par *enfants* ou *gens de la rivière*.

Fort-Napoléon, 24 mars 1867.

POÉSIES POPULAIRES
DE LA KABYLIE
DU JURJURA.

PREMIÈRE PARTIE.

I

PRISE D'ALGER,

PAR EL-HADJ-AMEUR-OU-EL-HADJ, DES IMECHEDDALEN [1].

ﺁﻳْﻐِﻴﻤﻮْٱﻗْﺮَﺍﺯْ ﻛَﺎﻥْ
ﺁﺵْ ﺃﻛْﻤَﻠْﺤَﺎﻥْ
ﺁﻣَﻚْ ﺃﺭَﺍﻛْﻴَﻐْﺬَﺭْ ﻳِﺾَﺱْ
ﻟَﻌْﺒَﺬْ ﺃﻓْﻨَﺎﻥْ
ﺳَﻨْﺴَﺬْ ﺃﻳْﺰُﻣِﻴﻢْ ﻳِﺚَﻤَﺲْ

a ikhef iou, ekker, our eggan!
ach ak ilhan?
amek ar ak ir'd'er idhes?
l'âbad fenan;
sens ed, ai ouzemir, thimes!

[1] La tribu des *Imecheddalen*, que les Arabes appellent *Mecheddala*, habite le versant sud du Jurjura.

Holà! ô ma tête, debout! pas de repos! — Que t'est-il donc arrivé d'heureux, — que tu te laisses surprendre par le sommeil? — Le genre humain est anéanti; — Dieu puissant, éteins cet incendie!

غَىْ اَسْهِيْ اِمْبَـغّْ وَمْ صَانْ
اَفْرَنْصِمْيِ تَـسْـفَـوَانْ
اِحْشَعَمْ تَجْنُوسْ اِنَـسْ
تَرَاهَانْ عَزَبَنْ سِغْنَانْ
اَلْزَايَرْ تْشِحِمَتْ تَكَسْ

r'ef as mi d iffer' ouk'orçan,
afrançiç ik'ouan
ih'ached' ed l edjenous in es.
thoura ahathen âzeben s ir'nan[1].
Ledzèr thouchebieth thekkes.

Du jour où le consul est sorti d'Alger, — le Français puissant — a rassemblé ses peuples. — Maintenant les Turcs[2] sont partis sans espoir de retour. — Alger la belle leur est enlevée.

اَمَلَهْ اَنَفْمِ يَرْتْ يَبْنَانْ
خَفَرْ اَتَّـمَـانْ
سَلِغْرْ وَالْحُورْ اَنَـفَـوّسْ
بَـغْ اَعَسَاسْ ذِبْ يَـلّـانْ
وِازْمَهْزْ اِنَـزْمَـرْتْ اِنَـسْ

---

[1] Les Kabyles que j'ai consultés sont divisés d'opinion au sujet du sens à donner au mot *ir'nan*, dans la phrase *âzeben s ir'nan*. Les uns disent qu'il faut entendre par là un pays de désolation où règnent la discorde, la disette et tous les maux; les autres soutiennent que c'est un lieu d'exil sans espoir de retour. J'ai suivi cette dernière version.

[2] Le nom des Turcs ne se trouve pas dans le texte, mais la suite indique suffisamment qu'il ne peut être question que d'eux.

Amalah! a thag̃zirth ibnan
dakhal bouaman,
s el djir ou el ladjour thek'ouous!
iffer' ouâssas[1] *d'in illan;*
oui izmeren i thezmerth in es!

Malheureuse île[2] qu'ils avaient bâtie — au milieu des eaux, — avec des voûtes en chaux et en briques! — Le gardien céleste qui veillait sur elle s'est retiré; — qui peut résister à la puissance de Dieu?

وليبغ غزواز السلطان
مأكثر الجواز
أبغ عاش تفين تقرسي
أملاه بنزلمان
وز يشجمز ثا تسرسي

Oulir' r'er dar es solt'an[3]
d'eg ekkathen ed diouan;
oufir' r'as thagounits theferes.
amalah! inza l aman;
ouin ithâdjeben, d'a teseres[4].

Je suis monté à la demeure du sultan, — où se tenait le conseil; — je n'ai trouvé qu'une place nue et vide. — On ne peut, hélas! compter sur rien, — celui qui se croit puissant, la fortune le renverse.

[1] *Adssas* est le mot arabe عَسَّاس. Il s'applique ici au gardien céleste et non à la sentinelle turque, comme le sens de la phrase pourrait le faire croire.
[2] C'est l'îlot de la marine.
[3] A Alger, le nom de *dar es solt'an* était appliqué spécialement à l'ancien palais, connu des Français sous le nom de *Djenina*; mais à l'époque de la prise d'Alger, le dey avait fixé sa résidence dans la Kasba. Les mots *dar es solt'an* doivent donc être interprétés ici dans le sens général de *habitation du sultan*.
[4] *D'a teseres*, contraction pour *d'a th*

اَلْـشَـوَّاشْ اَنْ عِزْ يَـلَّـدَنْ
اَمَـعْ اَسَـنَّــانْ
اِلْبَاشَــا قَالسَّـائِـمْ اِنَّـسْ
يَنُّقَا وَنَصْنَضْ ةَالـغِـوَازْ
وَالنُّـومَـنْ اَلْـعَنْ اِنَـاكَّـسْ

Ech chou ouach en¹ d'in illan,
amek us ennan
i l bacha d' ed daira in es?
ikfa ounouçnouç d' el r'iouan,
oui innoumen el âz, itsakkes.

Et ces chaouchs qui la gardaient! — qu'ont-ils pu dire — au pacha et à son entourage? — Il n'est plus le temps du nouçnouç ² et de l'orgueil, — celui qui est habitué aux honneurs se les voit ravir.

تَـفْـقَـازْ اَبْـغْـرِيٓ تَـمَـلَّـدَنْ
نَـذَهَـبْ يَـشْـلَـوَازْ
يَـوَنَـزْ اَنَّا اَنْـعِـيـرْ اَنْـغَـسْ
اِلَـيِّــمَّــنْ مَـرِشَـانْ
تَـكْـمَـنَـجَـانْ اَبْــةَ رَّا يَـسْ

theseres ; sous-entendu *eddounith* « le monde, la fortune ».

¹ *En* pour *enni,* pronom relatif, « lesquels ».

² *Ana sunu sikaüm* (matrem tuam inibo), ou *ana sunu siktim,* dont les Kabyles ont fait *nouçnouç itim,* est un des plus gros jurons de la langue turque. Les Turcs l'employaient très-souvent, et comme ils parlaient toujours aux Kabyles avec beaucoup de hauteur, leur juron familier est resté, pour ces derniers, comme un symbole d'orgueil et de fierté. Les habitants d'Alger ont formé des premiers sons de ce juron le verbe arabe نصي qui signifie jurer habituellement. C'est dans le même ordre d'idées qu'en français le verbe *sacrer* a été fait du premier mot d'un juron.

PRISE D'ALGER.

Le mekhazen b oud'rim imelan
n edheb ichelaouan,
iououi then ak br'ir el h'es,
ilemm ithen marichan,
le¹ komandath ai d'er rais.

Les trésors remplis d'argent — et d'or étincelant — ont été enlevés sans bruit. — Le maréchal² les a rassemblés ; c'est le commandement qui dirige ³.

تَبْهوجْ آزرِّينجْ أَمْبتْـرازْ
عَـغْـمَـزْ إِمَـوَّلانْ
إِتَـشْميـنزْ يَمْغَطْـسْ
خَالـدِّيـنْ وَرومِ أَگْـفَـوازْ
سخْ آيـزرِاغمْ نَـسَّـسْ

Le boroudj ezzin d am ithran
ǎd'emen imaoulan,
ikchem ithen imr'et't'es.
d'ed din ouroumi ag k'ouan.
sih', a izeri, id'im, nessess!

Les forts qui entourent Alger comme des étoiles — sont veufs de leurs maîtres, — les baptisés y sont entrés. — C'est la religion du chrétien qui est triomphante. — Ô mes yeux, pleurez des larmes de sang, pleurez encore !

---

¹ Le mot *le* est l'article arabe اَلْ, dans lequel la voyelle a été déplacée. On pourrait croire ici que c'est l'article français, puisqu'il précède un mot français; mais on retrouvera l'article arabe sous cette forme, toutes les fois que la prononciation l'exige.

² Le maréchal de Bourmont, qui était à la tête de l'expédition.

³ Le mot signifiant en français *commandant*, qui se trouve dans le texte, doit être pris, je crois, dans le sens général de *commandement*.

اَصْلَاتْ عَقْلَا اَلنَّبِي اَلْمَذْكُورْ
لَـعْـشَـا وَ لَـعْـبُــورْ
اَكْـمَدْحَـغْ اَزِنْ اَلْـثَـامْ
سَـلْـعَـدْ نَـشْـجُـورْ
دِكْرَ مَا كَتْبَـنْ لَـفْـلَامْ

Eçlat r'ef k, an nebi el med'kour.
l âcha ou le jethour
ak medh'er', a zin el letham,
s el âad n echedjour
d' ekra ma ketheben le k'lam.

Que les bénédictions soient répandues sur toi, Prophète illustre! — le soir et le matin — je chanterai tes louanges, maître du voile élégant, — nombreuses comme les arbres des forêts, — comme les caractères qu'a tracés la plume.

نَكْ وَهْمَعْ دَكْ اَمْـلَعْـرُورْ
خَـرْبَـنْ لَـمُــورْ
تَهْزْرَمْ اَمَـدَّنْ لَـفْـيَـامْ
اَفْـكَـانْدْ لَـبْـجُـورْ
اِنْـغَـانْ يَـقَّـازِنْ اَحْـمَّـامْ

Nek ouhemer' d'eg em¹ l er'erour.
kherben l oumour,
thezeram, a medden, le k'iam;
efkan d le beh'our
ilfan ik'k'azen ah'ammam².

¹ *Em* est l'altération de l'arabe اُمْ. *Em l er'erour* est « la maîtresse des déceptions », c'est-à-dire le monde; le mot *eddounith* est sous-entendu.

² Les Kabyles appellent *ah'ammam*, pluriel *ih'ammainen*, les terrains d'alluvion où l'eau n'arrive pas ordinairement; les alluvions recouvertes, chaque année, par les

Je suis émerveillé de la fragilité des choses de ce monde, tout est bouleversé ; — vous avez vu, ô mortels, les prodiges ! — Les mers nous ont apporté — ces pourceaux qui fouillent les bords des rivières [1].

أَغَا المَرَاكَبْ أَمْبَغِيرْ أَتْصَفُورْ
أَزَكُورْ يَـــشُّــورْ
دَغْ فَهْوِي أُسْكَانْ آكْـمَـامْ
نْعُوجَنْ ٱلْـهْـدُورْ
وَرْسَنْ تَعَفْمَضْ لَكْـلَامْ

D' el merakeb emb r'er t'efour,
azagour itchour,
d'eg ouk'eroui [2] ai gan akmam [3].
d' oudouidjen el lehad'our
our asen tefehmedh le kelam.

Ce sont des bêtes de somme sans croupières, — leur dos est chargé, — leur chevelure inculte est enfermée dans un boisseau [4] ; — ils parlent un baragouin inintelligible, — vous ne comprenez rien à leurs paroles.

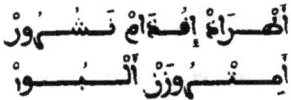

eaux se nomment *thar'ezzouth*, pluriel *thi-r'ezza*.

[1] Il s'agit ici des Français, bien entendu.

[2] *Ak'eroui*, que l'on prononce plus ordinairement *guerroui*, est une mesure de capacité pour les grains, faite habituellement en écorce de liége.

[3] *Akmam* se dit d'une chevelure de femme ébouriffée et mal peignée. Il se dit aussi des étoupes du lin, de l'enveloppe de l'épi du maïs, de la banane, du régime des dattes. Ici il s'emploie pour désigner les cheveux sortant de la coiffure.

[4] Les lourds et énormes shakos de l'armée française en 1830 frappaient d'étonnement tous les indigènes de l'Algérie. Une

وِنْ وَرَهْمِنْ إِسَلْقَامْ
آيَكَفْتِعْ يَقُورْ
أَمْضِيقْ أَنْسَنْ تَسْمَامْ

Et' t'rad' ik'oud'am n echrour,
am itsrouzen el bour
ouin our at'eben iselk'am,
ai g egsah', ik'k'our;
amdhik' en sen d' asemmam.

Le combat avec ces visages de malheur, — comme le premier labour d'un champ inculte — que n'entament pas les instruments aratoires, — est rude et pénible, — leur attaque est terrible.

ٱلْمَدْفَعْ لَمْ يَزُّغُورْ
يَسَّاسْ وُمَكْفُورْ
مِيُوثْ آذْيَسْبَعْ لَغْمَامْ
سَدْبْلِ يَشُورْ
عِكَذْرَزْ لَوُو وُحَيَّامْ

El med'fà la d izzour'our,
issen as oumekfour,
mi iouth ad' isbek le r'mam,
s ed doubli itchour
d' iged'erez louhi ouh'aüam [1].

pareille coiffure leur semblait très-étrange et très-ridicule, et était pour eux un sujet inépuisable de plaisanteries.

[1] Les Kabyles désignent par ah'aüam ou ah'aggam une période de sept jours comprenant les quatre derniers jours du mois de février et les trois premiers de mars (calendrier Julien). C'est ce que les Arabes appellent 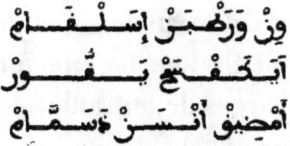, proprement « les jours néfastes ». Les indigènes regardent cette période comme la plus mauvaise de l'hivernage, qui se termine de cette façon par une sorte de bouquet de tempêtes. Ce sont les adieux de l'hiver.

Ils traînent avec eux des canons — et ils savent s'en servir, les impies! — Quand ils font feu, la fumée forme d'épais nuages, — ils sont chargés de mitraille — qui tombe comme la grêle aux approches du printemps.

نَسَاوْ أَنْعَلَّقْ آجَفْخُورْ
آسْمَعْ أُصَوْتْ إِنُورْ
أَسْلِغَاسْ مِثَنُّكْعَامْ
ضَشَعْ أَمْبَقُّورْ
غَسْ أَيْنْعَ أَلْهَمْبَ سَّامْ

Thasa u thefellek' am oujek'ed'our
seg eç çouth ithour,
eslir' as mi thennougd'am;
dhacher' d am bek'k'our
r'as ai thega el herba s akhkham.

Mon cœur s'est brisé comme un vase d'argile — au bruit de cette voix tonnante, — je l'ai entendue se retourner dans ma poitrine. — Je me suis enfui comme un bœuf pris de vertige, — sans penser à autre chose qu'à me sauver à la maison.

أَسْ نَسْبْثْ آنْعَدّ أَهْصُورْ
مِزْضَانْ فَأَسْخُورْ
غَرْتَكْزِيرْثْ أَيْدَ تَلْفَامْ
سَلْبُومْبَا وَالْسْخُورْ
أَمْبَعِيدْ أَيْدَ يَرْسْ أَصْلَمْ

As n es sebth, thâdda t'chour
mi d ezdhan d' esd'our;

r'er thegzirth ai d ennelk'am ;
s el boumba ou el kour
em bâid ai d iers et'elam.

Le samedi, la prière du dhor[1] était passée, — quand ils ont formé leurs rangs ; — ils se sont rassemblés vers l'île. — Les bombes et les boulets — obscurcissaient au loin le ciel.

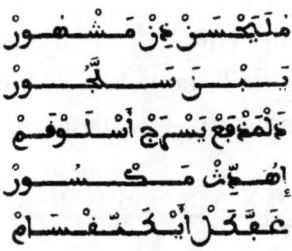

Moulei H'assen d'in mechehour,
ibna s el lajour,
d' el med'fâ iseredj s el ouk'am,
ihoudd ith meksour
r'eff akal ai g ennek'sam.

Moulei-Hassen[2] si renommé, — construit en briques — et garni de canons disposés avec art, — a été démoli et détruit ; — ils l'ont rasé jusqu'au niveau du sol[3].

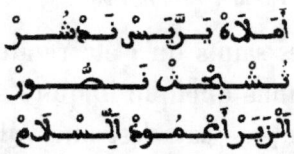

[1] La prière du *dhor* se dit entre midi et une heure.
[2] Moulei-Hassen est le nom que les habitants d'Alger donnent au fort l'Empereur, parce qu'il fut bâti par Hassen, fils de Kheir-Ed-Din, le second Barberousse.
[3] C'est une exagération poétique, le fort l'Empereur n'a jamais été détruit ; seulement, en 1830, les Turcs, avant de l'abandonner firent sauter une partie de la *kolla* ou tour centrale, la construction primitive de Hassen ben Kheir-Ed-Din. A cela et à la brèche ouverte par les Français se borna la prétendue destruction du fort.

تَعْـزَلْ عَـٱلْـقَـبْـبُـورْ
بَـنْـضَـسْ أَمَـعَـزْ نَـعْـلَامْ

*Imalah! ia rais n edchour!
thouchebièth n eç çour,
Ledzer aâmoud el l'islam,
thàd'el d' ath le k'ebour,
indha s , a medden, l àlam.*

Infortunée reine des cités ! — la ville aux beaux remparts, — Alger, la colonne de l'islamisme, — est maintenant l'égale des habitants du tombeau ; — la bannière des Français l'enveloppe tout entière.

غَـرْاثَـمِّ أَيْـحَ يَـقْـرَاثُـورْ
أَعْـيـنغْ وسْـو طُـورْ
فَـابْـتَـخْـضَ أَبْـرِيـذْ الَّـعْـلَامْ
وَنَـاءْ غَـعَـمُّــورْ
مَشـي غَكْـرَ يـتْـدْهَـامْ

*R'our ath rebbi aid ifera ech chour :
aânir' ousoui¹ et' t'our².
d' ai thekhedha abrid' el lilam.
ouannag d' aâmmour
machi d' ekra itsdeham.*

C'est de l'avis des saints qu'a été rendu cet arrêt ; — elle aura, je pense, commis quelque iniquité — et abandonné le chemin de la justice ; — car c'est une ville forte et peuplée ; — ce n'était pas peu de chose à prendre.

نَـكَّـمْ أَصْـحَـابْ آنـوشْـبُـورْ
فَـٱلنَّـيـبِـي أنَّـعْ أخْـسْــهُورْ

¹ *Ousoui* pour *oui issen*, qui sait ? — ² *T'our* de l'arabe ضَار.

عَلِي حِدَرْ بُوعْمَامْ
اَتَّــهْزَمْ اَجُــورْ
اَنْعَمْدَمْ نَغْ دَايْتْكَفَامْ

Thekkerem, a çah'ab, ath ouchbour!
d' en nebi enner' ah'arour!
Aâli H'aider bou âmam!
atterzem amejour!
thâmed'em, ner' d' ai thekfam?

Debout! les hommes aux éperons, compagnons du Prophète! — et toi, notre Prophète de race pure, — et toi aussi, Ali Haïder[1] au beau turban; — dispersez l'oppresseur! — Êtes-vous donc consentants, ou bien n'existez-vous plus?

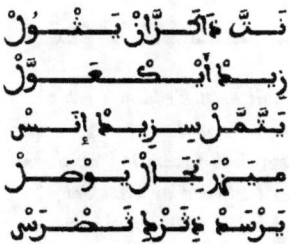

Netsa d' agezzan[2] ithououl[3].

---

[1] *Ali-Haïder* ou Ali le Lion, appelé aussi Haïder le Noir, était le gendre du Prophète.

[2] *Agezzan* veut dire ici un magicien. Ce mot vient de l'arabe فزّن qui, dans l'idiome algérien, signifie avoir le jugement sain, voir bien les choses et aussi dire la bonne aventure en répandant sur le sol des grains de blé. Le mot *gezzana* que l'on entend sans cesse crier dans les rues d'Alger par des femmes des Beni-Addes, signifie une diseuse de bonne aventure. Les Beni-Addes ne sont pas Arabes et appartiennent, sans aucun doute, à la même race que les bohémiens de France, les gipsies d'Angleterre, les zingari italiens, les zigeuner de l'Allemagne et les gitanos espagnols. Les mots *guezzen*, *zingari*, *zigeuner*, paraissent avoir la même racine. L'anglais *gipsy* veut dire sans doute *égyptien*, à moins qu'il ne soit l'altération de *gabesi*, habitant de la ville de Gabes, ce qui est regardé comme une injure sur quelques points du littoral de la Méditerranée.

[3] De l'arabe نال «exercer un enchantement».

zik ai g àououl,
itsammal si zik iu es ;
mi izera tidjal iouçel
irs ed d'i thezgi thedhres.

C'est un magicien puissant [1] ; — depuis longtemps il méditait ce projet, — il l'a mûri à son loisir. — Lorsqu'il a vu le moment propice arrivé, — il a débarqué dans la broussaille épaisse [2].

كُلَّسْ يَنْفَجَّمْ سَرْحَلْ
يَـكَـرْ أَرْمَــلْ
يُوْنْ يِضْ يَكْـَمْتْ أَكْ تَرْسْ
أَمْ لْجَـرَادْ أَيْ مِسَّحَّلْ
يَشَّأْ تَعْبَادْ أَمْ تَمَسْ

koull as itsk'eddim s erh'al,
iougar ermal:
iioun iidh igzem ts [3] ak thers.
am l edjerad ai d isah'el,
itcha d el âbad am themes.

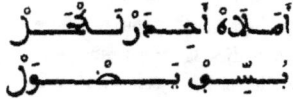

Chaque jour il s'avance par étapes, — plus nombreux que les grains de sable; — en une seule nuit il a coupé toute la broussaille. — Il arrive sur nous comme un vol de sauterelles, — il dévore les hommes comme le feu.

أَصَلَّةْ أَحِـمَرْ تَـخَّـرْ
بُـيـسَّفْ يَـضْـوَلْ

[1] Le Français.
[2] La plage de Sidi-Ferruch, où débarqua, en 1830, l'armée française, était couverte de broussailles très-épaisses qui s'étendaient jusqu'à Staouëli sur la route d'Alger. Aujourd'hui la zone des broussailles a beaucoup reculé devant la colonisation.
[3] Sous-entendu *thizgi* «les broussailles».

أسلقضع أكـمّج أملـمـفـس
أعنيغ ثانـكـنـطــز
ءمّ إكزاع يـمـعـطّـس

Amalah! a H'aider l'ekh'al,
bou es sif idhouel,
s el k'et'â ag gezzem am l'emk'os!
adnir' d'ai g ent'el
d' im akka ig zad' imr'et't'es.

Malheureux Haïder le Noir, — au long sabre — tranchant comme des ciseaux! — Il est enterré, je pense, — c'est pour cela que les baptisés triomphent.

عبـن جعـفـر ثانيـي أمثـنـز
أدّ خلـد زيــن أنّـــوال
نـثـني أثـمّ ثـدّون يـسّـس
بـرّدْ نـغـيـدْ أنّـنـغـمـر
إكشمـغـيـدْ يـمـعـطّـس

D' ebnou Djâfer thani methel
ed' Khaled zin en noual,
nitheni ai g etheddoun id' es,
berreden¹ ar' ts id ats nâmer,
ikchem ar' ts id imr'et't'es.

Et le fils de Djâfer² aussi — et Khaled³ au beau visage, — eux qui marchaient avec lui, — ils nous ont livré le pays pour que nous l'habitions, — et le baptisé y est entré au milieu de nous.

¹ *Berreden* de l'arabe برد; littéralement, «ils nous ont refroidi le pays». Le mot *thamourth* est sous-entendu.

² *Ebn Djâfer* était un des compagnons du Prophète.

³ *Khaled*, autre compagnon du Prophète.

PRISE D'ALGER.

اَلْتْسَرْكْ أَتْرِحِتْ أَغْوَزْ
فِى كُلْ أَمَكَّانْ عَسَّنْ
أَسْتْحْدِيدْ أَوْتَفْرَزَتْسْ
يَفْكَسَنْ تَهْيَلْ
كُلْوَاوَنِيدْ تُعَسْ

Et tserk, at terih'aith[1] *ed' ouzel,*
fi koul amekkan doussen
s el h'adid ed' el k'erais :
ifka asen teriel[2]
koul oua d' ouanid' a toufes?

Les Turcs, aux riches brodequins et aux éperons, — veillaient en tout lieu, — armés et équipés; Dieu leur a suscité un mauvais génie, — qui sait où il a mis chacun d'eux?

لَعَ بُمَزْرَاكْ لَفْخَلْ
وَرْنَسْعِ تَبْخَلْ
وَرْيَلِّحَمْ أَنَكْسْ
أَفْكَانْ إِجَاهَلْ
بَ قَمَرْهُونْ عَرَسْ

L ar'a bou Mezrag le fah'el,
our nesâi l ebekhel[3]*.*
our illi h'ad ennig es.

[1] *At terih'aith* pour *ath therih'aith* signifie « les hommes qui portent des *reah'ia* ». On appelle ordinairement 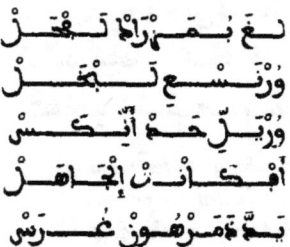 *reah'ia*, une partie de la chaussure qui se met par-dessus les bottes et qui est ouverte sur les côtés.

[2] On remarquera la ressemblance du mot *teriel* avec le nom du génie *Ariel*. La *teriel* des Kabyles est la goule arabe, ou notre ogresse. On dit aussi, en kabyle, *thaouer'zeniouth* « une goule, une ogresse ».

[3] Le mot arabe veut dire *avarice*, mais les Kabyles l'emploient dans le sens de crainte, paresse, indolence, mauvaise volonté.

efkan t i l djahel,
idda d' amerhoun r'our es.

L'agha Bou-Mezrag, le mâle guerrier — qui ne connaissait pas la paresse, — n'avait personne au-dessus de lui. — Ils l'ont livré au païen — qui l'a retenu en otage[1].

El bacha r'ef ikkath et t'ebel,
bab ih'ambel[2]
d' el k'açba ibnan thek'ouous,
thoura mi ind'el,
our iban l ekhebar in es.

Le pacha[3] pour qui battaient les tambours, — le maître des riches tapis — et de la kasba voûtée, — maintenant qu'il est renversé, — on n'entend plus parler de lui.

---

[1] Mustapha Bou-Mezrag, bey de Titery, se rendit volontairement au maréchal Clausel, à Médéa, le 23 novembre 1830.

[2] *Ih'ambel* désigne une espèce de tapis à haute laine.

[3] Hoçeïn-Pacha, dey d'Alger.

PRISE D'ALGER.

l. ihoud izga d ithoukkel,
la itheddou¹ s ezh'el;
mi ts iberred oumr'et'tes,
le faid'a in es ir koul,
izd'er' d'i themd'int la k'es.

Les Juifs sont devenus les chargés d'affaires, — ils se donnent, en marchant, des airs de fierté; — depuis que les baptisés leur ont livré le pays, — tout le profit est pour eux; — ils habitent la ville sans bruit et sans conteste.

أَسِّخْ يَكَّرْ غَفْ لْصَلْ
الدَّنْيَا أَنْبَدَّلْ
أَغْنِغْ اهُمْ وِنْ غَفْ تَرْسْ
نَكَّرَهْ دِ الصَّنْدَلْ
غَفْ آمَانْ أَمْبَلَ الرَّايَسْ

es sikh ikker d r'ef l açel
ed denia thebeddel,
adnir' ihoud ouin r'ef thers;
negera d d'i eç çandel²
r'ef aman embla er raïs.

Les fondements de l'univers s'écroulent, — le monde est bouleversé, — la base sur laquelle il reposait est, je pense, en ruines. — Nous, les survivants, nous sommes dans une barque — à la surface des eaux, sans commandant et sans pilote.

بَمْحْ وَغَدَّابَنْ يَرْمَزْ
قَبَمْ وَرْيَسْ

---

¹ *La ou da itheddou.* On emploie indifféremment les particules *la* ou *da* pour indiquer le temps présent.

² On appelle *çandel*, en français *sandal*, un grand bateau non ponté qui fait le cabotage sur les côtes d'Afrique.

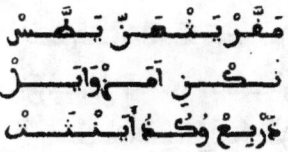

Irthah' oui ir'aben irmel,
le khebar our th isel,
mek'k'ar' ithehenna, it't'es.
noukni am ezouaïl
d' er rebiâ ougoud'ou ai nthets.

Heureux celui qui repose sous le sable ! — les nouvelles de ce monde n'arrivent pas jusqu'à lui, — au moins il dort en paix. — Nous, comme des bêtes de somme, — nous mangeons l'herbe qui pousse sur les fumiers.

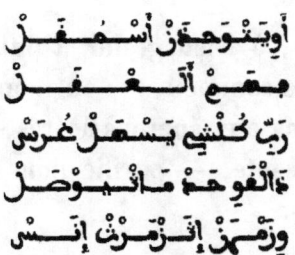

A oui itsouh'aid'en[2], smouk'el,
fehem, a l ǎk'el !
rebbi koul chi isehel r'our es,
d' el k'aoui, k'ad ma th iouçel,
oui izmeren i thezmerth in es?

Toi qui adores le Dieu unique, regarde, — et comprends, homme sensé ! — Tout est facile à Dieu, — c'est lui le tout-puissant, il n'a pas d'égal, — qui peut résister à sa puissance ?

[1] *Mek'k'ar*, de l'arabe *meggari*, mot de la conversation familière qui peut se traduire le plus souvent par *au moins*.

[2] De l'arabe وَحَّن «reconnaître l'unité de Dieu»; التوحيد «la déclaration de l'unité».

PRISE D'ALGER.

انــرغــمْ اعــهْــوجــــــرْ
اورجِــمْ بَــغْــزْ بِــضـــسْ
اعْــغـــدْ اســمَــرْ تــخــزْ
ماتحــبْ انــوزْل إنــفــسْ
اجْــمــعْ اكّــخــزْ ازكْــزْ
سِــرعْ اونــوبْ مــنــمــسْ

Etsrer' k', a dzza ouadjel¹.
a ourdjin ir'ed'er idhes,
daâr' k s ch'aider le k'eh'al.
d' eç çah'ab ath ouzel ithek'k'es,
ed djemiâ akka neh'ad'er ² ir koul
sired' ar' ednoub ma noumes.

Écoute ma prière, ô Dieu grand et puissant, — toi que ne surprend jamais le sommeil, — au nom d'Haïder le Noir — et des compagnons aux éperons acérés, — tous tant que nous sommes ici présents, — purifie-nous de nos péchés, si nous sommes souillés.

¹ C'est l'arabe الله عزّ وجلّ.
² Neh'ad'er vient de l'arabe حضر «être présent». Les Kabyles, dans ce mot, changent souvent le ض en ذ.

II

EXPÉDITION DU MARÉCHAL BUGEAUD
DANS L'OUED-SAHEL, EN MAI 1847[1].

PAR SI-MOHAMMED-SAÏD-OU-SID-ALI-OU-ABD-ALLAH, DES AÏT-MELLIKEUCH[2].

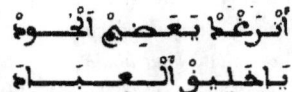

[1] Au mois de mai 1847, M. le maréchal Bugeaud partit d'Alger avec une colonne de 7,000 hommes environ, et se dirigea vers Bougie par Bordj-Bouira et la vallée de l'Oued-Sahel. Le 15 mai au matin, la colonne campait au bord de cette rivière sur le territoire des Aït-Abbès, tribu riche et puissante de la rive droite. Dans la journée, quelques coups de fusil furent échangés entre les avant-postes français et les Kabyles; à la tombée de la nuit, des feux s'allumèrent sur les sommets de toutes les montagnes environnantes, et peu de temps après les Aït-Abbès, soutenus par les contingents des autres tribus, vinrent attaquer le camp et commencèrent une fusillade très-vive qui dura jusqu'à une heure avancée de la nuit. Deux fois, des attaques de nuit du même genre avaient réussi aux Aït-Abbès contre des colonnes turques qu'ils avaient taillées en pièces. Ils espéraient faire éprouver le même sort à l'armée française; mais ils avaient affaire à un ennemi qui ne se laissait pas facilement intimider; le camp resta silencieux et les grand'gardes suffirent pour tenir les assaillants à distance. Le 16 mai, à la pointe du jour, le maréchal fit franchir la rivière à sa colonne, laissa les bagages et les sacs sous la garde de deux bataillons, et lança le reste de ses troupes contre les Kabyles qui garnissaient les crêtes des rochers. En quelques heures, presque tous les villages étaient au pouvoir des Français, et le village d'*Azrou-Alloul* lui-même, que les Aït-Abbès regardaient comme inaccessible, et où ils avaient entassé toutes leurs richesses, était emporté d'assaut et livré aux flammes. Épouvantés d'un désastre qu'ils étaient si loin de prévoir, les Aït-Abbès offrirent alors de se soumettre, et le lendemain ils acceptaient toutes les conditions que leur dictait le maréchal.

Le bruit de la défaite si prompte et si terrible des Aït-Abbès retentit comme un coup de foudre dans le pays kabyle, et fit évanouir toute pensée de résistance. Les tribus des deux rives de l'Oued-Sahel firent successivement leur soumission, et la colonne du maréchal arriva à Bougie sans avoir à tirer un coup de fusil. A deux journées de marche avant d'arriver dans cette ville, elle avait fait sa jonction avec la colonne partie de Sétif sous les ordres du général Bedeau.

Cette expédition du mois de mai 1847 a été la dernière de M. le maréchal Bugeaud.

[2] La tribu des Aït-Mellikeuch habite le versant sud du Jurjura.

أَدْعَعْمْ سَرْجَازْ مَعْـبُـوذْ
خَالـصَّلَّحْ كُلْ أَبْـلَـدَ
تْحَتْمْضَاعْنْ عَقْ الشَّهُودْ
مَنَعْضَاعْ سِلْـوِفِـدَ

Etsrer' k, ia ddhim ed djoud,
ia khalik' el aïbada,
dâar' k s erdjal mâboud,
d' eç çellah' koul blada,
thekhethemdh ar' ts r'ef ech chehoud
themenâdh ar' si l ouak'ida.

Je t'adresse ma prière, Dieu de magnificence et de bonté, — créateur des humains, — au nom des hommes qui t'adorent — et des saints de tous les pays, — accorde-nous de mourir en confessant la foi, — préserve-nous des flammes éternelles !

يَمِي عُرَّجْ أَبْـنَـتْـلُـوذْ
عُرَّجْ أَبْـنَـطْـمَعْ الْـفَـيْـدَ
أَمْعَاعُمْ سِيتْـرَّكْـع خَاسْهُدْ
خَالـرَّسُـولْ مُحَـمَّـدَ
خَازوم سِيوْضَاسْ تَّـخْـدُودْ
أَدْفَلَّعْ نَكَّـسَـدْي لَـدَ

Ia rebbi, r'our ek ai netloud'
r'our ek ai net'ma el faida
dâar' k s aith errekouâ d' esedjoud,
d' er resoul Moh'ammada,
d' aroumi sioudh as le h'adoud
ad' fell ar' thekkesedh l ad'a.

O Maître souverain, c'est toi que nous implorons ; — c'est

de toi que nous désirons tout profit, — au nom des hommes qui s'inclinent devant toi dans la prière, — au nom du prophète Mohammed, — mets un terme au règne du chrétien, — éloigne de nous ce fléau.

مَرِشانْ يَفْكَا دْ لَعْفُوذْ
مَعْلُومْ اخَدَّمْ أَزْيَادَه
يَنُومْ غَفْ مَدَّنْ الَمُّوذْ
سَ الْعَزَمْ أَيْ دْ يُوسَا غَرْ دْعَ
كُلْ الْعَرْشْ يَقَّلْ أَوْلَهُوذْ
حَدْوَرْ يَمُوتْ غَفْ أَشَهَدَ
أَرْ دْ أَوَنْ دَ بْدُوعْ أَرْشُوذْ
مَعْنِي تَسْسَمِي أَكْرَ دَ

Marichan ifka d l ák'oud
Máloum ikheddem ez ziada
innoum r'ef medden lemmoud' [1]
s el âzem ai d iousa r'er d'a.
Koul l ârch ik'k'el d' el ihoud,
h'ad our immouth r'ef chehada,
ar [2] *d' aouen d ebd'our'. erchoud',*
máni thasousemi, a kera d'a !

Le maréchal a envoyé ses proclamations, — on sait qu'il commet des excès [3], — il est habitué à imposer aux hommes l'obéissance ; — c'est dans cette intention qu'il est venu jusqu'ici. — Toutes les tribus sont devenues des juifs, — per-

---

[1] *Lemmoud'*, nom d'action de la 2ᵉ forme du verbe arabe لمد.
[2] *Ar d' aouen* ou *ad' d' aouen*.
[3] Les excès que le poëte reproche au maréchal, c'est de vouloir soumettre les Kabyles.

sonne ne meurt pour la foi ; — je vais vous indiquer le vrai chemin. — Silence donc dans l'assistance !

إِسَلْ يَمْرِ اَنْقَّالْ اَسْخُودْ
عَفْ يِنْ يَـضْـرَانْ أَبْـرِعْ
سِـنِـفْ أَرْتَــمَــسْــعُــودْ
يِــونْ وَرْ ثــــدْ عُــدَّ
إِرْكَــازَنْ يَـلَّـنْ ذَاصِــيُـودْ
ثُرَ تْـقْـلَـدْسَنْ أَنْـبَــرْدْ

Isel izeri bh'al esd'oud
r'ef thin idhran abrid'a
si h'anif ar ath bou Mesâoud'
iioun our th id idoud'a[1]*.*
irgazen illan d' eç çioud
thoura thek'k'el asen ethberd'a.

Mes larmes coulent à torrents — au souvenir de ce qui s'est passé dans cette campagne ; — depuis H'anif[2] jusqu'aux Aït-Bou-Mesâoud[3], — personne n'a fait de résistance ; — les hommes qui étaient des lions, — maintenant portent le bât.

يَـعْدْ أَسِـعْ عَلْـمَـقْـضُـودْ
مَجْـقَـفْـشْ أَنْحِـيـنْ مَـا يِـكَّــة
سَـطْـبُـولْ نَـقْـاسْ اَمَـرِّيـعُودْ
يَـسْرَسْ آرْعَـاشْ مَتْـيَـبَّـة
عَزْ آبْكَـايَنْ اُبَّـكَّا اَلْـمَـغُـودْ
اَرُوحْ يَــصُّــوْ تَــنْـبَــنْ

[1] *Idouda*, de l'arabe عاد.
[2] Le pays de **Hanif** est situé entre Aumale et les Beni-Mançour.
[3] Les Aït-bou-Mesàoud forment une tribu qui a ses habitations dans les environs de Bougie.

Iour' ed asif r' el mek'çoud
ma ikhaf ch, t'ah'in, ma iougd'a [1]
s et' t'eboul n enh'as am er râoud'
iserous er râach mi th ibd'a.
r'er Begaith aig ega l mouâoud'
irouh' ihoua thaboud'a.

Le chrétien a suivi la rivière se dirigeant vers son but; — il ne craint rien, le maudit, rien ne l'effraye, — ses tambours de cuivre grondent comme le tonnerre. — Lorsqu'ils commencent à battre, ils donnent le frisson. — C'est à Bougie qu'ils se sont donné rendez-vous[2]; — ils descendent à Thabouda[3].

بِسْلَامْ آجَانْءْ ٱلْـعَـهُـودْ
رَبِّـي بـمـرَءْ تَــهَــهَــ
تَـهْزَ ٱلْدّيـنْ تَنيِي ٱلْمَسْعُودْ
وَرْ نَتْحِفْ حَكْسْ ٱلنَّـفْـءَ
أَكْـهـرَنْ يـغـالْ عُـغُـودْ
غَسْ مَيْخُوزْ صَاحَبْ آجْـءَ

L islam edjan d el âouhoud
rebbi iouner d l edjahad'a
irrez ed din n enbi el mesâoud
our net't'if d'eg s en nefd'a,
akera d'in iour'al d' our'oud',
r'as ma ih'oun çah'ab ed djouda.

[1] Dans ce vers la même idée est répétée deux fois, en arabe *ma ikhaf ch* « il ne craint pas », et en kabyle *ma iougd'a*. La particule *ma*, qui précède *iougd'a*, est la négation arabe. Le mot *t'ah'in* est l'arabe طَاحِن dont les indigènes font un si fréquent usage comme injure, mais que l'honnêteté de la langue française ne permet pas de traduire littéralement, bien que Paul de Kock l'ait donné pour titre à un de ses romans.

[2] Le maréchal Bugeaud et le général Bedeau.

[3] Nom d'une plaine située au pied des montagnes des Aït-Himmel.

L'Islam a manqué à ses devoirs, — Dieu ordonne la guerre sainte — et la religion du Prophète bienheureux est en lambeaux ; — nous ne la retenons pas même par un fil. Tout ce qui était là sera réduit en cendres, — à moins que le Dieu de bonté n'en ait compassion.

إِمِي دَّارُومِي أَنْخَـدْمِنْ
نُرُورْ غُبْنَنْنْ إِسْنَاثْ
آلدِّينْ نَنْبِي نَزَّنْزِيثْ
إِرْكَزَنْ أَكْكَلَنْ دَّ الخَلَاثْ
مِعَ آلْمَوثْ نَتَّكَعِيثْ
آنَرُو آلْعَارْ عَ آلْمَنَاثْ

Imi d' aroumi nekhed'em ith
thoura our ar' banent isenath.
ed din n enbi nezzenz ith
irgazen ak'k'elen d' el khalath,
mi d' el mouth netsaouggad' ith
au nerou el ḋar d' el mah'anath.

Du moment que nous nous sommes soumis au chrétien, — nous n'avons plus rien à espérer dans ce monde ni dans l'autre ; — la religion du Prophète, nous l'avons vendue, — et les hommes sont devenus des femmes. — Puisque nous craignons la mort, — nous serons rassasiés de honte et de chagrins.

شَنَّ مَنْـهْمْـعْرْ آثَـهُمُومِـنْ
يَـنْـنْـي وُرْوَنْتْ آشْبَـابْنْ
وثُـهَـنْ إِشَـحْ أَمْنَسْـلِـيـمْ
زَعَـنْ لَـسْـلَـمْ فَالْـخَـلَاثْ

نَـشْـوَرَاغ بَـمْ يَـفْـجِـيثْ
ثَـخْـلَـقْ آحْـآنْ أَنْـجْـمَاثْ

Chenna ma thehad'er tharoumith!
nithenti ourouent chebabath!
oui ikkeren¹ ichebbah' am theselith
zir'en l islam d' el khalath!
thezouar ar' iak thihoudith²
be khelaf çah'ab ath edhath.

Honneur aux femmes chrétiennes! elles peuvent parler haut; — elles, au moins, ont donné le jour à des braves! Le premier venu se pare comme une fiancée³, — l'Islam n'est donc plus qu'une femme! — Nous avons eu tous pour aïeule la lâcheté juive, — excepté les compagnons du Prophète, ces hommes valeureux.

نَـقَّـلْ كَـفْـكِـيمْ ضَـلْـفِـيـنْ
آيْـشِـيخْ آبُـو الْـكَـبَّـاثْ
أَصَـحْ رَبِـعْ تَـوِهِ نَـثْـرَّبِـثْ
مَـا تَـكْـرَضْ أَقْـبَـزْ نَـقَـاثْ
الْـعَـرْشْ إِبُـلُـوزْ قَصْـبِـيثْ
إِشْـلَّـضْ أَعْـنُـو تَـمْـبَـاثْ

Nek'k'el d'egg ifeg ik, dhelk'⁴ ith
ai ouchebih', abou el keffath.

¹ Oui ikkeren, littéralement: «celui se levant», idiotisme dont le sens est «le premier venu».

² En kabyle, le mot thihoudith «la juive», est synonyme de couardise, lâcheté, bassesse, de même que thak'ebailith «la kabyle», doit être pris dans le sens de honneur, fierté, bravoure.

³ C'est un singulier reproche à faire à des Kabyles, le peuple le plus malpropre et le plus déguenillé qui soit au monde; assurément ce n'est pas le luxe de la toilette qui a pu amollir le courage des défenseurs de l'islam dans l'Oued-Sahel, et amener leur défaite.

⁴ Dhelk' de l'arabe طلق.

EXPÉDITION DU MARÉCHAL BUGEAUD.

açbah' zik louhi n tezallith
ma tsekkeredh ak'bel thafath
el ârch iilloul k'eçed' ith.
ichelladhen adnou l embath.

Élève-toi dans ton vol, déploie tes ailes, — gentil faucon aux belles pattes; — le matin, à l'heure de la prière, — si tu te lèves avant l'aurore, — dirige-toi vers la tribu d'Illoul[1], — va passer la nuit à Chellata[2].

أَمْسْ نَشِيخْ اتْخَلَّ أَزْرِيسْ
اَقْمْ عُرَسْ اَهْذَرْ اَلْكَلْمَاتْ
وِزْ بَسْنَكْمْ زْ تْجَدِّيتْ
بَعْ بَبَاسْ اَذْ بُو اَلْخَصَلَاتْ
غَمْ رَبِّ اَذَاسْ اَنْبَضْنِيتْ
بَسَمْسَ يَنْ نَسَّمَاتْ

Emmi s nech chikh, tchalla, ezer ith
ek'k'im r'our es, ahad'er el kelmath
ouin isenegeren thajaddith
iak baba s ad' bou el kheçelath.
r'our rebbi adas thebadhenith
issemsa thin n es sadath.

Surtout, vois-y le fils du cheikh[3], — arrête-toi chez lui, dis-lui quelques mots. — Par son fait, ses ancêtres sont morts

---

[1] C'est-à-dire les *Illoulen-Ousammer,* versant sud du Jurjura.

[2] *Ichelladhen* que nous avons pris l'habitude d'appeler, comme les Arabes, *Chellata,* est le nom d'un village des Illoulen-Ousammer où se trouve la zaouia de Si-Mohammed-Saïd-ben-Ali-Cherif.

[3] Le fils du cheikh (*emmi s nech chikh*) est le nom que les Kabyles donnent habituellement à Si-Mohammed-Saïd-ben-Ali-Cherif, agha des Aït-Aïdel. Très-jeune encore en 1847, cet indigène, à l'approche de l'armée française, n'hésita pas à faire sa soumission à M. le maréchal Bugeaud. Depuis

sans héritier; — certes, son père était un homme doué de vertus. Dieu lui enverra un mal mystérieux, — car il a détruit tout respect pour les saints.

آتَ اِتْشَمَاعْمْ وَبُصْرِ
مَرِشَانْ بُو الْعَيْنْ نَتْحَاسْ
الشَّعْرَةَ كُـوعَمْ وَرْتْـلِّي
الْهِيبَ أَمْـهُونْ غَـاِعَـلَّاسْ
جَّ تَّـمُورْتْ غَالْفَـلِي
بَسَّاعْ إِمْدَنْ الْوَسْـوَاسْ
يَتْحَمْ أَعْرَابْ أَمْبَـلِي
كُلْ الْعَرْشْ تَجْبْ فَلَّاسْ

Atha ikchem ar' d oufedhouli,
marichan bou din n enh'as,
ech châr d'egg oud'em our illi,
el hiba amzoun d' ar'ilas,
idja thamourth d' el khali
issar' i medden l ousouas,
issekhed'em aârab ak'baili
koul el ârch ijeba fell as.

Voici que chez nous est entré l'intrus importun, — le maréchal à la religion de cuivre[1]; — son visage est dépourvu de barbe[2]; — la terreur qu'il inspire est celle d'une panthère; —

cette époque, sa fidélité à la France ne s'est pas démentie un seul instant au milieu de circonstances quelquefois très-critiques. C'est un des indigènes qui se montrent le plus disposés à adopter les idées de la civilisation européenne; aussi a-t-il perdu la plus grande partie de l'influence qu'il exerçait sur les Kabyles comme marabout, fils de marabout très-vénéré. C'est ce qui fait dire au poëte qu'il a fait mourir ses ancêtres sans héritier.

[1] C'est-à-dire à la religion fausse.
[2] M. le maréchal Bugeaud avait en effet très-peu de barbe.

il a fait de notre pays un désert[1], — il remplit les hommes de crainte, — il a soumis l'Arabe et le Kabyle — et a passé sur toutes les tribus.

أَسْ نَـلْخَـمْ أَيْـمِ قَـفِـيلِـي
أَصْبَحْ زِيكْ عِيـنَـوْلَّدْسْ
أَثَ إِصْبَلَعْ بِسِ عِبرْ أَعْلِي
ٱلْقَصَبَ تَـهـودْ آرْ سَـاسْ
أَيْكَـوِي دْعَ لَ تْفَالِي
ءَالْخَلَاتْ سُنْـمَـغْـبَاسْ

As n el h'ad ai d' imekheli
açbah' zik d'i thaoulellas
atha idhebel ed s ir'ill aâli
el k'açba thehoud ar lesas.
ai gououi d'eg le t'fali
d' el khalath south oumek'ias.

Le dimanche a été le jour funeste[2]; — le matin au crépuscule, — le tambour résonne à Ir'il-Ali[3], — la Kasba a été détruite jusqu'aux fondations. — Combien le chrétien n'a-t-il pas enlevé de jeunes gens — et de femmes aux riches bracelets[4]!

ٱلسْرْسُورْ يَـفْـضَعْ يَـزْلِـي
وِيسَانْ حَـعْ عَـى تَـمْوَاسْ

[1] Cette accusation, ayant évidemment pour but d'entretenir la haine contre nous, est fausse et faite de mauvaise foi. Le poëte, habitant le pays des Aït-Mellikeuch, savait comme tous les Kabyles de l'Oued-Sahel, que partout, sur le passage de la colonne du maréchal, les propriétés ont été respectées.

[2] Le combat du 16 mai contre les Aït-Abbès eut lieu un dimanche.

[3] *Ir'il-Ali* est le nom d'un village des Aït-Abbès.

[4] Un assez grand nombre de femmes et d'enfants furent pris, en effet, dans la journée du 16 mai; mais ils furent traités avec beaucoup d'humanité. Le maréchal leur fit donner des vêtements neufs dont ils avaient grand besoin, et les rendit ensuite à leurs parents.

وِنْ ٱلْخَوصْ أَنْرَجِلِشْ يَعْلِي
إِوِنْ ٱلشَّقْمَى ٱلصَّرَاسْ

Es sersour ik'dhâ thizli
our isal k'ad r'ef tharoua s.
ouin thekhouç therdjelith ir'li
iouth ech chefra d'i eç coura s.

Les chasseurs coupent la retraite, — chacun fuit sans s'inquiéter de ses enfants; — celui que ses jambes trahissent tombe — et son corps est percé de coups de baïonnette.

غَافْنَايْ يَاجْ ٱتَّمْزَالِي
أَجْ ٱلْفَايْتْ أَيْكَنْ ٱلْسَاسْ
أَرْعَدْلَنْ يِدَسْ أَمْلِيلِي
مَنْ كُلْ شِي سَبْدَعْنَاسْ ثَلَاسْ
أَدَّنْ دَيَاجْ دْ ٱلْمَحْلِي
إِوُرُمِي أَكَّلَنْ دَرْعَيَاسْ

D' afnai iak et tamzali
d'eg el faith ai igeren elsas,
ar âdelen id' es amelili
men koul chi sebded'en as thilas[1];
eddan d iak d' el meh'ali
i ouroumi ek'k'elen d' er râia s.

Ce sont les Ifenaïen et Aït-Tamzalt[2] — qui de longue main ont préparé ces événements; — ils se sont entendus

---

[1] Littéralement : « de toute chose ils ont fait tenir debout devant lui les limites ».

[2] Les Ifenaïen et les Aït-Tamzalt sont deux tribus du cercle de Bougie. En février 1847 elles avaient fait une soumission très-précaire, mais elles ne furent d'aucun secours aux Français pendant l'expédition du mois de mai.

avec le chrétien — et lui ont livré le secret de toutes choses ; — ils marchent tous avec ses troupes, — et sont devenus ses sujets.

إِغَاصِي أَسْبَعْ أَرْمِلِي
خُو يَكُوجْ سَكْخْرَاسْ
لَعْيُونْ الْبَازْ أَصَلِي
تَكْمَتِسْ يَسْمَرْ قَلَّدْسْ
أَسْقِيفْ أَنِّي قَمَّا يَتْغِيمِي
إِوَتْ أَدْ تَخْزَنْ قَلَّدْسْ

*Ir'adh ii es sebà ouremli,
h'ammou iggoudj seg el h'ara s,
l dioun el baz asah'ali,
thagmats is theseber fell as,
ask'if enui d'eg itsr'imi
iouatha ad' ih'azen fell as.*

Je plains le lion des pays de sable ; — il a quitté sa demeure, Hammou[1], — aux yeux de faucon du Sahel, — et ses parents supportent patiemment son absence ! — Le vestibule où il s'asseyait habituellement — doit prendre son deuil.

أَسْمِعْ وَلَّدْشْ أَخْصَصِيلِي
مَيَّتْ وَارَّاوْ نَكْمَاسْ

[1] Hammou-Amezzian, chef de la branche cadette des Aït-ou-Rabah, est l'auteur du guet-à-pens où furent assassinés, le 4 août 1836, le commandant Salomon de Musis, commandant supérieur de Bougie, et l'interprète Taboni. Depuis la mort de son frère aîné, Cheikh-Saâd-Oulid-ou-Rabah, il avait toute l'influence. Lorsque les Aït-Tamzalt firent leur soumission, en février 1847, l'autorité française ne voulut pas entrer en relation avec un assassin et investit du pouvoir dans la tribu deux des neveux de Hammou, les nommés Ourabah et Ahmed ou Mehenna. C'est d'eux qu'il est question dans le couplet suivant, où il est parlé des fils de son frère.

آرَايِسْ حَدُّورْنِلِي
آجْنِيَّرَالْ إِصْمَّرْ فَلَّدْسْ
آجْنَتْ آدْ يَزْدَعْ آلْعَلِي
مَاتْخَمْ آدْنُوبْ يَعْبَمَاسْ

As mi oulach ed djouhali
mezzith ouarraou n egma »
d' er rai s h'ad our th ili,
el jenneral idhebber fell as.
ed djenneth ad' izd'er' l âli
ma ikhed'em ednoub iâfa ias.

Avant l'arrivée des païens — les fils de son frère n'étaient que des enfants, — personne n'avait d'autre volonté que la sienne, — le général écoutait ses avis. — Il habitera les hauteurs du paradis, — et s'il a commis des péchés, Dieu les lui pardonnera.

غَرْغْ إِمْرَابْضْ عَآلْعَلِي
أَتَ آجْبَدْنَاغْ أَكَرَّاسْ
أَنَّانْ آيَاكِ أَلْقَلِلِي
مِ عَاغَاو نْبِي ضَعْنَاسْ
عِنْ يَاكْ أَمَّنْ أَيْنَعْلِي
يَفْكَيَسْنَدْ إِبَرْنَاسْ

R'our ner' imrabdhen d'el aâli[1]
atha djebed'en ar' d akerras,
ennan : aiagi d' el h'alali,
mi d' âd'aou n enbi dhoudth as,
d'in iak, a medden, ai ner'li
ifka i asen d ibernas.

[1] L'auteur de ce chant est marabout lui-même, comme l'indique le mot *si*, abréviation de *sid*, qui précède son nom.

Nous avons d'excellents marabouts; — ils nous ont apporté le livre, — la religion le permet, nous ont-ils dit, — puisqu'il est l'ennemi du Prophète, soumettez-vous au chrétien[1]; — nous avons tous alors courbé la tête, ô mes amis! — et le chrétien leur a donné des burnous[2].

وَبَـامْ آلْـعَـبْـدْ إجـيـلـي
رَشْـعُـكُـنْ قَـصْمْ يَـا الـنَّـاس
أنْـخَـمْ عْمْ وَازِنَـلِّـي
نَهْزْ أعْعَاوْنَـبِي أنْصُـعَـاس
لَا بُـدَّ آلْـمـوتْ غَـايِـلِـي
قَـرَارْ أنَّـعْ غَالـدَّرْ نَـهَـاس

Ouiiak, a l'abd iah'ili,
reched'er' koun, fehmou, ia ennas,
an nekhed'em d'eg ouar nelli
nerna add'aou n enbi net'ouâs,
la boudda el mouth d'a tsili,
l ek'rar enner' d' ed dar laias.

Prenez garde à vous, hommes trompeurs! — je vous indique la bonne voie, comprenez donc, ô assistants! — Nous allons faire ce qui n'est pas dans la loi; — bien plus, nous nous

---

[1] Ce raisonnement, qui peut paraître singulier, a été en effet employé très-souvent par les marabouts et toujours avec succès, lorsqu'ils avaient intérêt à faire accepter aux Kabyles notre domination. «Le chrétien est l'ennemi du Prophète, leur disaient-ils, vous n'avez donc à attendre de lui ni pitié ni merci; d'ailleurs, puisqu'il est l'ennemi du Prophète, votre soumission n'est pas valable aux yeux de Dieu et ne vous engage à rien : vous pouvez donc vous soumettre sans scrupules.» Encore maintenant la très-grande majorité des indigènes de l'Algérie n'envisage pas à un autre point de vue leur position vis-à-vis de nous.

[2] Des burnous d'investiture, c'est-à-dire : «le chrétien les a revêtus de commandements qui leur assurent honneur, influence et surtout profits.»

soumettons à l'ennemi du Prophète. — La mort est inévitable — et notre dernier séjour est la demeure d'où nul ne revient.

أواعْليسْ أغْ أنْتَعْبِيسْ
وزْ سَنْفِسْ أَكَهْمَاتْ
يُوزْ ورِشَّعْ أَسِنِّي
إِمِهَنْ عَدْ نَوْلْنَاسْ
خْصَنْ قْبُوصْ دَسْمَالِي
دَالْخَلَتْ . ورْ دِنْ نِسَاسْ

A our'lis ad'r'a en ter'erith
ouinna s en nefs ag tsemetsath
iioun our ichehed' ass enni .
imiren dad' naoulen as ,
khoucçen le khioudh d' echmali ,
d' el khalath . our d'in thissas.

Les Aït-Our'lis[1] sont habitués aux coups ; — ceux-là, un souffle les renverse ; — aucun d'eux n'a fait acte de foi en ce jour, — sur-le-champ, au contraire, ils ont préparé le couscous pour le chrétien ; — il ne leur manque que les khiout et les chemali[2] : — ce sont des femmes, ils n'inspirent aucune crainte.

وَمَّا أَيَمْزْ آةْ وَجْلِيبْلِي
وَغْنْ آصْهْبْ أَغْرْ آرَّاسْ

[1] Les Aït-Our'lis, du cercle de Bougie, sont composés de deux fractions principales, les Aït-Ousammer et les Aït-Mezal. Les Aït-Ousammer n'avaient ni bonne ni mauvaise réputation, ils ne subissaient l'influence de personne. Le poète a voulu parler sans doute des Aït-Mezal qui, de temps immémorial, étaient dans la dépendance des Aït-Ourabah.

[2] Les *khiout*, pluriel de *khit*, nommés aussi *thisfifin*, sont des ceintures de femme composées de plusieurs cordes en laine ; chaque corde est large comme le petit doigt. Les *chemali*, pluriel de *chemla*, sont des ceintures ordinaires en laine ou en soie, et, comme les *khiout*, elles ne servent qu'aux femmes.

وَرْعَلْمَنْ فِي تَوَالِي
أُرِّيَ أَكْرَعَنْ مَسْدَسْ
أَمَكْذَرْزِ مَبَغْلِي
بَرْشْ أَصْلَامْ فَاسَلَّسْ

*Ouamma aimmel d' oujelili
our'en d edh dherba âl er ras,
our âlemen d'i l h'aouali
ad' rebbi ag erad'en fell as,
anin iged'erez mi d ir'li
iers at'elam d' asallas.*

Quant aux Aït-Immel et aux Aït-Djelil[1], — ils ont reçu le coup sur la tête; — ils n'ont eu connaissance de rien, — c'est Dieu qui l'a décrété ainsi pour eux; — de même quand tombe la grêle, — descendent sur la terre l'obscurité et le brouillard.

فَمَسَّيَمِسْ تَحْضَرْ إِنْوَعْتْ
وَغَنْهْ نَوْرَاءْ سَلْعَشْفَاتْ
وَرْ إِدَكْهَنْ أَصْغَ أَنْجْبِينْ
سَنْبِجْ أَسَّسَهْوَاتْ
غَاسْ أَدَجَّنْ بَدْ نَسَّتِيتْ
وَارْ أَنْجُومَةْ نَمَعْنَاتْ

*D' amessis ih'adher i thouar'ith;
our'en d el ourad' s el âchk'ath,
ouin id'ekeren ced'a thâdjeb ith*

[1] Les Aït-Immel et les Aït-Djelil sont deux tribus très-guerrières du cercle de Bougie. Au mois de mai 1847, ces deux tribus se trouvèrent prises entre la colonne du maréchal Bugeaud, qui occupait la vallée, et celle du général Bedeau arrivant par les crêtes, et ne purent faire aucune résistance.

s etsebièh' ag esserouath ;
r'as ad' edjen iak thazallith
ouar endjouhed' la manath.

Les Imsïssen [1] ont assisté impassibles au désastre; — ils prennent les ordres avec amour [2]; — celui d'entre eux qui répète un air de prière qui lui plaît — ne fait qu'égrener sans cesse son chapelet. — Qu'ils laissent donc de côté toutes leurs prières! — Celui qui ne fait pas la guerre sainte ne doit être compté pour rien.

أَرَبِّ آعَاعْمْ سَمْـهَرِيتْ
غُرْزَعَىْ آكَانْتْ آلْمَعْنَتْ
أَرُومِـى أَسِـدِ رَفْعِـيتْ
أَصَلَّحْ آدُّوتْ قَـلَّـسْ

A rebbi, dàar'k s ethmezerith
d' ekra r'ef ekkant el mah'anath
aroumi, a sid'i, refâ ith
a çellah', eddouth fell as.

O mon Dieu, au nom de Timezerit [3], — au nom de ceux sur qui a passé le malheur, — délivre-nous, ô seigneur, du chrétien, — ô saints, chassez-le!

غْلَدَىْ تَـنْشْ آلْبَـاتْى تَهُـوتْ
آيْمَلِكْشْ ضَمْـتَـرْ صَنْـتَ

[1] La tribu des Imsissen appartient aussi au cercle de Bougie et a toujours été sous l'influence des Aït-Ourabah. Elle n'est pas plus fanatique que les autres tribus et ne s'est jamais fait remarquer par l'empressement de ses membres à entrer dans les confréries religieuses.

[2] Il s'agit ici des ordres religieux. (Voir le *Livre des Khouan*, par le général de Neveu.)

[3] *Timezerit*, qui peut se traduire par *belle vue*, est le nom de la Koubba située au sommet de la montagne des Iflissen-Oum-el-Lil.

أَيْثْ أَلزَّادْ كُلْشِي مُوجُودْ
أَيْتَحَزَامْثْ أَدْ تَعْرِيَهْ
ومُوثْ غَرْ الْجَنَّتْ الْمَقْصُودْ
أَيمَتْسَعْ أَدْكَلمِيتَهْ

Be khelaf thanecha el bey Mah'moud
aith Mellikech dhorben çenda,
aith ez zad', koul chi moudjoud
ait tah'azamth ad' el frida,
oui immouthen r'our ed djenneth el mek'çoud
ad' imetsaâ d'eg el maid'a.

Tous soldats du bey Mahmoud[1], — les Aït-Mellikeuch manient bravement le fer. — Bien pourvus de munitions, ils ont tout en abondance; — ils ont de belles ceintures et des poignards. — Celui qui meurt en combattant va au paradis, but de ses désirs, — où il jouira de toutes les délices.

نَقَرْ كَجَمِيمْ عَلَيَّ
أَتَوَآرْشْ أَكَنْصَبَاسْ
جَعَنْ سَّاحَلْ وُجَبَلِي
أَيْثْ الْتَّمُوثْ قَفَنْنَاسْ
مَعَيرزَانْ نَمْكَلِي
يَكْسَانْ النَّبِي ءَالصَّعَّاسْ
رَبَّمْ وَلَّدْ مَعَجَلِي
أَتَعْفَرْ أَنْيُوثْ أَهَاسْ

[1] Le compliment le plus flatteur qu'un Kabyle puisse adresser à des guerriers est de les comparer à des Turcs.

Nek'k'el d'egg ifeg ik, alli,
agaoua ers d'eg etsnacf as
djemà ithen se ssah'el ou djebeli
aith el baroud' d' afthathas
ma d'ai ruan thadoukeli
iksa then en nif d' et't'àa s
zebberen oui illan d' abekheli
attàk'el thiouga akhammas.

Élève-toi dans ton vol, monte vers les cieux [1], — descends au milieu des Zouaoua [2], — réunis-les tous, ceux du Sahel et ceux de la montagne; — leur poudre est pure et bien grainée. — S'ils prennent une résolution d'un commun accord, — l'amour-propre et la soumission à Dieu les conduisent; — ils éloignent les gens de mauvaise volonté; — l'attelage connaît le laboureur.

أَدْ أَدُّونْ دِ الْمَجْمُولِي
أَيْثْ جَرْاصْيُوعْ نَمْضْرَاسْ
أَبْنَانْ يَرْكَازْنْ الْعَلِي
أَدْ نَكْرَنْ دَكِّيُونْ وَاسْ
عَاسْ أَدْ قَّيْمْ دَالْخَالِي
أَخَدْمَ وُرُومِي أَدْ لَيَاسْ

Ad' eddoun d'i l medjmouli
aith idjer, çioud' ne temedheras,
ebnan irgazen el àali
ad' negeren d'egg tioun ouas,
r'as ad' ik'k'im d' el khali
el khed'ma ouroumi ad' laias.

[1] L'auteur est censé s'adresser à un oiseau qu'il charge d'un message. On retrouve cette image dans presque toutes les poésies.
[2] Les tribus de la confédération des Zouaoua habitent la montagne; l'auteur désigne sans doute ici par le nom de Zouaoua toutes les tribus du versant nord du Jurjura, peut-être même du bassin du Sebaou.

Ils marcheront du même pas — les Aït-Idjer[1], les lions des forêts; — ces braves gens ont résolu — de mourir tous le même jour. — Dût leur pays rester désert, — ils ne se soumettront pas au chrétien.

اَتْرَعْمْ اَللَّهْ اَجْلَلاَدِي
اَوِيْ وُرْتَعَّرَضْ اَنَعَاسْ
اَمْعَاعْمْ سَبْتَهَلْ اَرْسَلِي
ذَكْرَ اكْتَبَنْ ذَكْكَرَّاسْ
عَفْرَاغْ اِرْكَلْ مَانَذْنَبْ
اَجِيعْ اَكَّاء نَحْلَاسْ

Etsrer' k, Allah el djilali,
a ouin our ther'edderedh, a nâs[2].
dâar' k s aith ahel[3] ersali
d' ekra iktheben d'eg oukerras
r'efer ar' ir koull ma ned'neb
edjemiâ akka d nemdjalas.

Dieu très-haut, écoute ma prière, — ô toi que ne trahit pas le sommeil, — au nom de ceux qui lisent les prophéties, — par ce qui est écrit dans le livre saint, — pardonne-nous si nous avons péché, — à nous tous qui sommes ici rassemblés.

[1] La confédération des Aït-Idjer habite le versant nord du Jurjura, aux sources du Sebaou.

[2] Littéralement : « O celui que tu ne trahis pas, ô sommeil. » Cette tournure de phrase se reproduit très-souvent.

[3] Ahel n'est ici que la répétition en arabe du mot aït qui précède.

III

EXPÉDITION DU GÉNÉRAL PÉLISSIER

CHEZ LES MÂATKA, EN 1851[1].

PAR ÂLI-OU-FERHAT DE BOU-HINOUN.

اصَلاَتْ عَفْدْ آنِي اَبَضْرِيفْ
أَرْسُوزْ إِعَـزْ ٱلنَّـصَـرْ
مْخَـمَّـرْ وزْ يَتّـسِـعِـيفْ
عَزِعَانْ عَـفْ ٱقْـضَـرْ
وَنْسِي مَعْ كَشْهَـعْ آرْعِيفْ
أَسْ ٱلْقْسَابْ تَكْنِيثْ تَــهْوَرْ

[1] Dans le courant de l'année 1851, le prétendu chérif connu sous le nom de *Bou-Ber'la* (l'homme à la mule), battu et chassé de l'Oued-Sahel par les colonnes des généraux Bosquet et Camou, s'était réfugié au village de *Mecherek* chez les Aït-Ali-ou-Illoul, tribu de la confédération des Aït-Sedk'a. A cette époque, le seul représentant de l'autorité française en Kabylie était le bach-agha *Bel-Kassem-ou-Kassi*; il habitait le vieux bordj turc de Tizi-Ouzzou. Les efforts du chérif devaient donc naturellement tendre à ruiner le pouvoir de cet agent de la France, en détachant de lui les tribus qui subissaient son influence. En pays kabyle, l'acharnement des partis les uns contre les autres, la crédulité, l'ignorance et l'humeur batailleuse des populations rendent facile le rôle d'agitateur; aussi, en peu de temps, les intrigues de Bou-Ber'la eurent-elles propagé l'agitation la plus vive dans le pâté montagneux occupé par les confédérations des Aït-Aïssi, des Mâatka et des Flissa.

Le village de Bou-Hinoun, de la confédération des Aït-Aïssi, prit l'initiative du mouvement. Le parti hostile au bach-agha se mit en révolte ouverte contre lui, chassa du village ses partisans, et fit appel à Bou-Ber'la. Celui-ci se hâta d'accourir et réussit promptement à entraîner les Aït-Aïssi, les Mâatka et une partie des Flissa. Voulant engager sans retard les hostilités, il dirigea une attaque contre le village des Abid à Chemlal, mais les goums des Amraoua,

Eclat r'ef k, a nebi, ai oudhrif!
a resoul idouz en nadher!
mi k ibd'er oul itsiff,
d' azid'an r'ef el khat'er,
ouanes ii ma r'a kechmer ard'if,
as el leh'asab thagounits thezouer.

Bénédictions sur toi, Prophète gracieux, — envoyé chéri du Dieu qui voit tout! — ton souvenir émeut vivement le cœur, — tu es doux à l'âme; — assiste-moi quand je descendrai au tombeau, — le jour des comptes est un moment difficile.

بِهِنُونْ تَسَّارْثْ نَرَّبِي
إِكَانْ تَسْبَابْ أَمْ إِشَّر

restés fidèles au bach-agha, se rassemblèrent de toutes parts, et forcèrent les assaillants à regagner la montagne.

Quelque temps après, le 16 octobre, Bou-Ber'la, quittant son camp établi chez les Aït-Arif, fraction des Flissa, descendit encore dans la plaine et ne craignit pas d'attaquer une petite colonne française, commandée par M. le général Cuny, qui se trouvait en observation sur l'Oued-el-Keçob, près des ruines d'Aïn-Facy. Cette témérité lui coûta cher : ses contingents culbutés par l'infanterie, sabrés et poursuivis à outrance par la cavalerie, laissèrent un grand nombre de morts sur le champ de bataille, et parvinrent à grande peine à rentrer dans la montagne, où ils ne devaient trouver qu'un repos de très-courte durée. Sept jours, en effet, après le combat d'Aïn-Facy, le 25 octobre, M. le général Pélissier, gouverneur général par intérim, quittait Alger pour aller prendre le commandement d'une colonne qui se dirigeait vers la Kabylie par le Fondouk, le pont de Ben-Hini et Drà-el-Mizane. Malgré des pluies torrentielles qui rendaient la marche très-pénible, cette colonne campait le 31 octobre sur l'emplacement du marché du Khemis des Mâatka, au centre du pays insurgé. Les jours suivants, les villages des Mâatka et de quelques tribus voisines furent successivement enlevés et livrés aux flammes, et les Kabyles, battus dans toutes les rencontres, abandonnés par Bou-Ber'la, n'eurent d'autre ressource que d'implorer la clémence du vainqueur.

Cette expédition est une de celles qui ont laissé dans l'esprit des populations kabyles l'impression la plus profonde. La répression avait été prompte et terrible, et jamais jusque-là aucune tribu kabyle n'avait été aussi rudement châtiée. A partir de cette époque, commença la période décroissante de l'influence de Bou-Ber'la dont la conduite, au moment du danger, n'avait pas été d'ailleurs à la hauteur du rôle d'envoyé de Dieu et de libérateur qu'il s'était attribué.

تَسَمْعَ وِزَمَانَ تَخْرِيفْ
اَلْتَهَوَةْ فِى كُلْ اِعْمَرْ
بَاْ عَفَى مَدَّنْ وعِلِيفْ
وَيْمَتُوزْ اَتَتَخَفَرْ

Bou-Hinoun, thaddarth n er rif,
igan le sebab ak i ch cher,
nemsebd'a d'i zman le kherif
el baroud' fi koul ir'mer,
ikka r'ef medden our'ilif
oui th itsoun ad' itsh'ak'er.

Bou-Hinoun, village du bord de la plaine [1], — a été la cause de tous nos malheurs. — Nous avons commencé les hostilités en automne, — la poudre parlait de tous côtés. — Les chagrins sont venus fondre sur les hommes, — honte à celui qui l'oublierait!

كُلّ اَعْرَابْ لَدْ يِتْزِزِيفْ
اَرْوَانْ اَعَبِّ اَلَّتْمَارْ
وَرِفْعَنْ اَشْبَاكْ يَخْعَمْفْ
اَنْتَزْعِ لَاكْ عَالسَّمَارْ

Koull aârab la d' itsizzif,
arouan aâbbi el lethemar [2]
oui irfed'en achebbak ikhefif
en tezgi lak d' es semmar.

---

[1] Le village de Bou-Hinoun, qu'on aperçoit de Tizi-Ouzzou, est situé sur la crête de l'une des montagnes qui dominent la plaine des Amraoua. Il paraît être au bord de la plaine, relativement aux autres villages plus enfoncés dans la montagne du côté du sud.

[2] Le mot *themar* est l'arabe ثمر qui s'applique aux fruits en général. Il ne faut pas le confondre avec تمر qui désigne les dattes. Il n'y a pas de dattes en Kabylie.

Tous les Arabes poussent le cri de guerre: — ils se sont rassasiés du pillage de nos fruits[1]; — il court d'un pied léger, celui qui porte un panier — de branches et de jonc.

وقانـمْ أَسَّبَّ قَشْـرِيفْ
وِنْ إدْ إيسَانْ قَطَّـيَّـارْ
يرْسَـدْ سَيَّـمْ أَنْعْـرِيفْ
نَمَّـلَّ أَنْفُوبَـلْ نَضْوَارْ
يَغْدْ آبْرِيدْ عَـمْ وَسِـيفْ
دِنَّمْـلَدْ يَـكَّـرْ أَعْـبَّارْ

Oufan d es sebba d' ech cherif
ouin id iousan d' at'iiar[2].
irs ed sennig ath drif.
le mehalla thek'oubel le couar.
iour'ed abrid' r'er ouasif
d'i chemlal ikker our'ebbar[3].

[1] Allusion aux indigènes des goums et surtout aux Arabes convoyeurs qui ont l'habitude de se ruer à la suite de nos colonnes sur les villages des vaincus qu'ils pillent avec une avidité sans égale. Pour être juste envers tout le monde, l'auteur aurait dû ajouter que les Kabyles des tribus soumises ne sont pas les moins ardents au pillage de leurs compatriotes. Cet aveu lui eût été d'autant plus facile que les Kabyles n'ont aucune vergogne à se piller les uns les autres dans ces circonstances. Pendant la guerre, le lendemain du sac d'un village, les habitants étaient presque toujours sûrs de retrouver chez leurs voisins la plus grande partie des objets qui leur avaient été enlevés; mais ils devaient les racheter.

[2] Le mot at'iiar vient de l'arabe طار «voler», d'où طير «oiseau». Les Kabyles aussi bien que les Arabes l'appliquent habituellement à ces vagabonds religieux qui voyagent sans cesse comme des oiseaux, sans qu'on sache d'où ils viennent ni où ils vont. La phrase ouin id iousan d'at'iiar, pourrait se traduire plus librement par : «qui nous est tombé du ciel».

[3] Ar'ebbar est l'arabe غُبَار «poussière». Très-souvent dans la poésie, les Kabyles emploient ce mot pour désigner la fumée d'un incendie. Ici il y a incertitude et, dans ce vers, ar'ebbar peut tout aussi bien s'entendre de la poussière soulevée par les pieds des combattants que de la fumée des gourbis incendiés.

Ils ont pris pour prétexte le chérif[1] — qui nous est venu en oiseau voyageur; — il s'est établi au-dessus des Aït-Arif[2], — son camp fait face aux çouar[3] ; — il a pris le chemin de la vallée. — La poussière s'élève à Chemlal[4].

عَمْرَوَاثْ ٱلْبُوسْ اُضْرِيفْ
اَكَّرَنْ وَرْيَبْغِى اَلْخَطَرْ
كَتْبَنْ تَبْرَتْ اُسْ وَرَيْسِفْ
سِتْلَمْسَانْ اَرَامَعَسْكَرْ
يَوَهْ تَمْ يَوَلْ تَوَصِيفْ
دَبْنِى اَعْمَبْ اَىْ دَكَتَّرْ

Amraoua, ath elbous oudhrif,
ekkeren, our ibr'i el khat'er,
ketheben thabrats s ourrif.
si Tlemsen ar Mâsker
iououi d taraïoul l ouçif
d' ebni aârab ai d ikethther.

Les Amraoua[5], aux vêtements élégants, — se sont irrités ; ils se sont levés — et, dans leur colère, ils ont écrit au chrétien. — Depuis Tlemcen jusqu'à Mascara, — le chrétien a amené des tirailleurs noirs : — ce sont des fils d'Arabes qu'il a surtout amassés en grand nombre[6].

---

[1] Le chérif Bou-Ber'la.
[2] *Aït-Arif*, village des Iflissen-Oum-Ellil.
[3] Les Kabyles appellent *el çouar* les enceintes, les ruines situées près d'Aïn-Facy.
[4] Le village de *Chemlal* est situé sur la route de Tizi-Ouzzou à Fort-Napoléon, près de la rivière des Aït-Aïssi. *Chemlal* est le nom arabe du chrysanthème.
[5] Les Amraoua, en kabyle *idmraouien*, ancienne tribu makhzen des Turcs, occupent la vallée du Sebaou au-dessus et au-dessous de Tizi-Ouzzou. D'origine très-variée, ils ont plutôt les mœurs des Arabes que des Kabyles, bien qu'ils parlent presque tous le kabyle. Ils sont cavaliers et fournissent un goum très-nombreux.
[6] Les Kabyles affectent de croire que nous ne pouvons rien entreprendre contre

EXPÉDITION DU GÉNÉRAL PÉLISSIER.

بَـرْنَـاهْ اَزْوَفْ وَرْ نَــعْــرِفْ
وَرْ يَسِّنْ مَـنْـهُ ٱلْـفِـعْـبَـارْ
كُلْ عَشَّرْ اِنْبَعِتْرْ اٰلسِّيفْ
كُلْ وَ غَفْ ارْتَّبِسْ مَـقَّــرْ
اَغْرَارْ اِعْصَـانْ يَـبِـيبْ
اَڭْـخَـدَّمْ وَزكَّـاعْ وَضَـارْ

Irna d ez zouaf our nârif [1]
our issin men ho, el k'ifar,
koul âchera ithebá then es sif [2],
koul oua r'ef er ratheb [3] *is mouk'k'er,*
ad'rar iâouçan iff,
ag kheddem ouzouggar' oudhar [4].

Il y a joint des zouaves qui ne connaissent pas le danger;
— ils ne comprennent pas qui-va-là? ces fléaux. — Toute escouade de dix hommes est suivie d'un officier, — et chacun d'eux, dans sa position [5], commande avec autorité; — la montagne révoltée, ils la passent au crible; — voilà ce que font les jambes rouges [6]!

بَنْ هِنِي اِصُوبْ غَهْوَسِيفْ
يَعْزَ لَعْـزِبْ وَبَـشَّـارْ

eux sans des auxiliaires musulmans. C'est une consolation pour eux de penser qu'ils ne peuvent être battus qu'à l'aide de leurs coreligionnaires.

[1] Le mot *nârif* est un participe se rapportant à *zouaf*, et non une première personne du pluriel. De l'arabe عرف (voir *Grammaire kabyle*, p. 161).

[2] Littéralement : «chaque dix hommes suit eux un sabre».

[3] Le mot *ratheb*, qui est l'arabe رتب, a

ici le sens de position, rang, grade, et non celui de solde qui lui est donné ordinairement en Algérie.

[4] On traduirait littéralement : «ceci fait le pied rouge».

[5] C'est un hommage rendu à notre organisation militaire. Les Kabyles reconnaissent très-franchement notre supériorité à cet égard.

[6] Allusion aux pantalons rouges de nos soldats.

غرڤغني يڤهمن وسمڤ
ورنسعي أحبيب أدنذر
بسأن تخبرة عليمي
نبطل ولا أدالعوشر
يكنوت ترعد تسعيمي
إغات يطهج ورنسنز

Ben Hini içoub r'er ouasif
iàna l âzib oubechchar,
r er Bour'ni ikereb ousourif
our nesâi ah'abib ad' inder.
iousa d lekhebar d' ar'ilif,
nebet'el oula d' el âouacher.
thigenouth theràad, thetsiff,
ir'ab it'l'ij our th enzer.

Le chrétien descend dans la rivière à Ben-Hini [1]; — il se dirige vers l'azib de Bechchar [2], — de là à Boghni [3] il n'y a qu'un pas, — et nous n'avions pas un ami pour nous prévenir. — Quand nous parvint la triste nouvelle, — nous interrompîmes la fête même de l'Aouacher [4]; — le tonnerre grondait, la pluie tombait comme la farine du crible, — le soleil avait disparu à nos yeux.

[1] La rivière qui passe à Ben-Hini est l'Isser.

[2] L'azib de Bechchar était situé à deux kilomètres environ de l'emplacement actuel de Drâ-el-Mizane, là où se trouve maintenant le jardin du commandant supérieur. Un *azib* est une habitation provisoire pour la saison des travaux agricoles. Bechchar est le nom d'un homme, très-influent alors, de la tribu des Neztioua.

[3] *Boghni* est un fort turc en ruines à trois lieues à l'est de Drâ-el-Mizane.

[4] L'*âchoura*, que les Kabyles appellent *âouacher*, est une fête qui se célèbre le dixième jour du mois de moharrem, en mémoire de la mort de El-Hoçeïn, fils de Fathima, fille du Prophète et épouse d'Aly. Il fut tué le vendredi d'achoura de l'an 61 de l'hégire (681 de J. C.) par Sennân-el-Nekhây, à El-Keff près Koufa en Irak-Arabi.

EXPÉDITION DU GÉNÉRAL PÉLISSIER.

سِبِع عَلِي وَمُوسَى أَبْضْرِيسْ
أَنَابْ تَلْبَرْهَانْ مُقَّرْ
بَغْرَ سِبِع أَخْلِيزْ ءَالسّْ
إِيْشْبَ ٱتْجَمَعْ تَزْهَرْ
أَرْءَ نَمْءَ دَّا أَنْصِيبِي
ٱجِيزْ وَٱجُورْ خَّضَرْ

Sidi Ali ou Mousa, ai oudhrif!
a bab n el berhan mouk'k'er.
ir'era sidi Khelil d' el lif.
ichouba l djamä le zhar
erd'a [1] *therr'a d'eg tsnaçif,*
ed djir ou el ladjour ikheçer.

Ô gracieux sidi Ali-ou-Mousa [2], — maître du puissant berhan [3]. — toi qui lisais Sidi-Khelil [4] et le Coran, — ta koubba ressemblait à la mosquée Ez-Zhar [5]: — les draperies qui en ornaient le milieu ont été brûlées; — la chaux et les briques sont détruites.

نَفِيلْتْ وَرْ نَمْمِمْ إِجِيمِي
خَلْقِي بُو ٱلْبْسْ ٱلْغْبَارْ
أَخْنَازْ أَمْهَونْ تَسْغَمْ يِسّْ

[1] *Erd'a* est le nom que donnent les Kabyles à la draperie qui recouvre le catafalque placé dans la koubba d'un marabout. Ce mot est arabe.

[2] Sidi Ali-ou-Mousa, marabout très-vénéré, enterré dans la koubba située près du village qui porte le nom du marabout, entre les Mechras et les Maâtka.

[3] Le *berhan* est le pouvoir surnaturel attribué aux marabouts d'opérer des miracles, des guérisons et surtout de jeter des sorts et de faire toutes sortes de maléfices.

[4] *Sidi-Khelil* est l'auteur d'un traité de jurisprudence, accepté comme code des lois musulmanes par les indigènes de l'Algérie. Il mourut vers l'an 976 de l'hégire (1568 de J. C.).

[5] La mosquée El-Azhar est une des mosquées du Caire.

آروان تجواء يمغيار
سكمي اغليں حدواز تبطى
أم بض اقبيلي يسخر

*Thak'ebilt our nezmir i l h'aif
be khelaf bou l lebsa el ler'iar
eknan amzoun d' asr'arsif*[1]
*arouan le djouad' thimâouiar,
segmi er'lin h'ad our ts it't'if,
amrabodh ak'baili isekher.*

La confédération[2] qui ne pouvait supporter l'injustice, — et dont tous les guerriers portaient des vêtements de couleurs tranchantes[3], — a ployé comme un aune. — Les nobles cœurs ont été rassasiés d'humiliations; — puisqu'ils sont tombés, personne ne pourra tenir, — marabouts et Kabyles subiront la corvée[4].

أقلاغ عمجاز ساسفيمى
أخذ واتجاج أيمغار
نعغم سى تقيلن سالخيى
تج تمياب انعوشر

---

[1] *Asr'ar sif*, abréviation de *asr'ar ouasif* «le bois de la rivière», est le nom kabyle de l'aune. C'est probablement la traduction du nom arabe عود الما, qui a la même signification.

[2] La confédération des Maâtka.

[3] Lorsque les guerriers d'une tribu kabyle vont au feu, ceux qui veulent se poser en braves affectent de revêtir des habits de couleurs tranchantes, rouge, verte, noire, etc. qui les distinguent de la masse, dont les vêtements sont blancs, et qui les exposent davantage aux coups de l'ennemi.

[4] Les Kabyles distinguent toujours avec soin les marabouts et les Kabyles, et semblent les regarder comme deux peuples d'origine différente. Avant notre conquête, les marabouts étaient généralement exempts des corvées d'utilité publique.

أيـعـسّـاسـنْ أبـاسـيـفْ
نـغـمـاعْ أنّـجّـبـارْ

Ak'lar' d' imegidjan s ask'if,
a Meh'ad' ou el H'adj, ai amr'ar,
neffer' ed si thak'ebilt s el h'aif
nedja l k'abab enâoucher,
a iâsasen b ouasif
thed'âoum ar' an nendjebar.

Nous voici en fugitifs dans ton vestibule, — ô vénérable Mohammed-ou-el-Hadj [1], — nous sommes sortis de notre tribu par la violence, — nous avons quitté nos amis, nos intimes; — ô vous qui veillez sur la rivière [2], — priez Dieu pour qu'il nous réunisse à eux.

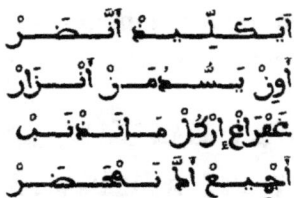

Ai agellid' a n nadher
a ouin issoudoumen anzar
r'efr ar' ir koul ma ned'neb
ed djemiâ akka nemeh'adher.

O Maître souverain qui vois tout, — toi qui fais tomber les pluies fécondantes, — pardonne-nous si nous avons péché, — à nous tous qui sommes ici présents.

[1] Si-Mohammed-ou-el-Hadj, marabout enterré chez les Aït-Mahmoud. Sa zaouia est dans le village qui porte son nom.

[2] La rivière dont il s'agit ici est la rivière des Aït-Aïssi. Les gardiens qui veillent sur elle sont les marabouts enterrés près de ses bords, tels que : Sid-Ahmed-Naït-Zeggan, dont la koubba est au-dessous de Taourirt-Moussa-ou-Ameur, Si-Mohammed-ou-el-Hadj, etc.

IV

PAR EL-HADJ-SAÏD-NAÏT-AMEUR, DU VILLAGE D'IR'IL-EL-LEMMAD,
TRIBU DES AÏT-ZMENZER, CONFÉDÉRATION DES AÏT-AÏSSI.

أَصْلَنْ أَعْلِيكْ فَالحَضَرْ
أَبْغِيغْ أَكْـنَـذْكَرْ
كُلّْـسْ مَـشِي ذَيَـنْـزُو
أَرْسُولْ بُـلْوَجْـه إِمْـنَـوَّرْ
زِيـدْ غَـفْ آلخَـطَرْ
مَبْعِيـذْ أَكْـزَوَّارْأَطْهَي
وَنِـسِي أَمْكَارْ نَـوْكَرْ
أَزَّا أَدْ يَـنْـجَـرْ
اَسْعُوغْ آدْ لَـمْـعِـىْهَي

Eçlat âl ik d' el h'adher
br'ir' ak ned'eker
koull as machi d' ai..... ba.
a rsoul bou l oudj imenouer !
zid' r'ef el khat'er
me bâid eg zouer t'ia,
ouanes ii d'eg ed dar l ouker,
azekka ad' inejer,
ag sâour' ed' le mâirfa.

Que les bénédictions soient répandues sur toi dans le présent, — je veux répéter ton nom avec éloge, — chaque jour ce n'est pas ce que je néglige. — Prophète au visage radieux !

tu es doux à l'âme, — la lumière te précède de loin; assiste-moi dans la demeure dernière! — quand le tombeau sera taillé[1]. — tout ce que je posséderai sera ta connaissance.

غَالْفَصّي أَنْبغِي سَنْضَرْ
أَنْخْسَوْقْ حَكّرْ
سَكِّعْفي أيِدْ نَسْفَرْ
غَالْخَطِرْ يَوْمِي دِعَمَرْ
أَعْضَعَ الَّبحَرْ
دَمْ تَكَّرَ الْمَجّ تَضْعَ

D' el k'eçça, a ts ebdour' s en nedher,
a l h'ad'ok. h'akker.
segg ir'ef its id nessefra.
d'el khat'er iou mi d iâmmer
aâdhem el lebah'ar[2]
d'eg thekker el mouja thedhr'a.

Je commencerai ce chant avec art, — homme intelligent, médite, — je l'ai fait sortir de ma tête. — Lorsque mon imagination s'emplit, — elle est plus vaste que la mer — sur laquelle se dresse la vague mugissante.

حَرّدْ الْبَهْلْ أَوِي تَخْضَرْ
نَسَمْ نَتْقَفَرْ
أَيَسْرِيوْ إِيَسَمْ يَفرَزْ

[1] Les cimetières des villages kabyles sont généralement situés sur les crêtes des montagnes où le roc est à peu près à nu, de sorte que les fosses sont en effet taillées dans le roc.

[2] L'article est répété deux fois devant le mot arabe 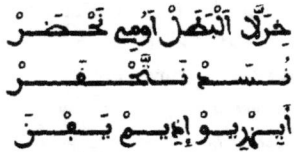 «mer». Cela vient de ce que les Kabyles ont pris pour le nom de la mer le nom arabe avec son article. *Lebah'ar*, en kabyle, veut simplement dire «mer»; si l'on veut déterminer le nom, il faut donc ajouter l'article et dire *el lebah'ar* pour «la mer».

غي آلزير اسمي تغمر
أنهم دتسمبر
من كز التمهج سنخي

khéralla l bat'el aouni neh'adher
nousa d netsh'ak'er,
a izeri ou, id'im ifna
r'ef le Dzair ; as mi thâmer
atherki d' en neber,
men koul el bordj s el h'ouma.

Nombreuses sont les injustices auxquelles nous avons assisté; — nous sommes devenus un objet de mépris, — ô mes yeux, versez des larmes de sang — sur Alger; au temps de sa puissance, — les Turcs étaient l'élite des hommes, — chaque fort avait sa garnison.

أث إعمام نجوذر
سلبس تنخر
يتفقير أغني أشهد
إومي تغر التعمر
الذني أنتنكر
ومّن أغر الجنث أصد

Ath iaoumain n ed djouder
s el lebsa theneh'ar
itsfekkir r'ef chehada,
i ouimi ther'zi[1] el lâmer
ed denia a ts nenker,
oui immouthen r'er ed djenneth k'eçad'a.

[1] *Ther'zi*, abréviation pour *ther'ezzif*, du verbe *r'ezzif* « être long ».

Gens aux turbans de belle étoffe, — aux fins vêtements,
— ils rappelaient au monde la profession de foi[1]. — A quoi
bon prolonger l'existence? — Renions ce monde! — celui
qui meurt va droit au paradis.

دَفْرَنْصِيصْ سْلِيسْ يَكْثَرْ

دَالْكِيــضْ أَكْـــوَرْ

بَــسَّرْتْــعْ أَدْكَــمِلْ

أَمْنِينْ أَلْفْ الْعَــسْكَرْ

كُــلْـشِــي إِعَــبَّــرْ

يَوِّي الزَّدْ سَلْكُنْرْ

*D' Afrançiç s ed djis ikether
d'egg idh ag d'ououer,
issers ed d'eg ermla
themaniin elef el âsker,
koul chi iâbber
iououi d ez zad s el kouthera.*

Le Français est puissant par le nombre, — pendant la
nuit il nous a enveloppés; — il a débarqué sur la plage sa-
blonneuse — quatre-vingt mille soldats; — il fait tout avec
méthode; — il a apporté des provisions en abondance.

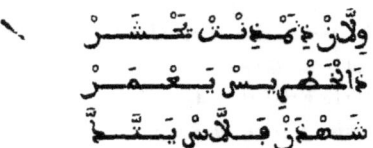

---

[1] La profession de foi musulmane consiste à prononcer les paroles sacramentelles : لا إله إلا الله محمد رسول الله, par lesquelles on atteste qu'il n'y a d'autre Dieu que Dieu et que Mahomet est le prophète de Dieu.

وين يران أغيسنصر
أنتمنيس مغر
بنوقنع يسرى

Oui illan d'i themd'int ih'acher.
d' el khat'er is ůmer
chehad'en fell as itsekka.
ouin iouran ad' isthencer.
er ratheb is mouk'k'er,
inoua la th id isserdha.

Ceux qui étaient dans la ville étaient irrités [1], — leur âme était pleine de colère, — on affirme qu'ils s'entendaient avec l'ennemi. — Celui qui s'enrôle se fera chrétien, — sa solde est forte; — il croit abuser le chrétien.

أسمي أقبل أويحر
يسمطلغ نمر
هكشرى ال أو لغمه
مرتسك ايوكر
أجور أو لغمر
تغ يسمع و مين

As mi k'ebel ad' ar' ih'ar
isschal ar' l amer,
d'eg cherredh oula d' el r'erama,
ma thoura segmi ioukker,

[1] C'est une opinion répandue parmi les indigènes de l'Algérie, qu'au moment de la prise d'Alger la milice turque était mécontente du dey et ne s'est pas battue comme elle aurait dû le faire. Ils vont même jusqu'à dire, ce qui est tout à fait faux, qu'elle a trahi ses devoirs et facilité aux Français l'entrée de la ville.

POÉSIES POPULAIRES DE LA KABYLIE. 55

ed djour d' el k'cher,
la r' isserr'a d'ifourna[1].

Avant qu'il nous ait envahis, — le chrétien nous faisait toute chose facile, — dans les conditions il n'était pas question d'impôt. — Aujourd'hui qu'il s'est établi solidement, c'est l'injustice et la violence; — il nous fait brûler l'un après l'autre comme des tas de broussailles.

نَرَآبِكَاعْ اَنْـنْـضَـرْ
إِمِــي اَغْــسِــعْ عُورْ
يَفْضَعْ اَبِيـعْ إِنْـوَزْ
نَغَاعْمْ اَلْرِّبْ اَلْبَـخَـرْ
كُلْ اَلْمَرْسِ تَـعْـمَـرْ
سَاثْزَابْرْ اَرْمِي اَعْـنَّـابْ

Thoura ai ouggad'er' an nent'er
imi ar' d id'ououer
ik'dhâ abrid' i theroula,
iour' ar' d er rif el lebah'ar
koul el mersa thâmer
si l Dzair armi d' Annaba.

Ce que je crains maintenant c'est que nous ne soyons opprimés; — depuis qu'il nous a enveloppés, — il nous a fermé le chemin de la fuite; — il nous a pris le bord de la mer, — chaque port est occupé, — depuis Alger jusqu'à Bône.

---

[1] On appelle *ifourna*, au singulier *afarnou*, les tas de broussailles et de mauvaises herbes que l'on fait de distance en distance dans les défrichements et que l'on brûle ensuite les uns après les autres afin d'éviter les incendies. C'est surtout l'idée d'attaques successives que l'auteur veut exprimer dans ce vers.

وِلَّنْ خْحِدِيقْ إِجْحَرْ
زِيكْ أَكَتَّخَرْ
أَكْنَدَقَنْ أَيكَمَ
الَادَشْ أَكْشَعْبَنْ تَعَمَرْ
مِدْيَسَ تَمَرْ
غَمْرْوِيذْ مِثْقَازْ الصَّرْ

Oui illan d' ouh'ad'ik' ihoujer
zik ag et't'akher
ag endek'k'en a thigemma!
oulach ag cher'ben l âmer
mi d iousa l amer
r'er ouid' mi thefaz eç çoura.

L'homme intelligent a émigré, — depuis longtemps il est parti; — que de familles ont disparu! — Rien n'a attristé ma vie — comme l'arrivée des ordres de l'ennemi — aux hommes les plus distingués par le rang[1].

أَمْ آفَتَمَيِلِي أَمْ آمْحَبَضْ
كَــلْــوَأْوَنِــيَــذْ تَــمَّ
نَــهَّــزِيَــتْ الَادَشْ أَتَجَــمَــرْ
بَــتْ تَــغَــمْــبَــزْ مَــقَّــرْ
مَزَالْ أَيَنْكَافْ تَضَسْ
عَالْــعُــومْ أَبَا جَــمَــفْــقَــرْ
بَتَّكَــمْ أَمْ تَخَــضَــرْ
أَزَمَــانْ عَــبْ مَــنْ إِوَلّْ

[1] Allusion à quelques hommes influents tels que Ali-el-Haoussin-en-Zâmoun des Flissa et Bechchar des Nezlioua qui furent internés en Algérie ou envoyés en France.

POÉSIES POPULAIRES DE LA KABYLIE. 57

{m ak'baili am amrabodh
koul oua d' ouanid' a idda?
nerrez iak oulach anedjbar.
iak le r'eben mouk'k'er
mazel, a inegaf, thadhesa!
d' el k'oum agi d' imek'efer.
d'i l h'akoum ad' ihadher.
zman r'ef medden ioulla.

Kabyle et marabout, — qui sait où chacun d'eux est allé? — Nous sommes vaincus sans retour ; — certes, la douleur est grande, — le rire est-il encore permis, ô insensés! — Cette génération est vouée au malheur; — elle subira le gouvernement de l'infidèle. — Le temps est changé pour les hommes.

دَكَيْمُورْ أَمْ بَجَمْبَرْ
أَكْرِيسْ إِصَمَّرْ
نَمْ نَغِي أَوْكَثَّرْ
وِسْعَانْ الزِّرْ أَنْيَنْهَرْ
وَلَاشْ أَسْتِخَرْ
أَغْمُولْ أَسَرْغُنْ يَرْ

D'egg aiiour em boudjember[1].
agris içerrer
nek thour' ii d'eg es sekhera.
oui isdan ez zaila a ts inhar.
oulach astikhar,
ar'ioul, aserd'oun ioura.

Dans le mois de décembre. — la glace durcissait la terre.

---

[1] Les Kabyles, comme les autres indigènes, connaissent tous les divisions du temps d'après le calendrier Julien.

je fus pris pour la corvée. — Celui qui possède une bête de somme la pousse devant lui, — pas moyen d'y échapper, — chaque âne, chaque mulet est inscrit [1].

تَحْكُوطُ الْمَسْكِ الْعَمْبَرْ
بَلْقَسَمْ أَمَكْ إِدَّسْ تَضَّرْ
أَسْمِي نَحْوَبْ تَمِعْشَاقْ
أَكَّنْ أَيْنَلَّا دِلْكَسَمْ
أَعْدَاوْ نَعِيتْ سَلْبَهُوهْ
سِطَرْبَانْتْ آرْلَكَنَّرْ
وِنْ يَلَّانْ دَحْبِيبْ مَسْعُودْ
وَاغْ إِكَانْ دَعْدَاوْ يَلْقْ

Thch'akout' i l'mesk el amber,
Bel-K'assem, amek id' es thedhra?
as mi nemh'oub, nemiâchak'
akken ai nella d'i l'k'esma,
aâd'aou nour' ith s el baroud'
si Tharbant ar le Guenanna,
ouin illan d' ah'abib mesâoud',
oua r' igan d' âd'aou ilk'a.

Parle [2] au musc de choix, — Bel-Kassem [3], que lui est-

[1] Les renseignements statistiques les plus simples pris chez les Kabyles sont pour eux des sujets d'inquiétude, et donnent lieu aux suppositions les plus bizarres et les plus extravagantes. Savoir que son nom est inscrit sur un registre du chrétien est pour un Kabyle une cause de terreur incessante. Il se croit toujours sous le coup de dangers de toute espèce. Cette frayeur est si grande, qu'il n'ose toucher ni aux poteaux ni aux fils du télégraphe électrique, persuadé qu'il est que le fil doit inscrire sur un registre le nom de celui qui le touche.

[2] L'auteur est censé s'adresser à un oiseau qui lui sert de messager. On retrouve la même image dans presque toutes les poésies kabyles.

[3] Le poëte entend parler de Bel-Kassem-ou-Kassi, bach-agha du Sebaou, mort en 1854.

il arrivé ? — A l'époque où nous étions amis, quand nous nous chérissions les uns les autres. — nous ne formions qu'un même parti [1]; — nous domptions l'ennemi par la poudre, — depuis Tharbant[2] jusqu'à El-Guenanna[3]. Heureux celui qui était notre ami! — quiconque nous était hostile n'éprouvait que désastres.

خكوث إلكغط الّـعـفـوز
تلقسغ أسيبذ نـسـلـطـز
أنصس أبتخثغ نخبمز
أمنز أخيبة مـيـشـى
مـيـنـرات أخ غـنـمـز
ميوعات واللّـه أروشـو
تغيلن ورنـهميز أخيبى
نـرتـغـقـل ءالـرغّـى
سكروى إغمز خياس
خلصنيغ أوكتّـرة

Theh'akout' i l kar'et' el lâk oud
Bel-K'assem, a sid' n es solt'ena,
at'as ai nekhed'em n el khèr
amender ed djüd' ma ichefa?
ma izera th ad' ar' th ier
ma iouáa th, oullah, ar ouichk'a!
thak'ebilt our nezmir i l h'aif[4]

[1] La tribu des Aït-Zmenzer, à laquelle appartient l'auteur, était du parti du bach-agha Bel-Kassem; elle ne s'en sépara qu'en 1851, lorsque Bou-Ber'la insurgea le pays.
[2] Tharbant, village des Aït-Ouaguennoun.
[3] El-Guenanna, village des Isser-Drouch.

[4] Ce vers se trouve déjà dans la pièce précédente. Les Kabyles ne se font aucun scrupule de ces emprunts; il y a des vers qui sont, on peut dire, du domaine commun; chacun s'en sert lorsqu'il en trouve l'occasion, et il serait fort difficile d'en retrouver les auteurs.

thoura thek'k'el d' er rdia,
« ekra oui iâd'emen khouia »
khalleçen t id d'eg et trika.

Parle au papier des actes[1]. — Bel-Kassem, ô maître des rois! — nombreux sont les services que nous lui avons rendus. — le noble cœur s'en souvient-il? — S'il les a appréciés, il nous rendra le bien que nous lui avons fait, — s'il en a le pouvoir, par Dieu, tant mieux! — La confédération[2], qui ne pouvait supporter l'injustice, — est maintenant soumise aux Français. — Celui dont le frère meurt — est forcé de payer pour sa succession[3].

ai agellid', a n nadher,
etsrer' k , a bab el loufa ,
daâr' k id s enbi et't'ahar
d' ekra la ihaderen ichfa,

[1] Les poëtes kabyles, dans leurs comparaisons, s'inquiètent fort peu qu'il y ait ou n'y ait pas analogie entre les objets comparés. Il leur suffit que le terme de comparaison réponde d'une manière générale à l'idée qu'ils veulent exprimer, soit éloge, soit raillerie. De là souvent les comparaisons les plus étranges.

[2] La confédération des Aït-Aïssi à laquelle appartient la tribu de l'auteur.

[3] Allusion à la justice des kadhis qui fut imposée aux Aït-Aïssi, aux Maâtka, aux Aït-Ouaguennoun, etc. après l'insurrection de 1851. Jusque-là ces tribus avaient été régies par la coutume kabyle, qui n'admet pas les droits de succession.

kera d'a arou th d' imeh'arrer.
àthek' ar' si djehennama.

O Roi qui vois tout! — je t'en prie, Maître de toutes les perfections, — au nom du Prophète, modèle de pureté, au nom de ceux qui se souviennent de leur parole, — inscris tous ceux qui sont ici au nombre des élus: — préserve-nous de l'enfer.

V

PAR ÀLI-OU-FERHAT DE BOU-HINOUN.

أَصْلَتْ فِلَّمْ تَعْضَرْ
أَكَعْ وَالْعَوَزْ
أَرْسُولْ أَيْ أَدْرَارْ أُحْصِينْ
أَبَابْ نَنُّورْ دِبْنَّـهْ
أَكْـهْوَارْ أُهْــــــــي
نَغْ لَغُّرْمِي إِمْيَتْعَلِّيمْ
مَا ٱلْشْفِعَضْ أَوْ كَهِـزْ
ٱلْعَبْـدْ يَـمْ يَـلَــقْ
أَوْلَاتْ لَمْضَرَبْ يَمْ أَعْلِيـزْ

Eçlat fell ak la âdhela,
ak eger' d' el âoula
a resoul, ai ad'rar ouk'açin
a bab n en nour d' ibounda[1]
ag zouar t'ia,
ner' le fedjer mi id itsâllim.
ma thechefâdh d'eg le djil a;
el âbd iak ilk'a
oulat le medhareb iak er'lin.

Que les bénédictions soient répandues sur toi sans relâche! — Je ferai de toi ma provision, — ô Prophète, montagne de refuge, — maître du flambeau et des rayons — que pré-

---

[1] On appelle *ibounda*, au singulier *abandou*, les rayons du soleil qui pénètrent dans les maisons par les fissures des murs ou de la toiture.

cède la lumière — ou le crépuscule du matin lorsqu'il paraît. — Intercède pour cette génération! — Tous les hommes sont dans la détresse, — ceux qui occupaient de hautes positions sont tous tombés.

نَلَّا ٱلْزَيَرْ نَسْهَنْ
وَالسَّرْءُ لَكُرَنَّـمْ
خْلَاقِي أُعُوجَنْ أَسْكِّينْ
نَتَّا لَعْشُرْعَٱلَّـمَّهْ
أَنْصَارَةَ لَعَــا
نَنْتَقَلْ بِيسَ مَسْكِّـينْ

Thella le Dzair thetschenna
d' et terk le granda¹.
be khelaf ouâouidjen ousekkin.
netsak l'àchour d' el lezma
theçar d' el áda.
inetsak'el bab is, meskin!

Alger naguères était paisible, — les Turcs étaient les grands seigneurs, — tous portaient le sabre recourbé. — Nous donnions la dîme et la lezma², — c'était devenu une habitude. — Son maître, hélas! est parti, le malheureux³!

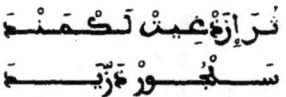

¹ *Granda* est le pluriel de *grandi*, qui n'est autre chose que l'altération de notre adjectif *grand*, ou plutôt de l'italien *grande*.

² Les tribus kabyles qui avaient accepté la domination turque ne payaient que de très-légers impôts. Pour la plupart d'entre elles, l'àchour ou dîme ne s'élevait pas à plus de vingt-cinq centimes par zouidja ou paire de bœufs. La zouidja, dans la plaine des Amraoua, équivaut à huit hectares environ. La lezma était un léger impôt en nature, huile, beurre, figues, miel, qui servait à l'entretien des garnisons turques de Tizi-Ouzzou, Bordj-Sebaou et Bordj-Menaïel.

³ Beaucoup de personnes croient que les Kabyles ont conservé pour les Turcs des sen-

64 POÉSIES POPULAIRES DE LA KABYLIE.

يَفْضَعْ غِ مَعَّزْ يِسْمِينْ
سِي الزِّيَرْ أَرْ ثَوَرْغَ
أَثْمَازْ أَمْ يِنَرْ
يِمَنْ تَوْلاَدْ لَتْسَرَبِّينْ

*Thoura izd'er' its le komanda
s ed djour d' ez ziada
ik'dhaâ d'i medden thisemin.
si l Dzair ar Thaourga
el mal ak ioura,
irna l oulad la tserebbin.*

Maintenant c'est le commandant[1] qui l'habite — avec l'injustice et les excès; — il a éteint toute jalousie chez les hommes[2]. — D'Alger jusqu'à Taourga[3], — il a inscrit tout le bétail, — il inscrit aussi les enfants à la mamelle.

سِي النْقَنْطَرَتْ أَرْمَسِج
كُلْ أَمَكَّانْ يَمْبَرْ
أَمْ يِبِضِي أَمَّاسْ تَعَجِّبْ
يَغْلَبْ أَجْرَاءْ سَلْكَتَرْ
أَكَزْ مَدْيَسَرْ
كُلْ النْعَامْ تَنْتَمْنِيمْ

timents de haine et de répulsion. C'est une grande erreur; tous les récits, toutes les chansons kabyles présentent, au contraire, les Turcs comme des types de bravoure et de dignité dans le commandement. Un poëte kabyle ne croit pas pouvoir faire d'un homme un éloge plus grand qu'en le comparant à un Turc. Les Turcs, en un mot, sont placés dans l'esprit des Kabyles au sommet de l'échelle dont les Juifs occupent le dernier échelon.

[1] Le commandant désigne ici l'autorité française en général.
[2] C'est-à-dire que sa puissance le met au-dessus de toute jalousie.
[3] *Taourga* est un village situé entre Tizi-Ouzzou et Dellys, près de la route muletière qui relie ces deux localités.

POÉSIES POPULAIRES DE LA KABYLIE.

Si thek'ont'arth ar Metidja,
koul amekkan ibna,
am iidh amm as la tsâddin,
ir'leb ajerad' s l kethera
akken mi d isera,
koul l aâm la d etsnernin.

Depuis le pont[1] jusqu'à la Mitidja, — le chrétien bâtit en tous lieux. — La nuit comme le jour il parcourt le pays; il était plus nombreux que les sauterelles — lorsqu'il est venu ici; — tous les ans il fait des progrès.

Ak'baili d' ouârab inza,
koul ioum a d' es sekhera,
ad'r'ar' our âad' ith ebd'in,
ibna el bordj d'eg Âmraoua[2]
serdjent thesoura,
i l k'ebail ad' etschethkin.

Kabyles et Arabes sont vendus[3]; — chaque jour c'est une corvée; — ils n'ont pas encore cependant commencé celle

---

[1] Le pont de l'Harrach, près de la Maison-Carrée.

[2] *Âmraoua* est ici le nom du pays et non celui de la tribu.

[3] C'est-à-dire, ils sont vendus par Dieu. En kabyle comme en arabe, on dit d'un homme que Dieu l'a vendu, pour exprimer que Dieu lui a retiré sa protection et le laisse volontairement exposé à tous les malheurs.

des pierres; — ils ont bâti un fort chez les Âmraoua[1], — les clefs en sont déjà faites : — c'est pour que les Kabyles puissent aller s'y plaindre.

ميمق اخمزني اسلكر
الصبون ترض
اتش وسميذ يتنقمن
بسيا اتركيمث توّل
اتبدّل الحال
تحصل مين ور تخدم

Mi ifka amekhazeni s el kera,
eç çaboun thared'a,
outchi d' esmid' itsnek'k'in,
bou s sia therkeb ith thaoula,
thebeddel el h'ala
ih'açel d'i thin our ikhed'im.

Lorsqu'il envoie un Mekhazeni[2] avec salaire, — il lui faut le savon pour son blanchissage, — pour sa nourriture, la farine la plus pure. — Celui que l'affaire concerne est pris de

---

[1] Le fort de Tizi-Ouzzou, bâti par les Turcs, est très-petit et ne pouvait contenir qu'une très-faible garnison. Depuis 1852, nous y avons ajouté des constructions pouvant contenir un bataillon, avec tous les services accessoires.

[2] Un *mekhazeni* est un homme attaché au makhzen, c'est-à-dire à l'autorité. Chaque chef a ses mekhazenis qui veillent à l'exécution de ses ordres, et en temps ordinaire font surtout le service des courriers. Sous l'administration turque et arabe, lorsqu'un chef envoyait par un mekhazeni une lettre à l'un de ses administrés, celui-ci devait payer au porteur, pour prix de sa course, une somme qui était d'autant plus élevée que le commandement du chef était plus important. Le mekhazeni avait droit aussi à la nourriture et se montrait d'ordinaire fort exigeant. Le prix du savon pour le blanchissage équivalait à un pourboire. Nous avons conservé longtemps cet usage, qui donnait lieu à beaucoup d'abus. Il a été définitivement aboli en 1855 par M. le maréchal Randon.

la fièvre, — tout son être est bouleversé; — il est mis dans l'embarras pour ce qu'il n'a pas fait.

إفْنَاعْ يَـمْـخَـارْ نُـور
بَـآنْ يَـسْـعِـيـمِـزْ
مِي تَكَّرْ آلْمُوجَ أَنْوَلِيـزْ
كُلْ أَسْكَّاسْ ءَالسَّرْحَـلْ
غَـرْ آلْمَـدِيـنْ
أدْ زُرَنْ يَـاكْ آلْحَسَـنِـينْ

Ifen ar' imehoujar thoura,
iddan d'i sfina,
mi thekker el moudja u ts oualin,
koul aseggas d' er rah'ala,
r'er el Medina
ad zouren iak el H'asanin.

Plus heureux que nous sont maintenant les émigrés — qui voyagent sur les navires, — lorsque la vague se soulève, ils la contemplent. — Chaque année ils changent de demeure, — ils vont à Médine — visiter tous El-Hasanin[1].

أنْـرْعُـمْ أبَـابْ آلــسَّــى
إخَـلْـفَـزْ آلـدَّنْـيَ
عَمَّرْ سَـلْحُبْ يَغْـمْـسِـيمْ
أُنْـعْـكِـيـزْ أسْـلَـمْـبَـيّْ
وَسَّـيَـجْ آلْـطَّـلْـبْ
بَـنْـعَـجِـيـزْ عَـحَـمْ فِي آلْـمِـيمْ

[1] *El-Hasanin*, nom d'une mosquée à Médine.

أَرْفَعْ نَعْفُوضْ تَحْمِيزَ
نَسْمْ نَكُرَةْ
اَجْنَتْ اَنَرْفَعْ تَحْصِينْ

Etsrer' k a bab el loufa
ikhelk'en ed denia
ammer s el h'oub thir'erasin,
dâar' k in s el ambiia
d' es siad'i et' t'olba
itshedjin d'i h'arf el mim,
ar d' ar' thâfoudh s ed djemila
la nek la kera d'a
ed djenneth an nezd'er' le h'açin.

Je t'en prie, Maître de toute perfection, — toi qui as créé le monde, — remplis nos cœurs de ton amour. — Je t'en conjure au nom des prophètes — et de nos seigneurs les tolba [1], — qui épèlent la lettre *mim* [2]. — Pardonne-nous à tous ensemble; — moi et tout ce qui est ici, — que nous habitions le paradis!

[1] Le mot طالب *t'aleb*, pluriel طلباء *t'olba*, est arabe et signifie «aspirant», sous-entendu à la science. On appelle en général *t'olba*, en Kabylie, les étudiants des mâmeras; mais je crois qu'ici il faut entendre par *t'olba* tous les gens qui s'adonnent à la science.

[2] Le *mim* est une lettre de l'alphabet arabe. Ce vers est un remplissage.

VI

BOU-BER'LA[1].

PAR SI-LÂRBI-NAÏT-CHERIF, DU VILLAGE DES AÏT-ÀLI-OU-MEHAND,
TRIBU DES ILLOULEN-OUMALOU.

أَصْلَاتْ آعْلِكْ يَرْسُولْ إِسْمِكْ زِيد عْفِي يِلْسَس
أَمْحَمْدْ اَلْعَــرَبِــي زِينْ لَوْصَايفْ كَطَّوَسْ
اِيضْ الَوْجَابْ وَنَسِي اسْ الحْسَابْ تَكَنْتْ خَرَسْ

*Eçlat âl ik, ia r rasoul, — isem in ek zid' r'ef iles,
a Moh'ammed el ârabi, — zin l ouçaif k et't'aous,
iidh el loudjab ouanes ii, — as el leh'asab thagounits iheh'arc.*

Que les bénédictions soient répandues sur toi, ô Prophète !
— ton nom est doux à la langue, — Mohammed l'Arabe,
— au visage beau comme le paon ! — assiste-moi dans la nuit
des réponses, — le jour des comptes est un moment difficile.

عَالقَصَّى نَمَّ اغُفْ اَلْسِينْ وَلَّنْ مُخْذِيقْ بَـمْـقَـحْى
رَشْـذَعْ وَلَّنْ اَغْـتَـذِيـقْ إِونْكِبْى اَحَسَّسْ

*D'el k'eçça thedda r'ef es sin, — oui illan d' ouh'ad'ik' imeh'aç ;
reched'er' oui illan d' el h'ad'ik', — i oungif ad' ih'asses.*

Ce chant est réglé sur le sin[2], — celui qui est intelligent

---

[1] Voir la note sur Bou-Ber'la à la fin du volume.

[2] C'est-à-dire que la lettre *sin* س est adoptée comme rime. La rime à une lettre, que les Arabes appellent منواتر, est à peu près la seule qu'emploient les Kabyles.

comprend. — Je dirige l'homme intelligent, — quant à l'imbécile, il écoutera.

عَقْ أُرْمِي مِدْ بَقَّعْ   يَغْلَبْ تْجَرَادْ مَبْغَرْرَسْ
سِوَهْرَنْ أَرْ الْقَلَى   وَرْ يَسْعِي حَدْ أَنْ يَحْبَسْ

R'efouroumi ; mi d iffer' — ir'leb le djerad' ma ir'eres[1]*,*
si Ouahran ar el K'ala — our isâi h'ed a th ih'abes.

Je parlerai du chrétien ; lorsqu'il se met en campagne, — il est plus nombreux que les sauterelles quand elles pullulent dans nos champs. — Depuis Oran jusqu'à la Calle, — personne ne peut l'arrêter.

أَمْ لَجْبَالْ أَمْ سُوَاحَلْ   كُلْ وَ دْ نُوَالْ إِرَقَّسْ
دَلْبَطَلْ بَزَّاي يَكْثَرْ   دْ مْخَزْنِينْ دْ سْبَايَسْ
أَمْ كُولْ عَامْ نَتْ يَتْمَنِّي   إِغْرَارْ أَنْ يَدْغَسْ
يَبْغْ أَقَلَنْ دَالرَّعَى   إِ سْخَرَ لَاكْ دْ أُرَفَّسْ
لَكْ دَلْبَنْيَانْ نَ جَمَعْ   أَوْ تَمَلْ يَبْغِي إِنَسْ

Am le djebal amm' es souah'el — koul oua d' en noual iressfs,
d' el bat'el bezzef ikether — d' imekhazeniin d' es sbais,
em koul aâm netsa itsmenni — id'ourar a then idheffes,
ibr'a ad' ek'k'elen d' er râia, — i s sekhera lak d' oureffes.
lak d' el benian n ed Djemâa — ad' ikemmel le br'i in es.

Montagnards et gens de la plaine, — chacun apprête la nourriture ; — il accumule de nombreuses injustices, — avec ses mekhazenis[2] et ses spahis ; — chaque année il médite

---

[1] Les mots *ir'leb le djerad' ma ir'eres* signifient littéralement : « il l'emporte sur la sauterelle lorsqu'elle plante », c'est-à-dire lorsqu'elle dépose ses œufs dans les champs.

[2] Voir la note, p. 66.

— comment il ploiera les montagnards à son joug; il veut en faire des sujets — pour la corvée et la difa[1]; ensuite, quand il aura bâti au Djemaâ[2] — ses désirs seront accomplis.

عَقْ يِيزْ إِعِمَّ أَغَهْيِبـَ   بَرْ عَبْدْ اَللَّه إِمْحَسْ
أَتْمَشُومْ وَرْ تَهْمِرَضْ   أَيَكَفْكَانْ دَحْوَسّ
أَرِمِ تَمِيسْ يَصْعَبْ   سْ أَلْ بَلْوُطْ أَيتَقَّسْ

R'ef thin ir' iga our'erbi — Ben-Abd-Allah imench'as[3].
ai amechoum our thezmiredh! — ai ak efkan d' ah'aous.
aroumi l amer is icab. — s el bellout' ad ithek'k'es.

Je dirai aussi ce que nous a fait l'homme de l'ouest[4] — Ben-Abd-Allah l'imposteur! — Eh! mauvais drôle, tu es impuissant! — ce qu'il t'est donné de faire n'est qu'une simple promenade. — Le chrétien est redoutable, il frappe avec des glands de plomb[5].

أَغَنْتْ أَبْغَسَّبْ اَلْقَسَمْ   أَنِي مِي يَقَّلْ ذَلْسَعَرِسْ

[1] La *difa* ou hospitalité donnée aux agents de l'autorité est un signe de soumission. Comme les frais d'hospitalité sont répartis sur toute la tribu, c'est en général un impôt très-minime.

[2] Avant la construction de Fort-Napoléon, les Kabyles étaient persuadés que nous n'oserions jamais nous établir au sommet des montagnes, dans le centre même de leur pays. Ils pensaient qu'à l'exemple des Turcs nous nous bornerions à occuper les plaines et que le village de *Djemâat-es-Sahridj* (le vendredi du bassin) serait le point que nous choisirions pour y fonder un grand établissement. Cet emplacement réunit, en effet, les plus belles conditions qu'on puisse désirer pour une ville. Situé au pied des montagnes des Aït-Fraouçen, il est assez élevé cependant au-dessus du Sebaou pour qu'il n'y ait pas à craindre l'insalubrité de la plaine, et de magnifiques et nombreuses sources d'eau vive y entretiennent une *végétation luxuriante*. On y voit des ruines romaines qu'on croit être celles du *bida municipium* de Ptolémée.

[3] *Imeneh'as* est un verbe formé avec le mot arabe نحاس «cuivre», et qui signifie «être en cuivre ou être faux.»

[4] Bou-Ber'la se faisait appeler Mohammed-ben-Abd-Allah et se disait originaire du Maroc.

[5] Ce sont nos balles cylindro-coniques qui ont, en effet, la forme d'un gland.

تـمَّ إمِنيسْ مَشّيسْفْ   نَتَّ أُرِبانْ تَصّْ إنَسْ
تَغْرَهَكْنْسَلْمَنْ   ألّرْمي إسْضْانْ تَمَسَسْ

Ed' netsa ai d' és sebba el lefesad' — *as mi ik'k'el d' el fares,
irra iman is d' ech cherif* — *netsa our iban l açel in es,
itsr'ourrou d'egg ineselmen* — *allarmi is edhlan themeses.*

C'est cet homme de l'ouest qui causa nos malheurs, — lorsqu'il se fit cavalier[1] ; — il se donnait comme chérif[2], — et son origine est inconnue ; — il a abusé les musulmans — jusqu'à ce qu'ils l'aient pris en dégoût.

أيثْ جَرْ أيْلُولَنْ   أبْنانْ تْزَقِّ النَّقْوسْ
إوْعَرْبي أدْكْسْ يِزْدَعْ   حَسبَنْتْ اثَنْ يُنَّسْ
تَسْويعْثْ يَرَاتْ سَلْطَمْتْ   تَخْفِ أُرِبَنْ يِسْمِتَسْ

Aith Idjer d' Illoulen — *ebnan tkazek'k'a thek'ouous
i our'erbi, ad deg s izd'er',* — *h'aseben t a then iounnes,
thasouiâth irra ts s el herba,* — *ikhefa, our iban isem in es.*

Les Aït-Idjer et les Illoulen[3] — bâtirent une maison voûtée — au maugrebin, pour qu'il y établît sa demeure[4] ; — ils comptaient sur lui pour les défendre, — et voilà qu'il a pris la fuite ; — il a disparu, on n'entend plus prononcer son nom.

أيْسِمي إغْوُرْ تَغْزَمْ   ألْوِيْنْتْ عَمْ يِنْ أيَرْسْ

[1] Les Kabyles, étant tous fantassins, ont pour les cavaliers le même respect qu'inspiraient autrefois les chevaliers aux milices féodales.

[2] Un chérif est un descendant du prophète par sa fille Lalla-Fatma.

[3] Les Aït-Idjer et les Illoulen-Oumalou sont du cercle de Fort-Napoléon.

[4] La maison qu'habitait Bou-Ber'la, chez les Aït-Idjer, était située au-dessous du village de Taourirt, près de la rivière qui sépare les Aït-Idjer des Illoulen-Oumalou.

BOU-BER'LA.

اَمَّنْ يِسْ تَّ هَشْمِيغْ   مَفْلَعْ أَوَسَنْتِعْ غَوَضْ
نَسُوبِعْثْ أُوَنْنِيعْ أَغَانْثْ   بَّدَّرْعَلْ دِئِطْ إنَسْ

Aï as mi ir'our l'àzazga — ououin t r'er d'in ad' ires,
oumenen i is netsa d' ech cherif — mek'là ad' asen t id ih'aouc;
thasouiâth outhen t id, âman t — idderr'el d'i thit' in es.

Oh! le jour où il abusa les Azazga [1]! — ils le conduisirent chez eux pour s'y établir; — ils le croyaient un vrai chérif, il devait leur livrer Meklâ [2]; — mais voilà que l'ennemi l'a frappé et éborgné: — il est maintenant privé d'un œil [3].

أَمْلَهْ يَبْنِي جِنَّادْ   اَلْعَرْشْ آمْجْهُولْ يَهْرِسْ
أَيْثْ اَلْعَدَّ يْمَصَرَّرْثْ   أَيْثْ اَلْبَرُوضْ يَفْتْنَسْ
اِكْمْ مِثْنِبْ اَلسَّرْسُورْ   يَفْكَسَنْ أَجِجِهْ نَ تَمَسْ

Amalah, ia beni Djennad — el àrch amedjehoul iharès
aith el âdda thimeçerrerth — aith el baroud' ifthouthes.
igzem ithen id es sersour — ifka asen ajajièh' ne temes.

Infortunés Beni-Djennad [4]! — la tribu puissante est brisée; — guerriers aux fusils garnis d'argent, — à la poudre bien grainée; — les chasseurs [5] leur ont coupé la retraite — et les ont livrés aux flammes.

---

[1] *Azazga*, en kabyle *idzzougen* « les sourds », est le nom d'une tribu kabyle de la rive droite du Sebaou, cercle de Tizi-Ouzzou. *Azazga* est le nom que lui donnent les Arabes.

[2] *Meklâ*, village des Âmraoua, rive gauche du Sebaou.

[3] Bou Ber'la fut, en effet, blessé à l'œil gauche dans un des combats livrés chez les Azazga au printemps de 1854, avant l'expédition de M. le maréchal Randon qui ramena à l'obéissance les Aït-Djennad.

[4] La confédération des Aït-Djennad fait partie du cercle de Tizi-Ouzzou et habite la rive droite du haut Sebaou; elle compte 11,956 âmes. Soumise par le maréchal Bugeaud, elle s'insurgea en 1854 à l'instigation de Bou-Ber'la, et fut réduite, après plusieurs combats, par M. le maréchal Randon.

[5] Les chasseurs d'Afrique inspirent une

74 POÉSIES POPULAIRES DE LA KABYLIE.

عَشَــرَهْ رَاوُقَـــرُ   أَءْ سِيــدِ مَنْصُرْ يَطَّسْ
نَوتَىَ اَنْبُوءَ اَنْــرَحْ   اَمَلَاهْ يَسْمَعْ اِحَلَّسْ
تَجِيضِ العَرْشْ تَمَعْ   وِنْ تَعِيضِ يَسَ ءَوضْ

Achera douro i ouk'errou — ed' sid'i Mançour it't'es!
I moulia thefouk, therouh'. — amalah', ia sbá imeh'alles.
thedjidh el ârch ik irer'a — ouin toufidh¹ iousa d ih'aouç.

Ils ont donné dix douros par tête². — et Sidi-Mançour qui dormait³! — Les saints disparaissent, ils s'en vont! — Malheureux lion prêt au combat⁴! — tu as abandonné ta tribu à l'incendie. — Tout le monde est venu la piller.

اَرَبِّي نَعْعَامْ سَرْسُولْ   دَالْمَالْعِيمِينْ نَـدَّرْسْ
اَكْرَ اِحَضْرَنْ هَ اَعْفِيَاسْ   مَنَعَاعْ سِتْكِينْ نَلْحَرْسْ

A rebbi nedáa k s ersoul — d'el mouellifin n ed deres.
kera ihadheren d'a áfou ias — menâ ar' si thagounits n el hars.

Ô Dieu, nous t'implorons au nom du Prophète — et des savants qui instruisent la jeunesse. — Pardonne à tout ce qui est ici présent; — préserve-nous de l'heure du tourment.

grande terreur aux Kabyles qui, n'ayant pas de baïonnette à leurs fusils, ne peuvent opposer aucune résistance à la cavalerie.

¹ *Ouin toufidh* «ce que tu trouves», expression consacrée pour dire : «les premiers venus, tout le monde, la foule».

² Comme imposition de guerre. 10 douros valent 50 francs. Autrefois les indigènes de l'Algérie donnaient le nom de *douro bou medfá* «douro au canon» au douro d'Espagne valant 5 fr. 50 cent. Maintenant ils appellent *douro* notre pièce de 5 francs.

³ *Sidi-Mançour* est un marabout très-vénéré, enterré au village de Timizar. C'est le patron des Aït-Djennad, qui lui adressent leurs prières plus volontiers qu'à Dieu luimême, et aussi des reproches lorsqu'ils ont à s'en plaindre. Il est pour eux ce que saint Janvier est pour les Napolitains. Les expéditions françaises ont jeté un profond discrédit sur tous ces marabouts, qui n'ont pas su protéger leurs clients.

⁴ C'est toujours à Sidi-Mançour que l'auteur s'adresse.

VII

INSURRECTION DES ÀMRAOUA EN 1856.

PAR ÀLI-OU-FERHAT, DE BOU-HINOUN.

أَصْلَنْ عَفْطْ أَنْبِي إِمْشَبَّحْ
قَلَّمْ أَكْرِيعْ أَسْعُرْ
بِيسَمْ أَعْزِزْ يَسْفَرَحْ
أَرْسُولْ مِيشْبَحْ أَسْضَسْ
وَنْسِي دْكِيضْ نَهْوَاحْ
اَنْضَرْ اَعْزِزْ اَتَسْرُعْ

Eçlat r'efk, a nebi imchebbah'!
fell ak ag zid' ousefrou,
bou isem aâzizen issefrah',
a resoul mi ichbah' ousedhsou!
ouanes ii d'egg idh nerouah',
eç çoura aâzizen atserkou.

Bénédictions sur toi, Prophète gracieux ! — C'est en ton honneur que l'improvisation est douce; — ton nom chéri réjouit le cœur, — Prophète aux belles dents ! — assiste-moi dans la nuit du trépas, — quand le corps qui m'est cher tombera en pourriture.

مَنَعْ أُو يَسْعَرْ جْنَاحْ
أُوتَعْتَلِّي أَتْمَسْلَمْ

أفْبَاغْ أَسْعِيدْ سُهَمَحْ
أنَّ بَمْ أَبْتَسْتَعْفُ
عَرْ بَغْدَادْ نَمِنْتْ نَسَحْ
أَبْتَرَ الِّدِّيسْ نَحْرُ

Mennar' a oui isâan le djenah'
ad' itsâlli amm oufalkou [1]
ad' iar' sâid' s oumerrah'
enga idda ad' isthâfou,
r'er Bar'dad thamdint n esmah'
ad' iarou i d din, iah'lou.

Je voudrais être l'oiseau qui a des ailes — et s'élève dans les cieux comme le faucon; — il parcourt la vallée du Nil, — là où il arrive il se repose. — J'irais à Baghdad, la ville du pardon [2], — j'écrirais pour la religion et elle serait guérie [3].

بَلَّ بَاشْ أَغْ نَسْهَمَحْ
نَكِينِي أَرْتِسْتَمَّعْ
تَكَمْ سَلْعَبْ أَنْشَرَحْ
أَهِسْ بَكَارْ سَكْسْ
الِسِيسْ غَرْ مَعْنْ يَفْتَحْ
أَرْتِسْمَرَّازْ إِعَمّْ

[1] Les Kabyles appellent *afalkou* un oiseau de proie qui est, je crois, une espèce de faucon, mais plus grand que celui dont on se sert pour la chasse.

[2] Baghdad est renommé pour le grand nombre de saints qui y sont enterrés. Les Musulmans croient qu'un pélerinage au tombeau de ces saints est très-efficace pour obtenir le pardon des péchés.

[3] Allusion aux pratiques superstitieuses des Kabyles et, en général, de tous les indigènes de l'Algérie qui croient à la vertu des talismans écrits par certains marabouts pour la guérison des maladies. Ici, la religion musulmane est la malade pour laquelle le poëte voudrait faire écrire un talisman.

Ces talismans se nomment *heurz*, comme en arabe.

INSURRECTION DES ÂMRAOUA EN 1856.

Illa bach ar'a nerbah',
noukni ar as endâou,
ih'akem s el lâb ou nechrah'.
akhkham is iougar seksou.
iles is r'ef medden ik'sah'.
ar izzaraz iâffou.

Au temps du bach-agha[1] nous étions heureux, — et pourtant nous le maudissions; — il commandait avec bonne humeur et gaieté, — sa maison prodiguait le couscous; — sa parole était dure aux hommes, — mais après avoir puni il pardonnait.

. . . .
. . . .
. . . .
. . . .
. . . .

إِعَـمَّـزَنْ وَنَـسْـعْـمَحْ
وَرْاِلْـعَـزَّازْ نُـكَـسّ
أَكَلَّنْ أَسْمْ اِلْـفَـرَّاحْ
مِي هَعَّزَنْ عِجْمَعْ يَعْرُ
اَلشَّانْ أَعْمَبَنْ اَكْشَخْ
كُلْ أَحَّامْ أَجَانْتْ يَعْرُ

Iâzzouzen d' ath Ferah',
dar el âz our thekennou.
ag ellan seg el k'errah'[2];

[1] Le bach-agha Bel-Kassem-ou-Kassi, qui exerça le commandement à Tizi-Ouzzou de 1847 à 1854.

[2] *El-kerrah'* signifie, au propre, les béliers qui marchent en tête du troupeau; ce mot est pris ici au figuré.

mi had'eren d'i l djemaâ iferou,
etchan d aâraben egg echlah',
koul akhkham edjan t itserou.

Les Iâzzouzen et les Aït-Ferah'[1] — sont d'une race glorieuse qui ne ploie pas. — Nombreux sont parmi eux les hommes de tête; — quand ils prennent la parole dans la djemaâ[2], tout est réglé. — Ils ont mangé les Arabes des tentes[3] — et laissé chaque famille dans les larmes.

نَقَّزْ ةَكَّفْكِيمْ نَرْ
بْلَغْيُونْ أَوْ اَلْمَرَاوِسْ
أَوَضْ غَلْ اَلْجْمَعْ اَنْتَهَّ
بْلْفَسَمْ اَسْبَعْ اِحْلَّسْ
يْنْطَاسْ لَعْمَلَةْ نَــنَزْ
سَاوكِيْ مَا يْعْغْرِيتْ يِضَسْ

Nek'k'el d'egg ifeg ik thoura,
bou l âioun ed' le meraous,
aouedh r' el djamâ en Temd'a,
Bel-K'asem, a sbâ inneh'alles,
thint' as : l âmala k thenza
saouki th ma ir'ad'er ith idhes.

Élève-toi maintenant dans ton vol, — oiseau aux yeux perçants, — va à la mosquée de Temda[4]; — « Bel-Kassem,

---

[1] Les Iâzzouzen et les Aït-Ferah' sont deux villages des Aït-Iraten. Le premier est situé sur la route de Fort-Napoléon à Tizi-Ouzzou et le second sur la route de Fort-Napoléon à Drâ-el-Mizane.

[2] La djemaâ est l'assemblée générale des citoyens d'un village ou d'une tribu. C'est cette assemblée qui règle les affaires du pays.

[3] Ce sont les Âmraoua que l'auteur appelle les Arabes des tentes. Ici le verbe *manger* est synonyme de *piller*. Les Arabes lui donnent le même sens.

[4] *Temda-el-Blat* est un village des Âmraoua, au bord du Sebaou; c'est dans la mosquée de ce village qu'est enterré le bach-agha Bel-Kassem-ou-Kassi.

lion prêt au combat, — diras-tu, ton pays est vendu[1]. — Éveille-le, quand même il serait accablé par le sommeil.

أْنَوَ إِكَانْ إِنْفَاقْ آلسَّبّْ
هَبْرْ عَلِيَ أَسْبَعْ إِمْحَلَّسْ
يُسَاءْ سِي الغَرْبَ نَهْرْ
أَيِزَرْ تَكْمَتْ إِنَسْ
كَرْنَاسْ أَرَّرْ أَمْخَلْفَ
أَكْسَنْ أَنُوزَلْ إِنَفَّسْ

Anoua igan i nefak' es sebba?
d' ebn Ali sbâ imeh'alles.
iousa d s el r'erba ne temoura
ad' izer thagmats in es,
geren as arrouz emkhalfa :
ekkesen t ath ouzel ithek'k'es.

Quelle a été la cause de l'insurrection? — C'est Ben-Ali, le lion prêt au combat[2]. — Il est venu des pays étrangers — pour voir ses frères, — et ils l'ont chargé de liens; — mais les cavaliers aux éperons acérés l'ont tiré de leurs mains.

وَهْمَغْ دِ آمْرَعْ بَخَّمّْ
سَكَّمْ وِ السَّرْغَنْ يُومَسْ

---

[1] Voir la note 3, p. 65.

[2] Ben-Ali est un des cousins du bach-agha Bel-Kassem-ou-Kassi. Après la mort de ce dernier, et à la suite de discussions avec Mohammed-ou-Kassi, nommé bach-agha en remplacement de son frère Bel-Kassem, Ben-Ali se retira à Tunis, puis revint en Kabylie au commencement de 1856. L'autorité française de Tizi-Ouzzou, prévenue qu'il cherchait à soulever le pays contre le bach-agha et contre nous, envoya à Temda des cavaliers pour l'arrêter; mais une fraction des habitants de Temda, appelée les Iguenfah, prit les armes à la voix d'El-Hadj-Ahmed-Nâli-ou-Hammou, partisan de Ben-Ali, s'opposa à l'arrestation et provoqua, dans la nuit même, l'insurrection des Âmraoua du haut de la vallée.

أنْسَعْتَسْ الدَّرْبى
وزَانْ إِرْكَرْ تَسْتَجَسْ
تَمْرْغَا أَنْتَجَلْ السَّعْ
أَنَّقْسَابْ غَفْ يِغَسْ

Ouhemer' d'i Draâ ben Khedda
s ekra oui issared'en ioumes;
thesâd' asen ed doula ia,
ouran ir koull d' es sbais.
lemmer r'a thebeddel es sâa,
an nemeh'asab r'ef ir'es.

Drâ-ben-Khedda[1] excite ma surprise, — ce qui était pur est maintenant souillé; — ils tirent profit de ce gouvernement, — tous sont enrôlés aux spahis. — Si les temps viennent à changer, — nous réglerons ensemble nos comptes jusqu'à l'os.

سِعَتَّبْ أَرْوَجْـَ
أَنْ الدَّيْنْ يَاكْ دَهْمَسْ
سِهْسِمِلْتْ أَرْبَسْكَرْ
سِلْغَواضْ أَرْلَمْفَاوسْ
أَرْعْ ثَمِسْعْ السِّجَرْ
أَقْبَيْلِى غَفْ يَتْخَرْنَسْ

Si Annaba ar Oujda
aith ed din iak d' amkhames;
si Themsilt ar Beskra,
si Lar'ouadh ar le Mek'aous

---

[1] **Drâ-ben-Khedda** est un village des Âmraoua, situé sur la route de Tizi-Ouzzou à Alger. Les habitants de ce village étaient restés fidèles à la France.

our ar' d ek'k'im el girra[1].
ak'baili doud itsh'ares.

De Bône à Ouchda[2], — ce sont tous gens de la cinquième secte[3]; — de Msila à Biskra, — de Laghouat à Megaous[4] — toute guerre a cessé. — Tenez pour sûr que le Kabyle est cerné de tous côtés.

أَيْ كَلِّيذْ آلنَّضَرْ
أُوِينْ وَرْ يَغْذِرْ يِضَسْ
عَفْرَاغْ إِرْكُلْ مَا نَذْنَبْ
أَجْمِعْ أَمَّا ذَنْحَسَّسْ

Ai agellid', a n nadher,
a ouin our ir'd'ir idhes,
r'efr ar' ir koul ma ned'neb
edjemiâ akka d enh'asses.

Ô Maître souverain, qui vois tout, — toi que ne trahit jamais le sommeil; — pardonne-nous si nous avons péché, — à nous tous qui avons écouté ce chant.

---

[1] *El-girra* est l'altération du mot français *guerre*.

[2] *Ouchda* est une ville du Maroc.

[3] On sait qu'il n'y a que quatre sectes musulmanes orthodoxes; dire d'un homme qu'il est de la cinquième secte équivaut donc à dire qu'il est hérétique. En Algérie, les Beni-Mzab seuls n'appartiennent pas à l'une des sectes orthodoxes. On les appelle par cette raison *khamsia* «les cinquièmes», ce qui, aux yeux des vrais croyants, constitue une très-grave injure. Le poëte reproche aux habitants de l'Algérie d'être des hérétiques à cause de leur peu de zèle pour la guerre sainte.

[4] *Mek'aous* ou *Megaous* est un village situé dans un des défilés de l'Aurès qui mettent en communication le Tell et le Sahara.

VIII

INSURRECTION DES ÀMRAOUA EN 1856.

PAR MOHAND-OU-MOUSSA, DES AÏT-OUAGUENNOUN [1].

أَصْلَنْ عَفْعْ آبِسَّاسْ
إِنْمِيمْ أَعْرِيزْ أَتْنَوِي
أُحَمَّدْ أَخْبَارْ آلنَّاسْ
مَحْعَعْ أَ جَّعْ أَرْقَاوِي
وَنِيسِي عِ آلدَّرْ لِيَاسْ
أَلِبْ قَلَّبْ عَهْوَاوِي

Eçlat r'ef k, a bou thissas,
ism ik adziz ath naoui,
a Moh'ammed, akhiar en nas,
med'eh'er' k, ad' edjer' erk'aoui;
ouanes ii d'i d dar' la ias,
oul iou fell ak d' ahouaoui.

Sois béni, toi qui inspires la crainte, — j'introduirai ici ton nom chéri, — ô Mohammed, le meilleur des hommes! — je chante ta louange, je veux laisser de côté les futilités; — assiste-moi dans la demeure d'où nul ne revient, — mon cœur est enivré de ton amour.

---

[1] La confédération des Aït-Ouaguennoun fait partie des cercles de Tizi-Ouzzou et de Dellys. Le pays qu'elle occupe est situé entre le Sebaou et la mer.

أَنْجِيلْ أَجِ آجْ بُو ثُمَنْڤَاسْ
بِطْضَارْ أَجْ اشْهَاوِي
كُلْ يُومْ تَخْدَمْ ثِرْوَاسْ
أَرَّايْ يُغَاعْمْ خْلَوِي
نَشْرَكْ السُّوقْ ءَمَغْدَاسْ
ݣِمِي لَنْكَرَّزْ وَرْنَرْوِي

Ed djil agi ed' bou themenk'as,
it't'afar d'eg echhaoui,
koul ioum la ikheddem thirouas.
er rai iour' ar' d le khelaoui,
necherek es souk' d' imer'dhas,
d'eg mi la nekerrez our neroui.

Cette génération est vicieuse ; — elle suit l'impulsion de ses passions, — chaque jour elle commet de mauvaises actions. — Notre raison s'est égarée dans le vide ; — nous avons pour associés de nos marchés les baptisés, — aussi nous labourons et nous ne pouvons apaiser notre faim.

أَزَّايَرْمِي الزِّينْ لَڤْوَاسْ
أَنْشِبِيحْتْ ءَكَلَكْسَاوِي
أَجْمَرْعَ الْجُورْ يَنْضَاسْ
سَنَّةْ ءَكَلَفْهَاوِي
أَحْسَنْ بَاشَا بَخْرَاسْ
خَزْنَهْ السِّمَّحْ الْجَاوِي

Le Dzair mi ezzin le k'ouas
a thouchebieth d'eg le ksaoui
ed djir d' el ladjour indha s,
s en nezaha d'eg el k'ahaoui.

Ah'sen bacha it't'akher as;
thch'azent', er rih'a ed djaoui.

Alger, qu'entourent les remparts voûtés, — cité aux beaux vêtements, — la chaux et les briques forment sa ceinture; — les divertissements égayent ses cafés. — Hassen-Pacha s'en est éloigné; — prends le deuil, ô parfum de benjoin.

مَنَّاعْ نِكْلِي قَالـرِّيَـاسْ
غَرْ الشَّامْ أَدْنَـلْـوِي
عَبْدْ آلْمِجِـدْ آحْكُوبَسْ
يِنْقَاسْ نَعْيِ أَدْكِشْنَوِي
يِنْطَاسْ تَنْزَ لَعَمَلَاسْ
وِسْعَانْ آلَامْ أَنْبَاوِي

Mennar' thikli d'er riias
r'er ech cham, ad enlaoui.
Abd-el-Medjid, h'akou i as,
thint' as : nâia d'eg echnaoui.
thint' as : thenza l âmala s,
oui isâan alag a th iaoui.

Je voudrais faire route, avec les commandants de navire, — vers la Syrie, nous y chercherions un remède à nos maux. — Adresse-toi à Abd-el-Medjid[1], — dis-lui : « Nous sommes fatigués de récriminations et de plaintes; » — dis-lui que sa province est vendue[2]; — celui qui a des enfants, le chrétien les lui enlève.

---

[1] Le poëte est censé envoyer un oiseau en message auprès du sultan des Turcs.

[2] Les musulmans de l'Algérie regardent le sultan de Constantinople comme le souverain légitime de tous les pays musulmans. Presque tous les Kabyles croient encore maintenant que nous reconnaissons sa suzeraineté pour nos possessions d'Afrique, et que c'est à titre de vassaux, astreints au service militaire, que nous avons envoyé des troupes à son secours pendant la guerre d'Orient.

باش آڨ أبو يسّاس
أملاه يسمع أرملي
أميس غلباز أكنّاس
أزناض يزڨا يولي
د إيڨنفاح آيت اكيّاس
اكّسنْ الشّاوش بن علي

Bach ar'a abou thissas
amalah, ia sbâ ouremli
emmi s d'el baz akennas,
aznad' is izga iouli.
d' Igenfah' ai d' el kiias,
ekkesen d ech chaouch ben Ali.

Le bach-agha inspirait la crainte[1], — infortuné lion des pays de sable! — Son fils est un faucon qui fond sur sa proie[2], — la batterie de son fusil est toujours armée. — Les Iguenfah, voilà des braves[3]! — Ils ont délivré le chaouch Ben-Ali[4].

آلهّة أصيوغ نهمضراس
أيث أضغان بـقـلّدي
المبّحَ عمّي التمّاس
عرابت ارثوث العالي

[1] Le bach-agha Bel-Kassem-ou-Kassi. (Voyez ci-dessus, p. 77, note 1.)

[2] Le fils de Bel-Kassem, dont il est ici question, est Mohammed-Amek'k'eran qui prit part à l'insurrection des Âmraoua. Après avoir séjourné assez longtemps au milieu des insurgés, il finit par faire sa soumission avant la campagne de 1857; il est maintenant amin-el-oumena des Aït-Aïssa-ou-Mimoun, à Tikoubaïn.

[3] Voir la note 2, page 79, sur le rôle des Iguenfah dans l'insurrection.

[4] Le poète, pour faire l'éloge de Ben-Ali, le compare à un chaouch turc.

86 POESIES POPULAIRES DE LA KABYLIE.

دِجْمَاعْ نَبِي ضَعْنَاسْ
أَخْنَشْ أَوْزَهْعَزْ نَعْلِي

At Tsemd'a, cioud' ne temedheras.
aith out'ar'an ifelali.
er Rabdha, âddi et tsama x.
r'er aith er rekoub el âali,
d' imedjouhad' n enbi, dhouin as,
ed djenneth ad' zeder'en l aâli.

Les Aït-Temda, les lions des forêts [1], — sont des guerriers aux yatagans dégaînés. — Passe du côté de Rabdha [2]. — chez les cavaliers aux beaux étriers : — ce sont des soldats de la guerre sainte du Prophète, soumis à sa loi; — ils habiteront les hauteurs du paradis.

أَبْنْ آعْرَابْ ثَرْغَ أَمْشْرَاسْ
تَنْغَاوِي دْكُلَعْـخَـالِي
أَبْرَائِنْ نَـعُونْ قَـدَّسْ
أَمْ ثَرَّوْمْتْ أَنْسِبحْ آعْلِي
آثشَع آنْسُـوةَ أَرْقَاسْ
أَمَـلـةْ بَـاتَـوْبِـي

Ebn Arab, tharga oumechras.
itsk'aoui d'eg le meh'ali :

[1] Voir la note 2, p. 79.
[2] *Rabdha* est un village des Aït-Fraouçen, situé au bord de la rivière qui sépare les Aït-Fraouçen des Aït-Iraten. C'était la résidence habituelle des membres de la famille des Aït-ou-Kassi ; Mohammed Amek'k'eran, le fils du bach-agha, s'y trouvait au moment de l'insurrection ; il y donna asile, plus tard, aux cavaliers insurgés des Âmraoua, lorsqu'ils furent contraints d'abandonner la plaine à l'approche des troupes françaises. C'est à ces cavaliers que le poëte envoie ses louanges et ses souhaits par l'intermédiaire d'un oiseau.

a Irathen theddoun fell as.
am tharraouth en sid Aâli
ech chiâ thenoud'a ar Fas.
amalah! ia l ouli!

Ben-Arab[1], ruisseau des Mechras[2], — dispose de forces nombreuses; — les Aït-Iraten marchent avec lui. — Semblables à la postérité de Sid-Ali[3], — leur gloire s'est répandue jusqu'à Fez. — Ô saint infortuné[4] !

أَنَّهُمْ جَمَّعَنْ أَقَرَّاسْ
أَبِرَاتَنْ أَيَّةَ نَعَالِي
ڤَكْزَغَارْ زَمَنْ فَلَّسْ
نَمِيطْ أَفْ كَبْقَالِي

[1] Ben-Arab, plus connu des Kabyles sous le nom de *Si-Çeddik*, *emmi s n ech chikh g Ouârab*, c'est-à-dire Si-Çeddik, fils du cheikh Ben-Arab, est un marabout des Aït-Iraten qui a joué un rôle important dans le pays pendant assez longtemps. Bien que sachant à peine lire, il était chef de la mâmera de Tacherahit qui, à cette époque, recevait un grand nombre d'étudiants. Son neveu, Sid-el-Hadj-Bel-Kassem, dirigeait les études. Grand chasseur, libertin effréné, d'une très-faible portée d'esprit et nullement homme de guerre, Si-Çeddik ne dut son influence qu'à son fanatisme religieux et à sa haine farouche contre nous, deux sentiments qui trouvaient de l'écho dans tous les cœurs. Sa qualité de marabout, devant laquelle s'effaçaient volontiers les susceptibilités jalouses des hommes influents du pays, lui facilita aussi beaucoup le rôle de chef de parti dont aucune de ses qualités personnelles ne le rendait digne. En 1857, il ne prit aucune part à la lutte et, dès les premiers coups de fusil, s'esquiva et se réfugia en lieu sûr. Forcé de se rendre à discrétion après la soumission générale, il fut détenu quelque temps en France et est maintenant établi à Tunis.

[2] Toutes les personnes qui ont fait la route de Drâ-el-Mizane à Fort-Napoléon ont pu admirer, sous les beaux ombrages de la tribu des Mechras, le ruisseau d'eau courante qui sort en grande partie de la source appelée par les Kabyles *thala ougellid'* « la fontaine du roi ». Le poëte, dans son enthousiasme pour Si-Çeddik, ne trouve rien de mieux à lui comparer que ce ruisseau, qui n'a cependant rien de commun avec la personne crasseuse et peu poétique du marabout de Tacherahit.

[3] Sid-Ali-Haïder, gendre du Prophète.

[4] Cette exclamation de pitié pour Ben-Arab, indique que ces vers sont postérieurs à l'expédition de 1857.

غَوْ اٰثْدَنْ اَيْدْ اَمْثْخْرَاسْ
صَغْرَتْنْ عَرْاَتْمَجْ مِى يُولِى

Ennoumen djebbed'en ak'erras
â Irathen, ai d' el âali!
d'eg ouzar'ar zedemen fell as,
Boubret' ed' Kabafali.
r'ef aklan ai d emih'aras
dheferen t r'er el bordj mi iouli.

Ils sont habitués à tirer la détente — les Aït-Iraten, voilà des héros! — Dans la plaine, ils ont chargé l'ennemi, — Beauprêtre et Capifali [1]. — Chez les nègres [2] a eu lieu la mêlée, — ils l'ont poursuivi jusqu'au bordj, quand il y est remonté [3].

كُلُو اَمْلْبَازْ مَيْغْوَاسْ
يْمْعْ وَشْحَالْ نَنْزَالِى
بُبْرِطْ اَرْزَاكَنْ اَرْثْحَاسْ
اَخْطَانْ اِتْجْمَ الِيلِى

Koul oua amm el baz ma iour'ouas,
irer'a ouachh'al n enzali,
Boubret' erzagen erthak'an as,
-ekket'an i tsedjera ilili.

Chacun d'eux est comme le faucon, lorsqu'il pousse son

---

[1] Le commandant Beauprêtre était alors commandant supérieur, et le capitaine Capifali chef du bureau arabe de Tizi-Ouzzou. Ayant voulu faire un jour une sortie à la tête d'un goum, composé surtout d'hommes des Âmraoua, la plupart de leurs cavaliers firent défection et passèrent à l'ennemi, ce qui les força de rentrer précipitamment dans le fort.

[2] Les Kabyles appellent *aklan* « nègres » les Abid de Chemlal qui sont, en effet, les descendants d'une colonie de nègres établie par les Turcs à Chemlal pour la défense du bordj de Tizi-Ouzzou. Par la même raison, ils donnent aussi le nom d'*aklan* aux Abid de Boghni.

[3] Le bordj de Tizi-Ouzzou.

cri; — ils ont brûlé combien de nezla¹: — ils se sont délivrés de Beauprêtre l'amer; — ils ont éloigné d'eux le laurier rose.

أَبْغَلِّيمْ وَارْأَثْمَاسْ
وَحَمْ تُوحِيمْ مُـدِّينِ
أُوِينْ إِمْهَزْنْ إِيضْ عَقَّاسْ
أَدْعَفْغِينْ سَـجِّدَينِ
أَتَّمْ إِحْضَرْءَ أَعْفِيَاسْ
أَجْنَّثْ أَنْزَعْ تَعْلِي

Ai agellid', ouar athma s
ouah'ed l ouah'id', moula ni.
a ouin iferzen iidh r'eff as.
dadr' k in s ed Djilali,
kera ih'adheren d'a adfou i as,
ed djenneth an nezd'er' l adli.

O roi, qui n'as pas de frères, — le seul, l'unique, ô mon Maître! — toi qui as séparé la nuit du jour, — je t'implore au nom du Djilali². — Pardonne à tout ce qui est ici présent, — que nous habitions les hauteurs du paradis!

---

¹ Le mot *nezla* s'applique à un campement arabe composé de tentes en laine ou en poil de chameau. L'auteur s'en sert pour désigner les villages des Âmraoua, bien qu'il n'y ait pas de tentes. *Nezla* est arabe et n'a pas d'équivalent en kabyle.

² Sidi-Abd-el-Kader-*ed-Djilali*, ou plutôt *Djilani*, de Djilan son lieu de naissance, est un marabout enterré à Baghdad et très-vénéré dans toute l'Algérie; c'est son nom que tous les mendiants invoquent dans les rues pour demander l'aumône.

IX

INSURRECTION DE 1856.

COMBAT AU MARCHÉ DES OUADHIA[1].

PAR EL-HADJ RABAH, DE TAOURIRT-MOUSSA-OU-AMEUR,
TRIBU DES AÏT-MAHMOUD[2], CONFÉDÉRATION DES AÏT-AÏSSI.

أصلات عقبة أبو يسّاس
إنهم أغميز السفتار
أَهَدْ أخيار السّاس
أشبق عم ضمز نوار
ونيسي ع الدّرنياس
تنم تكرة اقضار

[1] La tribu des Iouadhien, plus généralement connue sous le nom arabisé de *Ouadhia*, fait partie de la confédération des Aït-Sedk'a du cercle de Drâ-el-Mizane. Sa population est de 3,190 habitants répartis en huit villages. C'est une tribu très-remuante, très-batailleuse, qui entraîne ordinairement à sa suite tout le pays. On peut dire que c'est la tribu dirigeante des Aït-Sedk'a. Plus que toute autre, elle avait eu à souffrir des exactions et des manœuvres de Sid-ed-Djoudi, aussi en 1856 fut-elle la plus ardente à l'insurrection. Elle appela chez elle les contingents des pays voisins et les conduisit à l'attaque de la maison de commandement de Sid-Ahmed-ed-Djoudi, fils du bach-agha. Après un combat assez sérieux dans lequel fut blessé le capitaine Devaux, commandant supérieur de Drâ-el-Mizane, la maison fut emportée par les Kabyles, puis incendiée et complétement rasée. Aucune troupe française n'avait été engagée dans ce combat. Le capitaine Devaux n'avait sous ses ordres qu'un goum composé des cavaliers des Flissa, Nezlioua, Harchaoua et Abid de Boghni. Le caïd des Nezlioua, Si-Seliman-ben-Kefif, y fut tué. Le mot *iouadhien* veut dire, je crois, habitants de la plaine et a pour racine l'arabe بطو «plaine».

[2] La tribu des Aït-Mahmoud fait partie de la confédération des Aït-Aïssi du cercle de Tizi-Ouzzou.

COMBAT AU MARCHÉ DES OUADHIA.

Eçlat r'ef k, a bou thissas,
ism ik adziz, a l mokhtsar.
a Moh'ammed, akhiar en nas.
a cherif r'ef dheharen le nouar !
ouanes ii d'i d dar la ias,
la nek la kera d'a l h'adhdhar.

Sois béni, toi qui inspires la crainte, — ton nom nous est cher, élu de Dieu; — ô Mohammed, le meilleur des hommes, — chérif sur lequel rayonne la gloire! — assiste-moi dans la demeure d'où nul ne revient, — moi et tout ce qui est ici présent.

اَثَـرَ هَايِـي اَجْـيِّـسَاس
مَاتَـتُّـومْ اَدْ نَـمْـفَـكَّـار
اَجُّـودِ اِعَـلْـبَـاغْ مَـرَاسْ
بِـكَّـارْ الْـكَـاة وَفَـنْـقَـارْ
الْعَرْشْ غَىْ اِتـِّيِ اَصْفْـيَاس
يَـمَـعْ اَنْـيَـرْغَ فَـرْقَـارْ

Kera d'agi, a l djiias.
ma thetsoum ad enemfekkar,
ed-Djoud'i ir'elb ar' maras
iggar el gada¹ d' ak'ont'ar,
el arch r'ef ithezzi ounek'ias².
ibr'a a th ier d' ak'erk'ar³.

Vous qui êtes ici réunis, — si vous l'avez oublié, nous nous le rappellerons mutuellement. — Ed-Djoudi⁴ était pour nous

¹ L'arabe *el-gada*, détourné de son sens habituel, se traduit ici par *taxe, impôt*.

² *Amek'ias* veut dire un anneau. Ici il indique les couronnes de fumée qui tournent en l'air après l'explosion d'une arme à feu.

³ *Ak'erk'ar* est la partie du lit d'une rivière qui est dépourvue de toute végétation : les Zouaoua disent *ichik'er*.

⁴ Voir à la fin du volume la note sur Sid ed-Djoudi, bach-agha du Jurjura.

pire que le maras[1] : — il frappait des impôts par quintal ; — la tribu au-dessus de laquelle tournoient les couronnes de la fumée de poudre[2], — il voulait en faire une grève stérile.

أَعَثْ آحَرْبِي ةَفَرْضَاسْ
أَبْرِدْ وَرْ نَتْمَحْبَّرْ
الْخَدْمَ الْجُوذِي أَدْ لَـيَاسْ
غَاسْ أَدْ يَقِيمْ ةَالْيِفَارْ
الصَّبَرْ ةَدْيَاعْ أَبْلَاسْ
رَمْضَانْ إِنْعِيبْ لَـفْتَارْ

Ar'eth ah'arbi d' ak'erdhas
abrid' a our netsemeh'abbar,
el khed'ma ed-Djoud'i ad' la ias.
r'as ad' ik'k'im d' el k'ifar,
eç çaber d' ad' iar' ailts;
remdhan ithoubâ itk le fethar.

Achetez des cartouches et du papier, — cette fois il ne s'agit plus de délibérer. — L'asservissement à Ed-Djoudi ne reviendra pas, — dût le pays rester désert! — Celui qui sait attendre reprendra son bien ; — après le ramadhan vient la fin du jeûne[3].

نَبْضِي سِيبِي الْعَبَّاسْ
الْجَبَهُوهْ يَبْةَ الْقَتَارْ

[1] On appelle *maras* une maladie qui attaque les céréales, les fèves et même les figuiers. Les Kabyles attribuent cette maladie à un ver. Les Zouaoua donnent à cette même maladie le nom de *thailalt*.

[2] L'auteur veut désigner ici la tribu des Iouadhien.

[3] Cette phrase est une menace adressée à Sîd-ed-Djoudi qui avait pressuré outre mesure la tribu des Ouadhia. Le poète exprime l'espoir qu'après l'expulsion des Français on lui fera rendre gorge et que chacun se fera restituer l'argent qu'il aura donné.

COMBAT AU MARCHÉ DES OUADHIA.   93

أَنْغْفَلْ آنْيُومْ أَخَمَّاسْ
نَرْنَاحْ إِلَّا تَبَّرَ أَعَطَّارْ

*Nebbodh s asif aàbbas
el baroud' ibd'a achekhar.
atsâk'el thiouga akhemmas.
nerthah' i d debla ouàt't'ar.*

Nous sommes arrivés à la rivière d'Abbas [1], — la poudre commence à gronder; — l'attelage connait le laboureur. — Nous sommes délivrés de la souillure du parfumeur [2].

[1] La rivière qui prend sa source dans le Jurjura, chez les Aït-bou-Addou et se jette dans le Sebaou à Isikhen-Oumeddour, reçoit, suivant l'usage africain, un assez grand nombre de noms sur son parcours. On l'appelle successivement : Tasift-n-ath-bou-Chennacha, Tasift-en-Tahammamt, Asif-ou-Abbas, Asif-en-Takhoukht (la rivière du pêcher) et Asif-n-ath-Aissi (rivière des Aït-Aissi). La partie nommée rivière d'Abbas sépare la montagne des Ouadhia de la montagne couronnée par le hameau de Taourirt Ifertassen (la petite montagne des Teigneux) qui fait partie de la tribu des Aït-Aok'dal.

[2] Cette qualification dédaigneuse donnée à Sid-ed-Djoudi est une allusion à la profession de colporteur de parfumerie (aàt't'ar) qu'exercent un grand nombre d'hommes des tribus auxquelles appartenait le bach-agha. Le pays des Zouaoua, composé de plusieurs contre-forts du Jurjura à pentes très-abruptes et où la terre végétale est rare, ne produit, pour ainsi dire, pas de grains et ne peut être utilisé que par des plantations d'arbres, très-difficiles même en beaucoup d'endroits. Plusieurs tribus n'ont d'autres ressources que les glands des chênes. Sur ce sol ingrat, se presse une population nombreuse qui, ne pouvant vivre du produit de la terre, est obligée de s'expatrier et de demander au commerce des moyens d'existence. Le colportage, n'exigeant qu'un faible capital, est un des genres de commerce les plus répandus. Lorsqu'un homme veut s'y livrer, il achète à Alger, ou dans toute autre ville, une petite pacotille d'objets à l'usage des femmes arabes, tels que : essences, verroteries, petits miroirs, henné, alun, clous de girofle, fard, koheul pour les yeux, écorce de noyer pour les gencives, et enfin une foule de substances entrant dans la composition des philtres et sortilèges destinés, soit à produire l'amour, soit à faire consentir le mari au divorce. Muni de cette pacotille, qu'il porte sur le dos enfermée dans une peau de mouton, le colporteur se met à parcourir les douars arabes où il est toujours bien accueilli par les femmes. Les traditions de son pays, à défaut d'expérience personnelle, lui ont fait connaître d'avance le caractère et les habitudes de ses clientes, aussi ne leur demande-t-il jamais d'argent. En échange

وَنُعَمِّونْ أَبُو ٱلْهَنْفَاسْ
يَسَّرْعَا نَعْ هَشَّمَارْ
أَجُّودِ يَزَّنْهَزْ كَبَاسْ
ٱلرَّأَىْ إِنَسْ هَحَسَّارْ
ثَرْوَ ٱلْجُوَادْ أَحْتَلْنَاسْ
يَبَّخْ ٱلْهَرَاعْ غَمْ وَمْنَارْ

*Outhâbbouts abou themenk'as
isserer'a ner' d' achennar;
ed-Djoud'i izzenzen l ah'abas,
er rai in es d' akhessar.
tharoua el le djouad' ah'athalen as
ibbodh et' t'rad' r'er oumenar.*

Outhabbouts, perdu de vices [1], — nous a brûlés comme dans un brasier; — Ed-Djoudi a vendu ce qui est sacré, — sa raison s'est égarée. — Les fils des preux ont usé de ruse avec lui, — le combat est arrivé jusqu'au seuil de sa porte.

أَهْوَهْ مَذْحَغْ قَالسّ
نَرَاوْتْ نَسَبَّعْ أَبَدَّارْ

de ses marchandises, il se fait donner des matières premières, grains, cuirs et surtout laine, qu'il sait abonder dans la tente. La femme arabe, peu soucieuse, en général, des intérêts de ménage, résiste rarement au désir de satisfaire une fantaisie, lorsqu'elle n'a pas d'argent à débourser, et elle se montre d'autant plus généreuse dans le marché qu'il lui est facile de dissimuler l'emploi des objets qu'elle donne en échange.

Lorsque le colporteur a réuni ainsi une assez grande quantité de marchandises, il va les vendre à la ville la plus voisine, renouvelle sa pacotille et recommence à courir le pays. Il y a des colporteurs kabyles qui vont jusqu'au Maroc et dans la régence de Tunis.

Un colporteur adroit réussit quelquefois à gagner dans ces courses jusqu'à mille francs par an, avec une première mise de fonds qui varie de 35 à 50 francs.

[1] El-Hadj-Ahmed-ou-Thabbouts, de Taguemmount-ed-Djedid, était un mekhazeni du bach-agha Sid-ed-Djoudi et son principal agent.

كوڒ ٱلْخُرْضْ أَجْبَاڒْ قَـلَّـدَسْ
فَمَّنْكْيِـمْ سُكَّـرْكَاڒْ
عَرْ آجْدِ هَـدْنَاسْ يَـلَّدَسْ
أَكْزَمْنَاسْ آكْلِيمْ غَـفْ ضَاڒْ

A Mah'moud', med'ch'er' fell as,
tharraouth n es sbá abeddar,
koul el khourdh ejeban fell as,
k'eddemen ak th id s oukerkar
r'er ed-Djoud'i; houden as thilas,
egzemen as aglim r'ef dhar [1].

Ô Mahmoud, je chanterai ta louange [2] ! — postérité du lion impétueux, — tes enfants ont franchi tous les retranchements ; — ils se sont élancés, en poussant le cri de guerre, — contre Ed-Djoudi ; ils ont détruit ses limites, — et lui ont coupé la peau à la mesure de son pied [3].

أَسْ نَلْحَمْ أَيْخَ ٱلنَّحْمِـيسْ
ٱلسَّرْسُورْ يَكَّـرْ ٱعَبَّاڒْ
أَمَّحْ يَمَّ ٱلنَّمْلِـيسْ
أُوْرَبِي ٱكْعَلْمَـزْ تَخْبَّاڒْ
وِنْ يَبِّيـزْ هَـمْ ٱقْمِيـسْ
أَفْكِيشْ إِوْجِـحْ نَـزَّاڒْ

---

[1] *R'ef dhar*, abréviation pour *r'ef oudhar* « sur le pied. »

[2] Le poëte s'adresse à la tribu des Aït-Mahmoud (fils de Mahmoud) dans la personne de l'ancêtre qui lui a donné son nom.

[3] Lorsque, sur un marché, un Kabyle veut acheter une paire de ces semelles en cuir de bœuf garni de poils dont on se sert dans le pays pour les chaussures qui se nomment, suivant les localités, *irkasen* ou *ichifedh*, il pose le pied sur le cuir et le marchand taille la semelle à la mesure de son pied. C'est à cet usage que l'auteur fait allusion ; il veut dire par là que les insurgés ont fait rentrer l'autorité de Sid-ed-Djoudi dans ses limites naturelles.

96   POÉSIES POPULAIRES DE LA KABYLIE.

As n el h'ad ai d' en nah'is,
es sersour ikker our'ebbar ;
ameddah' idda l mal is,
ed' rebbi ag alemen le khebar.
oui th ibbouin, houd akhkham is,
efk ith i oujajièh' n en nar!

Le dimanche a été un jour funeste, — les chasseurs soulèvent la poussière ; — le poëte a vu partir son bétail, — et Dieu seul en a des nouvelles. — Ô Dieu, détruis la maison du ravisseur, — livre-le aux flammes de l'enfer !

ذيرات مشهور يسميس
أنتخليفت أنسذنا عمر
ءايث البرود يتغسّيس
ءيث تمخل الجُمَر الدار
ءروان الجهد سفرنصيص
ءفكانت لواد إشقار

D' airath, mechehour ism is,
et tsekhelifth en sid' na òmar,
d' aith el baroud' itsk'essis
aith le mokh'al en djouher ed dar,
arouan le djehed' s Afrançiç
efkan t i l oued ichouk'ar.

Airath, au nom illustre[1], — est le khalifa[2] de notre seigneur Ômar[3]. — Ce sont des guerriers à la poudre meurtrière, — aux fusils de Djouher-Eddar[4] ; — ils se sont rassasiés de guerre

---

[1] *Airath* est le singulier de *Aït-Iraten* ; il personnifie ici la confédération entière.

[2] *Khalifa* veut dire *lieutenant*, celui qui agit sous les ordres d'un autre et le remplace au besoin.

[3] Ômar-ben-el-Khettab, compagnon du Prophète et successeur d'Abou-Bekr dans le khalifat.

[4] Les fusils de Djouher-Eddar sont les fusils fabriqués à Damas.

sainte avec le Français, — ils l'ont jeté dans la rivière et les rochers.

أَبَكَلِّيذْ وَرْ نَقِّيسْ
أَنْعَنِيسْ أَبْجَّبَّارْ
أَدْعَاغِكِينْ سَائِثْ تَحْرَاسُوِيسْ
وَلْكَعْبَ مِي الْزَيِّنْ لَصْوَارْ
أَجْمِعْ أَكَّا نَتْحَسِّيسْ
أَنْزَدْعْ وَادْ الْكَوتَرْ

ai agellid' our net't'is,
ai ah'anin, ai adjebbar!
dâar' k in s aith bak'ar Esouis,
d' el Kâba mi ezzin le çouar,
edjmid akka d netseh'assis,
an nezd'er' oued el Kouthar.

O roi qui ne sommeilles jamais, — Dieu bienveillant et tout-puissant! — je t'implore au nom des saints de la mer de Suez, — et de la Kâba[1] qu'entourent les remparts; — fais que nous tous qui avons écouté ce chant — nous habitions la vallée du Kouthar[2].

[1] La Kâba est le temple de la Mecque, but du pèlerinage.

[2] Le Kouthar est un fleuve du paradis musulman.

INSURRECTION DE 1856.

ATTAQUE DE DRÂ-EL-MIZANE.

PAR EL-HADJ-MOHAMMED-BACHIR, DES AÏT-BOU-YAHIA, TRIBU DES AÏT DOUALA,
CONFÉDÉRATION DES AÏT-AÏSSI.

أصلات عبق أنبي الطهر
أمشفع تحنسلمن
إقضليم باب ألمر
تنوار فلك أنضهرن
أسيذ أفكاغ أنصر
أتحليم إرزقن

Eçlat r'ef k, a nebi et' t'ahar¹,
amchafâ d'egg ineselmen!
ifadkel ik bab el lamer,
le nouar fell ak ai dheharen.
a sid'i, efk ar' d'ençer,
ai agellid' irezzek'en!

Bénédictions sur toi, ô Prophète pur de toute souillure, — qui intercèdes pour les musulmans! — que le Maître de toutes choses t'accorde sa faveur! — L'auréole de la gloire brille sur toi. — Ô Seigneur, donne-nous la victoire, — roi qui pourvois à nos besoins!

¹ Dans cette pièce, les vers sont entremêlés de prose cadencée et, en général, rimée qui se récite et ne se chante pas. Les Kabyles donnent à cette prose le nom de *deras*, de l'arabe درس, qui veut dire « lire » et aussi « enseigner ».

ATTAQUE DE DRÂ-EL-MIZANE.

غَفْ أَرْمِي أَجَ أَدْ نَفْهَرْ
بَـزَّافْ أَڭْـوعَـرْ
إِجَّبْ إِمُّهُمُودْ دَنْبَـرْ
نَـرَّاوْثْ ٱلْـحْـرَارْ
ٱكَّثَنْ ٱلْزَّالْ جَبَّدَنْ أَمْسْهَارْ
مِ ٱكَّرَنْ إِوَعْدَاوْ أَيْمَنْ أَمْبِصَارْ
أَدَ ٱدُّونْ فَلَّدْسْ أَدْيَاعْ إِمْصَرْصَرْ
أَنَنْ يَعُونْ أَنَّبِي حَبْ ٱلْغَقَّارْ

R' ef ouroumi agi, ed' le k'ahar,
bezzef ag ouâar.
iâdjeb i ou Mah'moud', d' en neber.
tharraouth el leh'arar,
ekkathen ouzzal, jebbed'en amesmar;
mi ekkeren i ouâd'aou, aimen t am biçar[1].
ad' eddoun fell as, ad' iar' imçarçar.
a then iâioun en nebi, çah'ab el r'effar.

Je parlerai de ce chrétien : c'est un ennemi irrésistible, — dangereuse est sa puissance. — J'aime les fils de Mahmoud, c'est une troupe d'élite [2]. — Descendants d'une noble race, — ils frappent le fer [3], ils tirent la détente; — lorsqu'ils se lèvent contre l'ennemi, ils le pulvérisent comme des fèves; — ils le poursuivent, et lui, il n'éprouve qu'humiliation. — Le Prophète, ami du Dieu clément, leur viendra en aide.

دِوَضِمَـزْ أَيَـدْ ٱلْـفْـهَـرْ

---

[1] *El-biçar* est un nom collectif qui s'applique aux fèves, pois, haricots, lentilles, etc.

[2] La tribu des Aït-Mahmoud, voir p. 90, note 2.

[3] L'expression «frapper le fer» (*ekkath ouzzal*) est consacrée pour dire «se battre»; les Arabes disent «frapper la poudre».

ءِبـزْ أَيْثْ آمـسـبـعْـار
الـنَّـعْـشْـي يـمَّ اُورِي إِفْـمَمْ نـشَّـرْ
الـتَّعْـصْـي يـمَّ عِـنْـسْـلَـمْ رَبِّـي أَتْنِـيـنْـصَـرْ
أَرْسَـنْ سَ زَعَـار أَجُـدِي اِوُخَّـرْ
أَخْلَـنَـاسْ الْـبْـرجْ اِهُـدْ أَكْ أَمْـكُلْ اِنْـمَـرْ
اتَّـرَادْ يَـمْـسَـبْـدَ الْـبَـهـوهْ يَـكَـثَـرْ
أَكْـمُـثَـنْ أَيـعَـرْنِـي ايْـثْ أَزْنَـابَـرْ

D' louadhien ai d' el k'ahar,
d'in ai themesebd'ar.
en neṣf idda d' ouroumi, — ik'oud'am n ech cher!
en neṣf idda d' ineslem — rebbi a then inçer!
ersen s azar'ar — ed-Djoud'i ioukhkher.
khelan as el bordj — ihoud ak em koul ir'mer.
et' t'rad' insebd'a — el baroud' ikether.
ag emmouthen, a thiferni, — aith eznaber!

Les louadhien, voilà les guerriers irrésistibles[1], — c'est chez eux qu'a commencé la lutte. — La moitié d'entre eux marche avec le chrétien, les visages de malheur! — l'autre moitié avec les musulmans, Dieu les rende victorieux[2]! — Ils sont descendus dans la plaine, Ed-Djoudi a pris la fuite; — ils ont détruit son bordj, ils l'ont démoli à chaque angle. — Le combat s'engage, la fusillade devient nourrie. — Combien sont morts de guerriers d'élite aux longues moustaches!

أَحَاجْ أُحُدْ نَـعْـلِـي أَحَـمْ الـتَّـمْ بَـعْـنِـيـسْ تَـهْـوَرْ
آجَـانِـمْ الـشِّـعْ آنْ وَزَّلْ إِمْـشَـبَـرْ

[1] Voir la note 1, p. 90.
[2] La tribu des Ouadhia était en effet divisée. El-Hadj-Boudjemâa et son parti s'étaient rangés du côté de Sid-ed-Djoudi. Le parti de l'insurrection avait à sa tête Ameur n-Aït-Amara.

أَيْنْغَازْ أَكْسْمَايْسْ إِيجِ يَغْلَبْ تَعْنْصَرْ
مَرَكَّمَزْ كَـهْ إِزْمَاوْنْ نَسَّحَرْ

El-H'adj-Ahmed'-n-âli-ou-H'ammou — et tserbâth is thezouer,
edjan d ech chiâ — ath ouzel imchebber,
ai enr'an d'eg esbais, — id'im ir'leb l âuacer.
ma reggemen, gedeha ! — izmaoun n es seh'ar.

El-Hadj-Ahmed-Nâli-ou-Hammou[1] et son parti sont une troupe vaillante ; — ils nous ont laissé un glorieux exemple, les cavaliers toujours éperonnés, — que de spahis ils ont tués ! le sang coule plus abondant que les fontaines. — S'ils se vantent de leurs exploits, honneur à eux ! les lions du Sahara.

نَـكَمُّونْ الْجْـجِـيـدْ أَوْوِدْنْ أَيْـدْ خَـرَارْ
أَكَّنَرْ سَـوْالْـزَّالْ زَهْمَزْ أَمْـلَـضْيَـارْ
نَـثْنِ الْجْـرْحَـنْ دِفُو أَسْ نَـكْـرَاءْ ازْغَـارْ

Thagemmount el le djed'id', — ed' ouid'en ai d' el k'arar ;
ekkathen s ouzzal, — zedemen am le dhiar,
nitheni ag djerk'an Difou, — as n et'rad' ouzar'ar.

Taguemmount-ed-Djedid, tes enfants sont de race pure[2] ; — ils frappent le fer, ils fondent sur l'ennemi comme des oiseaux de proie : — ce sont eux qui ont blessé Devaux, le jour du combat dans la plaine[3].

[1] El-Hadj-Ahmed-Nâli-ou-Hammou est un homme des Âmraoua qui, après avoir donné le signal de l'insurrection de la vallée du Sebaou, au printemps de 1856 (voir la note 2, p. 79), se réfugia dans les montagnes des Aït-Iraten, avec son parti composé d'une soixantaine de cavaliers. Ce petit goum formait toute la cavalerie de l'insurrection.

[2] *Taguemmount-ed-Djedid* est un village de 950 habitants faisant partie de la confédération des Aït-Sedk'a.

[3] Voir la note 1, p. 90.

سِيدِ آلْحَاجْ أَعْمَرْ زِيكْ أَدْ بَابْ أَنْصَرْ
يَبْبِيدْ لَمَحَلَّةْ أُوقَوَا ٱلْعَسْكَرْ
أَيْ دَرْفَدْعَنْ دَعْمَ أَتْوِيلَ مِيوَنْ أَنْكُنْ أَتْسَكْلُو سَ ٱلْأَمَرْ
رُحْعَنْ دَوْزَعَارْ وِزْمَرَنْ أَثَنْ يَقَمَرْ
شَّالْ ٱلْبَرْجْ أَمَرْكَنْتِي أَكَرْ مُشْقَرْ
آيِبُّوِينْ دَعَمْ أَسْعَى وَلْكْتَانْ أَزَّ ٱتْجَدَرْ
آيْرَنَانْ دَعَمْ أَنَّعْمَ أَيْنْ يَسْعَ أَولْمَايَرْ
دَمْشُومْ أَقْعَصَانْ سِيدِ ٱلْحَاجْ أَعْمَرْ
أُمْ كُولْ ٱلْعَرْشْ يَبُّصِيعْ أَدْرِمْ بلَّاسْ أَمْغَبَّارْ

Sid'-i-l-H'adj-Ámer — zik ed' bab u eneer,
ibboui d le mek'alla — ougaoua l'àsker.
ai d erfed'en d'egem, a t'ouila, — mi outhen atseglou s el âmer.
rouh'en d' ouzar'ar, — oui izmeren a then id ik'amer!
etchan el bordj oumerkanti, — agla mouk'k'er!
ai ebbouin d'eg'em, a sâaia, — d'i l ketsan ala l djouder
ai ernan d'eg'em, a n nâma, — ain isda d'el oumaier.
d' ameckoum ag âouçan — Sid'-i-l-H'adj-Ámer,
em koul el ârch ibbodh ith id, — ad'rim fell'as am r'ebbar.

Sid-el-Hadj-Âmeur[1], depuis longtemps est le maître de la victoire, — il conduit les troupes des Zouaoua, soldats; — que de longs fusils ils ont apportés; lorsqu'ils font feu, l'âme de l'ennemi s'envole; — ils s'avancent dans la plaine; qui

---

[1] Sid-el-Hadj-Âmeur, marabout fanatique, était chef de la zaouia de Sidi-Abder-Rhaman-bou-Kouberin, située chez les Aït-Ismaël de la confédération des Guechtoula. Au commencement de 1856, il quitta furtivement sa zaouia et se retira chez les Aït-Ouasif (Zouaoua) où le parti opposé à Sid-ed-Djondi lui donna asile. Il fut le principal instigateur de l'insurrection des Guechtoula et Aït-Sedk'a, au mois de septembre 1856. La répression rapide de ce mouvement par M. le maréchal Randon mit fin à son rôle politique, très-court du reste. L'année suivante, après la soumission générale, il fut obligé de se rendre à discrétion. On lui permit de se retirer à Tunis, où il est mort.

ATTAQUE DE DRÀ-EL-MIZANE.

pourrait lutter avec eux? — Ils ont pillé le bordj du Merkanti, grande richesse[1]! — Que de butin ils ont emporté! parmi les étoffes ce n'était que fins tissus; — que de grains ils ont aussi trouvés! ce que possédait le Merkanti était prodigieux. — Il n'y a qu'un mauvais sujet qui puisse désobéir à El-Hadj-Àmeur, — toutes les tribus sont venues à lui, l'argent afflue chez lui comme la poussière.

إِخْطَارْمِ مَ تُكْلَزْ   تَرَاوْثْ ٱلسَّـمَارْ
غَرَانَهْرَ لِيوْ أَبْعَنَانْ   يَسْ يُوقَعْنْ أَشْنَارْ
أَسْرَعَنْ آرمي ةَلْبَمَجْ   وَٱللَّهْ أَرْبَعِينْ أَمْصَبَّرْ
ءَ عَرَعَ ٱلْمِيَانْ صَمْعَنْ   عَلْنَاهُ بَسْهَلْ نَمَرْ
نَمِيطْ مِشْمَشِّي غَبَارْ   تَكْعَمِيسْ أَتَغْبَرْ أَنْشُورْ
أَتْرَعَانْ مِنْ ٱلْبَمْهُوءَ   إِنْسْلَمْ يَنْهَرْ
يَسْبَعَمْ أُرْمِي   يَغْلَبْ أَجْرَاهُ مَايَكْنَرْ
أَيَحْيَبِي غَمَ ٱلْمَذْبَعْ   ٱلتَّمْبَتْ نَمْ ءَلْكُورْ
أَبْجَرَزَانْ أَوْكُمْ أَنْعَلْ   أَكَلِيبِمْ نَمْ حُشْفُورْ
ٱلْعَسْكَرْ بَمْ آبْ يَفْوَ   يَغْلَبْ آلسَّرْزُورْ
سِي أَتْمَيْنِيسْ نَجِسَرْ   لَجِنَتْ ءَالْمَبُسُورْ
إعَوْهَ نَغَمْ ٱلصَّنْعَ   ٱلْمَخَرْ ٱلْمِتَرْ
مِي نَسَهْقَلَحَّي أَنْغَمْشَى   أَكْسَفَشُونْ ٱلشَّفَرْ
ٱلْفَوَهُ وَرَنَسِيمْ أَهَ   أَيَجَبِّي آكَمْ ٱلْتَبْرَ
أَكَمْ إِخْوزَ يَلْسَقَ   أَتَسِهُوتَ أَنْسَرْ
أَنَ وَقُوَجْيِسْ نَجَرَحَ   يَبْعَ أَتْ يَكْتَمْ ٱلنَّمَرْ

[1] Le bordj du Merkanti, dont parle l'auteur, est l'usine à huile établie près du vieux fort turc de Boghni par M. Molines. Cet établissement fut, en effet, pillé et démoli de

Igouchdhal mi d eddoukelen, — tharraouth el lek'emar.
r'er ounezliou ai ânan, — thimes iouká ts ouchennar,
esserr'an armi d' el bordj; — oullah! our sâin amdhebber!
d'i Drâa-el-Mizan dheman, — r'ilen ak ischel l amer.
Boubrète mi th ibbodh le khebar, — d'egg ir'ef is ag fera chouer.
ag err'an d'inna el baroud'! — ineslem int'er.
iffer' ed ouroumi, — ir'leb ajerad' ma ikether,
ai d ibboui d'ek, a l med'fâ, — a l embounba, lak d' el k'our.
ai d ernan d'eg em, a tsek'ela — ougelzim lak d' ouchak'our.
el âsker bezzaf ik'oua, — ir'leb ez zerzour,
si themourth is la d iserrou, — la d itheddou d'i l babour.
idoud' aner' d eç çenâa, — el lemokah'al el mitra.
mi thesmouk'ledh at ted'ehechedh, — ag sek'achoun achchefera.
a l k'oum our nessin, ahd'a, — ai d ibboui d'eg em, azzebra?
kera ih'aouza ilk'a, — ad'as ihoud el k'ara;
atha oufouad' is irh'a, — ibr'a ad' igzem et tsemera.

Après s'être rassemblés, les Igouchdhal[1], postérité de braves, — se dirigèrent vers les Inezlioun[2]; le feu fit de leur pays un brasier. — Ils portèrent l'incendie jusqu'au bordj. Par Dieu! ils n'avaient pas un bon conseiller; — ils convoitaient Drâ-el-Mizane, tous croyaient la chose facile. — Beau-prêtre, quand lui parvint la nouvelle, arrêta son projet dans sa tête. — Que de poudre brûlée là! les musulmans furent maltraités. — Le chrétien sortit plus nombreux que les plus fortes nuées de sauterelles, — conduisant avec lui combien de canons, de bombes et de boulets; — combien aussi de

fond en comble par les Kabyles. Moins d'un mois après, les tribus qui avaient pris part à ce pillage furent contraintes de rembourser au propriétaire la valeur des dégâts qu'elles avaient causés.

[1] La confédération des Igouchdhal, appelée par les Arabes *Guechtoula*, fait partie du cercle de Drâ-el-Mizane; elle est composée de huit tribus : Frikat, Aït-Ismaël, Aït-Koufi, Aït-Mendès, Aït-bou-R'erdan, Aït-bou-Addou, Cheurfa-gu-Ir'il-g-ek'k'en, Ir'il-Imoula (la crête des forêts) et Mechras. Sa population totale est de 16,890 individus.

[2] Le fort de Drâ-el-Mizane est situé sur le territoire de la tribu des Inezlioun, en arabe Nezlioua.

charges de pioches et de haches! — Ses troupes sont puissantes, elles dépassent en nombre les étourneaux, — elles arrivent de son pays, portées sur des vapeurs. — Il nous a apporté une invention nouvelle, les fusils au mètre [1]. — Vous frémissez à la vue des baïonnettes qui se dressent. — Ah! peuple ignorant, attends encore; vois ce qu'il a apporté de serpes [2] : — celui qu'il atteint est perdu, il détruit sa maison; — son cœur est irrité, il veut couper les arbres fruitiers.

أتّ يَغْنَ غَرْأَتْ مَطَاسْ
وِنَّى يَكَّرْ أُعْبَّارْ
أَمْكُلُو تَّاتْ دَمَقْلَسْ
يَفْكَنْزْ إِرْكَلْ إِيغَنْزْ
إِكْشَمَاعْ أَكْ الْوَسْوَاسْ
نَكَاءُ أَتْ عِمَّرْ

Atha iâna r'er ath Mat'as
d'inna ikker our'ebbar.
em koull oua idja th d' amafelas:
ifka then ir koull i ir'zer.
ikchem ar' ak el ousouas,
nougad' ad' ar' iâmmer.

Le voici qui se dirige vers les Aït-Matas [3], — là s'élève la fumée. — Il laisse chacun ruiné sur son passage: — il les a

---

[1] Les Kabyles appellent *fusils au mètre* nos carabines à longue portée; ils leur ont donné ce nom, parce que, dans les combats, ils entendaient les officiers indiquer à haute voix à leurs hommes le nombre de mètres qui les séparaient de l'ennemi, afin de faire régler les hausses.

[2] Pour couper les figuiers.

[3] Les Aït-Matas forment une fraction de la tribu des Frikat. De tous les Guechtoula, ce sont les plus rapprochés de Drâ-el-Mizane. C'est chez eux que se dirigea tout d'abord, au début de l'expédition de 1856, la colonne commandée par M. le général Yusuf.

jetés tous dans les ravins. — L'effroi est entré dans nos cœurs ;
— nous craignons qu'il ne nous déporte.

رو أيـزري أمـنـكـرّاسـ
غـرمـى أكـغـزْ أنّـصـر
كنتـرڭـيـڭـى كـلّـسـ
أرّبـى كـشْ ةالـنّـضـر
أرنـڭـانْ أمْ يـضّ أمّـاسْ
كـلْوَ تْسـاسْ نـتْـهـدّر

Rou, a izeri, amm ethgerras,
d' aroumi ag our'en en neçer!
la netsergigi koul l ass
a rebbi, ketch d' en nadher,
our neggan am iidh amm as,
koul oua thasa s la thehadder.

Coulez, ô mes larmes, plus abondantes que la grêle, — c'est
le chrétien qui a remporté la victoire ! — Tout le jour nous
tremblons, — ô Dieu, tu vois tout ! — Nous ne dormons ni
la nuit ni le jour, — chacun sent murmurer son cœur.

أُحْـعـِدِيـقْ يـِلّٰدْرْزِسِ نْڭـِيَاسْ
إروحْ إجـنـِبْ إوحْـسـَر
زبْ أنّـى مـِيـلـى واسْ
غـر انْشـلـعْ إمَّ نـوكـر
أنْكـوى إعـَذْرِبْ يـضـس
ورْيـِتـّـى أرْيـِمـْتـّـر

Ouh'ad'ik', illan si l kiias,
irouh', idjouneb, ioukhkher.

zik enni mi iouli ouas,
r'er ech cham, iga l'ouker.
angouf ir'eder ith idhes,
our itsaouki ar th ibetser.

L'homme intelligent qui a été bien avisé — est parti, il s'est mis à l'écart; il s'est dirigé — depuis longtemps, quand le jour est venu, — vers la Syrie, il y a établi sa demeure. — L'imbécile s'est laissé surprendre par le sommeil, il n'ouvre les yeux qu'après qu'il a été enterré vivant.

أَنْعَرْ أَسِيعْ بَلْعَبَّاسْ
أَرُمِي أَجِي دْ مَفْجَرْ
أَكَرُوَكِنْ هَعَسَّاسْ
نَبْعْ آتْرَفْعَمْ لَفْقَرْ

Nâr, a sid'i Bel-Abbès,
aroumi agi d' imek'fer.
a kera oui illan d' aâssas,
nebr'a atserfâm le k'aher.

Viens à notre aide, ô Sidi-bel-Abbès[1], — ce chrétien est oppresseur. — Vous tous qui veillez sur le monde, — nous demandons que vous enleviez ce fardeau qui nous écrase.

أَنَايَزْ سَنْ يَمْعَزْ
نَسَّاسْ نَسَّرْ
إِهْمِنَرْ أَمَجَّرْ
إِنْسَلْمَزْ عَنْ
أَبَكْجَازْ سَلْمَوْسْ

[1] Sidi-bel-Abbès-Sibsi est un marabout souvent invoqué par les habitants de la province d'Alger.

غَفْ أَنْبِي أَلَاشْ أَنْـدَمْ
وَمّـنْ أَمْيَـاعْ أَلْـكَـرْ
تَمَعْ سِي جَـقـنَّـمْ
يَسَّرَعْ أَنْنُوبْ مَـبُـورْ

  Athaien s ath Bou-Mâza.
  thasa s thezza,
  igzem ithen amm el tedjera:
  ineselmen d'inna
  a ikfan s el moutha.
  r'ef enbi oulach endama,
  oui immouthen ad' iar' el h'aoura,
  imenad si djehennama,
  issared' ednoub ma ioura.

Le voici chez les Aït-bou-Maza[1], — son cœur est enflammé de colère, — il les a coupés en morceaux comme des arbres; — là ce sont les musulmans qui ont été exterminés par la mort. — Il n'y a pas à se repentir de ce qu'on fait pour le Prophète : — celui qui meurt épouse une houri, — il est préservé de l'enfer; — il a effacé ses péchés, s'il en avait d'inscrits.

أَتَي سِي غْمْرْ تَشْبَلْ أَيْعَـمَّـ تَـوْقَـرْ
أَمْتَخْـلِـي أَتِـيهِـلِـي أَرْضَاضْ يَغْلَبْ أَلْـكَـرْ
أَلْمَوْقَعْ يَبْـة أَلْدِي لَـتْـقَـرَّيْ أَلْـكُـورْ
أَتْرَاتِـي أَخْـرَأَنْـوِي تَمْمْتْ جَلْـقَـرْ

  Athaia s ir'zer n echbel, — ad iâmmed' el ouâra;
  am sah'ali ad it'illi — erçaç ir'leb el gerra,

[1] Le village des Aït-bou-Maza fait partie de la tribu des Frikat. Il est situé au sommet des montagnes qui forment le prolongement du Jurjura du côté de Drâ-el-Mizane.

ATTAQUE DE DRÂ-EL-MIZANE.

el med'fâ ibd'a ataoui — la thesekherrai el koura ;
kera boui theh'aouza ataoui — l emboumba d' el k'ahara.

Voici le chrétien à Ir'zer-Nechchebel[1], il s'avance vers le pays escarpé ; — il franchit le col comme la neige, le plomb tombe plus serré que la pluie, — le canon commence à tonner, le boulet répand la terreur ; — tout ce qui est atteint est emporté par la bombe, que rien n'arrête.

عَقُّمِيكْ أَلْـهَـاشِمِي   أَعْمَ فُـدْحِىٌ لِـشَـارْ
أَنَايَنْ يَفْـكَـى سَـلْـمُـوثْ   نَبَّعْ ذَكُسْ أَطِّـيــرْ
أُونَنْ يَرْكَازَنْ اَلْعَالِـي   كَـهْ سِ مَوْلَنْ نَصْبَرْ
دَبَّـحْـنْ آتْ اَكْبَـال اُلَّـي   أَسَّـى اَلْعِيدْ يُومْ اَنْحَرْ
وَنْ مَركَّـمَـنْ كَـهْ   عَنْ أَيْـنْـبَـوقَعْ وَزْبَـارْ
اَلسَّـمُـونَـاسْ نَـهْرِي   سَلْمَـحْ نَـيَـحَـفَّـرْ
اَكْنَفْلْ أَنْكَمْ اَلْمُـوثْ   أَنْضَ بَـاَسْ أَخَسَّـارْ
إِهْمْ يَغْلَبْ تَـمَـالِـي   دْكَاسْ اَلْمَـفَـرْ

K'eff oud'em ik, a l Hachimi, — d' ar' d efkedh l ichara,
athaïen ifka s el moutha — theffer' d'eg s et' l'ira.
outhen irgazen el âali — gedeha s imaoulan n ecbara !
d'ebeh'an t ak beh'al oulli — amm as el âid', ioum en neh'ar,
ouid'en ma reggemen, gedeha ! — d'inna ai ts iouka ouzebar.
esserouan as tharouzi — s el mesah'a la ih'affer ;
ag ent'el d'egem, a l moutha, — ag dhra id' es oukhessar.
id'im ir'leb le h'amali — d'oug as el lemet'er.

Par ton visage, ô Hachimi[2], donne-nous un signe ! — Le voici qui est exterminé par la mort, il vient de surgir pour lui un mauvais présage. — Les braves guerriers se sont battus,

---

[1] *Ir'zer-n-Echchebel* est un village de la tribu des Aït-Koufi.

[2] *El-Hachimi* « le très-respecté », est un surnom du Prophète.

honneur aux maîtres de la persévérance ! — Ils les ont égorgés tous comme des brebis, pendant la fête, le jour des sacrifices[1]. — Ceux-là, s'ils se vantent de leurs exploits, gloire à eux ! c'est là qu'a eu lieu l'abatis. — Ils l'ont rassasié de fouiller la terre, il creuse avec des pelles; — que de morts il a enterrés ! Ce qui lui est arrivé est un désastre. — Le sang coule plus abondant que les torrents débordés par un jour de pluie.

أَبْنَابْ أَنِعَ تَلِّيمِصْ
إِتْشْهِكِيمْ بْخَمَرْ
وَالسِّنْ أَنِعَ تَهْمِيصْ
الْقَابِعْ الْمَمْصَرْ
جِّيصْ الْعَمْرِشْ يَغْلِي
إِمَوْلَنْ نَنْصَرْ
أَفْكَانْ أَمْسَكِيمْ يَلُو
أَيْمَرِ أَعْلَبْ تَعْنَصَرْ

A bou Nab, anid'a thellidh,
ikchem ik id bou le khemer ?
oui issen anid'a thezehidh [2]?
a l k'aid' em Maçer !
thedjidh el ârch ik ir'li,
imaoulan n ençer;
efkan mesakith thiloui,
a izeri, er'leb l ânaçer.

[1] La tribu des Aït-Koufi fut attaquée et entièrement saccagée dans la journée du 24 septembre 1856 par les colonnes réunies de MM. les généraux Renault et Yusuf. L'auteur cède à une illusion par trop exagérée en attribuant, dans cette affaire, la victoire aux Kabyles. Dans les vers suivants, il avoue, du reste, qu'ils ont dû se soumettre et payer l'impôt de guerre.

[2] Le mot *thezehidh* serait rendu plus familièrement, mais plus exactement par le verbe «flâner».

ATTAQUE DE DRÂ-EL-MIZANE.

Où étais-tu, ô Bou-Nab [1], — lorsque chez toi est entré le buveur de vin ? — Qui sait où tu t'étais oublié ? — ô kaïd de Maçer ! — Tu as laissé tomber ta tribu, les maîtres de la victoire ; — ils ont payé, les malheureux, jusqu'à complet dépouillement. Coulez, ô mes larmes, plus abondantes que les fontaines.

أنــرغــم أرتّيــسي
أتّغــيــز صّــبْ ٱلْغــبّــر
آوَغــكـيــسْ سَــنْــيــسي
أمْ بَبْكُرْ سِسْنَا عُمَر
أنْجَنَّش أنَــرْغَــمْ لَــغْــلِــم
أجمـع أكَّــة نَحْــضَــر

Etsrer' ek, a rebbi,
ai ah'anin, çahab el r'effar !
daâr' k in s enbi,
ad' Bou Beker, sid' na Âomar
ed djenneth an nezd'er' l aâli.
edjemiâ akka d'a neh'adher.

Je t'en prie, ô mon Dieu, — Dieu clément et miséricordieux ! — je t'implore au nom du Prophète, — au nom de Bou-Beker et de notre seigneur Ômar, — fais que nous habitions les hauteurs du paradis, — tous tant que nous sommes ici présents.

[1] Sid-Ali-bou-Nab est un saint marabout, patron des Ait-Koufi ; il est enterré sur le territoire de cette tribu.

XI

INSURRECTION DE 1856.

COMBATS DES 30 SEPTEMBRE ET 4 OCTOBRE, CHEZ LES AÏT-BOU-ADDOU[1].

PAR SI-MOHAMMED-SAÏD-OU-SID-ALI-OU-ABD-ALLAH, DES AÏT-MELLIKEUCH.

أَصْلَتْ غَعْمْ أَنْبِي أُيْشِبِحْ
سَلْعَمْ نَتَّسْبِيحْ
سَلْعَمْ نَصْ أَكْلْ قَرابْ
سَلْعَمْ أَعْلَمْ يَنْصَحْ
يَكْسَانْ أَكْشَيَحْ
سَلْعَمْ إِزْرَرَ دْ الزَّابْ

Eçlat r'ef k, a nebi, ai ouchebièh'!
s el âad ne t tsesbièh',
s el âad n eç çof d'eg el meh'arab,
s el âad our'elmi.itçièh'
iksan d'eg ech chièh',
s el âad izerzer d'i z zab.

Que les bénédictions soient répandues sur toi, ô gracieux Prophète! — nombreuses comme les grains du chapelet, — comme les rangs qui se pressent devant le Meharab[2], — comme

---

[1] La tribu des Aït-bou-Addou fait partie de la confédération des Guechtoula. Sa population est de 1,900 habitants répartis en cinq villages.

[2] Le meh'arab (mihrab) est la niche qui, dans les mosquées, indique la direction de la Mecque et devant laquelle se rangent les fidèles pour faire la prière.

les troupeaux qui bêlent — dans les pâturages de chiêh[1], — comme les gazelles dans le Zab[2].

أيْـلِـسِيـوْ إِلِـيـحْ كُـنْـصِـيـحْ
أَصْلَـدْ عْفْ أَزِيـنْ لَـثْـيَـابْ
إِرْوَالَـيْ أَرِيتْصِـفِـفْ لَـمْـدِيـحْ
رْحَـاسْ سَـنْـصِـيـحْ
أَمِـمْ إِحَـجَـانْ لَـكْـتَـابْ
دْلَـفَـصَّـى إِمِـرَنْ أَيْـمِـيـحْ
أَدْ يَـغْـلِـي وُمَّـنْ أُجْـضَـابْ

A iles iou, ili k d' ounçièh' :
eçlat r'ef k, a zin le thiab!
ir ouala our essikhefif l emdièh',
rouh' as s ençièh',
anm in ihedjan le ktsab;
d' el k'eçça imiren atsimelièh'.
ad ir'li oui innoumen edjd'ab.

Ô ma langue, sois véridique et fidèle ; — béni sois-tu, Prophète aux beaux vêtements! — évite, ô ma langue, toute précipitation dans ce cantique de louanges, — procède avec fidélité, — comme celui qui épèle le livre saint. — Ce chant alors deviendra harmonieux — et fera pâmer d'aise celui qui est habitué à l'extase[3].

تَـعْـلَـدْمْ إِشْـوْ وُفِـيـحْ
أُقَـرْنْـصِـيْـصِـي أَنِّـي أَكَّـابْ

[1] Le *chièh* est une espèce de thym très-abondante dans les plaines du Sahara.

[2] *Zab*, pluriel *Ziban*, contrée au sud de la province de Constantine.

[3] Le mot extase, par lequel j'ai traduit *edjd'ab*, rend à peu près la pensée de l'auteur, mais non pas le sens de *edjd'ab*. Ce dernier mot est, en effet, le nom d'action du verbe

بَعْزَ أَبْوَاءَ سَمْعَجْ
أَيْ دْيَوِيْ عَمْ أَبْعْرَابْ
أَنْمَ أَنْتَدُوتْ لَدْيَسْهِلْعِجْ
إِعِيزْ مَسْكِينْ عَمْ آنْعَابْ

l âlam id ichoud ouk'ebièh',
Afrançiç eani akeddab
iâna abou Addou s ezd'ièh'.
ai d ioui d' ek, âi ârab;
Alma n Tad'out' la d ist'ilfièh'.
ir'il meskin d'a r'a nt'ab.

Le méchant a saisi sa bannière; — ce Français menteur — se dirige avec fracas vers les Aït-bou-Addou. — Combien de vous, ô Arabes, n'a-t-il pas amenés avec lui! — il parade dans Alma-n-Tadout [1], — s'imaginant, le malheureux, que nous allons nous soumettre [2].

أَبْوَاءُ مِي نْ يَتْنَمْعِجْ
تْمَعَارْ سِلْمَانْ عَرْ آلْنَابْ
تْمَيْتْ يَعَعْ آلْنَمْعِجْ
تَيَامْ أَزَمْ أَنْعَابْ
أَرْزَانْ آلْعَوْعْ أَنْسَهِجْ
إِخْوَيْنْ أَتْعْعَابْ

arabe *djedeb* جدب, qui signifie balancer vivement la tête en avant et en arrière, mouvement qui produit une espèce d'étourdissement et d'extase. Je ne connais pas de mot français pour rendre cette idée.

[1] *Alma-n-Tadout* « le pré de la laine », est le nom d'un petit plateau planté de figuiers, au nord du village de *Thamkadouith* chez les Aït-bou-Addou. C'est là que, pendant les combats des 30 septembre et 4 octobre 1856, étaient les réserves et l'ambulance.

[2] Les Aït-bou-Addou ne se soumirent pas en effet à la suite de ces combats; ce ne fut que l'année suivante, lorsque toute la Kabylie eut mis bas les armes, qu'ils firent leur soumission à la France.

Abou Addou, mi d' itsint'ièh',
themenâar si l bab r'er el bab,
thameddith iffer'et tsebrich':
thiiam, azekka anr'ab.
erzan el k'oum en Sout'ièh'
ik'aoualin amm imedjd'ab.

Lorsque les Aït-bou-Addou poussent le cri de guerre, — on s'excite au combat de porte en porte, — le soir retentit cet appel : — Accourez tous! demain nous mourrons pour notre pays. — Ils ont mis en déroute le peuple de Satih [1], — hors d'eux-mêmes comme des Âissaoua [2].

أَحْكَانْ وَنَّعْنَاسْ نَـكْـحِـجْ
أَسْ نَتْلَتْ يَـبْـدَ الْهْـرَاءْ
يَبْدَ ٱلْبَـرُودْ يَـتْسِـنْـطِـحْ
وَرْصَاضْ لَيْـقَـلَّبْ قَـلْـذَبْ
دَسَّـبِّـى وِنْ وَرْ نَجْـرِّـجْ
دَعَـزُّونْ غَـاسْ أَوْسَـابْ

Ah'akan ounnân as le kedièh':
as ne tletha ibd'a et' t'rad',
ibd'a l baroud' itsint'ièh',
d' erçaç la ik'elleb d' ak'elab :
d' ass enni ouin our nedjerièh'
d' aâzzoun, r'as ad' isab.

On raconte qu'ils ont porté chez lui la destruction ; — le

[1] سَطِيح *Satih* est le nom d'un devin, chez une tribu arabe, avant Mahomet dont il prédit la mission. Tout son corps, excepté la tête, était, dit-on, sans os et on pouvait le ployer comme un linge. Comme il vivait avant l'islamisme, il était, d'après la croyance musulmane, plongé dans les ténèbres de l'ignorance et de l'idolâtrie. Le peuple de Satih, appliqué aux Français, veut donc dire le peuple des infidèles.

[2] Le texte porte : « comme des *imedjd'ab* », c'est-à-dire comme des gens qui se livrent

8.

combat s'est engagé le mardi[1]. — la poudre commence à mugir, — le plomb renverse les combattants. Celui qui n'a pas été blessé dans cette journée — n'est qu'un Aâzzoun[2], il ne lui reste qu'à fuir son pays.

وْمَحْ أَنْ أَلْقَاوْ مَلِّحْ
مِي كَعِيعْ تَغْلِيضْ أَشْبَابْ
تَسَاوْ فَلَّسْ تَجْرِحْ
مِي يْهُوحْ يَبْكَسْ أَجَلَّبْ
يَبْدَ يَاكْ لَكْيَتِينْتِحْ
دَحَمْ بِي يَشُّورْ وَقْرَابْ
أَجْنَتْ أَدَّكَسْ يَتْمَرِّحْ
أَدْ فَلَّسْ يَهُوفْ لَعْتَابْ

D' Emh' ath el K'aou mellièh'.
mi k oufir' ther'lidh, a chebab,
thasa ou fell as thedjerièh'.
mi irouk' ibges ajellab,
ibd'a iak lak itsintièh',
d' ah'arbi itchour ouk'erab.
ed djenneth ad deg s itsmerrièh'
ad' fell as iouzouf l âthab.

Mehammed-n-Aït-el-Kaou[3] était un brave. — Quand j'ai

à l'exercice du *edjd'ab*. Les Âissaoua et leurs pratiques étant connus de toutes les personnes qui ont visité l'Algérie, j'ai remplacé par Âissaoua le mot *imedjd'ab* qui ne peut se traduire en français.

[1] Le mardi 30 septembre 1856.

[2] C'est-à-dire un habitant du village des Iâzzounen chez les Aït-Bouchennacha, voisins des Aït-bou-Addou, qui, à l'instigation de El-Hadj-Âmeur-ou-Âmran, ne prirent pas part à l'insurrection.

[3] Mehammed-n-Aït-el-Kaou, par abréviation Emh'-Ath-el-Kaou, c'est-à-dire, «Mehammed des fils El-Kaou ou de la famille El-Kaou», était un jeune homme des Aït-bou-Addou, très-renommé pour sa bravoure. Il fut tué un des premiers dans la journée du 30 septembre.

appris que tu étais tombé, ô beau jeune homme, — mon cœur a saigné pour toi. — En partant pour le combat, il avait ceint sa djellaba¹ : — il poussait le cri de guerre, — la giberne pleine de cartouches². — Maintenant il parcourt le paradis, — il est sauvé des tourments de l'enfer.

نَقَزْ كَعْيْمْ اِسْرِحْ
اَلْيْمْ اِزْرْبَنْ ءَزْرَابْ
سِيمْ عَلِي سِولْ ءَيْ اُوشْبِحْ
نَمَاقْ ءَزِسْ ءَرْكَابْ
خَضَاغْ نَفْلِيحْ
نَكْنِي يِغَسْ نَمَغْصَابْ

Nek'k'el d'egg ifeg ik isrièh',
a t't'ir izerben d'azerab,
sid Âli, sioul : ai ouchebièh',
bou tsemak', a zin erkab,
thedjidh ar' netsk'elilièh' :
noukni id' es nemir'eçab.

Élève librement ton vol dans les cieux, — oiseau, messager rapide, — monte vers Sid-Âli³, dis-lui : « O brillant seigneur, — aux tsemak⁴ et aux beaux étriers, — tu nous

---

¹ La *djellaba* est une espèce de grande chemise qui tombe jusqu'aux pieds. Dans les combats, les Kabyles n'ont ordinairement que ce vêtement.

² Les Kabyles achètent eux-mêmes leurs munitions. Cette dépense sert souvent de prétexte aux gens timides pour ne pas aller au feu. Dire d'un guerrier qu'il a sa giberne pleine de cartouches, c'est faire son éloge à un double titre. L'abondance de ses munitions prouve qu'il sait faire des sacrifices pécuniaires pour la bonne cause, et qu'il a l'intention arrêtée de persévérer dans la lutte.

³ Sid-Âli-ben-Abou-Taleb, gendre du Prophète.

⁴ Les *tsemak* sont des bottes de maroquin rouge.

as abandonnés dans l'angoisse et la détresse, — nous sommes engagés dans une lutte violente avec l'infidèle ».

أَدْ نَسْمَعْ آرْجَالْ أَفْرِيحْ
أَدْ نُوعْ سَتِّيمْ أَحْزَابْ
دْ كْرَ يَقَّهَنْ آلسَّبِّيحْ
مَنْتَعْرَضْ آبَنْ ٱلْقَطَّابْ
دَفْرَنْجِيصْ نَبْعْ آدْ يِتِيحْ
أَدْ فَلَّعْ صَحْ تَّكُدَّبْ

Ad' etsrer' erdjal Afrièh',
ad' ernour' settin ah'zab.
d' ekra ik'k'aren es sebbièh',
ma thenâredh, a ben el Khottab.
d' Afrançiç nebr'a ad' it'ièh'
ad' fell ar' çoudden le klab.

J'implorerai les hommes pieux d'Afrieh [1], — et tous ceux qui lisent le sobhia [2]. — J'ajouterai soixante ahzabs [3], — si tu viens à notre aide, ô fils d'El-Khottab [4]. — Nous demandons la ruine des Français, — que ces chiens soient éloignés de nous !

تَبَانْتْ أَعْجَمْتَمْ وُمِصحْ
أَقْلَعْ كَوَاسْ أَنْشَابْ
يَرِيْ أُكَاعْمْ التَّسْمِيحْ
أَبَرْ أَسْكَاسْ أَنْصَابْ

---

[1] *Afrièh'* est un village de marabouts des Ait-Aïdel, de l'Oued Sahel.

[2] *Sobhia* est la sourate الاعلى qui se récite à la prière du matin.

[3] Le Coran est divisé en soixante parties appelées *ah'zab*. L'auteur promet donc de lire ou de réciter le Coran tout entier.

[4] Omar-ben-el-Khottab.

مـــمّـــوث أكّا ورْنـــمْ يــبــحْ
غـوعْ الدّنيثْ تــنــفـلّابْ

Thad'iant a r' ikhed'em oufedhièh'
ak'lar' d'egg iouou as nechab.
ia rebbi, efk ar' d et tesrièh'.
ad' izzi ouseggas ançab,
ma nemmouth akka our nerbièh',
ĥoud ed dounnith thennek'elab.

C'est une histoire lamentable, ce que nous ont fait ces hommes couverts d'opprobre; — en un seul jour nos cheveux ont blanchi. — O Dieu, permets notre délivrance! — Que pour nous se lèvent des jours meilleurs! — Si nous mourions ainsi, sans consolation, — regardez le monde comme renversé.

5.
دَبوعْ اكّــاثـــنْ أقْــــيحْ
أنْتسْ اكّـــبــنْ ابــني أمــزابْ
دَمِيسْ نَــتْجَـــمـــعـــثْ مَــلّــيحْ
دَانْ تَـمَعلّــمْ ابْــةَ الْــكــلّابْ
السْـروانْ ايــكــعّــارْ أشْــيحْ
الشّــعْ تــوّضْ عَــرْ الــزّابْ

D' abou Addou ag ekkathen ak'erièh',
ed' netsa ag eddeben beni Mzab.
d' emmi s en tedjimâth mellièh',
d' ath el Mâllem ai d' el koullab,
esserouan igoud'ar acherièh',
ech chiâ theoudh r'er ez Zab.

Les Aït-bou-Addou se battent vaillamment; — ce sont eux

qui ont vaincu les Beni-Mzab[1]. — Les enfants de Djimà sont des braves[2], — les Aït-el-Mâllem étreignent l'ennemi comme des tenailles[3]; — ils ont rassasié les vautours de chair humaine[4]. — le bruit de ce haut fait est arrivé jusqu'au Zab.

أكران كبوظ اَمَّيِخ
يكثرْيمْ أمغراب
سلَمْمور يبَ السَّمِخ
سلمْڤعْ لَ يسَّرْهَبْ
أڤكْناس مَثْن لكدِيخ
زيعْ أرْنَسّ ڎهرَّابْ

Grankabbout' amm er rièh';
ikether th id amm etsrab;
s et t'ambour ibd'a er red'ièh'.
s el med'fâ la d isserhab,
efkan as medden le kedièh',
zir' ar netsa d' aharrab!

Les grandes capotes, je n'en fais pas plus de cas que du vent[5]; — l'ennemi les a multipliées comme la poussière de la terre; — ses tambours résonnent bruyamment, — son canon

---

[1] Les Beni-Mzab, étant hérétiques (voyez page 81, note 3), sont méprisés de tous les musulmans de l'Algérie. L'auteur veut donc adresser une injure aux Français en les appelant Beni-Mzab.

[2] Aït-Djimà, village des Aït-bou-Addou, enlevé d'assaut et entièrement détruit le 4 octobre 1856.

[3] Aït-el-Mâllem, autre village des Aït-bou-Addou.

[4] Dans les combats des 30 septembre et 4 octobre l'armée française a eu quatre hommes tués et quarante-huit blessés.

[5] Quoiqu'ils aient été bien souvent battus par elles, les Kabyles affectent un grand dédain pour nos troupes d'infanterie de ligne, qu'ils appellent les *grandes capotes*. Ils ne reconnaissent comme supérieurs à eux que les zouaves, les tirailleurs et les chasseurs à pied. Les chasseurs d'Afrique leur inspirent une profonde terreur, qu'ils ne cherchent pas à dissimuler.

COMBATS CHEZ LES AÏT-BOU-ADDOU. 121

répand la terreur. — Nos hommes ont porté chez lui la destruction, — lui aussi prend donc la fuite[1]!

أَيْـكَـلِّـيـغْ أَلـسّـَـضَرْ
أَلْـغَـنِـي حَـبْ ألـوُقَّـابْ
أَمْـعَـاعْـمْ سَـحْـبَ أَيْـثْ أنْـصَـرْ
عَـلِـي يَـعَـبْرْ إمَـغْـضَـابْ
تَـمُـوضْ آلـمُـحْ وحَـــرّ
لَـنَـمْ لَـكْ رَةْ قَــبّـَابْ

Ai agellid', a n nadher,
a l r'ani, çah'ab el ouahhab
dâar' k s eç çah'aba, aith ençer.
d' Âli iddeben imer'dhab.
tharoudh er rouh' d' imeh'arrer.
la nek la kera d'a l h'obab.

Maître souverain, qui vois tout, — dispensateur des richesses et des grâces! — au nom des compagnons du Prophète, maîtres de la victoire, — au nom d'Âli, vainqueur de ceux qui ont encouru ta colère, — inscris nos âmes au livre des élus, — la mienne et celles de tous les assistants nos amis!

---

[1] Il est inutile de dire que les troupes françaises n'ont pas pris la fuite; c'est simplement une fiction poétique destinée à flatter les auditeurs.

XII

CAMPAGNE DE 1857.

SOUMISSION DES AÏT-IRATEN[1].

PAR MÂMEUR-N-ESSAÏDI.

DU VILLAGE DES IÂZZOUZEN (AÏT-IRATEN).

أَهْ فَلَّاذْ صَلِّيغْ أَنْبِي   أَوِغْ إِقَمَرْ حَكَّرْ
إِسْمِنْ زِيذْ أَمْثَمَّمَثْ   فَلَّاسْ أَثْوُجَبْ أَنَّفْضَرْ
أَبْغِيغْ أَدْجَرْ شَغْلِي   غَفْ أُمِيذْ أَنْبِي أَنَّفَسَّرْ

*Ad' fell ak çellir', a nebi, — a oua r'a ifehmen, hakker,
isem in ek zid' am thammemth — fell as ag oujeb an nefdher;
br'ir' ad' edjer cher'oul i, — r'ef oud'em ik, a nebi, an nefesser.*

J'appellerai sur toi les bénédictions, ô Prophète, — que celui qui doit comprendre médite! — Ton nom est doux comme le miel, — par lui il convient de commencer la journée; — je veux abandonner mes affaires — pour chanter en ton honneur, ô Prophète.

أَقْعَمْ أُولَّنْ ڤَالشَّهَرْ   أَڤَلْسَغْ نَخْيَانْثْ يَضْرَانْ
وَرْنَصْي ڤَخْيَنْ نَعْمَرْ   نِيزْ يَضْرَانْ نَّيرَانَسْ
أَسْ نَلْعِيذْ ڤَكْلَعْوَاشَرْ   أَثِّيَرَاتْ نَّهْوَاوْ تَخَلْ

[1] La confédération des Aït-Iraten se compose des cinq tribus suivantes : Irdjen, Aït-Akerma, Aït-Ousammer, Aït-Oumalou, Aouggacha. Sa population totale est de 17,037 individus, répartis entre soixante-deux villages.

Ad' aleser' thad'iant idhran — efhem, a oui illan d'ech chat er.
thin idhran d' ath Irathen — our thedhri d'eg edjin l âmer.
le Dzair b ouzouaou thekhela — as n el âid' d'eg el âouacher.

Je conterai une histoire qui vient de se passer; — comprends, toi qui es intelligent; — ce qui est arrivé aux Aït-Iraten — ne s'est pas vu depuis le commencement du monde. — L'Alger des zouaoua est tombée, — le jour de la fête pendant l'âouacher[1].

أُفْرَنْصِيصٌ مِجَسَّرْ   أَمَلْوَاه أُيَتْخَرْزَرْ
بَسُفْعِدْ جَيُوشٌ خِلَّا   أَسْكَنْهَواي آيكَتْسَرْ
يُوتْ دْ فلّعْ أَمْكْرِيسْ   نَعْ أُقْلَ مِ دِصَمَّرْ

Afrançiç mi d iserrou — amm el oued ad ikkerker;
issoufer' ed l edjiouch khilla — seg zouaf a d iketser;
iouth ed fell ar' amm egris — ner' ad' fel m id içerrer.

Le Français, quand il se mit en marche, — roula comme les flots d'une rivière; — il a fait sortir des troupes nombreuses, — des zouaves plus que de toute autre; — il s'est abattu sur nous comme la glace — ou la neige, lorsqu'elle durcit la terre.

إِنْشِيعَعْ أَحْسَبْسَمِجْ   يِمْباسَمْ نَبْرَاتْ سَهْوَرْ
أَيَاوْ أَنْخَذْمَعْ أَيْمِرْ   أَنْقَمَعْ غَنْعَسْكَرْ
أَكِمِزْ وَعُوجَنْ نَرَّايْ   شَرْكَنْتْ إِفَقَاعْ نَشَّرْ

[1] Le 24 mai, jour de l'ascension des montagnes des Aït-Iraten par l'armée française, correspondait, en 1857, au premier du mois de choual, jour où se célèbre la fête appelée Aïd-eç-çer'ir (petite fête) ou Aïd-el-fet'our (fête de la rupture du jeûne). Les Kabyles appellent aussi cette fête el-âouacher.

Ichii d akhebardji — ioura ias d thabrats s ezouer;
aiiaou at tekhed'mem el kh'èr — at tsek'k'imem d' el âsker,
ougin oudouidjen n errai — cheregen ts, ik'oud'am n ech cher.

Il envoya ici un de ses porteurs de nouvelles — et lui remit une lettre impérative : — « Venez, disait-il, faites le bien — et vous resterez des soldats. » — Les brouillons ont refusé, ils ont déchiré la lettre, les visages de malheur.

أَنْجِيلْ اَكِي قَمَخُوسْ حَاسْ اَخِيفْ أُومِ اِحَدَّرْ
اَكُلَّنْ اَسْغْ اَتْلَعْرَاضْ اَمْكُلْوَا اَلسَمْنِيسْ مَقَّرْ
اَمْكُلْوَ يَدَّرْ اِوَلَّنِيسْ اِومِ تَغْرِي اَلْعَمَرْ

Ed djil agi d' amenh'ous. — khas¹ el h'aif a oumi ih'adder.
ag ellan seg ath el âradh! — em koul oua erratheb is mouk'k'er,
em koul oua ioud'er i ouallen is. — ioumi ther'zi² el lâmer.

Cette génération est vouée au malheur; — elle n'assiste qu'à des violences. — Combien n'y a-t-il pas cependant d'hommes d'honneur! — Chacun d'eux, sa position est grande, — tous tiennent les yeux baissés. — A quoi bon une vie plus longue?

اَلْعَرْشْ يَشُّورْ دِمَكَّجَانْ كُلُّو أَوْ اَنْسِي اِدْجَرْ
سِيرَاتَنْ اَقْبِيلْ يَغْوَازْ اَبَاوْ اَنَّزْدَعْ لَوكَرْ
يَسْتَاغَدْ عَبْ اِفَرْ دِلَمْبَعْ اَتْثُوكَّرْ

El ârch itchour d' imegadjan; — koul oua ed' ou ansi id' ihoujer
s a Iratken, ak'bil ik'ouan; — aiiaou, an nezd'er' l ouker,
iousa iar' d r'ef ik'ourra — d'i l Arbâ ag thoukker.

La tribu était pleine d'émigrés; — de tous côtés chacun se réfugiait — chez les Aït-Iraten, la confédération puissante; — allons, disait-on, habiter en lieu sûr! — Et l'en-

¹ *Khas* pour *r'as* «seulement». — ² *Ther'zi*, abréviation pour *ther'ezzif*.

nemi est venu sur nos têtes[1]; — c'est à l'Arbâ qu'il s'établit à demeure.

بَبْنَيَاغْمْ نَبْهْروجْ خِــلَّا بَشُّرِتْنْ وَٱلْـعَسْـكَـرْ
إِڤَضْعَنَعْ لَـمْـهِيَّ سَـلْـفُرْسَ أَيـسِـحَـمَّرْ

*Ibna iar' d le beroudj khilla — itchour ithen d' el âsker;
ik'dhâ aner' le mezia — s el foursa*[2] *a ts id ih'arrer.*

Il nous y a bâti des forts nombreux, — et les a remplis de soldats; — il s'est passé de notre consentement, — c'est par la force qu'il s'en est emparé..

أَسْ ٱلْـٱرْبَـعَ نَـڤَجَـمِـيتْ أَسْ عَنْ رْعَفْ مَـدّنْ يَـهْوَرْ
نَصْجِيتْ مَـزَالْ إِثْـرَانْ خَـطِّي أَيِّ إِعْضَنْ يَفْضَرْ
دَمْ شَرِّضَا أَيْـمِـڤَـلَاسْ ٮخْلَضْ وَمَّنَاي ؤَٱلْعَسْـكَـرْ

*As el larbâ thafejerith, — ass en r'ef medden izouer;
thaçebah'ith mazel ithran — khat'i b oui ir'eçeben isedher,
d'eg Cherridhen ai themik'alas — ikheledh oummai d' el âsker.*

Le mercredi, à l'aurore, — a été pour les hommes un jour terrible; — le matin, les étoiles brillaient encore, — bien peu des plus pressés avaient rompu le jeûne, — à Icherridhen[3] a commencé la bataille, — cavaliers et fantassins s'entremêlent.

بَخَّرْتُجَـاجْ ٱلْـغُمَـامْ عَيْكَنَاوْ ٱتَـلِـي إِضَرْ
ٱتْـرَٱبِّي إِحَـضْـمَنْ غَنْ خَطِّي ٱيْمِي غَيْبُو تَغْمَرْ
وَمُتَـنْ ٱيْيَـمّ ٱلْـڤُـورْ يَسْرَعْ ٱمْنُوبْ إِڤَضَرْ

---

[1] Fort-Napoléon a été construit sur l'emplacement du marché de l'Arbâ (mercredi) des Aït-Iraten. Les Kabyles ne le connaissent que sous le nom de fort de l'Arbâ. Par sa position il domine, en effet, presque tous les villages des Aït-Iraten. Icherridhen est à 6 kilomètres sud-est de Fort-Napoléon.

[2] *El-foursa* est le français *force*.

[3] Le combat d'Icherridhen a eu lieu le 24 juin 1857.

Ikker ou âdjadj el ler'mam — d'i thigenaou ag ouli idher.
kera b oui ik'adheren d'inna — khat'i b ou mi r'ezzif el âmer,
oui immouthen ad' iddem el k'aoura — issared' edhnoub, ik'eççer.

La fumée s'élève en nuages ; — elle monte et descend dans le ciel. — De ceux qui étaient là présents, — il en est peu dont la vie se prolonge : — celui qui meurt enlève une houri ; — il a lavé ses péchés, il est pur.

مرشان باب الكمباس تـخـعيـس الـكـبـر اشـور
تـلّـد قـفـع إنـنـهـر لـدّ إزبـخـان دّ جـوهـر
جـنـنـار أي دّ وكـيـلـيـس وثـمـاش أنـسـي الـطـهـر

Marichan bab oukoumbaç[1] — d'egg ikhef[2] is ag ferrou chouer.
Lalla Fat'ma id netzourou, — lal izebgan d' ed djouher,
djenninar ai d' aoukil is — oultema s en sid'i el T''ahar.

Le maréchal est le maître de la sagesse, — sa tête mûrit les projets[3]. — Lalla-Fatma que nous visitions, — la femme aux bracelets et aux perles[4], — a pour tuteur le général, — elle, la sœur de Sidi-Tahar !

انـرغـع الّـه ارتـسـي ايـتـخـتـيـع الـنـضـر
اعـتـاعـع سـتّـي اتـخـعيـنـش عـلـي بـتّـن الـكـبـار
ذكـر إحـضـن قـا اعـعبـاس عـثـقـاع إوهـج نـتـار

[1] Akoumbaç est le vieux mot compas dont les Anglais se servent encore pour désigner la boussole.

[2] Ikhef pour ir'ef.

[3] Le souvenir de M. le maréchal Randon est resté très-populaire parmi les Kabyles. Ils reconnaissent très-franchement qu'il a usé de la victoire avec beaucoup de modération, et qu'il a allégé pour eux, autant que possible, les maux de la guerre; mais ce dont ils lui sont surtout reconnaissants, c'est de leur avoir conservé leurs usages et leur droit coutumier; lorsqu'ils parlent de lui, c'est toujours dans des termes de respect et de gratitude, dont il est bien rare de les entendre se servir à l'égard d'un chrétien.

[4] Lalla-Fatma, de Soummeur, est une femme jeune encore qui a joué un rôle important en Kabylie, pendant les années qui

*Etserer' ek Allah, a rebbi. — ai agellid', a n nadher
daâr' k s en nebi, d'i h'abiben is — d' Âli iddeben el kouffar.
d' ekra ih'adheren d'a âfou i as — âthek' ar' i oujajih' n en nar.*

Je t'en prie, ô Dieu, mon Maître, — roi qui vois tout ! — au nom du Prophète et de ses amis, — au nom d'Âli, vainqueur des infidèles, — pardonne à tout ce qui est ici présent, — préserve-nous des flammes de l'enfer !

ont précédé l'expédition de 1857. Elle appartient à une famille de marabouts de la tribu des Illilten ; son père était chef de la mâmera de Sid-Ahmed-Oumezzian. Mariée très-jeune à un homme des Aït-Itsourar', elle resta peu de temps avec son mari et se retira au petit village de Soummeur, chez son frère Si-Tahar, marabout déjà connu dans le pays comme un inspiré prédisant l'avenir. Fatma ne tarda pas à avoir elle-même des songes et des visions qui la mettaient en communication avec les saints les plus en renom, et bientôt l'avenir n'eut plus pour elle de mystères. Sa réputation grandit vite ; des points les plus éloignés de la Kabylie, les vrais croyants accouraient en foule pour la consulter et lui apporter leurs offrandes ; sa maison était toujours pleine de visiteurs attendant leur tour d'interroger l'oracle. Lalla-Fatma ne négligeait pas la mise en scène. Sa propreté presque recherchée et le luxe de sa toilette, faisant contraste avec la malpropreté sordide des femmes kabyles, imposaient aux hommes qu'achevaient de séduire sa jolie figure et ses manières enjouées et familières. Elle recevait dans une chambre écartée et obscure et n'admettait jamais qu'une seule personne à la fois. Au dire des Kabyles, les jeunes gens, doués d'un physique agréable, obtenaient d'elle des audiences beaucoup plus prolongées que les visiteurs moins favorisés de la nature. Tous, du reste, la quittaient charmés, car ses prophéties ne manquaient jamais d'être conformes à leurs désirs.

Au moment de la lutte du pays kabyle avec la France, Lalla-Fatma mit son influence au service de la cause nationale. Personne ne prêcha la guerre sainte avec plus d'ardeur ; à tous elle promettait, au nom de Dieu, la déroute complète des Français. Cette prédiction ne devait pas s'accomplir ; le 11 juillet 1857 les colonnes des généraux Yusuf et Renault envahissaient le territoire des Aït-Itsourar' et des Illilten, et Lalla-Fatma, réfugiée à *Takhelidjt-n-Aït-Adsou* (le hameau des Aït-Adsou), tombait au pouvoir des zouaves guidés par le capitaine d'état-major Fourchault. M. le maréchal Randon la traita avec égards et se contenta de l'éloigner de la Kabylie en assignant pour résidence, à elle et à son frère Si-Tahar, la zaouïa de Si-Tahar-ben-Mahiddin, bach-agha des Beni-Sliman.

XIII

CAMPAGNE DE 1857.

SOUMISSION DES AÏT-IRATEN.

PAR KASSI-N-AÏT-OU-YAHIA,

D'ADENI (AÏT-IRATEN).

اَصْلَتْ غَفْكْ اَمْحَمَّدْ اَكْمَدْحَعْ اَدْ رَسْمَلِي
اَخْنِينْ اَرْفَعْ لَهْمُومْ تَتْرَضْ دِّبَبِكْ لَغْنِي
عَفَّنْ يَسُّكْتَنْ اَشْوَالْ اِتَحْضَنْعْ سُرُومِي

Eçlat r'efk, a Moh'ammed, — ak medeh'er' ed' ras mal i.
ai ah'anin, erfâ le hamoum — thetseredh d'i bab ik le r'eni
r'eff in issougouthen echoual, — inekhedh aner' d s ouroumi.

Bénédictions sur toi, ô Mohammed! — je chanterai tes louanges, tu es mon capital. — O miséricordieux, allége nos souffrances, — implore le pardon de ton Maître — qui a accumulé sur nous les malheurs — et nous a affligés du chrétien.

اَسْ نَلْعِيدْ اَصْبَحْ تَمْرِيسْ اَلْعَسْكَمْ يَبْدَ اَشَلِي
لَدِيبَتُّ دِسَفَّنْ سَدْرَارْ نَلْعَزْ اَثْمِيلِي
يَبْدَ اَلْمَدْفَعْ تِيهَدَّرْ خَلْوَانْ تَدْيَتَلِّي
تَخَرُّوبْثْ اَيْ اَمَكَّدْعَلَحْ اِدِيمْ يَغْلَبْ تَمَلِي

As n el âid' eçbah' le h'aris, — el âsker ibd'a achali:
la d ibet't'ou d'isaffen — s ad'rar n el âz a th iali.
ibd'a l medfâ la ikhadder — bou H'alouan la d ii't'illi,
thakherroubth ai themek'ed'elah' — id'im ir'leb el h'amali.

SOUMISSION DES AIT-IRATEN.

Le jour de la fête [1], le matin avant l'aurore, — les troupes commencent à se préparer; — elles se divisent en colonnes — pour gravir la montagne glorieuse. — Le canon commence à parler, — l'ennemi franchit Bou-Halouan [2]. — Près du caroubier [3] a lieu la rencontre : — le sang coule plus abondant que les ruisseaux débordés.

كَةٌ أَسْوَرَّوْ أَنْـتِـرَجْـشْ   غَـثَـطَّـارْ الْـبَـرْنِـي
رخَنَاسْعْ تَجَوَادْ أَرْنَاهُ غَـفْـثَـغْـمَ   شْمُوزْ أَرْنَاءُ غَـعْـبَـتَـى
أَيْتْ مَحْزَمْتْ جَتَحْـلِـيـزْ   أَيْتْ أَتَعَانْ غَـضْوَيْـلْ
وِيْنْ يَمْتَنْ عُوِيْتْ مَرْحُومْ   اَجْنَتْ أَبَـزْغْ تَعْـلِـي

Gedeha! s ouarraou eu Tiredjth — d' el khet't'ar el berrani!
rouh'en as d le djouad' r'ef thar'ma — cherroun aznad' r'ef thimmi,
ait tsemeh'azemth d' etshalil — aith out'ar'an d' adhouaili,
ouin immouthen, âoudd ith merh'oum — ed djenneth ad' izd'er' l âli.

Honneur aux enfants de Tiredjt [4] — et aux quelques étrangers qui se trouvaient là! — Les nobles guerriers font face à l'ennemi appuyés sur la cuisse [5], — la batterie du fusil à hauteur du sourcil, — munis de ceintures et de cartouchières, — armés de longs yatagans. — Celui qui meurt, comptez-le au nombre des élus : — il habitera les hauteurs du paradis.

أَتْخَتَجْ غَكْـلَـمْقَـمَـاشْ   سِبِعْ أَعْلِي أَتَمَرْ أَنْـتِـي
أَجْعَبُوبْ غَكْفِـسْـتَـنْـسْ   غَمْوَبْاَدْ زِغَتْ أَتَمْغَلِـي

[1] Voir la note 1, page 123.
[2] *Tizi-bou-Halouan* est un col situé au nord du village de Tiguert-Hala chez les Irdjen.
[3] Ce caroubier existe encore près du col de Bou-Halouan.
[4] C'est-à-dire aux Irdjen, tribu de la confédération des Ait-Iraten.
[5] Les Kabyles ne se tiennent pas debout pendant le combat; ils restent assis, appuyés sur la cuisse, et profitent de tous les accidents de terrain pour se couvrir.

أَمَلَهْ تَهْبَعِيزْ صَحْ مِنَهْعِمِّي أَنِزِكِي

Ay jeggah' d'eg el mek'amath — sid'i Ali Outhair en tizi.
ajaboub d'eg oufous in es — r'er Ouailal zid'eth themour'li.
amalah! ia arbâin çalah'! — mi therer'idh, a bou Ziki.

Que de chapelles dévastées! — D'abord c'est Sid-Ali-Outhair du col[1]. — La lunette à la main, — l'ennemi contemple Ouaïlal[2], c'est une vue douce à son cœur. — Infortunés quarante saints! — où étiez-vous quand tu brûlais, ô Bou-Ziki[3]?

تَمَرْأَمْوَيْلَدَرْ نَسْهَـلِـثْ   مَلَّنْ يَرْكَهِنْ الـعَـلِـي
آبَغْ اِعَمَنْ وَعَلَّـزْ   أَفْكَنْثْ الْهَمْبَ أَمُـلِّـي
إحْزَهْ أَرَشْ يُحْـدَيِـزْ   سَكْبَهَلَدْ أَنِيـدْيِّـي

Lemmer am Ouailal nessahel ith — ma ellan irgazen el ali;
ai ar' ir'ourren d' Ir'allen — efkan ts i l herba amm oulli.
ih'aouza d arrach thih'ad'ain — seg Ibahalal a then id ibboui.

Si tout se fût passé comme à Ouaïlal, — notre tâche eût été facile avec de braves gens; — ce qui nous a perdus, ce sont les Ir'allen[4] : — ils ont pris la fuite comme des brebis. —

---

[1] *Sid-Ali-Outhair* est le nom d'un marabout dont le tombeau se trouve près du col de Bou-Halouan.

[2] *Ouaïlal* est le nom d'un mamelon situé entre les Aït-Saïd-Ouzeggan et les Iazzouzen, sur la route d'Alger à Fort-Napoléon. C'est là que campa la colonne du général Renault, le 24 mai, jour de l'attaque des Aït-Iraten.

[3] La mosquée de *Bou-Ziki* est située près du village des Aït-Hag. D'après la croyance populaire, quarante saints la protégent.

[4] Les *Ir'allen* (les crêtes) sont les villages des Aït-Akerma qui se trouvent sur les arêtes parcourues le 24 mai 1857 par les colonnes des généraux Yusuf et de Mac-Mahon. On les appelle ainsi parce que le nom de plusieurs d'entre eux commence par le mot *Ir'il* (crête). Tels sont *Ir'il-Guefri* (la crête de la caverne), *Tir'ilt-el-Hadj-Ali* (la petite crête d'El-Hadj-Ali), *Ir'il-Oumecheddal* (la crête du Mecheddal), *Ir'il-Tazart* (la crête des figues).

L'ennemi a saisi des femmes et des enfants, — il les a enlevés d'Ibahalal[1].

أَمَلَهْ يَخْ آبَنْ أَعْرَابْ   أَنُورْ أَنْعَمَضْي آلْوُلِي
آلنَّغْ تَسِّضْي   أَغْرَارْ وُرْ ثِيدْ يِتْسَلِي
أَسِّبُوكْرَانْ   يُوثْ يِثْ أَرْمِ دَثْ لَنِّي

Amalah! ia chikh ben Arab — au iour ther'abedh, a l ouli?
annar' thennidh — ad'rar our th id itsali.
as bouigeran — iouth ith armi d' ath Ienni.

Malheureux cheikh Ben-Arab[2]! — où t'étais-tu caché, ô saint? — Tu nous disais, — Il ne gravira pas la montagne; — et au dernier jour — il l'a vaincue jusqu'aux Aït-Ienni.

غَضْنِي يِغْمَ أَمْسَكِيثْ   نَشَّرْفَ وِدْ عَنْ آلْعَلِي
آسْنَلْعِيدْ قَبَلْ آتْسَنْقَرْ   أَفْكَنْتْ غَفْجَرِ آنْتِكْلِي
كَشَمْنْثْ آلْغَبَ أَمْ ألْفَنْ   أَنْسَنْتْ آكْ دَغْ لَخَلَاوِي

R'adhent i thid'ma mesakith — n ech Cherfa, ouid'en el âli.
as n el did', k'ebel atsenk'er — efkant r'ef le djeri en tikli,
kechement el r'aba am ilfan — ensant ak d'eg le khelaoui.

J'ai pitié des malheureuses femmes — des Cheurfa, de ceux qui occupent un rang élevé. — Le jour de la fête, avant le lever du soleil, — elles se mirent à courir à pied — et se

---

[1] *Ibahalal* (les simples d'esprit) est le nom d'un village de marabouts situé dans le ravin qui sépare la tribu des Irdjen de celle des Aït-Akerma. Le 24 mai, des troupes françaises, parties de Tir'ilt-el-Hadj-Ali, descendirent dans ce ravin et surprirent un assez grand nombre d'habitants d'Ibahalal qui étaient restés dans le ravin, espérant que les assaillants suivraient seulement le chemin des crêtes. Deux ou trois hommes qui voulaient résister furent tués; les enfants et les femmes furent conduits prisonniers à M. le maréchal Randon, qui les fit rendre à leurs familles le lendemain.

[2] Voir la note 1, page 87, sur Si-Çeddik, fils du cheikh Ben-Arab.

jetèrent dans les broussailles comme des sangliers; — toutes passèrent la nuit dans les champs.

أَمَلَهْ يَقْعُمْ أَنْسَمَّرْ تَزْأَمَّهُورْ غَنْبِي
إِسْمِيسْ إِنَّةْ تَعْرَاشْ بَيِّتْ أَنْغَابْ وَرْتَلِّي
أَهَاتْ دِبْنِي أَسْلِيمَانْ سِيلْ أَيْزِرِي دْأَقَمَلِي

Amalah ! ia Fat'ma en Soummer ! — *lal emm amezzour d' el h'enni !*
ism is inoud'a l'arach — *ibboui ts, ther'ab our thelli,*
ahats d'i beni Sliman — *sil, a izeri, d'el h'amali.*

Infortunée Fatma de Soummeur[1] ! — la dame aux bandeaux et au henné ! — son nom était connu de toutes les tribus ; — l'ennemi l'a enlevée, elle a disparu. — La voilà chez les Beni-Sliman, — ô mes larmes, coulez à torrents.

غَفْ يِسْ يَضْهَرْ غَعْرَشْ أَغَدْ غَفْ نَكْنِي
مَنْعَا سَيْتِينْ سَتِّينْ أَلْبَطَّلْ أَنْسِيدِرَبِّي
وَرْنْسَعِي حَدْ أَتَنْغِيضْ أَذْيِنِي أَلَّهْ يَرَبِّي

ll'ef thin idhran d'el ârch a — *our thedhri d' h'ad r'af noukni.*
mi nefka settin settin — *el bat'el en sid'i rebbi !*
our nesâi h'ad a th enr'idh — *ad' ini : Allah ! ia rebbi !*

Le malheur qui a frappé cette tribu — n'a atteint personne comme nous ; — nous avons donné soixante réaux chacun[2], — injustice de notre seigneur Dieu ! — Nous n'avons personne que nous puissions attendrir[3], — personne pour nous dire : ô Dieu, mon Maître !

---

[1] Voir la note 4, page 126.

[2] Soixante réaux font 150 francs, le réal vaut 2 fr. 50 c. Les Aït-Iraten, les plus acharnés à la lutte, ont été les plus imposés.

[3] Les mots *Allah, ia rebbi* «Dieu, mon maître !» sont une exclamation de pitié et de sympathie que l'on adresse à une personne qui vient d'éprouver un malheur.

اَمَلَهْ يَــسَّــمَّــرْنْ نَــمْـحْ عَـمْزِيــسْ بْلَّـنْ وَلْــعَلِــي
اَنْمَزْ اَنْقَبَـلَـنْ اَلْخِيــز مَيَّ اَخَمْسِنْ وِلَــمْــزِي
اَتْشِيـشْتْ اَمْ اَلْــبْــمَــهْ اَعْرْ اَلسَّخْرَ اَبَّنْ يَـكْلِــي

*Amalah! ia thaddarth n ezzoukh! — Âd'eni illan d'el âali!
ennoumen tsek'abelen el khil — miia ou khamzin d' ilemzi,
at tsachichth d' el brima — r'er es sekhera ebd'an thikli.*

Pauvre village de l'orgueil! — Âdeni le brave[1]**! — Ils étaient habitués à faire face aux cavaliers, — les cent cinquante jeunes gens! — ils portaient des calottes et des brima**[2]**; — ils prennent maintenant le chemin de la corvée.**

اَمَــلَــهْ يَــكْرَ اَنْــعَــوْزْ اَيْـنَـنْسَ مَمْ قْلَـوِي
اَلْمَكْرَ السَّـعْ هَبَــلَّــهْ دِنْعْمَانْ اَيْ جْــنَــتَّــوِي
مَشِــي اَمَّ اَنْــعَوْهْ اَنَـضْــرْ اِزُوخْ وِلَّنْ هَزَهْــدِ

*Amalah! ia kera nâouz! — ai nensa d'eg le khelaoui!
el makela en ner' d' abellout' — d' inir' man ai d netsaoui
machi akka nâoud atsdherou, — izoukh oui illan d' azahadi.*

Hélas! que de veilles! — que de nuits passées sans abri! — nous avions des glands pour nourriture, — des figues sèches, voilà ce que nous portions avec nous! — Ce n'est pas là ce que nous croyions devoir arriver, — tous les inspirés étaient pleins d'orgueil.

اِزْرِيُو اَمْلَهُو اَنْتَـڤْـسُــوتْ نَعْ الرَّعُوهْ اَمْ كَـلْـيِــلِــي

[1] On appelle *Âdeni* la réunion des villages de Mestiga, El-Djemâa, Bechchacha, Agadir et Tar'animt, appartenant à la tribu des Irdjen et situés sur la route d'Alger à Fort-Napoléon. Ces villages forment ce qu'on appelle un *toufik'* et n'ont qu'un seul amin.

[2] La *brima* est la corde en laine ou en poil qui se roule autour de la tête. C'est un luxe presque inconnu chez les Kabyles. La plupart des Kabyles ne portent pas de calottes et n'ont qu'une chemise pour tout vêtement.

تەمزى أىدرار ننصر عيرنز أى تنصلى
يغلى آلتى تكسون إتىى عف مدن يغلى

Izeri ou am el haoua en tefsouth — ner' er râoud d'eg el liali!
therzedh, ai ad'rar u en neçer! — d' Airathen ai d' aneçeli!
ir'li en rif d'egg oulaoun — it't'ij r'ef medden ir'li!

Ô mes larmes, coulez comme les pluies du printemps — ou comme les pluies d'orage pendant les liali [1]. — Tu es vaincue, montagne de la victoire, — dont les Aït-Iraten sont les plus vaillants guerriers! — La fierté s'est éteinte dans les cœurs, — le soleil est tombé sur les hommes!

[1] On appelle *liali* une période de quarante jours, comprenant les vingt derniers jours de décembre et les vingt premiers de janvier.

XIV

CAMPAGNE DE 1857.

SOUMISSION GÉNÉRALE DE LA KABYLIE

PAR EL-HADJ-MOHAMMED-BACHIR.

DES AIT-BOU-YAHIA, TRIBU DES AIT-DOUALA, CONFÉDÉRATION DES AIT-AISSI.

أَصَلْ عَفْعْ أَنَبِي أَكْنَنْحْ
سَلْقُولْ أَجْدِيدْ يَمْسَوَانْ
أَبَابْ نَلْوَجْهَ إِمَلَّحْ
إِقْطِيمْ بَابْ إِجْنْوَانْ
وَنْسِي دَّجِّ مِحْ نَهْوَاحْ
تَنَحْ تّكْرَهَتَلَّدْنْ

Eçlat r'ef k, a nebi, ak nençah
s el k'oul ajed'id' imsaouan.
a bab n el oudjh imellah',
ifet'el ik bab igenouan!
ouanes ii d'egg iidh nerouah',
la nek la kera d'a illan.

Bénédictions sur toi, ô Prophète! nous te resterons fidèles — dans ce nouveau chant harmonieux. — Prophète au beau visage, — que le maître des cieux te comble de faveurs! — assiste-moi dans la nuit du trépas, — moi et tout ce qui est ici présent.

ەلْڨَصَّ انْبْدُوعْ سَنْحَجْ
غَىْ آسْ نْلعِيدْ أمَزْيَانْ
ەڢرَنْجِيسْحْ مِ دْيسَرْحَجْ
أغْلَبْ نْزرْزُورْ يڢْوَانْ
سَ يَرَتَنْ أَدْ ينَدْحَجْ
لْكُمَنْدَاتْ ادْ مَرِشانْ

D' el k'ecça a ts ebd'our' s ençah'.
r'ef as n el āid' amezian.
d' Afrançiç mi d iserrah'.
ar'leb n ez zerzour ik'ouan;
s a Irathen ad' inadhah'
le komandath ed' marichan.

Je commencerai ce chant avec fidélité. — Le jour de la petite fête[1], — les Français, lorsqu'ils sont arrivés, — étaient plus nombreux que les étourneaux; — pour combattre les Aït-Iraten, — s'avancent le commandant[2] et le maréchal.

ەلْمَدْڢَعْ يَبْدَ أسْيَرْحْ
ەرْصَاصْ آمْلَهْوَ يڢْوَانْ
ايڢَلَّعْ غَبْنْ الصَّحْ
ابْنْ اغْرَابْ بَابْ نْلْبَرْهَانْ
استَغْڢَرْ نْيِيمْ اِمڢْسَاحْ
اِنَ اسْبَدْنْ أَمْكَانْ

D' el medfâ ibd'a asrirrah'
d' erçaç am el haoua ik'ouan.
ai fell ar' r'aben cellah'.
ebn Arab bab n el berhan

[1] Voir la note 1, p. 123. — [2] Le mot commandant n'est là que pour faire le vers.

SOUMISSION GÉNÉRALE DE LA KABYLIE.

estakherent id imek'sah'.
anid'a is bedelen amkan?

Le canon commence à mugir. — les balles tombent serrées comme la pluie. — les saints ont disparu de chez nous. — Ben-Arab[1], le maître du berhan[2], — a été éloigné par les méchants; — qui sait où ils ont transporté sa demeure?

ٱلْغَلِّــي بَــــنْ نَــضْـمَحْ
أَبِــهْرِبُوْ إِمَّــزْ أُفْـنَـانْ
مَـمْكُلُو تَــسَــاسْ نَـجْـمَحْ
عَفْ تْحَكَايتْ يِعْنَعْ يَضْرَانْ
دَيِــرَتَـنْ نَــرَ إِمَــاحْ
أَعَنْ يِــزْكُــوَ يَـضْـغَـانْ

El r'ella idja ts thedhrah'
a izeri ou, id'ammen fenan!
d' emkoul oua thasa s thejerah'
r'ef thah'akaith id' ner' idhran.
d' a Irathen thoura imah',
our'en thizegoua idhr'an.

Le chrétien a laissé les arbres fruitiers abattus sur la terre, — ô mes yeux, le sang convient à vos larmes! — Le cœur se brise — au récit de ce qui nous est arrivé. — Les Aït-Iraten maintenant sont vaincus sans retour, — ils se sont dispersés dans les forêts épaisses.

ٱتْــرَحَــنْ دِيــزْ آلَــمْبَــاحْ
غَالـسِّيــثْ أُمْـهُـنْ فَـلْـوعَانْ

---
[1] Voir la note 1, p. 87. — [2] Voir la note 3, p. 47.

أَسْكُتُمْ أَسْلِيغْ يَتْجَاحْ
عِبزْ وَنَعْتَاسْ إِهَدْمَزْ
عَفْ إِبَهَلَالْ غَكْسْوَاحْ
يَوَّ اتْخَلَفْ غَصْبْمَانْ

Ay rouh'en d'in alerbah',
d' ez zith amzoun d' el ouidan.
seg ath H'ag eslir' indjah',
d'in ounnân as ihed'man.
r'ef Ibahalal d' agsouah',
iououi el khalath d' eç çobian.

Que de richesses gaspillées! — l'huile coulait comme des rivières. — Chez les Aït-Hag', l'ennemi a, dit-on, subi un échec[1]. — on lui a fait essuyer de grandes pertes. — Pour les Ibahalal, cela a été un désastre[2], — le chrétien a enlevé les femmes et les enfants.

أَثْرَاحَزْعِبزْ بَرْنَاحْ
أَرَبِّي صَبَّرْ امَوْلَانْ
غَرْثَهْعَ اتْنَحْ
عَزْ اتَحَبَّة التَبَنْمَانْ
كَلُو إزْرِيسْ تَبْنَحْ
غَضِينِي إِشْعِوَزْ أَنْرَلْ

Kera ih'aouza d'in irthah';
a rebbi, çebber imaoulan.
r'er el Arbâa ag ent'ah'

[1] Le village des *Aït-Hag* fait partie de la tribu des Irdjen. Il est situé à droite de la route d'Alger à Fort-Napoléon. La colonne de M. le général Renault, qui s'empara du contre-fort des Irdjen, eut, pendant la journée du 24 mai, 33 hommes tués et 159 blessés.

[2] Voir la note 1, page 131.

d'inna ag ebd'a l benian.
koul oua izeri s la itsah;
r'adhen ii Icherâioun enzan.

Ceux qu'il a surpris là reposent dans la tombe ; — ô Dieu, accorde la résignation à leurs parents! — Le voici arrivé à l'Arbâ, — il commence à y bâtir[1]. — Les larmes coulent de tous les yeux; — je plains le sort d'Icherâioun, qui a été vendu[2].

دَمَنَكَلَّدْتْ عَرْجَالْ نَمْ لَحْ
سِيـزِيـكْ نِـثْـنِـي دِ مَـوَّلَنْ
مِقَّعَزْ أَدْ بُكُوتْ أَنْدَحْ
دُكْشَرِّضًا أَبَـمْـسَـبْـدَانْ
آسّنْ فَلَّسْ دَكْـسَـوَاحْ
كَزْمَنْتْ أَمْزْ دَ قَـرْمَانْ

D' Amengellath d' erjal le melah'.
si zik nitheni d' imaoulan,
mi effer'en ad' iougouth endhah'.
d'eg icherridhen ai msebd'an.
ass en fell as d' agsouah'
gezmen t amzoun d' ik'ourman.

Les Aït-Menguellat sont des hommes valeureux[3]. — depuis longtemps ils sont connus pour les maîtres de la guerre; — lorsqu'ils donnent, le combat devient acharné; — c'est à

---

[1] Fort-Napoléon.
[2] Le village d'*Icherâioun* occupait l'emplacement où se trouvent maintenant l'arsenal d'artillerie et le télégraphe à Fort-Napoléon. M. le maréchal Randon acheta les maisons de ce village à leurs propriétaires, moyennant une somme de 25,000 francs. Il indemnisa aussi très-largement, au moyen de compensations en terres, les propriétaires des terrains dont l'état dut s'emparer pour la construction de Fort-Napoléon.
[3] La tribu des Aït-Menguellat fait partie des Zouaoua. Sa population est de 4,816 individus répartis entre douze villages.

Icherridhen qu'ils en sont venus aux mains avec le chrétien [1]. — Ce jour a été pour lui un jour de désastre; — ils l'ont coupé en morceaux comme des branches d'arbres.

تَمْـلِـكْـشْ مِـدْ سَـرَّحْ
غَوْسَنْمْ أَمْـزْ دَلْـبِـزَانْ
أَمْكْـلْوَانْـسِـي إِدْسَـرَّحْ
سُـجَـنْـوِي يَـكْ دُطَـغَـانْ
أَرْوَانْ دَكْـسُـمِـي أَدْبَـحْ
كَـدَهَ أَسْتَّـرَاوْتْ نَـلْغَـمْ بَـانْ

D' Amelikech mi d iserrah'
r'ousen d amzoun d' el bizan,
emkoul oua ansi d israrrah',
s oujenoui iak d' out'ar'an,
arouan d'eg ouroumi ad'bah',
gedeha es tharraouth n el r'erban!

Les Aït-Mellikeuch, en arrivant [1], — fondirent sur l'ennemi comme des faucons. — Chacun d'eux, de quelque côté qu'il pousse le cri de guerre, — est armé d'un sabre et d'un yatagan; — ils ont à satiété égorgé des chrétiens: — gloire à ces enfants des braves.

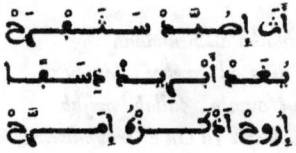

---

[1] Le village d'*Icherriden* appartient à la tribu des Aouggacha (Aït-Iraten); il est situé à six kilomètres environ au sud-est de Fort-Napoléon. C'est là que fut livré, le 24 juin 1857, le combat qui décida de la soumission de la Kabylie. L'armée française eut dans ce combat 44 hommes tués et 327 blessés.

[2] La tribu des Aït-Mellikeuch habite le versant sud du Jurjura; elle compte 4,000 habitants.

SOUMISSION GÉNÉRALE DE LA KABYLIE.

بس مخمَّم أصغير أتقـمّز
إتّخضين أهمْ السّقـاح
أنجـنّــنـاتْ أشـيعا

Atha içoubb ed s ath Ferah';
iour' ed abrid' d' isaffen,
irouh' d'eg ezouh imerrah'.
si Moh'ammed Çer'ir eg houdden.
isekhet' ith d'eg etseffah'
d' el jenanath ouchebih'en.

Voici le chrétien qui descend chez les Aït-Ferah [1]; — il s'avance en colonnes, — il marche avec pompe et gaiement. — Si-Mohammed-Çer'ir n'est déjà plus qu'une ruine [2], — l'ennemi a dévasté ses pommiers — et ses beaux jardins.

إوتَ أنـمـنـجْ
مِنْ أغْزَنْ إغَمّـزْ
أَلـغُــمْ وَالــلَّــهْ أرجـاحْ
نَشرأ العّزيـزْ درْمّـمَزْ
أشّ أرمْكـغْ أنـفـيـسي
يـسْلَمْ أكـيـزْ أنْجَـفْـمَرْ

Iouatha atsmenadhah'
d'inna ad' azelen id'ammen,
el k'oum a, oullah! arijah'
necherek ed din d' iroumien.

[1] Le village des Aït-Ferah (Aït-Iraten) se trouve sur la route de Fort-Napoléon à Drâ-el-Mizane. La colonne de M. le général Yusuf y campa dans sa marche vers les Aït-Ienni.

[2] Le tombeau de Si-Mohammed-Çer'ir chez les Aït-Ienni près de la rivière appelée Asif-en-Takhoukht. Ce tombeau a été respecté et aucune dévastation n'a eu lieu dans les jardins.

ach ar am egret', a nefs i
l islam ougin ad' edjched'en.

C'est là qu'il eût fallu combattre! — c'est là que le sang aurait dû couler! — Cette génération, par Dieu, est pervertie!

Nous nous associons à la religion des chrétiens. — Que puis-je y faire, ô mon âme? — L'islam refuse de faire la guerre sainte!

وَالَمْ الْعَبْـةْ إِجِـلِـي
عَـقَـرَتْ أَهْ يِـزَمَـنْ
بَـزْعْ أَمْـهَـنْ تَقْـسِـي
أَنَـزْ بَـاهْ إَتِـلَّـنْ
أَمْكُلُو إِوْنَعَاشْ يِـلُو
أَبْـكَوَّةْ تُـدْرَمَـنْ
كُلُو إِبَرْنَسْ يِـمَـيْـسِي
بَـزْلَـنَـزْ آهْ أَمْـعَـنْ

Ouiiak, a l âbd' ih'aili,
d'i l akherth ad' etsizemen.
iddez ar' amzoun d' afekhsi,
enzan iak igellilen.
em koul oua iounâ s thiloui
ai gououi d'egg id'rimen.
koul oua ibern as thürsi,
izla then ak amm ir'id'en.

Prenez garde, hommes trompeurs, — dans l'autre vie, il faudra rendre ses comptes. — Le chrétien nous a pilés comme des glands[1], — tous les pauvres ont été vendus[2]. — Chacun

---

[1] Beaucoup de tribus kabyles ne se nourrissent que de glands doux. Ils les ramassent, les pilent et en font de la farine avec laquelle ils préparent un couscous noir et très-mauvais.

[2] Voir la note 3, page 65.

s'est vu entièrement dépouillé; — que d'argent il a emporté! — A chacun il a serré la gorge, — il les a jugulés tous comme des chevreaux.

أَمْلَهُ أَبْشِيِّسِي
أَبْثَ ٱلْبَهُوغْ إنْفَسَنْ
إكْشِمَنْ مَبْحَالْ أَلِّي
مَرِشَانْ دِ فَسِيَنَنْ
مَنْكُلْ ٱخَرَ تَغْلِي
عَضْيِ ٱلْبَنْيَانْ أَنْسَنْ
تَخَنِي ٱلتِّقِرْنِي
أَمْثَكَاءُ ٱكَّلْمِّيَنْ

Iwalah, ai ath Ienni!
aith el baroud' ithek'esen,
ikchem ithen mebeh'al oulli
marichan d' ifesianen.
men koul el h'ara ther'li
r'adhen ii le benian n esen
thih'aouna tsifernt
am thigad' egg elzirien.

Malheureux Aït-Ienni[1]! — gens à la poudre meurtrière, — le maréchal et ses officiers sont entrés chez eux comme dans un troupeau de brebis. — Leurs maisons tombent en poussière; — je pleure sur leurs édifices, — ces belles boutiques, — pareilles à celles des Algériens.

[1] La tribu des Aït-Ienni est une de celles qui composent la confédération des Zouaoua. Beaucoup d'hommes de cette tribu se livrent à la fabrication des armes et des bijoux. On y fabriquait aussi autrefois de la fausse monnaie. Les boutiques dont parle le poëte sont les ateliers d'armuriers et d'orfèvres, très-modestes d'ailleurs d'apparence et ne se distinguant en rien des autres maisons kabyles. Population, 4756 habitants.

اَجْمَعْ اَنْـتَوِرِيرْثْ يَـغْـلِـي
وِيـزْ اَبْـنَـانْ اِثَـرْكِـيَـنْ
يَـهْـزْ سَـزِّيـنْ دَّعَـلِـي
يَـرَّثْ اِرْكَـلْ دِغْـغَـغَـنْ
اِوثْ اَغْـمَـنْ اَرَسِـي
عَالسَّـعَاثْ اِهُـدِّثَـنْ

*Ed djamâ en Taourirth ir'li
ouin ebnan itherkien!
irna s ez zin d' el âali,
irra th ir koull d' id'r'ar'en!
iouatha el h'azen, a ras i,
d' es sadath ihoudd ithen.*

La mosquée de Taourirt est tombée[1], — elle qu'avaient bâtie les Turcs! — elle l'emportait sur toutes en beauté et en hauteur, — ils en ont fait un monceau de pierres! — Prends le deuil, ô ma tête, — ils ont détruit les tombeaux des saints!

دَبْـرِيـدْ نَـجْـمَـعْ آيْكَـوْ
يَـفْـرَقْ اِرْكَـلْ يِسَـفَـا
اَلْـمَـهـرُوعْ قَـلَّـسْ وَرْبَـلِّـي
اَمَـلَـهْ آيْـكَـوَاوْزْ
تَـقْـبَـيْـلِـيـثْ نُرْتَـغْـلِـي
اَنْـمَـانْ إِوَاسْـمَـلْ اَنْسَـنْ

*D' abrid' n ed djemâa a igououi
iferek' ir koul d' isaffen,*

[1] La mosquée de *Taourirt-Mimoun*, chez les Aït-Ienni, avait été bâtie par des ouvriers turcs venus d'Alger. Sa construction, beaucoup plus soignée que celle des autres bâtiments kabyles, faisait l'admiration de tout le pays.

SOUMISSION GÉNÉRALE DE LA KABYLIE.

el baroud' fell as our illi.
amalah! a iguouaouen!
thak'ebailith thoura ther'li,
ebran i ouzzal n esen.

Le chrétien a pris le chemin du Djemâa[1], — il se répand partout en colonnes. — A son approche la poudre reste muette. — Infortunés Zouaoua! — L'honneur kabyle est mort, — ils ont laissé le fer s'échapper de leurs mains.

أَثَ إِضَـلَّـعْ بِيَزِي
أَسْلَعْسَكَرْةَ ٱلْـفُـمَـازْ
بَهْنَ سَلْـكِـعْ إِجِـلِـي
إِعَلْـبَاعْ سَرَّعْ بَـفُـوَازْ
أَمْقَطَمَ أَنْـسُمَّ أَيْـكَـوْ
أَيـهْرِيـوْإِةَ مَّـنْ أَفْـنَـازْ

Atha idhalled d'i thizi
s el âsaker d' el k'ouman :
irna s el kid' ih'aili
ir'elb ar' s ez zad ik'ouan,
ed' Fat'ma n Soumner ai g ououi.
a izeri ou, id'ammen fenan!

Voici le chrétien qui franchit le col[2] — avec son infanterie et ses goums; — il nous a vaincus par la ruse, — il nous a vaincus par ses munitions nombreuses, — et Fatma de Soummeur est sa prisonnière. — Ô mes yeux, pleurez des larmes de sang!

[1] Le marché du djemâa (vendredi) des Aït-Menguellat se tient au bord de la rivière entre les Aït-Menguellat et les Aït-At'l'af.

[2] C'est sans doute le col appelé *Tizi-n-Djamâ* «le col de la mosquée» qui sépare les Aït-bou-Youçef des Aït-Itsourar'.

أفْلَغْ دِ لَغْمَـزْ أرِيـرِ
إرْكَمَزْ أنَّيْمِفْ أَكْفَـان
أيْـد تـكـرَان ألَ اْلِّـي
إكّـان إفنـتْ تـسـعْـنَـان
أُوكـان فـطـمَ إِوُرُمِـي
أيـزْريـو إعَمـنْ أَفـنَـان

Ak'lar' d'i l r'eben ar iri.
irgazen ath en nif ekfan,
ai d igeran ala oulli
iggan ifent thesed'nan.
efkan Fat'ma i ouroumi,
a izeri ou, id'ammen fenan!

Nous sommes dans la douleur jusqu'au cou. — Les hommes de cœur sont anéantis; — ce qui reste n'est qu'un troupeau de brebis, — et ceux-là, des femmes valent mieux qu'eux! — Ils ont livré Fatma au chrétien [1]; — ô mes yeux, pleurez des larmes de sang!

أسْكِفْ أتِّـي غَـا تَـيْـلِـي
إوَتْ أَتْحَـسْـنَـزْ كَـان
أسْمِي أجْجِّيْسْ غَالْـقَـوِي
غَالرَّبَّارْمِي كُـل أمْكَـان
عزْ أيِّــزَلْــنْــتْ وَلِّــي
سِيـمَـا يـثْـيِي غَـمـوَّلَـان

Ask'if enni d'eg thetsili
iouatha ad' ih'azen kan.
as mi ed djedd is d' el k'aoui

[1] Voir la note 4, page 126.

SOUMISSION GÉNÉRALE DE LA KABYLIE. 147

d ez ziiar fi koul amkan.
d'inna ai zellount ououlli
si zik nitheni d' imaoulan.

Le vestibule où elle se tenait d'habitude — n'a plus qu'à prendre le deuil. — Quand son aïeul était puissant, — les visiteurs affluaient de toutes parts; — chez eux sans cesse les brebis étaient égorgées; — ils étaient de tout temps les maîtres de l'hospitalité.

اَيْتَحَـلِّيمْ مَـلَـيِـي
اُوِيـنْ تْخْلَقَـنْ اِكْـنْـوَازْ
اَمْعَغْكِـيمْ سَـفْجْـدَلِي
كْـرْعَـى اَنْـزَلْـطِى لَـفْـرَازْ
عَفْـرَاعْ اِرْكَـلْ جَـمِـلِي
تَـنَـا لْـكَرَهْ يَـلَّـدْنْ

Ai agellid', moula ni,
a ouin ikhelk'en igenouan,
dâar' k id s ed Djilali
d' ekra r'ef thenezledh le k'ouran
r'efr ar' ir koul djamili
la nek la kera d'a illan.

O souverain, mon Maître, — toi qui as créé les cieux, je t'implore au nom du Djilali, — au nom de ceux pour qui tu as fait descendre le Coran du ciel, — pardonne à nous tous ensemble, — à moi et à tout ce qui est ici présent.

XV

MORT DU KAÏD TURC DE BORDJ-SEBAOU[1].

PAR MÂMER-OU-ÂLI,

DES IHASSENAOUEN, CONFÉDÉRATION DES AÏT-AÏSSI.

أوِيـنْ إيـسِ عـسّـنْ
بَابْ نَلْعَرْشْ لَـا عَلْكَمْرْسِـى
ا لْخَبَـارْ يَـنْـلْـقَـانْ
يَـعِـيـى ٱلْحَـالْ أَكْنْعِـيـسِـى
اخْفَـانْ خَـوَاءْ اِنَّـخَـذْبَـلْـهَـانْ
أَمَلَهْ يَحَّـمَّـدْ نَـتْـقَـاسِـى

A ouin its id idoussen,
bab n el ârch lak d' el korsi,
a l' khebar id innoulfan!
iour' ii el h'al d'eg ath Âisi.
ekfan le djouad', iggad' ilhan,
amalah! ia Meh'ammed n ath K'asi.

Ô toi qui veilles sur le monde, — Maître du trône céleste et de la toute-puissance ! — Quelle nouvelle vient de se répandre ! — elle m'a surpris chez les Aït-Aïssi. — Ils ne sont plus les nobles et vaillants guerriers ! — infortuné Mehammed-n-Aït-Kassi[2] !

---

[1] Voir la note à la fin du volume sur cet événement.

[2] Mehammed-n-Aït-Kassi était le père de Bel-K'assem-ou-Kassi, bach-agha du Sebaou, mort en 1854, et du bach-agha actuel, Mohammed-ou-Kassi.

مبركماً لغع اكينمج
يهمسي إشغن انفسي
يستش سكيارلمغ
كمن اغ وي امنتي
متبست اغبنشرح
يتاغ الجيغ فرسي

Ma ireggem ak ladr'a ak inçah',
thiirsi ichoudden attefsi,
isetcha seg ial l erbah'
thammemth ed' oud'i amerchi,
mi ithebesset' ad' innechrah',
in ak, a l djid', fi ras i.

Lorsqu'il vous faisait une promesse, il y était toujours fidèle. — le nœud le plus serré était délié; — il servait à ses hôtes des mets choisis de toute sorte, — du miel, du beurre, la plus pure farine de froment; — quand il était de bonne humeur, il devenait expansif. — il vous disait : « Noble guerrier, ton affaire est dans ma tête ».

أحممذ ايمج اجمج
حمذ بش انفسي
بنمةهمن اسلسلدج
الرتيمس برغ بلي
بغ الفيذ عف اضغج
أغتلبمج بكث الغاشي

A Meh'ammed, a izem abedjah,
Hammouda bacha a Thounsi!
bou themed'chebth s el selah',

er ratheb is izga iouli.
inr'a l k'aid' r'ef eçd'ah'
d'eg el bordj iggouth el r'achi.

O Mehammed, lion bondissant ! — Hammouda pacha, le Tunisien [1] ! — au fusil doré, aux belles armes ; — sa position était toujours grande. — Il a tué le kaïd sur la terrasse, — au milieu du bordj rempli de monde.

مَنْصُورْ أَيِتْمِي نَصْحَ
أَلْبَازْ أَحْمُورْ بُلْكَمُورْ
أَحْرَامْتْ تَلْبَيْصَحْ
عُمَرْ عَنْ نَمْقَرْ أَصْبُورْ
مَيْغُضَاضِي يَمَهْ يَسَحْ
يَبْضَ تَغْقَلْ مُرْحُورْ

Mençour, a ithri n eçbah',
a l baz ah'arour bou le keboul,
a thah'azamth n el bey Çalah'.
Aômar r'ef nedehen et' t'eboul,
ma iour'dhadh izem itchah',
ibdha l âk'el d' oumerh'oul.

Mançour, étoile du matin [2], — faucon de noble race au capuchon, — ceinture du bey Çalah [3], — Ômar, pour qui rappellent les tambours [4] ! — lorsque le lion en fureur rugit, — la caravane perd la tête.

[1] Pour faire l'éloge de Mehammed-n-Aït-Kassi, l'auteur le compare à Hammouda-Pacha, bey de Tunis, mort en 1814 et dont la mémoire est restée très-populaire dans le pays.

[2] Mançour-Abou-Khalfiou, assassiné dans le bordj Sebaou par Ali-ou-Mahiddin de Taourga.

[3] Le bey Çalah est un bey de Constantine, mort en 1793.

[4] Mançour est comparé à l'agha Ômar, grand dignitaire du gouvernement turc.

أَبِيغْ الشَّوشْ أَنِّي إِجَّحْ
إِعِيلْ أَنْشَمْهْ زَامُونْ زْ
يَنَّاسْ أَسْ دَكْسُوحْ
أَتَّرُوِيحَتْ دَمْ نَتْسَمْفُونْ زْ
يَنْغَ الشَّوشْ دَكَمَّاحْ
تَخَبَّرْ يَبَّضْ أَسْطَمْبُولْ

Oufir' ech chaouch enni ijah'
ir'il a th iarez amm outhoul,
inna ias : ass a d' agsouah'
a tharouih'ath d'eg netsmoukoul !
inr'a ech chaouch d'egg oumrah'
le khebar ibbodh Est'amboul.

Ce chaouch était insensé, — il croyait le garrotter comme un lièvre; — Mançour lui dit : « ce jour est fatal, — ô ma vie, je te vois finir ». — Il a tué le chaouch dans la cour, — la nouvelle en est arrivée à Stamboul.

أَسْ الخْمِيسْ لَوُهْ العَصَرْ
سُوَمْ نَتْمَدِّيتْ
تَخَبَّرْ يَبَّضْ غَرْ أَزْمُولْ
رَكَبَنْ أَتْرَحِيتْ
رَحَنْ لَجْوَادْ أَكَّنْ الَّنْ
كَانْ غَرْ البْهَجْ يَمْلِيلِيتْ

As el le khemis louhi el âcer
s oud'em ne temeddith,
le khebar ibbodh r'er ezmoul
rekeben at tseriah'ith,
rouh'en le djouad' akken ellan,
gan r'er el bordj thimelilith.

152 POÉSIES POPULAIRES DE LA KABYLIE.

Le jeudi, à l'heure de l'àcer[1], — à l'approche du soir, — l'ordre arriva aux zemoul[2]. — Les cavaliers aux reahia montèrent à cheval; — ils partirent tous, les nobles guerriers, — et se donnèrent rendez-vous au bordj[3].

مِتَمَّحْ أَسْلَمَانْ تَخْدَعْ وَعَمْ نَتْوَعِيبْ
بَضْمَعْ أَجْتَكِي أَسْلَتَضَحْ إَعِيزْ أَجْتَكِي أَسْتَلْوِتْ
أَحَمَمْ نَتْفَاسِي أَيْنْكَارْ رِبِّي إَتْبَتِيبْ
سَتْرِبْ نَجُو رَسْ أَنْتَتَضَلِيبْ
بَسْلِي أَزْنَاعْ إَنْبَصَاسْ إَوتْ أَلْقَيْمَتْ بَشَعْلِيبْ

Mi iberrah' s el aman ikhed'á — oud'em ne touar'ith
idhemâ ad igeri es le çelah — ir'il ad' igeri es thalouith.
a Meh'ammed n ath K'asi, ai ounegal! — rebbi ithebbeth ith;
seg zik thezouar asen — tsaneçelith;
issali eznad' inebha s — iouth el k'aid' isser'li th.

Après avoir publié l'aman, il les trahit, — le visage de malheur[4]! — Il voulait survivre en paix à ses victimes, — il croyait rester et vivre en repos. — Ô Mehammed-n-Aït-Kassi, ô beau guerrier! — Dieu lui donna la fermeté; — depuis longtemps se transmet dans sa famille — la pureté de race; — il arma son pistolet et, après l'avoir averti, — il frappa le kaïd et le renversa.

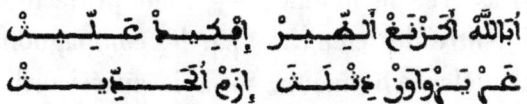

[1] L'*dçer* est une des cinq prières obligatoires; elle se dit dans la soirée.
[2] Dans la vallée du Sebaou, on appelle *zemoul*, pluriel de *zmala*, les villages de la tribu Makhzen des Âmraoua. Il est question ici de l'ordre donné par le kaïd de réunir les gou'us au bordj Sebaou.
[3] Le bordj Sebaou, situé au sommet d'une montagne dont le pied est baigné par le Sebaou, est à 4 lieues environ au-dessous de Tizi-Ouzzou.
[4] Allusion à la scène du marché des Âmraoua. (Voir la note à la fin du volume.) — *Aman* signifie ici «amnistie, pardon».

MORT DU KAÏD TURC DE BORDJ-SEBAOU.

سْكَاڢْ تَعْكَابْ أَرْمَڢْلَعْ تَمِيلْتِيسْ أَتَحَـيَّيتْ

Ou bellah a k azener', at't'ir — ifeg ik âlli th;
r'er izouaoun d'i thletha — izem oula h'add ith.
si Kaf el Âougab ar Mek'lâ — thamethilt is oula h'add its.

Par Dieu! je t'enverrai en message, ô oiseau. — élève ton vol dans les cieux; — dirige-toi vers les Izouaoun [1] : ils sont trois, — mais le lion n'est plus parmi eux. — Depuis le Kaf-el-Aogab [2] jusqu'à Meklâ [3] — il n'y avait pas son pareil.

أَيَكَلِّمْ إِنْـيـمْـشَـانْ
آلـلَّـهْ أَيَـمْـغِـيـتْ
أَعَغْكِـمْ أَبَابْ إكْنْوَانْ
سَـحَّـتْ أَتَّـعَـمْـضِـيـتْ
أَجْمُعْ أَلاَّ إِذْ نَـمَـسْـمَلْدِرْ
أُكَرَإحَضْرَنْ دَرْحَـيـتْ

Ai agellid' its inechan
Allah! ai amr'ith,
daâr' k in, a bab igenouan,
s eç çah'aba at tsârdhith,
djemiâ akka id nemsemlal
kera ih'adheren d'a reh'am ith.

Ô roi qui as créé le monde, — Dieu protecteur! — je t'implore, ô maître des cieux, — par les compagnons du Prophète, ces modèles d'honneur; — sois miséricordieux pour nous tous qui sommes rassemblés, — aie pitié de tout ce qui est ici présent.

---

[1] Les *Izouaoun* sont les membres de la famille de Ahmed-Azouaou, assassiné dans le fort.

[2] Le *Kaf-el-Âougab* (le rocher des milans) est situé près du Sebaou, un peu au-dessous du bordj Sebaou. Au pied du rocher se trouve un village qui porte le même nom.

[3] *Meklâ*, village des Âmraoua d'en haut.

XVI

COMPLAINTE DE DAHMAN-OU-MEÇAL[1].

CHANTÉE PAR LES FEMMES DE L'OUED-SAHEL EN TOURNANT LE MOULIN A BRAS.

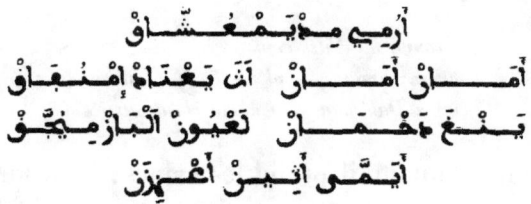

Aroumi mi d imdouchchak'
aman, aman. — atha iâna d imenoufak',
inr'a Dah'man — l dioun el baz mi ioujjak'.
a imma! a thin aâzizen!

[1] Cette complainte est du genre appelé par les Kabyles *deker*.

Le 27 février 1850, le chef du bureau arabe de Bougie et M. le lieutenant Gravier, adjoint au bureau arabe de Sétif, se trouvaient réunis au village d'Imoula (les forêts) pour régler une question de limites entre les gens d'Imoula du cercle de Sétif et les Aït-Djelil dépendant de Bougie. Ces officiers étaient assis à l'entrée de leur tente; à droite et à gauche se tenaient rangés les représentants des deux villages chargés de soutenir leurs droits respectifs. La discussion était engagée entre les parties, lorsque tout à coup un jeune homme de vingt à vingt-deux ans, le nommé Dahman-ou-Meçal, du village d'Imoula, se lève brusquement, tire un pistolet de dessous son burnous, et le décharge à bout portant sur M. Gravier à qui il brise la jambe droite.

Immédiatement arrêté, Dahman fut conduit provisoirement dans la maison du kaïd Si-Cherif-Amezzian, devant laquelle la tente était dressée. Dirigé ensuite sur Bougie, puis traduit devant le conseil de guerre à Alger et condamné à mort, il fut reconduit à Bougie pour y être fusillé. L'exécution eut lieu un samedi en face du marché du sebt des Aït-Tamzalt. Aucun des membres de la famille de Dahman n'était présent. L'auteur de la complainte a voulu ajouter au pathétique de la situation en le faisant fusiller sous les yeux de sa mère.

Pendant son séjour dans la maison du kaïd, Dahman s'adressa successivement, comme la complainte le rapporte, à Si-Che-

COMPLAINTE DE DAHMAN-OU-MEÇAL.

Le chrétien, quand il se pique d'honneur, — le long de l'eau, le long de l'eau, — le voici qui marche aux insoumis; — il a tué Dahman. — Dahman aux yeux de faucon quand il crie! O ma mère, toi que je chéris¹!

أَمَازْ مَدْ يَتَنْقَمْ يِيسْ
أَمَازْ أَمَازْ الْمَدْفَعْ لَدْ يَتَسْرَسِّسْ
يَنْغَ دَحْمَانْ تَعْيُونْ ٱلْبَازْ يَتْغَوِّسْ

Aroumi mi d itsk'eriis
aman, aman, — el medfâ la d itseressis;
inr'a Dah'man — I dioun el baz itsir'ouis.

Le chrétien, quand il prend les armes, — le long de l'eau, le long de l'eau, — il dispose ses canons; — il a tué Dahman. — Dahman aux yeux de faucon qui fond sur sa proie!

أَمَانْ أُشَرْشُورْ سَمَّضِتْ
يَسْوَنْ أُرُمِي آسْتَلْوِيثْ
ٱلسِّيخْ آوُلْ دَحْمَانْ يَمَّتْ ثَمَدِّيثْ

Aman oucherchour semmedhith,
isoua then ouroumi es thalouith.
a s sikh ououl! Dah'man immouth thameddith.

L'eau de la fontaine est fraîche, — le chrétien en a bu en paix. — O douleur! Dahman est mort dans la soirée.

rif-Amezzian et à ses deux femmes, Lalla-Zahra et Lalla-Taous. A sa sortie du village, lorsqu'il passa devant la maison d'un marabout nommé Si-Ali-ou-el-Kandil, et parent de Si-Cherif-Amezzian, il invoqua aussi le secours de Lalla-Dhrifa, la femme de ce marabout.

Dahman n'avait jamais eu à se plaindre de M. Gravier ni des bureaux arabes de Sétif ou de Bougie : c'était simplement un fanatique indigné de voir des chrétiens souiller son village de leur présence.

¹ Ce vers sert de refrain et se répète après chaque couplet.

آمان أشرشور أحدد
يسوى ثن أرومي سلقد
دحمان يموث ثرعط اي أوشبيه نلقد

Aman oucherchour ah'ded,
isoua then ouroumi s el k'ed.
Dah'man immouth! ther'at' ii, ai ouchebieh' n el k'ed.

L'eau de la fontaine est glacée, — le chrétien en a bu debout. Dahman est mort! je plains ton sort, ô beau jeune homme à la taille élancée.

آمان أشرشور أحمان
يسوى ثن أرومي أسلمان
السيخ آووول دحمان يبدد ذالنشان

Aman oucherchour ah'man,
isoua then ouroumi s el aman.
a s sikh ououl! Dah'man ibded d' en nichan.

L'eau de la fontaine est chaude, — le chrétien en a bu en sécurité. — Ô douleur! Dahman a servi de cible!

دحمان يترو ذي تجماعث
أيمولا نك عللغ أغتمع تشبحث
السيخ آووول غف نك أور نسعي ترباعث

Dah'man itsrou d'i thedjemdath:
a Imoula, nek er'iler' ai khed'mer' tsachebah'th.
a s sikh ououl r'ef nek! our nesâi therbaâth.

Dahman pleure dans la Djemâa[1]: — ô Imoula, je croyais

---

[1] Le mot *djemâa* a plusieurs significations chez les Kabyles; ici il désigne un bâtiment communal garni de bancs de pierre, où se rassemblent d'habitude les hommes du village.

que ce que j'ai fait était bien. — Ô douleur! malheur à moi! je n'ai pas de soutiens.

دَحْمَانْ يَتْرُ زْݣَسْقِيقْ
مَنْعِيِي أَسِيخْ أَشْرِيفْ
وَرْݣْمَنْيَعْ ثَرْزِيطْ أَقْبْطَانْ نَسْطِيفْ

Dah'man itsrou d'egg esk'if,
menâ i, a sid'i cherif!
our k meniâr', therzit' ak'obt'an n Est'if.

Dahman pleure dans le vestibule: — Sauve-moi, ô Sidi-Cherif! — Non, je ne te sauverai pas, tu as blessé le capitaine de Sétif.

دَحْمَانْ يَتْرُ غَرْ وُمْنَارْ
مَنْعِيِي آلَلَّ آمْلَغْيَارْ
وَرْݣْمَنْيَعْ ثَرْزِيطْ أَقْبْطَانْ ݣَݣْضَارْ

Dah'man itsrou r'er oumenar,
menâ i, a lalla em le r'iar!
our k meniâr', therzit' ak'obt'an d'eg oudhar.

Dahman pleure sur le seuil: — Sauve-moi, dame aux vêtements éclatants! — Non, je ne te sauverai pas, tu as blessé le capitaine au pied.

دَحْمَانْ يَتْسُ ݣِالْحَرَ
مَنْعِيِي آلَلَّ زَهْرَ
وَرْݣْمَنْيَعْ ثَرْزِيطْ أَقْبْطَانْ أَسَّ

Dah'man itsrou d'i l h'ara,
menâ i, a lalla Zahra!
our k meniâr', therzit' ak'obt'an ass a.

158 POÉSIES POPULAIRES DE LA KABYLIE.

Dahman pleure dans la maison : — Sauve-moi, ô Lalla-Zahra! — Non, je ne te sauverai pas, tu as aujourd'hui blessé le capitaine.

دَحْمَانْ يَتْرُوذَكَكْمُسْ
مَنْعِيمِي أَلَّذْ هَاوِسْ
وَرْكَمْنِعَغْ تَهْزِيطْ أَقْبْطَانْ دَكْغَسْ

Dah'man itsrou d'eg ouagouns[1].
menâ i, a lalla T'aous!
our k meniâr', therzit' ak'obt'an d'eg r'es.

Dahman pleure dans la chambre : — Sauve-moi, ô Lalla-Taous[2]! — Non, je ne te sauverai pas, tu as blessé le capitaine à l'os.

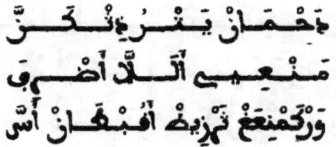

Dah'man itsrou d'i thakenna,
menâ i, a lalla Dhrifa!
our k meniâr', therzit' ak'obt'an ass a.

Dahman pleure sur la thakenna[3] : — Sauve-moi, ô Lalla-

---

[1] Toutes les maisons kabyles se composent de deux parties : l'une, appelée *agouns* ou *thak'dts*, que j'ai traduit par *chambre*, est l'habitation de la famille. C'est là que se trouvent le foyer (*kanoun*), le moulin à bras, les ustensiles de ménage et les vases contenant les provisions. L'autre sert d'écurie et s'appelle *addainin*. La même porte sert pour l'écurie et la chambre où se tient la famille. Ces deux parties sont séparées par un petit mur d'un mètre de hauteur environ et percé d'ouvertures qui mettent en communication la chambre et l'écurie. On donne à ce mur le nom de *bank*.

[2] Le mot arabe *t'aous* (paon) est très-employé chez les Kabyles comme nom de femme.

[3] On appelle *thakenna* ou *tháricht* dans une maison kabyle, le plancher établi au-dessus de l'écurie et sur lequel couche une

Dhrifa! — Non, je ne te sauverai pas, tu as blessé le capitaine aujourd'hui.

آجُــــرْ تخَــــدَمْ أرُمــــي ۝ يَــوِّذْ أقْشِيشْ دَجْلِـيلِـــي
بَوِّيثْ غَرْ أبْكَيَتْ ۝ ثَمْعَجَبْ دَكْسْ ثَمْغْلِي
يَسْبَدْ دِيدْ دَنِّــشَانْ ۝ أَحْلِيزْ يَمَّاسْ تَــــــهلِّي

Ed djour ikhed'em ouroumi — iououi d ak'chich d' ajelili,
iououi th r'er Begaïth — themäadjab d'eg s thamour'li,
isebded ith id d' en nichan — ah'alil! imma s thet'illi.

Le chrétien opprime, — il a emmené l'enfant de Djelil[1]; — il l'a conduit à Bougie — il l'a donné en spectacle, — il l'a fait servir de cible, — le malheureux, sous les yeux de sa mère.

آجُــــرْ تخَــــدَمْ أرُمــــي ۝ يَــوِّذْ أقْشِيشْ دَمْرَبَطْ
بَسَوْضِيثْ غَرْ أبْكَيَتْ ۝ إسْمِسْ يُرَ ودْكَغَطْ
يَسْبَدْ دِيدْ دَنِّــشَانْ ۝ أَحْلِيزْ يَمَّاسْ مِثْــوَّطْ

Ed djour ikhed'em ouroumi — iououi d ak'chich d' amrabot';
issaoudh ith r'er Begaïth — ism is ioura d'i l kar'et',
isebded ith id d' en nichan — ah'alil! imma s mi thououet'.

Le chrétien opprime, — il a emmené l'enfant marabout; — il l'a conduit à Bougie, — il a inscrit son nom sur ses registres, — il l'a fait servir de cible, — le malheureux, à l'arrivée de sa mère.

آجُــــرْ تخَــــدَمْ أرُمــــي ۝ يَــوِّذْ أقْشِيشْ سَكْمَزْ

moula et non des Aït-Djelil. C'est encore pour la rime que l'auteur s'est permis ce changement, qu'il savait bien être une erreur.

partie de la famille. Le mot *thakenna* n'est ici que pour la rime, car c'est dans la rue que Dahman s'adressa à Lalla-Dhrifa.

[1] Dahman-ou-Meçal était du village d'I-

بَوِيثْ غَرْاتْكَيْثْ   إسْمِيسْ يُرِءلْكَرْضْ
يَسْبَدِهْ دِيدْ دِنْشَانْ   أَحْلِيلْ يَمَّاسْ مِتَّلَّا

Ed djour ikhed'em ouroumi — iououi d ak'chich seg moula
iououi th r'er Begaith — ism is ioura d'i l kart'a,
isebded ith id d' en nichan — ah'alil! imma s mi thella.

Le chrétien opprime, — il a emmené l'enfant d'Imoula; — il l'a conduit à Bougie, — il a inscrit son nom sur ses papiers, — il l'a fait servir de cible, — le malheureux, en présence de sa mère,

آخُسْرْخَـتَمْ أَرْمِي   بَوِيعْ أَقْشِيشْ ءَالْعَلِيمْ
بَوِيثْ غَرْاتْكَيْثْ   تَنْعَجَبْ تَكْسْ أَتْرُمِيتْ
أَوْسَيَي أَيْنْسَلْمَزْ   تَبَمْ يَأْ إِتْقَبَيْلِيثْ

Ed djour ikhed'em ouroumi — iououi d ak'chich d'el dalith,
iououi th r'er Begaith — thenâdjeb d'eg s tharoumith,
a ousa rebbi, a ineselmen — thebram iak i thek'ebailith.

Le chrétien opprime, — il a emmené cet enfant excellent; — il l'a conduit à Bougie, — les chrétiennes en sont émerveillées. — Par Dieu, ô Musulmans, — vous avez tous répudié l'honneur kabyle!

DEUXIÈME PARTIE.

I

IR'IL-N-ETSEDDA[1].

PAR MOHAMMED-SAÏD-N-AÏT-EL-HADJ, DE TALA-N-TAZARTH,

TRIBU DES AÏT-BOUDRAR, CONFÉDÉRATION DES ZOUAOUA.

أَيْ كَلِّيذْ ٱلنَّضَرْ
مَعْزْ ٱلْفَدَرْ
ٱلْغَنِي بَابْ نَاجُدَ
تَكَسَذْ عَفْ يَمْدَنَزْ ٱلضَّرْ
تَمَنْعَضَاعْ سَكَبَالْدَ

Ai agellid' a n nadher,
faḋl, el k'ader,
a l r'ani, bab n ed djouda,
thekesedh r'ef imd'anen edh dhor,
themenâdh ar' seg ial l ad'a.

Ô roi qui vois tout, — créateur tout-puissant, — dispen-

---

[1] *Ir'il-n-Etsedda* (la crête de la lionne) est le nom d'un village des Aït-Boudrar, confédération des Zouaoua.
Avant la pacification du pays, les Aït-Boudrar, qui font le commerce de bestiaux et de mulets avec la province de Constantine, ne voyageaient qu'en troupe et armés. L'une de leurs caravanes, composée surtout d'hommes d'Ir'il-n-Etsedda, fut attaquée par des gens du versant sud du Jurjura. Il s'ensuivit un combat où les Aït-Boudrar eurent l'avantage. C'est à l'occasion de cette victoire que le poëte fait l'éloge de plusieurs familles des Aït-Boudrar.

sateur des richesses, maître de la noblesse, — délivre les hommes de l'injustice, — préserve-nous de tout malheur!

آيطير بجناح غور
فبز اتنفر
ألباز أهرور نصيدة
بعدنان بردو أمَمصر
لمباث إعيز تـتسة

A t'ir bou l djenah', r'ououer
k'ebel attenk'er¹.
a l baz ah'arour n eçiad'a!
Bou Âdenan bardou em Maçer
l embath² Ir'il n Etsedda

Oiseau aux ailes rapides, prends ton vol, — avant le lever du soleil!, — ô faucon, noble race de chasseur! — dirige-toi vers Bou-Âdenan³, le bardo de Maçer⁴, — va coucher à Ir'il-n-Etsedda,

غرا تلعة أنضمر
أكنز سنضر
عزناة متبدعة ألمة
ولمعوث تدهاث أعمر
جمغتيم ذلعة

R'er ath el âdda theçerrer:
ekkathen s endher.

¹ Sous-entendu *thafoukth* « le soleil ».
² *Embath* est l'altération de l'arabe مبيت « gîte, endroit où l'on passe la nuit ».
³ On appelle *Bou Âdenan* la réunion des quatre villages d'Ir'il-n-Etsedda, Taguemmount-bou-Afir, Aït-Salah et Aït-ou-Hanich.
⁴ Le Bardo est un palais de Tunis. Maçer est le nom que les Arabes donnent à la ville du Caire, et quelquefois à l'Égypte entière.

IR IL-N-ETSEDDA. 163

d eznad mi thebâd' el medda.
ou l Mouhoub gedeha th Âmer[1]!
idja iar' ts id d' el âda.

Chez les braves aux armes garnies d'argent; — ils ne font
feu qu'après avoir bien visé; — le chien de leur fusil est loin
de la batterie[2]. — Honneur à Ameur-ou-el-Mouhoub! — il
nous a laissé un noble exemple à suivre.

As el le khemis ai d' amdhiar
ia ahel el h'adhdhar!
el k'afla echchaou iâdda,
r'ouden d abrid' el le K'eçar.
ouin iâian irouh' la chedda.

Le jeudi fut le jour néfaste, — ô assistants! — La tête
de la caravane était passée, — elle suivait le chemin d'El-
K'eçar[4], — celui qui était fatigué marchait à son aise.

[1] Dans ce vers le nom de *Âmer ou l Mouhoub* est divisé en deux, la première partie
du nom est rejetée à la fin du vers pour la
rime.

[2] Les fusils dont le chien est loin de la batterie sont moins sujets à rater que les autres.

[3] *Amdhiar* de 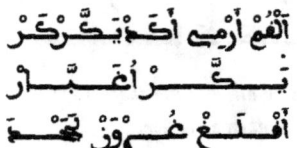 «mauvais augure».

[4] *El-K'eçar* est un village de la subdivision d'Aumale.

تَكِينْ قِلْوَنْ تَنْوَرْ
مِسْنُعْعَرْضْ أَسْوَةً

El k'oum armi ag d ikkerker,
ikker our'ebbar,
ak'lar' r'our ouen, la djeh'ada.
thagounits fell aoun d'a tsezouer,
mi sen d åredhen s ouadda.

Tout à coup une troupe se précipite de la montagne — en soulevant la poussière. — « Nous voici devant vous à découvert, s'écrient-ils, — vous allez passer un mauvais quart d'heure ! » — et en même temps ils leur fermaient le passage par en bas.

اَلْقَفْرَمِ تَمْنَعَارْ
اَنَّمْفَكَّرْ
كُلْوَإِعَمَّرْسَزِيَةَ
أَزَاةْ يَقَّلْ تَخْبَارْ
أَعَسِينِيزْ وِنَّنْزَةَ

El k'afla mi d themendar.
an nemfekkar,
koul oua iåmmer s eziada ;
azekka ad' ik'k'el le khebar.
ad' as inin oui illan d'a.

La caravane alors s'excite au combat. — « Souvenons-nous les uns des autres, se disent-ils ; — que chacun mette double charge dans son fusil ; — demain le bruit de ce qui va se passer se répandra au loin, — on dira les noms de ceux qui sont ici. »

IR'IL-N-ETSEDDA.

ثنمزرار سيبا نشهر
الـــه أحـــبـــر
وث' الـــزل' د' الـــزعم
برد'ن تجواد' كل إعمر
أما ألـــم أبـــسعـــد

D' ath Boud'rar si zik nechehar,
oulah ah'abbar,
outt' ouzzal, d' ez zed'ma!
berd'en ts le djouad' koul ir'mer
akka alemma ed' Bou sâada.

Les Aït-Boudrar sont renommés depuis longtemps, chez eux pas de lâches réflexions; — frappez donc bravement le fer, et en avant! — Les nobles guerriers se sont ouvert tout le pays, — d'ici jusqu'à Bousâda [2].

أيث عمر أدرم نــصـــر
مـــســعـــود' شــــاتـــــر
نــــاث أحـــسن درجــــوة
أمني أصبح' أيث ينتر
يـــموث وغاي أبل أشهد

Aith Âmara [3] ad'roum n en neçer.
Mesâoud' d' ech chat'er
n ath Ah'sen, dar le djouada;
amnai eçbah' ai th inter,
immouth oud'ai bla chehada.

[1] *Outt* pour *outheth* « frappez ».
[2] *Bou-sâada*, ville et oasis de la province de Constantine, à 35 lieues environ au sud d'Aumale.
[3] Les *Aït-Amara* forment une fraction du village d'Ir'il-n-Etsedda. Les habitants d'un village kabyle se classent par fractions (*ider-man*, au singulier *adroum*). Chaque fraction

Les Aït-Âmara sont la fraction de la victoire. — Mesâoud est le plus intrépide — des Aït-Ahsen, cette noble maison; — le matin il a renversé un cavalier, — le juif est mort sans faire acte de foi.

بُشَنْفُورْ إِزْمْ أَبَدَّرْ
إِرْتَغَرْ أُسْوَحْشَارْ
إِزَمْ بِلَّتْ الرَّعْدَة
نَا أَسْلِعْ ثِقَتْ تَخْبَارْ
وَالنِّيسْ يَغْضَلْتْ تَبَّة

Bou Chenfour[1] izem abeddar
irâd'en s ouh'achar
izeddem lilt er râda.
nek eslir' thid'ets le khebar
oui n nis ir'edhel t la boudda.

Bou-Chenfour est le lion impétueux — qui rugit de colère — et s'élance dans une nuit d'orage. — Je sais de source certaine — que son adversaire est toujours terrassé.

يَمْعِيمْ حَسّْ نَصْغَارْ
أَلَّهْ أُجْحَزْ
حَشَوْشْ أَمْبَابْ أُجِيعَة
أَحْسَنْ حَحْمَة حَفْثَمَارْ
نَحَسَنْ أُحَمْ نَصَمَة

est composée de familles ayant, en général, des liens de parenté. Tous les noms mentionnés dans cette chanson sont ceux de familles ou d'individus des Aït-Boudrar.

[1] L'homme désigné sous le nom de Bou Chenfour «l'homme à la lèvre», se nommait Mohammed-Amezzian. Il avait reçu une balle dans la lèvre inférieure. C'est à cause de la cicatrice laissée par cette blessure qu'on lui avait donné ce sobriquet.

IRIL-N-ETSEDDA.

Ibrahim dadda s n ecr'ar
oulah at'ikhar.
d' ech chaouch em bab ajedida.
Ah'sen d' Ah'med' d' el khethiar
n ath Ah'sen, akhkham n eciouda.

Ibrahim, la fleur de nos jeunes gens, — jamais ne recule : — c'est un chaouch de la porte Neuve [1]. — Ahsen et Ahmed sont les guerriers d'élite — des Aït-Ahsen, cette famille de lions.

أَنْمَلْمْ كَجَّهْ قَرَازْ
جَبْغَنْ أَمَسْمَارْ
أَرْسْنِعِيعْ نَنَّهْ
أَحْمَدْ أُودِيعْ حَكَّرْ
ةَلْمَسْعُودْ سَكَجْوَهْ

Ath Malek gedeha l h'arar!
djebed'en amesmar,
our asen oufir' thanoudda.
Ah'med' Aoud'iâ d' ah'akkar,
d' el Mesâoud' seg le djouada.

Gloire aux Aït-Malek [2], de race pure ! — pour serrer la détente — je n'ai pas trouvé leurs pareils. — Ahmed Aoudiâ a le coup d'œil juste, — El-Mesâoud est compté parmi les plus nobles.

بُتْمِيشْ نَرْعْ عَىْ أَنْضَرْ
أَتَـــهْ أَحَـــوِوزْ

---

[1] Pour compléter l'éloge d'Ibrahim, le poète le compare à un chaouch turc. La porte Neuve est une porte d'Alger.

[2] La famille des Aït-Malek habite Bou-Âdenan de même que la famille des Aït-Ahsen.

أكرايتيس أعميوث بة
تّجيث أنس نهور
أنملم الكّتر صنع

Bou theramith thezga r'ef endher,
oulah ah'aouiouer,
kera b ouin ar'a iouth idda,
thajaddith n esen thezouar,
ath malek ekkathen çenda.

Son tir est sûr, toujours l'œil le dirige, — jamais il ne change de place dans le combat; — tout homme qu'il vise est mort. — Leur noblesse est ancienne, — les Aït-Malek frappent bravement le fer.

بالله الطّير أكنتوكّيذ
رح أذ وبـــــيــــذ
نقّ كّفكيـم غوس
أوض أرتّقنـع وسعيـذ
بر غف نزغع نـــس

Bellah ! a t' t'ir, a k netsoukkid'
rouh' ed' oubrid'
nek'k'el d'egg ifeg ik, r'ouous,
aoudh ar ath Moh'and ou Sâid
bardou r'ef thezd'er' Thounes.

Par Dieu, oiseau, reçois mon message, — mets-toi en route, — élève-toi dans ton vol rapide, — arrive jusque chez les Aït-Mohand-ou-Saïd [1], — le bardo qui donne la vie à Tunis.

---

[1] Les Aït-Mohand-ou-Saïd sont aussi de Bou-Âdenan.

IR'IL-N-ETSEDDA.

أَنْـكَـرَجْ كُلْشِي دَجْدِيدْ
ٱلْـقَـصْـبَ أَكَـلِّـيدْ
إِعْزِّنْ ٱللَّهْ أَسْغُرْسْ
أَنْزْنَاءْ حَدْ وَرْنَءْ تَهَـبِـدْ
أَطْنُوخْ إِجَبْدَنْ يَاكْ ٱلْقَرْسْ

Ath el h'ardj, koul chi d' ajed'id'.
el k'açba ougellid';
iâouzz ithen allah s r'our es !
ath eznad' h'ad our th id irfid'.
t'enoukh ijebed'en iak el k'ers.

Bien pourvus d'armes et de munitions, chez eux tout est neuf, — c'est la kasba du roi; — Dieu les entoure de sa tendresse! — Armés de fusils comme personne n'en porte de semblables, — ce sont des héros qui tous savent serrer la détente.

قَسِي نَتْحَاجْ دَصَـنْـدِيدْ
يَـسَّـاسْ نَـصِّـيدْ
أَمْرَ أَسْبَـعْ إِمْحَـلَّـسْ
مِيحْـضَرْ يُومْ ٱلشَّدِيدْ
خَمْسَ أَيْدْ لَعْبَارْ إِنَسْ

K'asi n ath el H'adj d' açendid',
thissa s n eç cid.
oumadra sebâ imeh'alles !
mi ih'adher ioum ech chadid,
khamsa ai d' el âbar in es.

Kassi-n-Aït-el-Hadj est un homme valeureux: — la terreur qu'il inspire est celle du lion. — Honneur à ce lion prêt au combat! — quand il assiste à une bataille, — cinq ennemis, voilà sa part!

أيــث بــودرار جــميــلــي
أســڭــتـعــلــي أرث وعــبــان
ڤــرْبــث ضَــرْبــث صَــنــصَــلــي
أشــواش رُور آلْبَــاي عَــضمَــان
ور نــتــڭــدْ مَــنــعْــلــي
نــنــغ نــمــوث كُــلْ أمــكَــان

Aith Boud'rar, djamili,
seg ath Âli ar ath Ouâban
k'erbeth, dhorbeth çençali ;
a ch chouach r'our el bey Âçman,
our netsaoggad' ma ner'li,
nenr'a nemmouth koul amkan.

Aït-Boudrar, tous ensemble, — depuis les Aït-Âli[1] jusqu'aux Aït-Ouâban[2], — avancez, venez frapper le fer! — chaouchs du bey Açman, — nous sommes sans crainte devant la mort, — nous avons tué, nous avons été frappés en tout pays.

أتْــعَــنــيــز كْــش تَــمــوتْ
أتــكْــلــيــم إنْــمْــنْــشَــان
عَــنــغ عُــزَّ الْجِــلَّادي
غَــنْــبَــى غَــبْــ نَــنْــرَلْــحْ لَــعْــزَانْ
أت عْــتَــعْــبــوض جــيــمــلــي
كــتــم نــكــر َتــلَّــزنْ

[1] *Aït-Âli-ou-Harzoun* est le nom d'un village des Aït-Boudrar.

[2] *Aït-Ouâban*, autre village des Aït-Boudrar, situé tout à fait au pied du Jurjura.

Ai ah'anin, ketch d' amouali,
ai agellid' its inechan,
ânnar' r'our ek ed djilali,
d' en nebi r'ef thenzeledh el k'ouran.
ad' ar' thâfoudh djamili,
la nek la kera d'a illan.

Dieu bienveillant, toi qui vois tout, — souverain, créateur du monde! — je t'en prie, par le djilali et le Prophète à qui tu as révélé le Coran, — pardonne-nous à tous nos péchés, — à moi et à tout ce qui est ici.

II

AÏT-ERBAH'[1].

PAR MOHAMMED-SAÏD-N-AÏT-EL-HADJ, DE TALA-N-TAZARTH,

TRIBU DES AÏT-BOUDRAR, CONFÉDÉRATION DES ZOUAOUA.

أيغمِيوكش تَمَدَّح
مَدَّرْ تَصَّح
أرْ تَكَّتَض تَفوز تَجِيب
غَى أتَّمَّح
تَمَّرْث ورْ تَكَّتْ تَجِيب

A ir'f iou, ketch d' ameddah',
hadder le çelah',
ar thekkathedh le k'oul d'ajed'id'

[1] Le village des *Aït-Erbah'* appartient à la tribu des Aït-Ouasif, confédération des Zouaoua. Il faisait partie autrefois des Aït-Boudrar, mais depuis longtemps il s'en est séparé à la suite des guerres civiles. Il est situé sur le grand contre-fort occupé par les Aït-Boudrar et les Aït-Ienni, entre les villages de *Taourirt-el-Hadjadj* (la petite montagne des pélerins) et de *Tasaft-Ouguemmoun* (le chêne du mamelon). Sa population est de 400 âmes environ.

Mohammed-Saïd-n-Aït-el-Hadj, poëte en renom et chanteur de profession, étant allé un jour dans ce village, crut avoir à se plaindre de l'hospitalité qu'il y reçut. Pour se venger il fit cette chanson, qui eut un très-grand succès dans toute la Kabylie et jeta une véritable défaveur sur les Aït-Erbah. Maintenant encore, après plus de quarante ans, les vers de Mohammed-Saïd sont autant de quolibets qui font leur désespoir et les exposent aux railleries toujours renouvelées des autres villages. Ils cherchèrent plusieurs fois à assassiner le poëte, ce qui ne paraît pas l'avoir intimidé, car il composa plusieurs autres chansons du même genre. On en trouvera une plus loin. La chanson précédente est du même auteur.

r'ef aith Erbah'
thaddarth our nekkath el h'adid.

Ô ma tête, toi qui es poëte, — prends un ton convenable, — et compose un chant nouveau — sur les Aït-Erbah, — ce village qui ne se bat pas.

عَسْ أَكْلِيمْ دَمْ دِنَـتْحْ

مِكُـرْ أَمْـرَحْ

أَنْعَدَّ رْبَعِينْ دَجْلِيدْ

أَغْلَتْ نَمْـحْ

تَيْتَّـمْ آلرّحْ مَنْبَـعِيـدْ

R'as aglim d'ag d int'ah'
fi koul emrah',
thâadda arbâin d' ajelid ;
r'elaith le melah',
la itsak er rih'a em bâid'.

Ce n'est chez eux que cuir puant[1], — dans chaque cour — vous comptez plus de quarante peaux ; — ils font renchérir le sel[2], — l'odeur vous arrive de loin.

أَمْـلَـلَغْ أَدْتَبَخْجَـانْ أَصْبَـحْ

كُـلْـو إِمْـرَحْ

أَرْبَعْهَاشْ عَفْيُونْ وَبْـمِـدْ

رْبَـعْ آرْةَـحْ

عَسْ دِينْ آَيْتَـقَـرْ آلْعِـبِـدْ

Emlaler' d' ik'jan çebah'

[1] Les Aït-Erbah se livrent au commerce des cuirs, comme la plupart des Aït-Ouasif.

[2] Parce que le sel sert pour la préparation des cuirs.

koul oun iferrah';
arbât'ach r'ef iioun oubrid',
zir' ar d' eç çah',
r'as d'in ai tsafen el âid'.

J'ai rencontré des chiens le matin, — tous étaient joyeux; ils arrivaient quatorze par la même route; — il est donc vrai — que là seulement ils trouvent leur fête [1].

أِيـغَـزْ زِنَبْ أُمَـصْـبَحْ
ثُلِي غَفْ لَـصْـدَحْ
تَبْزَعْ النَّـشْـتْ أُيِـدِّيـدْ
دَ تَـتْـلَـوَاحْ
تَكَّـضْ إِوُوتَـيـنْ أُبْـرِيـدْ

Oufir' en Zineb Oumeçbah',
thouli r'ef le çed'ah',
thebzeg annechth ouiddid',
d a thetslaouah'
thek'dhâ i oud'ain abrid'.

Je trouvai là Zineb-Oumeçbah [2] — montée sur sa terrasse [3]; — elle était gonflée comme une outre — et, à coups de pierres, — barrait le passage aux juifs [4].

يـوزْ يَـقَّـغْ سَـتَحْـتَحْ

[1] Dans les débris provenant de la préparation des cuirs.
[2] Zineb-Oumeçbah était une femme des Aït-Erbah très-connue dans le pays pour son caractère impérieux et son humeur acariâtre.
[3] Beaucoup de maisons kabyles sont couvertes en terre battue. Comme les toits sont très-plats, ils forment des espèces de terrasses où se tiennent souvent les habitants des maisons.
[4] C'est une injure à l'adresse des habitants du village; les Kabyles du Jurjura n'ont jamais toléré de juifs parmi eux, les Aït-Erbah pas plus que les autres. On ne trouve de juifs que dans l'Oued-Sahel.

يُونِسْ نَجْمَعْ
كُلْوَ كْسَنْ آرْيَتْرْتْعِيدْ
افْعَنْتَنْ لَهْوَاحْ
أَمِيكَانْ مِتَّكَرْ السِّيدْ

Iioun iffer' ed s ousah'sah',
iouth its, thejerah';
koul oua d'eg sen ar itserthâid',
effer'en ten le rouah',
am iggan mi ikker eç çid.

L'un d'eux s'avance avec son sabre, — la frappe et la blesse; — chacun alors de trembler, — hors de lui-même, — comme celui qui voit un lion se dresser devant lui.

أَصْبَحْ مِبَقَّعْ أَبَرَحْ
أَبْدَانْتْ أَصْيَاحْ
كُلْوَ يَتْحَى أَمْعِيدْ
زِيعْ آرْعَلْفَرَحْ
لَمِينْ يُعْ أَعْيُولْ أَجَدِيدْ

Açbah' mi iffer' ouberrah'
ebd'ant eç çiah',
koul oua d'a itsdha amm ir'id',
zir' ar d'el ferah',
l amin iour' ar'ioul ajed'id'.

Le matin quand paraît le crieur — les femmes commencent à glapir; — tous se mettent à bêler comme des chevreaux; — sans doute, ce qui cause leur joie, — c'est que l'amin[1] vient d'acheter un âne.

[1] L'amin est le chef du village.

تَعَرْتْ وَرْ نَمْزِمْ اِنْضَاحْ ،
أرْسَنْ أَمْنَشَلَحْ
تَقْبَيْلِيثْ أَرْسَنْ تَمِيدْ
إبْرَضْ أَنَّمْ جْنَاحْ ،
أَيْثْ آخَسْمَ أَرْ بُوعِيدْ

Thaddarth our nezmir i ndhah',
ersen am thechelah',
thak'ebailith our asen temid',
iouzadh ath iir le djenah',
qith el h'orma ar aboud'id'.

C'est un village incapable de combattre; — ils sont mous comme des chiffons, — la fierté kabyle n'est pas arrivée jusqu'à eux. — Ce sont des poules aux mauvaises ailes, — leur honneur ne dépasse pas la haie du village [1].

تْلَوِينْ إفْبَشَنْ إفْدَحْ ،
أجْلَلْ دْ عَقْشَحْ
عَبَّانْتْ أَمْ تَغْيَالْ سِزِيدْ
لَ مْرَرْ لَ سَرَّحْ
دْعَقْرَانْ مَبْغِيرْ النِّعِيدْ

Thoulaouin ik'ebachen ik'd'ah'
ajelal d' ak'ouchah'
âbbant am ther'ial s izid',
la amrar, la serrah'
d' eg ir'ezran em br'ir el k'id'.

---

[1] En temps de guerre, les Kabyles entourent leurs villages d'une haie pour se garantir des surprises. L'auteur veut dire ici que les Aït-Erbah ne savent pas faire respecter leur ânaia et l'honneur de leur village au-delà de cette haie.

Les femmes portent des hottes et des pots à fumier — et retroussent les pans de leurs vêtements; — elles sont chargées comme des bourriques qui vont au moulin. — Pas de corde, pas de longe, elles courent les ravins sans entraves [1].

وَمَّ نَمْ آنْسِيغْ سَشَجْ
آلشْغ نَشْماخْ
غْرَاقْمْ آنْوَهْ آمِسْ نَجْخْ
قَبْتَ آنْجَمَّخْ
نَيْتَعْلِي الْقَصْبْ اكَلّبِخْ

Ou amma nek ensir' s echebah',
etchir' nennecherah'
r'our Meh' ath ou Adda, emmi s n el djul',
le kheba en djerrah'
n aith Âli, el k'ecba ougellid'.

Quant à moi, j'ai couché à mon aise — et soupé joyeusement — chez Mohammed-n-Aït-ou-Adda, le fils d'un noble père, — la tente de refuge [2] — des Aït-Âli, la kasba du roi [3].

تَعْلَامْ إذْ شُمَّنْ آلشّوَّاشْ

[1] Dire d'une femme, chez les Kabyles, qu'elle va dans les ravins équivaut à dire qu'elle se livre à la prostitution. Les rendez-vous amoureux se donnent ordinairement dans les ravins à l'abri des regards indiscrets.

[2] Il existait, du temps des Turcs, une coutume assez bizarre. Toutes les fois qu'une colonne se mettait en marche, à chaque halte on dressait deux tentes en face l'une de l'autre. La première, *khibet-el-djerrah'*, était la tente de refuge : tout ennemi, qui avait le bonheur de s'y réfugier, avait la vie sauve et sa personne devenait inviolable. La seconde, *khibet-el-bechouda*, était la tente de perdition. Le malheureux qui y cherchait un abri était aussitôt mis à mort. Comme aucun signe particulier ne distinguait ces tentes, on conçoit qu'il était facile de se méprendre et qu'un tel refuge était bien chanceux. (E. Vaysseltes, *Revue africaine*, t. IV, p. 208.)

[3] Il s'agit ici des *Aït-Âli-ou-Harzoun*, gros village de 1,400 âmes, voisin des Aït-Erbah et appartenant à la tribu des Aït-Boudrar.

178 POÉSIES POPULAIRES DE LA KABYLIE.

مرفم بسـن
آسـقـعـن أسـكـــنـرش
حـوان يـتـعـرسـن
يـصهـب يـبـعـا قـدش
أمـنـقـو أتـقـلـصـن

L'âlam id choudden ech chououach;
ma ra d k'eriisen,
es d effer'en seg el H'arrach.
le djouad' ithfersen
s ouh'arbi d' oubâlalach;
amenafek', a th khalleçen.

Les chaouchs tiennent la bannière[1]; — lorsqu'ils prennent les armes, — ils sortent avec elle du fort de l'Harrach[2]. — Ce sont de nobles cavaliers, — bien pourvus de cartouches et de balles; — ils soumettront les insurgés.

ايـعـيـمـو يـذمـمـا ارقـعـاش
الـى أذوي إكـيـسـن
لعـصيـح إنـه أمـشـن
غـس غـرجـوان أيـنـرسـن
أرنـن أنـعـهـون كـعـاش
أويـنـم أيـلـنـسـن

A ir f iou, ioud'ef ik er râach,
ili d' oui ikiisen.
le feçieh' ithkeldou am ech chach,

---

[1] Cette chanson remonte à la domination turque.

[2] Le fort de l'Harrach est ce que nous appelons maintenant la Maison-Carrée près d'Alger. On l'appelait aussi fort de l'Agha et fort du pont.

r'as r'our le djouad' a itsrousen :
ar then tsâouzzoun kifach!
aouin d aila n esen.

Ô ma tête, tu es prise de vertige, — sois calme et sensée. — Le poëte va avec le turban; — il ne fréquente que les gens nobles; — on a pour lui combien d'égards! — toujours il a sa récompense.

نَدْ قَضْعَدْ سِبَلْخَكَّاشْ
ٱيْتْمْجْ تَدَّرْثْ ٱنْسَنْ
اُفِغْ ضْرْحَنْمْ ٱسْثَفَرَشْ
كَنَاهُ أَمْزَنْ دَغُسَّنْ
دِمُلَبَنْ كَرْثَغنَاشْ
أُرْسِعِينْ ٱلْهِبَ وَرْتَقَّسَنْ

Nek k'eçed'er' s ibelh'akkach,
aith Erbah' thaddarth en sen.
oufir' dherh'an d am theferach,
gan ak amzoun d' ih'aoussen.
d' imoulaben gar el h'anach :
our sâin el hiba, our thek'k'esen.

Je suis allé chez de vils animaux[1]. — Aït-Erbah est leur village. — Je les ai trouvés étendus sur le sol comme des figues non mûres; — ils avaient tous l'air de malades. — Ce sont des lézards entre des couleuvres; — ils n'inspirent aucune crainte, ils ne piquent pas.

مَالرَّبَّت أَزْرِيغْ عِنَعْشَاشْ

[1] Le mot *ibelh'akkach*, au singulier *abelh'akkouch*, que j'ai traduit par *vils animaux*, est un nom générique qui comprend les grenouilles, têtards, crapauds, lézards, crabes, etc. tous animaux regardés comme immondes par les Kabyles.

غَسْ تَهْبِلْ أَبْحِيرْ سَرْسَنْ
أَلْمُوتْ إِعَرْقَبَنْ إِمْشَاشْ
سَرْسْ أَكْلِيمْ أَكَنْ حَوْضْ
دِ نَهْمَرَنْ إِقَمَّاشْ
دِ زَكَّغَنْ دِ مْقَرَضْسَنْ

D'er rethba ezrir' d'i Thâchach;
r'as el hazil ai d'in sersen;
er routh ir'erd'ain, imchach,
sers aglim ad' ak th k'aoucen.
d' ath ineh'araren ik'emmach,
d' izouggar'en, d' imferdhesen.

Ce sont les gardiens de silos que j'ai vus à Thâchach[1]; — on ne met à ce poste que des infirmes indigents; — crottes de souris, fiente de chat, — mettez une peau devant eux, ils vous l'arracheront des mains[2]. — Sans cesse leurs lèvres sont gercées, — ils sont tous rouges et teigneux[3].

أَمْسَعَانْ غَفْ إِفَبَاشْ
مِهْرَانْ آنْجَى أَدْغَمَسْ أَرْسَنْ
آرَاْ جَبَنْ وَلْغَمَاشْ
آسَنْ ةَلَوْرَة عُرْسَنْ
سَلْمَرْنَهَاشْ وَفْشَاشْ
أَعْنِيغْ أَوَلْعُوذ نَصَلْ أَنْسَنْ

Am isr'an r'ef ik'oubach,
mi zran ed djifa ad' r'our es ersen;

[1] **Thâchach** est le nom d'une localité située chez les Ait-Yala, tribu du versant sud du Jurjura. Les silos ne sont pas en usage sur le versant nord.

[2] Allusion au commerce de cuirs que font les Ait-Erbah.

[3] La teigne est une maladie très-commune chez les Kabyles.

ar ak djebed'en d'i l k'emach,
ass en d' el ourd'a r'our sen.
« el berret'ath d' ik'ouchach¹
adnir' d' el ihoud l açel n esen.

Comme des vautours sur leurs fumiers². — quand ils voient une charogne ils s'abattent sur elle; — ils en arrachent les entrailles — et ce jour est pour eux un jour de bombance. — D'après leurs calottes et les coiffures de leurs femmes, — je pense qu'ils sont d'origine juive.

اِعْبَارْ كَسْبَنْ أَنْعَكَّاشْ
ثَمَ أُكُفْ أَبْكَسَّنْ
فَلَّسَنْ أَبْرَكْبَنْ وَالرَّشْ
اَسْوجْلِيذْ أَبْعَبَّنْ حَلْسَنْ
اَكَّنْ أَبْبَنْ تَمْبَاشْ
مَعْنِي يَفْهَمْ اَزْلْ اَنْسَنْ

D' ir'ial keseben ath Åggach:
thama ougoud'ou ai kessen,
fell asen ai rekeben ouarrach.
s oujelid' ai abban h'alesen;
akken ai rebban le riach,
mâni ik'ereb ouzal n esen.

¹ On appelle ak'achouch, pl. ik'ouchach, la coiffure des femmes chez les Zouaoua. Elle se compose d'un cercle en fer, enveloppé d'étoupes ou de laine, qui se pose sur la tête comme une couronne et est recouvert d'une pièce d'étoffe de soie en forme de capuchon.

² Isr'i, pluriel isr'an, est le nom kabyle du percnoptère, appelé vulgairement en Algérie petit vautour. Ces oiseaux, qui émigrent l'hiver, sont toujours fort nombreux aux environs des villages. Ils sont très-familiers et se promènent sans crainte au milieu des rues. Bien que les Kabyles en parlent souvent avec dédain dans leurs chansons, ils ont pour eux beaucoup de respect, et c'est justice; car ils les préservent sans contredit des épidémies que ne manqueraient pas d'occasionner les débris de toute sorte et les cadavres d'animaux qui pourrissent sur le sol aux portes mêmes des maisons.

Ce sont des ânes des Aït-Aggach [1] ; — ils paissent aux abords des fumiers — et les enfants montent sur leur dos ; — une peau fraîche sert de tapis sous le bât ; — leurs cheveux sont touffus comme le poil de ces ânes, — mais leur valeur est peu de chose.

تَقْبَيْلِيتْ مِبْضَانْ تَعْرَشْ
نِثْنِي رَحَنْ أَكْسَنْ
وَرْيَخَدِيرْ حَاعِيزْ اَلَّشْ
أَسِيقَارْ أَيْلَ اَنْسَنْ
دَيْثْ الْعَمَّ أَثَّا إِخْتَاشْ
تَخْلَفِ الْقَصْبَ يَقْرَسَنْ

Thak'ebailith mi bdhan l àrach.
nitheni rouh'en ad' eksen [2].
our ih'ad'ir k'ad d'in, oulach
ad' asen ih'az aila n esen.
d' aith el âdda thega ikhethach
be khelaf el k'ecba ik'k'ersen.

Quand les tribus se sont partagé l'honneur kabyle, — ils étaient allés faire paître leurs troupeaux, — personne n'était présent — pour prendre leur part. — Leurs fusils sont comme des bâtons ferrés, — tous les canons sont troués.

سَمْنِي عَمْ أَرْحَضَاشْ
هَزْ أَبْلَصْرَ أَنْسَنْ
عَسْ الْتَرَازْكَرْ اَخْنُقَاشْ

[1] Le village des Aït-Aggach est situé chez les Imecheddalen, versant sud du Jurjura.

[2] Le verbe *eks* « paître », ne serait-il pas la racine de *hyksos*, nom des rois pasteurs qui envahirent l'Égypte a 310 ans avant J. C. et fondèrent la dix-septième dynastie?

AIT-ERBAH.

تَغْمَرْ أَغْلِينْ سْكْبِسَنْ أَنْسَنْ
رْضَغْنَنْ إنَّبِيبْ نَنَّعَانِشْ
السَّنَّاشْ أَكْنْسَبَسَنْ

Si themenia âoul ar ah'dhach
d' ain ai d' el açel n esen.
r'as etsovrar gar thekhounfach
l âmer er'lin s'eg ifassen n esen.
roudhar' then i ibibbi n en nâch.
essenen as ad' ak' th saisen.

De huit à onze réaux[1], — voilà le prix ordinaire de leurs fusils; — vous pouvez jouer sans crainte devant la bouche de leurs canons, — ils n'ont jamais tué personne. Je les accepterais cependant comme porteurs de civière[2]. — ils savent la manœuvrer doucement.

بِسَّرْتْ إعَـٰمَـنْ أَرْبَـاشْ
السَّ بَـشُّورَهْ فْـرَسَنْ
دِلَمْ أَبَـدَنْ أَمِـخْـنَاشْ
مَورْ سَنْدَنْ أَنْعَفِسَنْ

Thissirth iâd'men eriach,
es sed itchour d' afrasen;
d' ilem ai bededen am ikhethach
ma our send'en, ad' etsâfesen.

C'est un moulin auquel manque la roue — et dont le canal est obstrué par des débris; — ils sont vides comme des

---

[1] A l'époque où cette chanson fut faite, les Kabyles comptaient toujours par réaux. Le réal valait 2 fr. 50 cent.

[2] Dans les combats, les Kabyles ont toujours un service organisé pour le transport, sur des civières, des blessés et des morts. Les hommes chargés de ce service sont ordinairement ceux qui n'ont pas d'armes et aussi ceux qui préfèrent se tenir éloignés du danger. Le poëte reproche ici aux Aït-Erbah d'éviter les postes dangereux pendant la guerre.

fers d'épieu : — s'ils ne s'appuyaient sur d'autres, ils seraient
foulés aux pieds.

أويـــزْ إســـمِـــنْ تَــــواشْ
أخْنِيــزْ إيــج عـــشّـــزْ
رزْقَعْ أجْنَتْ مَبْغِيرْ آلْيَاشْ
لَنَكْ لَكِرَةَ إحَـــسَـــنْ

A ouin is izzin el h'aouach,
ah'anin as id idoussen.
rezk' ar' ed djenneth em br'ir el iach,
la nek, la kera d'a ih'assen.

Ô toi qui as entouré la terre des cieux — et veilles sur elle
avec bonté, — réserve-nous le paradis, garde-nous des chagrins. — moi et tous les auditeurs.

Quelque temps après que cette chanson eut paru, les Aït-Erbah s'étant
vantés, au marché des Aït-Boudrar, d'avoir tué un sanglier, Mohammed-
Saïd ajouta les deux couplets suivants :

أسْ نَسَبْتْ يـــومْ آلشَّـــ
مِـــــمْــــســــبْـــــدَ
أقَعْنَمْ دَلْغَـــنْـــي سِــلَــفْ
أَلِــي إِنــد عَرْضَـــنْ أسْـوهْ
سِنْ السَّـكْـسَـنْ أكَسْمَ قمَفْ

As n es sebth, ioum ech chedda;
mi themsebd'a
esser'en d d'el r'azia s ilef
almi is d aredhen s ouadda;
sin esseg sen ag serferef.

Le samedi fut un jour terrible ; — quand ils commencèrent

les hostilités, — ils se mirent en campagne contre un sanglier — et lui barrèrent le passage par en bas; — mais il en extermina deux.

يون انساڢث اكمون يدّ
د مولان العدّ
يوث اث دجد غر يغف
يكّس يثن سي شدّ
وناغ اكّان دي لمصرف

Iioun ou Thasafth Ougemmoun idda,
d' imaoulan el âdda;
iouth ith ed djid' r'er ir'ef
ikkes ithen si chedda.
ounnag ekkan d'i l meçeref.

Un homme de Tasaft-Ouguemmoun était avec eux[1] : — les gens de ce village ont de bons fusils; — le noble enfant a frappé la bête à la tête — et les a tirés de peine. — Sans lui ils allaient à vau-l'eau[2].

[1] Le village de *Tasaft-Ouguemmoun* est voisin des Aït-Erbah et appartient comme eux à la tribu des Aït-Ouasif.

[2] On appelle *meçeref* l'endroit où une rivière est resserrée et a un courant très-rapide.

III

IR'IL-H'AMMAD[1].

PAR MOHAMMED-SAÏD-N-AÏT-EL-HADJ, DE TALA-N-TAZARTH.

أَصَلْ غَفْعْ أَنْبِي لَعْدَاءْ
أَبْكَلِيدْ وَرْ نَطِّـمِسْ
أَدْعَكِيزْ سْتَلْمِعَاءْ
دَرْسُولْ دِمَدْ كَلِيسْ
أَشْعِيبِي مَتْبَنْكَاءْ
وِنْكَنْ اللهْ تَعْلَمَضْ يِسْ

Eclat r'ef k, a nebi, la ddad!
ai agellid' our net't'is,
daâr' k in s ath el miâd,
d' ersoul, d' imeâdoukal is,
echfou ii ma d' ai nougad',
oui iblan, Allah, thâlemdk i is.

Que les bénédictions sans nombre soient répandues sur toi, ô Prophète! — ô Maître souverain qui jamais ne dors! — au nom des hommes de l'assemblée, — au nom du Prophète et de ses amis, — préserve-moi des dangers que je puis craindre, — tu connais, ô Dieu, celui qui est dans la peine.

[1] *Ir'il-H'ammad* est situé chez les Imecheddalen. Plusieurs habitants de ce village étaient débiteurs du poëte, qui raconte dans cette chanson l'accueil qu'il en reçut, un jour qu'il se présenta chez eux pour se faire payer ce qui lui était dû. Comme aux Aït-Erbah, c'est surtout leur manque d'hospitalité qu'il leur reproche.

نَـكْ أَكْـلْـفْـصِـيحْ دَحْـدَّادْ
آكَتْـرْ لَـڤـولْ ءَدْ بَـبِـيـسْ
وَرْتَفِيضْ أَنْـدَ يَـمْـكَـرَّدْ
مَنْكُلْوَ دْكْـمَـكَّـنِـسْ
أَعْضَمْ دَ رَمِـي أَصَـكَّدْ
مَعْمُوثْ يَـزْدَرْ نِـطِـيـسْ

*Nek d' el feçièh'. d' ah'addad'
ekkather' le k'oul, ed' bab is:
our thoufidh enga imgerrad'
men koul oua d'eg oumekkan is:
aâdhem n er rami aceggad',
ma r'a iouth, izd'er thit' is.*

Je suis poëte, un artisan — qui façonne des chants; je suis maître en cet art; — vous ne trouverez rien de défectueux dans mes vers, — chaque chose y est à sa place; mieux que le chasseur qui vise le gibier, — lorsqu'ils frappent, c'est que l'œil a vu le but.

فَـصَّـدْ دِي ثُـدَّرْ لَـجْـوَادْ
آلْمَرْشُوشْ أَوْ نَـتَّـغْ يِـسْ
ثَڤْـبِـيلْتْ أَرْكَـنْـتْيَـسْـمَاْ
غَـى وِينْ يَنْبَـزْ عَڤِيسْ
يَبَّاسْ آنَّـخْـمَـعْ لَـڤَـسَـاْ
إِرْخَـيِسْ اللهْ آدنَّـغْ أَوْيِـسْ
فَصَّـدْ سِـغِـيلْ أَحَـمَّـاْ
مَخَنْدْ أَقَّـنْـدْ نَـقَّـمِـيسْ

K'eçced'er' d'i thouddar le djouad'

el merchouch oud'i thetser' i is ;
thak'ebailith our ak etsismad'
r'as ouin itsnouben r'ef thinn is.
ibb ou as ai khed'mer' le fesad',
irad' i is Allah en ner' aounis,
keçeder' s Ir'il Ah'ammad',
Mohand ou Mohand s akhkham is.

Je vais d'habitude dans les villages nobles — où je mange du merchouch au beurre[1] ; — l'honneur kabyle ne pénètre — que jusqu'à celui qui suit la voie de ses pères. — Un jour que j'avais commis quelque faute, — le Dieu qui nous assiste l'avait ainsi voulu, — j'allai à Ir'il-Hammad, — à la maison de Mohand-ou-Mohand [2].

Mi nn oufir' kera oujebbad',
adnir' sâid' a ism is,
idharen is err'an es thik'k'ad',
akheloul ir'li r'ef imi s.
r'as azou esseg s ar'ouggad',
thinidh d' ai as ikker ed djis.

[1] Le *merchouch*, appelé aussi *amerchi* ou *merach*, est le kouskous le plus estimé ; il est préparé au beurre et fait avec de la farine de choix. La qualité du kouskous exerce une grande influence sur les jugements portés par les poëtes kabyles sur leurs hôtes.

[2] Mohand-ou-Mohand était un des débiteurs du poëte. Mohand est l'abréviation de Mohammed ; elle est généralement usitée en Kabylie.

J'y trouvai une espèce de perche[1]. — Saïd, je crois, est son nom[2]; — ses jambes étaient brûlées et couvertes de rougeurs[3], — la morve lui tombait dans la bouche. — Vous eussiez pu tailler une lanière dans sa peau, — on eût dit que l'ennemi se dressait devant lui.

مِنْكْشَمْ يُذْفِيثْ اَرْعَاذْ
تْخَسَفْ اِبَدَّلْ وُذْمِيسْ
اَرْهَدَّرْ يَتْسَعْوَاذْ
مَنْكُلْو اِرُوحْ شْعِيبِيسْ
مَشِي دَلْمَكْلَ اَيْدَنْرَاذْ
كُلْو يَتْسْنَدْ تَحْفِيسْ
مَنَحَمْ اَنْبَدُ اَرْفَاذْ
مَيْرَدْ اللّٰهْ سَلْفَضْلِيسْ

Mi nekchem, ioud'ef ith er râad',
ikhesef, ibeddel oud'em is,
ar ihadder itsâouad' :
Men koul oua irouh' s ch'abib is.
Machi d' el makela ai d nerad,
koul oua itsnad' i le h'ak' is,
mi neh'ama, an nebd'ou arfad',
ma irad' Allah s el fodhel is.

---

[1] Le mot *ajebbad'*, (de l'arabe جبد, tirer) que j'ai traduit par perche, désigne chez les Kabyles une perche placée verticalement derrière le métier à tisser (*azet't'a*) et servant à mettre ce métier en mouvement.

[2] Saïd était le frère de Mohand-ou-Mohand.

[3] Les Kabyles, hommes et femmes, sont très-légèrement et très-pauvrement vêtus en toute saison; les bras et les jambes restent toujours nus. Pendant les froids rigoureux, fréquents en hiver dans les montagnes, si un individu, après être resté longtemps exposé à la température extérieure, rentre à la maison et s'approche trop promptement du feu, la chaleur produit sur la peau des jambes et des cuisses des taches rouges (*erythème*), qui persistent jusqu'à l'été et qui

Quand nous entrâmes un tremblement le saisit, — il s'affaissa et changea de visage, — en répétant sans cesse : — « Chacun va trouver ses amis. » — « Ce n'est pas à manger, lui dis-je, que nous demandons ici, — chacun cherche à se faire payer son dû [1]. » — Après nous être chauffés, nous partirons, si Dieu le permet dans sa bonté.

آلْهَوْجَسْ أَكَّنْ تَسْكَاءْ
وَرْتَمْنِي دَكَّوَلِيسْ
يَنْ نَثْبَشْكُورْ دَاجُوَاءْ
أَتْ آلْرَي وَرْجِينْ يْنكِيسْ
لَكِينْ إِخْصَنْ لَعْدَاءْ
مِفْكَانْ تَسَدَّ إِيفِيسْ

Ez zoudj as akken theskad',
our therni d'egg ouaoual is,
thinna n ath Bechkour d' ed djouad',
ath er rai ourdjin inek'is.
lakin ikhouçç ithen l âd'ad'
mi fkan tasedda i ifis.

Sa femme regardait — et n'ajouta rien à ses paroles ; — elle appartient à la noble famille de Bechkour — dont la conduite est toujours sage. — Cette famille a toutefois manqué de jugement — quand elle a donné cette lionne à une hyène [2].

عِشْ أَمْنَسَّرْنْ أِغَرَّاءْ
يَنْ أَنْسَكْبَاعُمْ أَسِيلِيسِمْسْ

ordinairement inspirent aux Kabyles une grande répugnance. Les femmes surtout sont exposées à ces rougeurs appelées *thik'k'ad* ou *ijoujar*.

[1] Voyez page 186, note 1.
[2] Le nom de l'hyène est masculin en kabyle. L'hyène est un animal méprisé pour sa couardise.

وَرْنِسَّخْ وَرْنِكَاءْ
أَعْنِعْ أَتَّغْمِيسْ تَصْلِيسْ
نَكَّسْ أكْوَسْ نَهْنْ إِسْخَاءْ
عَمْبَانْ آبَعْ خْ إِصِيسْ

Aicha am thessirth ai thezzad',
thin thesegeb ar' d s iles is!
our thestheh'a our thougad',
adnir' et tsak'ah'abith l açel is.
thekkes ous thernu imcheh'ad'.
ârian ai d thedja iman is.

Âïcha parlait comme un moulin [1], — elle nous en a donné celle-là avec sa langue ! — elle n'avait ni crainte ni vergogne, — c'est, je pense, une ancienne prostituée. — Elle ôta sa ceinture, puis ses agrafes, — et resta nue devant nous.

آمَكَّشْلَدْنْ أَحَمَّاءْ
آيَكُّفْ أَعَدِّيسْ
أَشَعَرْدَنَوَرْقْ أَبَدَّاءْ
يَهْكِي يَبْنَهْنْ تَغْمِيسْ
أَشَهَدَثْ آيَثْ الْمَعَاءْ
بِيزْ أَزَرِعْتْ بَنْزَ الْعَرْضِسْ

Amm gouchlan ouh'addad'
a iggouf ouâddis is,
ech châr d' el ourk' b ouaddad'
izzouki, iberen ikhef is,
echehedeth ai ath el miâd,
thin, zerir' ts inza el ârdh is.

[1] Aïcha était la femme de Mohand-ou-Mohand.

Son ventre était gonflé — comme un soufflet de forge, — ses poils, comme des feuilles de chardon[1], — étaient hérissés et frisés par le bout. — Je vous prends à témoin, gens de l'assemblée, — j'ai vu cette femme, son honneur est vendu[2].

وَنَّمْ مُحَنْدْ اُمُحَنْدْ اَجَبَّدْ
اُلَ اَدْ اُوِنَّ دْ اَلْمَثِيلِيسْ
اَجَذْرَاءْ يَبِّي اَلْوَادْ
اِذَكَّرْ يِمْ عَمْ وَفْتِيسْ
اَكَّنْ اَيْ فَلَّسْ اِرَذْ
اِقَلَّذْ اَقَجْمُورْ سِيرِيسْ

Ounnag Moh'and ou Moh'and ajebbad'
oula ed' ouinna d' el methel is.
ajad'our id ibboui el oued,
idhegger th id r'er oufthis.
akken ai fell as irad'
ik'elled' ak'ejmour s iri s.

Il en est de même de Mohand-ou-Mohand, la perche, — celui-là aussi est pareil à elle. — Mauvaise rosse emportée par le torrent — et jetée par lui sur la rive, — Dieu a décrété pour lui — qu'il traînerait cette bûche pendue à son cou.

اَقْسَمْعْ مَلْ بَغْدَاءْ
عَبْدْ الْقَدَرْ مَشْمْ يَسْمِيسْ
فَالصَّحْيَنْ مَنْ كُلْ اَبَلَدَةْ

[1] On appelle *addad'* l'*atractilis gummifera*, plante d'un genre voisin du genre chardon. Les Kabyles font de la glu avec le suc résineux qui exsude de la fleur et du collet de la racine. Ce suc résineux est un poison très-actif. Les feuilles qui paraissent au printemps dépouillées de leur parenchyme se font cuire avec la viande.

[2] Il ne faut pas attribuer ici au mot vendu d'autre sens que celui de perdu.

IR'IL-H'AMMAD.

أَسْكَلْغَمْ أَرْتَخَرْ أَسْوِيسْ
أُفْكَاسْ إِلتَّمَرْسْ أَجْرَاعْ
نَسْرَسَخْ أَرْبَ عَالهَزْفِيسْ

Ad' etsrer' moula Bar'dad.
Abd el K'ader, mechehour ism is.
d' eç çalah'in men koull blad'.
seg el r'erb ar bah'ar souis,
efk as i tsemer as ajerad',
thessersedh erba d'i er rezk' is.

Je t'en supplie, ô maître de Baghdad, — Abd-el-Kader, si renommé, — et vous, saints de tous les pays — depuis le Maroc jusqu'à la mer de Suez, — envoyez les sauterelles sur ses fruits, — mettez l'usure dans son bien[1].

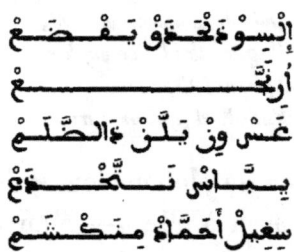

Iles iou d' el h'ad'ok' ik'edhad,
our inedjad
r'as ouin illan d' edh dhalem.
ibbou as netsekhed'aâ,
s Ir'il Ah'ammad mi nekchem

[1] Malgré les prescriptions de la loi religieuse qui défend le prêt à intérêt, les Kabyles prêtent leur argent à des taux très-usuraires; avant la conquête de leur pays, l'intérêt annuel était de 50 à 60 p. 100 en moyenne. Il est tombé maintenant à 25 ou 30 p. 100. Cet abaissement du taux de l'argent est la pr... la plus irrécusable du bien-être répandu dans le pays depuis sa soumission en 1857. Le prêt à intérêt s'exerce surtout dans les tribus des Zouaoua et autres, voisines du Jurjura, qui se livrent au commerce du colportage. (Voir la note 2 de la page 93.)

Ma langue est déliée et tranchante, — elle n'aiguillonne que le coupable. — Un jour nous avons été pris en traître, — c'est quand nous sommes entrés à Ir'il-Hammad

غَرْ مُحَنْدْ اُمُحَنْدْ بِمْسَقْلَعْ
اَلْـغُـمْ جِّ اَنْجَـعْ
يَغْلِي مَڭْـغَـرْ يَـڤْسَـمْ
عَـسْ اَلرُّثْ دُسَـرْعَـمْ
اَلرَّحْـلِـيـسْ وَرْ يَنْجَـمْ

R'er Moh'and ou Moh'and bou isek'elaâ;
alr'oum idja enjaâ,
ir'li d'egg ir'zer ik'esem,
r'as er routh d' ouserrâraâ
er rah'al is our th inedjem.

Chez Mohand-ou-Mohand aux longues jambes. — Chameau abandonné par une tribu — dans le ruisseau où il est tombé estropié, — il ne peut que fienter et beugler, — le mouvement lui est impossible.

ثَمَطُّوثْ مِ دَ صَّصَعْ
أَعْرَارْ يَـڤْـلَـعْ
قَـلْ مِ لَـعْ اَنْـرَڭَّـمْ
أُرْسَـتْحْ أُرْ يَـنَّـتْـزَاعْ
دُعَايْ مَشِي دِنَسْـلَـمْ

Thamet't'outh mi d eç çâçaâ
ad'rar ik'elaâ,
fell ar' mi la r' thereggem,
our istheh'a our innetzaâ;
d' oud'ai ma chi d' ineslem.

Quand sa femme poussait des cris à faire écrouler la montagne, — quand elle nous injuriait, — il n'eut aucune honte, il ne fit rien pour l'en empêcher; — c'est un juif et non un musulman.

أَسْعِيدْ مِكَّ يَسْـمْـرْعْ
بَـرْنِـعْ أَزَرَّعْ
عَرَ ٱلشّْغْـلِـيسْ أَنْـجْـخَـمْ
أَمْـغْـيُـولْ أَدْكَـشَّـرْعْ
وِنْ غَفْ ٱنْـعَـبِـينْ لَـفْحَـمْ

Saïd mi k ed isberd'ad,
irna d azerrad¹,
r'er ech cher'oul is a th ikhed'em.
amm ar'ioul d'eg ech charad²
ouin r'ef tsâabbin le feh'em.

Après qu'il se fut bâté³, Saïd — chargea son sac à semence et s'achemina vers son travail, — comme un âne abandonné aux abords du village — et dont on se sert pour transporter le charbon.

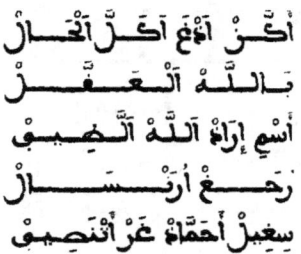

¹ *Azerrad*, de l'arabe زرع «semer,» est le sac qui sert à porter la semence aux champs; il est ordinairement en peau.

² On appelle *charad* les terrains communaux non cultivés qui se trouvent aux environs des villages.

³ C'est-à-dire, qu'il eut disposé ses vêtements sur son dos pour recevoir la charge.

Akken ad'r'a eg ella el h'al,
bellah el âak'k'al,
as mi irad' Allah el lat'if
rouh'er' our nesal
s Ir'il Ah'ammad' r'er etsnaçif.

Tel était l'état exact des choses, — par Dieu, ô gens sensés, — le jour où le Dieu de bonté voulut — que j'allasse, sans prendre de renseignements, — au milieu d'Ir'il-Hammad.

أِمِغَرْ غَسْ مُخَدَّرْ
كُلْوَأَمْقَمَارْ
ثِنِضْ أَسْنْ سِتَّضْرِيفْ
أَعْضَمْ نَنْبَ أَكَّغْمَارْ
أَنْمَكْمَغْ آزْعَانْ أَصْحِيفْ

Oufir' en r'as bou khellal,
koul oua am le khial;
thinidh ousan d sit teçerif,
uâdhem n en nouba egg er'ial
etsmagarer' ezd'ath cct'if.

Je n'y trouvai que des porte-khellal[1], — des épouvantails de chiffons; — vous diriez qu'ils reviennent de mendier, — plus misérables que le troupeau d'ânes — que j'ai rencontré en avant de Sétif.

نُلَوِيزْ آمْغَ كَسَارْ
غَسْ أَمِيرْ أَجَدَّرْ
أَمْنَغَّرْ آكَّضِيفْ
أَضْعِنْتْ أَمْلَمَارْ
يَهْوَانْ إِمْمَغْ قْمِيفْ

---

[1] Les khellal sont des vêtements de laine uniquement à l'usage des femmes.

Thoulaouin ad'r'a la tesal
r'as em iir ajelal[1].
am ther'et't'en d'eg ath Edhrif;
adhfint amm el mal
irouan ifer d'i le kherif.

Ne m'interrogez pas sur les femmes, — elles n'ont que de mauvais haillons — et ressemblent aux chèvres des Aït-Edhrif[2]; — elles sont crottées comme des bestiaux — rassasiés de feuilles en automne[3].

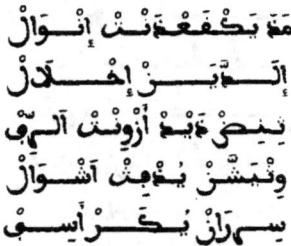

Ma d'a iak k'âd'ent i noual,
ileddain ikhelal,
thinidh d'a id ezouint er rif;
oui th itchan ioud'ef ith choual,
s iriran iouger asif.

Si elles vous préparent le kouskous, — couvertes de bave et de morve, — vous diriez qu'elles ont balayé la suie du plafond[4]; — celui qui en mange est pris de malaise — et de vomissements plus forts qu'une rivière.

---

[1] Chez les Kabyles, le mot *ajelal* s'applique à une pièce d'étoffe de laine qui se met par-dessus les vêtements comme une couverture.

Les Arabes ne se servent du mot الجلال que pour désigner les couvertures des chevaux.

[2] Les Aït-Edhrif habitent l'Ouennour'a.

[3] Pendant l'automne, les Kabyles nourrissent leurs bestiaux de feuilles de frêne et de figuier.

[4] Les maisons kabyles n'ayant pas de cheminée, le dessous du toit se couvre promptement d'une épaisse couche de suie.

بَقْ أَبْكَرْ أَتَشْثَالْ
سِبَرْدَانْ يَمْلَلْ
آنْوَ اجْلَعْ وَرْدِيـنْ نِنِيـفْ
سِـــصَحْ أَرْزَلْ
أَدْيَكْس عَشِيرْ دَمُكْرِيفْ

Thid'en ai d' iger b ouachthal,
s iberd'an imelal;
anoua ajelouâ our d'in nounif?
si çebah' ar azal,
ad' ieks âcherin d' amoukerif.

Elles sont comme un pâturage ouvert à tout venant — et placé à la rencontre des chemins. — Quel est le jeune taureau qui ne s'y est pas aventuré ? — Depuis le matin jusqu'à dix heures, — vingt veaux y paissent en liberté.

وَعَ أَشَرْقِ وَرْدِيـنْ يَمَّـرْ
يَغْمَحْ غَفْ جَبَـارْ
تَجَّـمَـا نَـوْ نَصَّـفْ
أَنْثْ إِسَّـنْ دِمَعْـزَالْ
إِمَكَّـارْ وَرْ نَغْـمِـيـفْ

Ou amma acherk'i our d'in ioummal
itsrouh' r'ef le djebal,
s ajedjig louhi n eç çif,
ai th ikessen d' imehazal
immeggouiaz our nârif.

Mais le taureau de l'est ne s'y laisse pas prendre [1]; — il

---

[1] Les Kabyles tirent la plupart de leurs bœufs des provinces voisines; ceux de la province de Constantine, située à l'est de leur pays, sont les plus estimés.

va, sur la montagne, — brouter les fleurs de la saison d'été. — Ne vont paître là que des êtres chétifs, — des veaux novices et sans expérience.

يــوزْ أُورْ حْــمَــعْ أَسْــوَوَالْ
دْجِــدْ أُرْ تْــبــكَــلَــدْزْ
عَسْ أَحْمَدْ وَسَلِيمَانْ دَشْرِيفْ
مَتْكَرَتْ أَكْــلْــمِــتَــزْ
سَتَّ نَعْ سَبْعَ اتَّــنْــيــفْ

lioun a our h'aouzer' s ouaoual,
d' ed djid' our tsikelal,
r'as Ah'med ou Seliman d' echerif;
ma thegeret' d'eg el mithal
setsa ner' sebâa a then iif.

Un seul d'entre eux échappe à ma satire, — un noble cœur qu'il n'est pas juste d'attaquer, — c'est Ahmed-ou-Seliman le chérif; — si vous le mettiez avec eux dans une balance, — il l'emporterait sur six ou sept d'entre eux.

بَــسَّــتْ بَــكَّــاتْ أُزَّالْ
بـــعَتْ أَعْـــلَــدْزْ
وِنْ يـَـغـَـرْ أبْــرِيــدْ وُرْ يِــنِــيــفْ
أنْــبِــي أتـْــبـِــسْــعْ دَمَــلَــدْزْ
أرْ تْــبــتَّــحَــرْ إنْــحــيــفْ

Issetcha, ikkath ouzzal,
thid'ets d' el h'alal
ouin iour'en abrid' our iounif;
en nebi a th isâou d' amalal,
our th issch'ad'ar i l h'aif.

Il est hospitalier, il frappe le fer, — en vérité, c'est un homme de bien — qui a pris le bon chemin et ne l'a pas quitté. — Le Prophète sera son protecteur — et ne le laissera pas exposé au malheur.

اَلْنَـمْ اَشْـيَـغْ اَلْـمَـازْ
اُرَ اَلـيَـغْ عَمْ الـشَّـمَّـارْ
وَالنَّمْ اَنْـبْـضَى إِمْـعُـمَـارْ
اَ سْـتَـكَـمْ يِـشْـعَـارْ
نَـغْ يِـبِـرْزِيّـي قَـالْدَرْ
يَـعْـكِي اَنْـمَـمْ هِـمْ تَـرَازْ

Oula nek echbir' el mal,
our ellir' d'eg ech chet't'ar,
ouannag an nebdhou imâoumal,
ad' asen neger thisr'ar,
ner' iil rebbi d' amalal
iefk ii ath Ibrahim le h'arar.

Moi aussi je ressemble à la brute, — je ne suis pas des gens bien avisés; — autrement, nous aurions partagé les débiteurs, — nous les aurions tirés au sort, — et peut-être Dieu, m'étant propice, — m'eût donné en partage les Aït-Ibrahim, de noble maison.

اَ هَـلـصَـعْ اَبْـغِـيـرْ اَوَازْ
نَـغْ خَـرْسُـمْ عَعْـقِ مَـقَّـارْ
اَنْ يَـنْـكِـلِـيـرْ اَمَـدَّرْ
اَلتَّرْ إجَمْعَنْ اَمَـضْـمَـارْ
مَـقَـتِـبَـاْ قَـغْـرَزْ اَوَازْ
تَمَـعِيثْ غَسْ كَسْ لَـغْـرَارْ

Ad' khalleçer' eb r'ir aoual
ner' khersoum d' edfa mek'k'ar.
aith ingliz amellal,
et terk ijebed'en ameçmar,
ma d'a iak had'eren aoual,
thameddith, r'as eg as le k'erar.

Je me serais fait payer sans discussion, — ou au moins ils m'eussent donné un abri. — Gens à la poudre anglaise blanche [1], — Turcs toujours prêts à tirer la détente, — s'ils vous donnent leur parole, — vous pouvez compter qu'avant le soir ils la tiendront.

Thid'ma r'ef idhbâ oukhelkhal
d'eg oudhar itsban d am le fenar;
sout tsagousth thedhbaâ our themal,
thaksoumth d' et tildj mi it't'ar,
asedhsou d'eg mi ammerial,
r'our south el lebsa el ler'iar.

Leurs femmes portent d'élégants kholkhal [2] — qui brillent au pied comme des lanternes; — leur ceinture bien ajustée ne penche d'aucun côté, — leur peau est blanche comme la

---

[1] Les Kabyles donnent souvent au kouskous le nom de poudre blanche. L'auteur dit que les gens qu'il loue sont hospitaliers.

[2] Les *kholkhal* sont des anneaux de métal que les femmes portent aux jambes comme parure.

neige qui voltige, — leurs dents sont rangées dans la bouche comme des pièces de monnaie, — elles se parent de vêtements aux couleurs brillantes.

مَہَ يَمْ قَعْدَنْتْ إِنْوَالْ
زَدِّيہْ أَلَهْ لَغْبَارْ
مِبْدَانْتْ آجْدَاثْ أَوَالْ
دَلْمَسْمْ أُجْدِيدْ آلْخَتْيَارْ

Ma d'a iak k'âd'ent i noual
zeddig oulah le r'iar,
mi bd'ant ed djid'ath aoual
d' el mesk ajed'id' el khethiar.

Si elles vous préparent le kouskous, — il est propre et d'un blanc sans mélange; — quand ces nobles femmes commencent à parler, — c'est le musc frais et choisi.

أُفْكِنِي غَرْ ثَدَّرْثْ نَرْمَالْ
إِنَّانْ إِوَقَمْ رَبِّي إِنَّارْ
غَسْ أَيْثْ الْبْسَ أَخَلَّلْ
إِغْمَالْ غَفْ اَثْعَبِّينْ أَسْغَارْ
كُلْوَةْ مُجِسْ بَكْنَارْ
أَبِيعْ أَجْوَنْمْ أَمَا الْعَارْ
وَرْ يَكْمِي حَمْ أَسْلَكْمَارْ
أَغْنِيغْ دَبْثَبْطَانْ أَسْتَسْغَارْ

Efkan i r'er thaddarth n ermal;
iggan, ioudad' rebbi i n nar!
r'as aith el lebsa oukhellal
ir'ial r'ef tsâbbin asr'ar.

koul oua d' amoud is ikthal,
oufir' oudjoun d ak el dar,
our ikmi h'ad s el kemal,
aânir' d' ai th ebdhan es thesr'ar.

J'ai eu en partage un village d'indigents; — ceux-là, Dieu leur réserve le feu de l'enfer! — Ce ne sont que gens à khellal, — des ânes à transporter le bois. — Chacun achète à sa mesure: — je les ai trouvés qui avaient fait emplette de honte, — pas un d'eux ne s'était abstenu, — je crois qu'ils avaient partagé par portions égales.

انوَ ايذَ لْقِيدُ اَتَّوُنَارْ
عَلِي ابْلْقسَمْ انَّي اَمغَارْ
ايذي عَفْ الْجَنْ اِمَرحَارْ
نَغْ اَزرغْبَاوُ الْغَارْ
نَكْ يبَّاسْ يَكْمي اَلحَالْ
غَرْ اَزيتْ اجْوَعْ اَعْبَارْ

Anoua ai d' el k'aid' egg outhal?
d' Âli ou Bel K'assem enni amr'ar;
aid'i r'ef eggoudjen imerh'al,
ner' azird'iaou el r'ar.
nek ibbou as iger ii el h'al
r'er ez zith, oudjouer' d aâbar.

Quel est le kaïd des lièvres? — c'est Âli-ou-Bel-Kassem, le vieux; — chien abandonné par des nomades, — ou raton des trous souterrains. — Un jour les circonstances me conduisirent chez lui — pour avoir de l'huile; j'en achetai un âbar[2].

---

[1] Âli-ou-Bel-Kassem était un autre habitant d'Ir'il-Hammad.

[2] L'âbar équivaut à trois litres chez les Ait-Iraten. Il varie selon les tribus.

أوفـــرْ تـــســـنـــوالْ
سكســو يُعْ أسلغــوارْ
ورْ يـــزمــرْ أيــگّـــالْ
أســنّـــي أگْـــبّــانْ هَوَنْـــعَـــارْ
أويْ تجـــبّـــانْ عَـــمّـــالْ
غـــرْ الزّيــرْ مِــزّنْـــتْ لـــصْـــوارْ
نـــتْ أدْ لِـــهــــودْ بُــــخَـــلّـــلْ
أدْ أســـتـــيــــنْ دْ هَعْـــشَـــارْ

Oufir' en la itsnaoual,
seksou iour' ed s el fouar;
our izmir ad' i iggal
ass enni ag ban d'aou el âar.
a oui th ijebban Âammal
r'er el Zair mi zzint le çouar,
netsa ed' l ihoud bou khellal
ad' as etsin d' aâchchar.

Je le trouvai préparant le dîner, — le kouskous était en pleine vapeur; — il n'eut pas la force de m'inviter, — ce jour-là s'est dévoilée sa honte. — Qui donc lui fera traverser le pays des Ammal[1], — pour aller à Alger, la ville entourée de remparts? — Lui et les Juifs sont des porte-khellal, — ils payeront l'âchour ensemble.

أســـمِــي إزاءْ حَـــبْ الْـــغَــبّــارْ
أرْمِـــي خَــلْــضَـــعْ جِــبْ نُــوْحَـــلْ
أعْـــيــشْ أنْـفَــضْــعْ ســمْـنــارْ
أمْـغْـتْ أمْـكَـبْـتْ نَـرْمَــلْ

[1] Le pays des Ammal est situé sur la rive gauche de l'Isser, près du pont de Ben-Hini.

أَلرُّنْ سَطْلَنْ خُجْبَارْ
سَضْنَانْ مَبْعِيمْ تَثْعَطْمَزْ
نَتَّاثْ تَتْفِعْ‌بِيرْ أَسْغَارْ
عِّيرْ أَنْكَـمِينْ يَغْبَلْ
حَشَثُونْ أَكَـرَةْ مَعَّـارْ
تَعْتَهُومْ نَتّنْ أَنْفَتَّـزْ

As mi irad' çah' ab el r'effar
armi khalt'er' d'in nouh'el.
d' Aïcha ai keçed'er' s amenar,
oufir' ts d'eg ezbel thermel
er routh thedhela th d'eg ijoufar.
s eçnan cm bâid' la ther'et't'el,
netsath thetsk'eddir asr'ar,
mejjir thegezm ith ik'efel,
h'achath ouen, a kera d'a, mek'k'ar,
la r' thetsroudh, netsath ethfettel.

Le jour où, par la volonté du Dieu d'indulgence, — j'allai à Ir'il-Hammad, je fus mystifié. — Quand je m'avançai sur le seuil de la porte d'Aïcha, — je la trouvai dans le fumier; elle en était couverte, — l'ordure montait jusqu'au pan de ses vêtements, — l'odeur fétide de ses aisselles vous renversait de loin. — Elle fendit du bois — et mit des mauves coupées dans la marmite lutée avec soin [1]; — sauf votre respect, au moins, ô assistants, — elle p..... (*crepabat*) devant nous en roulant sa pâte.

مُحَـنْـمْ أَعْـهُورُ اجْحَـطَـارْ
إِمْـتَـقَّـعْ أَلَّـمْ تَـرَّجْـتَـزْ

[1] Les Kabyles mangent les feuilles de mauve.

هَكْفْنَاڢْ غْهْبَشْ حَمَّارْ
أَسْوَعْبُوزْ أَيْثْ إِبَرْ
رْضَاغْثْ إِنَّمْ أَحَمَارْ
عَنْمُورْث أَنِّي أَكْمَسَلْ
كُلْ مَرَّاةْ يَدَّمْ أَقَنْطَارْ
أَنْمَنَى اغَدِوَصَّلْ

*Moh'and aârour oumejd'ar
id' iffer' el louz irrejd'el,
d'egg ouk'enak' r'our bach h'ammar
s our'ioul ai th ibeddel.
roudhar' th i thoudema oufekhkhar
d'i themourth enni d'eg imessel.
koul merra ad' iddem ak'ont'ar
themenia a r'a d iouççel.*

Mohand a le dos d'un mauvais mulet — que font boiter des formes [1], — et qu'à l'étape, chez le bach-hammar [2], on échange habituellement contre un âne. — Je l'accepterais volontiers pour le transport des poteries, — dans le pays où elles se fabriquent; — à chaque fois, il en porterait un k'ontar [3], — et ferait huit voyages par jour.

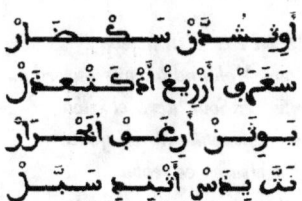

---

[1] On appelle *forme* une exostose qui se produit sur l'os de la couronne du pâturon des chevaux.

[2] Le chef d'un convoi de bêtes de somme.

[3] Le *k'ontar*, en Kabylie, pèse cinquante kilogrammes ou cent livres. La livre kabyle (*retal*) est à peu de chose près la même que la nôtre.

IR'IL-H'AMMAD.

أَرْڭُسْ إِڨْ عَجَڨْ تَفْرَارْ
بَتْڨِ أَكَّزْ وَزْ أَعْبَنْضَلْ

A oui th ichoudden seg oudhar
s ar'aref ezrir' d'eg ath Aid'el.
iaoui then ar ir'ef oubajrar
netsa id' es a then id isebbel,
our d'eg s id idjudja le k'erar,
itsif akken ou la ad' int'el.

Qui donc l'attachera par un pied — à la meule de moulin que j'ai vue chez les Aït-Aïdel[1], — et le conduira avec elle jusqu'au sommet d'un pic, — pour les faire rouler ensemble? — Il ne resterait pas de lui le moindre vestige; — mieux vaudrait qu'il en fût ainsi que de le voir enterré.

أَسْمِــي عَمْءِبِــزْ نْجَبَــتْ
عُرْمُحَنْدْ أَعْـمُورْ أُسَـرْدُونْ
اوفِغَرْ بَعْ أَكْرَاكْـكَــلْبَــت
بَسَّـرْسَنْ سَبْـعَ عَجُـوزْ
أَرْدَتْسَـبَـزْ آلسَّـبَّ
أَبْنْسِي أَعِـي يِبْـزُنْ

As mi r'er d'in nejeba,
r'our Moh'and aârour ouserd'oun,
oufir' en iour' kera el kilba,
issersen sebâa d' ak'ejoun.
ar d etsafen es sebba
b ou ansi ar'a d' i ibd'oun.

Le jour où nous passâmes — chez Mohand, le dos de mulet, — je le trouvai en ménage avec une espèce de chienne

[1] La tribu des Aït-Aïdel habite la rive droite de l'Oued-Sahel.

— qui a mis bas sept petits. — Ils cherchaient par quels moyens — ils pourraient m'entreprendre.

غَسْ يِوُنْ إسْمِسْ وَعْرِبَ
يَقِّمَّ آتِنَّا آلْكَنُونْ
تَهَّفْ مِدَّسْ أَنْلَبَ
نَتَّ يَعْمَ دَمَعَبُونْ
أَمِعِدْ نَّجَ النُّبَ
عَفَنْ أَكِيزْ أَنْزَلُونْ
نَتَّ دَالْمُلُودْ الْمُصِبَ
أَعْنِيعْ دَرَوْ أَجَّنُونْ
يُونْ أَدْلَهْ وَيَصْ دَرْبَ
أُورْ سَعَّعَنْ أَبَرْكُونْ

*R'as iïoun, ism is ouâriba,
ik'k'im d ennig el kanoun*[1].
*thezzeffell as thelaba,
netsa iâma d' amer'boun,
amm ir'id' thedja en nouba*[2]
*âafen t ougin a th ezloun,
netsa d' el Mouloud' el mouçiba,
aânir' d' arraou ed djenoun,
iïoun ed' laz, ouaiedh d' erba
a our as effer'en abergoun.*

L'un d'eux, nommé Ouâriba, — se tenait au-dessus du foyer, — dépourvu de tout vêtement; — il est aveugle et impotent, — et ressemble à un chevreau abandonné par le

---

[1] On appelle *kanoun* l'emplacement du foyer dans les maisons kabyles; quelquefois c'est un pot de terre engagé dans le sol jusqu'aux bords, mais le plus souvent c'est un simple trou pratiqué dans le sol.

[2] Tous les matins, dans les villages, on réunit en troupeau les animaux des habitants et chaque maison fournit à son tour le berger. C'est pour cela que le troupeau du village s'appelle *nouba*, « tour ».

troupeau; — on l'a dédaigné, on n'a pas voulu l'égorger. Lui et Mouloud, la misère, — sont, je pense, des enfants des démons; — l'un est la faim, l'autre l'usure, — puissent-ils ne pas sortir de la maison de leur père!

رَحَـغْ أُوبْـرِيـذْ سْـلْـخْـفـَى
قْـصْـعْ سِـفْـعَـامْ نْـشْـرُورْ
سِـغِـيرْ أَحْـمَّـذْ عَـرْ أَنْـصَـفَـى
عَـرْ إِمْـلَـبَـنْ أَسْـعْـرُورْ
تَـنَـزْذُوعْـتْ أَمْـكَـشْـبَى
أَمْـيـذَّوْنْ ذِلَـوْعُـورْ

Rouh'er' ed' oubrid' s el kheſſa,
k'eçed'er' s ik'oud'am n echrour,
s Ir'il Ah'ammad' r'er stenaçfa
r'our imoulaben ousar'our[1],
thanezd'our'th d'eg ech chafa
am iddaoun d'i l ouâour.

Je me mis en route d'un pas rapide — et me dirigeai vers ces visages de malheur, — au milieu d'Ir'il-Hammad, parmi des lézards de prairies; — ils habitent sur un pic abrupte, — comme des singes dans les rochers escarpés.

وَرْتَـقِّـعَـنْ ثَالـشْـرْقَـى
وَلَـى مَـشْـرْلْ أَحْـرُورْ
نَـنِـى أَبْـى مَـطْـمَـى
أَرْتِـمَـنْ ذَبْـنِـى وَقـُّورْ
رْضَـغْ ألْـفُـومْ سْـلْـخَـى

[1] Asar'our signifie foin.

غَسْ إِمْةَهْمَبْرْ أَبْتَشْبُورْ
أَنْتْبَسْنْكْرْغَفِي أَصْفَا
وِنْ أَغَنْ يَشْنْ أَنْخُورْ

*Our tseffir'en d' ech Cherfa,
ouala d' a Mecheddal ah'arour,
nitheni ai d' imet't'ourfa,
our ellin d' ebni Ouak'k'our,
roudher' el k'oum s el kheffa
r'as imed'cheben b ouachebour,
a then isseneger r'ef ecfa,
ouin ar'a then itchen d' el oujour.*

Ils ne sont ni Cheurfa [1] — ni Mecheddala purs. — Placés à la limite, — ils n'appartiennent pas aux Beni-Ouakour. — Je voudrais qu'une troupe rapide — de cavaliers aux éperons dorés — vînt les exterminer tous. — Celui qui les mangera fera une œuvre méritoire [2].

أَنْرَغْمْ أَبَابْ أَلَّسَى
أَخْنِينِزْ بَابْ أَلْمُورْ
تَنَكْرَةً كَفَّ
أَجَّنَّثْ أَنْزِعَ نَفْصُورْ

*Etsrer' ek, a bab el loufa,
el k'anin, bab el loumour,
la nek la kera d'a kaffa
el Djenneth an nezd'er' le keçour.*

Je t'en prie, maître de la perfection, — Dieu de douceur, maître de toutes choses, — que moi et tous les assistants réunis — nous habitions les palais du paradis!

---

[1] Ces trois tribus habitent le versant sud du Jurjura et sont voisines les unes des autres.

[2] Le mot « manger » dans cette phrase est synonyme de piller, saccager.

IV

TIGUEMMOUNIN[1].

PAR IDIR-OU-BAHMAN DE TALA-N-TAZARTH.

آتــمّــامْ أَسّــرُ
نـتسـخِـيـلْ أَزِكْـزَ ٱلْـمّ يـاشْ
أَعْـلـيّ أَنـمّـزّ
نـكّـمْ لـعْـبـقْ ٱلـشْ
عُـرْ أَتْ وُشّـنْ أَرْزُ
سَلْ عَلى ٱلتّرْمْ ٱلشّواشْ

A l h'amam, serou,
netskhil, azigza el leriach,
ali ia temezzou,
nekk id' ek le ferak' oulach.
r'our ath Ouchchen erzou
sal âla et terk ech chououach.

---

[1] Le village de Tiguemmounin (les petits mamelons) fait partie de la tribu des Aït-bou-Akkach, confédération des Zouaoua; il est situé tout à fait au pied du Jurjura, à la racine du contre-fort occupé par les Aït-bou-Akkach et les Aït-Ouasif. Sa population est de 493 habitants.

Idir-ou-Bahman s'est évidemment inspiré dans cette chanson des œuvres de son devancier et compatriote Mohammed-Saïd-Naït-el-Hadj. J'ai pensé néanmoins qu'elle pouvait offrir quelque intérêt, parce que l'auteur y expose très-naïvement ses rancunes et ses tribulations de poëte quêteur.

Les habitants de Tiguemmounin ne paraissent pas avoir gardé rancune de ses injures à Idir-ou-Bahman. Un jour que j'étais campé chez eux, il vint dans la soirée avec ses fils, chanteurs comme lui, égayer le village de ses chansons et, le lendemain, il paraissait très-satisfait de la recette de la veille.

Ô pigeon, prends ton vol, — je t'en prie, oiseau aux plumes bleues, — fais-moi ce plaisir, — toi et moi nous sommes des amis inséparables. — Va t'informer des Aït-Ouchchen[1], — demande ces Turcs chaouchs.

أَكْعْـمَـرْ أَبْـدْ
أَلْحَاجْ ٱلْبَيْ عَقْلْعْرَاشْ
عْـمْيـتْ أَضْـيَـفْ
كُلْ ٱلّيلْ مَذْبُعْ لَكْبَاشْ
أرْشْـشَـنْ سَـكْـسُ
أَثْلْعَسَلْ يَزْڤَـا غَفْ لَمْرَشْ

D'eg Âmer ebd'ou,
el Il'adj, el bey r'ef le ferach;
r'er bit dhiafou[2]
koul el lil med'bouk' le kebach;
ar chetchan seksou,
ath el âsel izga r'ef le mrach.

Commence par Ameur, — puis El-Hadj, le bey siégeant sur son tapis; — dirige-toi vers leur maison des hôtes — où chaque soir les moutons sont égorgés. — Ils servent à leurs hôtes du kouskous, — chez eux le miel coule toujours sur le merach[3].

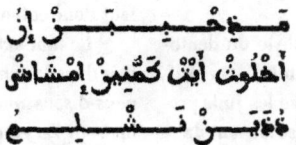

[1] Les Aït-Ouchchen (les fils du chacal) forment une des fractions du village de Tiguemmounin.

[2] La terminaison ou est mise ici pour la rime.

Le merach; voir la note 1, page 188.

TIGUEMMOUNIN.

خَمِّسْ أَنْفَعَنْ وَالدَّرْشْ
أَكُسَّرْ أَنْغَزْ
أَسَمْسَرْ نِمْ أَنْعَكَّاشْ

Ma d' ih'abiben inou,
ekhlouth aït Tigemmounin, imchach;
d' oud'aïn n cchlimou,
thakhkhamth tschouddoun ouarrach;
ad deg sen ner'ezzou
essemsan thin¹ ou bou Akkach.

Si vous êtes mes amis², — expulsez les gens de Tiguemmounin, ces vilains chats; — ce sont des juifs de Chelimou³, — mauvaise cabane que détruisent en jouant les enfants⁴; — je dirai tant mieux! — car ils ternissent l'honneur des Aït-bou-Akkach.

أَنَّمْزْكَرْ
أَنْعَمْ جِيسْ أَكَّا يَراشْ
كُلُّوا أَسْمَرْ
وَلَمْ أَبْمَّنْ أَمِجْنَاشْ
أَكْغِيرْ أَزْرْ

---

¹ Le pronom *thin* est à la place de *thak'ebaïlith.*

² Il faut sous-entendre ici : dis-leur de ma part.

³ *Chelimou* est le nom kabyle du deutochlorure de mercure ou sublimé corrosif, appelé en arabe *selimani,* que les juifs prononcent *chelimani.* Les juifs se servent de ce sel pour l'affinage de l'or. Lorsque le métal est en fusion, ils en jettent un morceau dans le creuset; le chlore et les vapeurs mercurielles qui se dégagent alors imprègnent les vêtements d'une odeur fort désagréable et persistante. C'est à cette odeur que l'auteur fait ici allusion; par un juif de Chelimou, il faut donc entendre un juif puant.

⁴ Le mot *akhkham* «maison» est souvent pris dans le sens de famille, de même que nous disons une bonne maison, une noble maison. En employant ici le diminutif pour désigner le village de Tiguemmounin, le poète a eu l'intention d'en ravaler les habitants et d'insinuer qu'ils sont de basse extraction.

أْمِيـمَّوْنْ نَغْ إِبَعَّاشْ

Ennoumen kennou
el âar d'in ag ega thirach;
koul oua am bourourou
d' ilem ai bedden am ikhethach,
eggounin azrou
am iddaoun ner' ibdach.

Ils sont habitués à ployer, — la honte chez eux s'est accumulée en monceaux ; — chacun d'eux est semblable au hibou, — il est vide comme un fer d'épieu ; — ils s'abritent derrière les rochers, — comme des singes ou des insectes.

غَرْ أْبِـعَـوشْ
كَرَسْ أْبِـتـْمـقـتـش
أمَـكـسَـرْ نَـرْسْ
غَرْ أَتْلْعَبْنْ نَتْغَبَاشْ
أْبِــعْ أُرْ تَـرْكُّ
نَلَّ أْهْجْ أْنْصُوبَسْ أْرْيَاشْ

R'our ai dâoussou[1]
yar asen ai thetsemfettach ;
ad deg sen thersou
r'er ath le fethena n tekoubach ;
ebd'a our therekkou,
Lalla Khelidja thecoub asen er riach.

Chez ces gens querelleurs[2] — la discorde est en perma-

---

[1] *Aï ddoussou* pour *aith ddoussou.*

[2] Les Aït-bou-Akkach ont, chez leurs compatriotes, la réputation d'être très-querelleurs. Je dois dire, à leur décharge, que depuis cinq ans qu'ils font partie de mon commandement, je n'ai pas remarqué qu'ils méritassent plus que les autres cette réputation.

nence; — elle prendra racine — parmi ces batailleurs à coups de pioche[1]; — jamais elle n'aura de relâche, Lalla-Khelidja leur en a fait des moulins[2].

أغـرْ بـصـرّ
غَسْ نَغْوِجِينْ نَكْحَنْقَاشِي
مَرْ كُلْتَ تَثْرُ
نَّي زَوْجَعْ أَيْثْ وُعْلَادشِي
أرْمِيـعْ لَـثْ
أنْتَحَامْثْ كُلْشِي كُلَشْ

Our'en bou dhellou
r'as thoudouidjin en tekhenfach:
men koulta thetsrou
thenna i: zoudjer' aith ouâlach;
our oufir' l outhou,
ait takhkhamth koul chi d' oulach[3].

Ils n'ont pris, chose lamentable, — que des femmes à la bouche de travers; — chacune d'elles se désole — en disant : « J'ai épousé des gens aux dents saillantes; — je n'ai pas eu de bonheur, — leur baraque manque de tout. »

[1] Il est très-rare de trouver, hors des villages, un homme ou une femme kabyle qui n'ait pas, suspendu à sa ceinture, un petit instrument de fer, à manche court, formant pioche d'un côté et hachette de l'autre. Cet instrument, appelé indifféremment *thakabacht* ou *thagelzimt*, est une arme toujours prête qui joue un très-grand rôle dans les rixes si fréquentes chez les Kabyles. Les gens de Tiguemmounin ne sont malheureusement pas les seuls à s'en servir. Le poète leur reproche ici de n'employer que ces instruments au lieu de prendre les fusils pour vider leurs querelles.

[2] Lalla-Khelidja était une sainte femme des Imecheddalen qui, pendant le siècle dernier, vivait dans la montagne près du pic qui domine les villages d'alentour et a conservé son nom. On raconte qu'ayant été huée un jour par des pâtres des Aït-bou-Akkach, elle maudit leur tribu et en particulier le village de Zaknoun, voisin de Tiguemmounin.

[3] Le diminutif *thakhkhamt* est encore employé ici dans un sens méprisant.

216 POÉSIES POPULAIRES DE LA KABYLIE.

يـا يـصـوب شـر
عـق انـتـقـق أوّلـقـمـاش
أرقـكـسـن يـنـعُ
بـنـاش أبـغُ أربـعـضـاش
مّسـقـز أمّقـز
ونـبّشـان يـذوميـن أرّعـاش

Iak içoub chennou
r'ef ath en nefk'a ed' le k'emach,
ar d'eg sen itsâouddou.
iin as : ebbouir' d arbât'ach.
d' asfel ad' iak'lou
oui th itchan ioud'ef ith er râach.

En vérité il est juste de railler — ces acheteurs de tripailles[1]; — quand ils font le compte des morceaux, — ils disent : « J'en ai apporté quatorze. » — C'est un remède pour guérir[2], — et celui qui en mange est pris de tremblement.

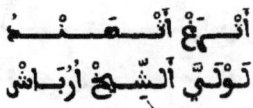

[1] Chez un peuple pauvre et positif comme le peuple kabyle, la possession de la fortune doit être et est, en effet, une cause puissante de considération. En observant, sur les marchés, les gens qui font la provision de viande de leur ménage, il est facile de reconnaître ceux qui recherchent ce genre de considération. Un homme à son aise et bien posé dans son village rougirait d'acheter du foie, des tripes ou toute autre partie de l'intérieur de l'animal; ces morceaux ne sont achetés que par les pauvres. La viande est débitée en morceaux assez petits et, pour le même motif, chacun tire vanité du nombre de morceaux qu'il achète.

[2] Dans certaines maladies, les Kabyles donnent comme remède au malade de la chair de poulet, de bouc ou de chèvre; l'auteur veut humilier ici les gens de Tiguemmounin, en leur reprochant d'être trop pauvres pour employer ces remèdes et de les remplacer par de la viande à bas prix et de qualité inférieure. La viande s'achète toujours au marché en présence de tous.

TIGUEMMOUNIN.

اَمَّا اَوْتَــغَــبْــــهُ
اَكُهْوْرْ يَتِّــيعْ اَلْــيَــاسْ
اُوكَّـسَـنْ قَــنْ
رَبِّــي اَرْنَسَنْعْ اَلْقَشْفَاشْ

Etsrer' ath Hendou,
l aoulia, ech chikh Ouroubach,
akka d' el âbadou
ekra our ithebiâ eliach,
efk asen fennou,
rebbi, azen asen d el k'echk'ach.

J'implore les hommes pieux de Hendou [1], — les saints, le cheikh Ouroubach [2] — et ceux qui adorent Dieu — sans jamais suivre la mauvaise voie. — Extermine-les, ô mon Dieu, — envoie-leur un fléau destructeur!

اَغِــيغْ نَــسَّــغَــرُ
سَكَّسْمِي اِدْكْـمَعْ غَالرْشْ
نَــصَـــزْ اُرَيْ
تَقْصِحْ اِنَّعْ اَمَشَاشْ
هَيَّـبِـزْ تَــعَـمْ
اَنُوشَّنْ غَرْنَاغْ كِقَاشْ
هَيَّـبِـزْ تَــعَـمْ
اِكَانْ اِزَوْغَنْ تَحْصِنْ

R'erir' nesseferou
sougg as mi id ekkerer' d' arrach,

---

[1] Les Aït-Hendou sont des marabouts de la tribu des Aït-R'oubri.

[2] Le cheikh Ouroubach est un marabout dont le tombeau se trouve chez les Illoulen-Ousammeur sur le versant sud du Jurjura, non loin de l'Oued-Sahel.

218   POÉSIES POPULAIRES DE LA KABYLIE.

l açel our ireddou.
le fçièh' itheddou amm ech chach.
t'iabin el âdou
ath Ouchchen àouzen ar' kifach!
t'iabin el âdou
iggan izder'en le h'açin.

J'étudie la poésie — depuis les jours de mon enfance; — l'homme de noble race ne déroge pas, — le poëte comme le turban est son compagnon fidèle. — Vainqueurs de leurs ennemis, — de combien d'honneurs les Aït-Ouchchen ne nous ont-ils pas comblés! — Vainqueurs de leurs ennemis, — ils habitent en lieu sûr [1].

أَيْتَمْ كَمِّيزْ
أَيِكَانْ اَعْدَمْ آلنِّفْ
اِعْيَالْ غَفْ أَتْعَبِّمزْ
اَتْمَكَّمْ اَزْعَاتْ اَسْطِيفْ
اَشْنِيغْ اَيْتِلْكِيزْ
اَمَّجَّاعْ نَوْ نَصِّفْ

Ai ait Tigemmounin,
ai iggan iâd'emen en nif,
ir'ial r'ef tsâabbin
tsemegarer' ezd'ath Est'if;
chenir' ait tilkin
amm itchâtchaâ [2] *louhi n eç çif.*

Ô gens de Tiguemmounin, — gens sans amour-propre

---

[1] Cette répétition de la même idée à la fin d'un couplet indique que l'auteur va changer de rime.

[2] On appelle par onomatopée *itchâtchaâ* une espèce de choucas qui habitent pendant l'été les rochers les plus élevés du Jurjura; ils sont, au dire des Kabyles, couverts de vermine.

et sans cœur, — baudets de bât — que j'ai rencontrés en avant de Sétif! — je persifle des gens pouilleux comme les choucas de la saison d'été.

أتفليمز آلعيز
كلّو كسن أريتصقّيڢ
علمذعب ورتسعين
أبدوع إتدّارث أسكرّيڢ
أسنوزن أستم ثيليمز
نثني علعارگن أسڢيڢ

Ath k'elil ed din
koul oua d'eg sen ar itceffif,
d' el med'cheb our th sâin,
ebd'ou d i thaddarth seg er rif,
Isenouzen es therialin,
nitheni d' el aâr gan ask'if.

Gens de peu de parole, — chacun change sans cesse de parti [1]; — ils n'ont pas de règle de conduite, — d'un bout du village à l'autre — ils se vendent pour quelques réaux. — Eux et la honte font société intime.

---

[1] Les tribus kabyles ont toujours été et sont encore divisées en partis ou *çofs*, qui sont de véritables associations d'assistance mutuelle pour l'attaque et la défense, et n'ont rien de politique.

Avant la soumission du pays, les *çofs* se faisaient souvent la guerre, et, à l'approche d'une prise d'armes, chacun d'eux cherchait à se renforcer en attirant à lui, à prix d'argent, les hommes que des liens de parenté ou des antécédents compromettants n'attachaient pas à l'autre d'une manière irrévocable. Dans cette lutte de corruption qui précédait la lutte armée, l'avantage restait toujours au plus offrant. Un plat de kouskous, quelques livres de figues, deux ou trois mesures de blé données à propos, suffisaient pour assurer à une cause un défenseur de plus. Ces moyens honteux étaient réprouvés par l'opinion publique, mais personne ne se faisait scrupule de les employer.

L'autorité française est parvenue à empêcher les combats à coups de fusil, mais de temps à autre les haines débordent, et les

وِلْهَمْ أَنْـلَـوِبْ
غرْسَنْ الْفَتْنَ بَسِيفْ
تَعَى أَكْرْنَغْ سِيسْ
أَعْلِنْ حَدْ وَرْيَصِّفْ
الْفَتِحْ وَرْ تَغْمِ بِسْ
مُرْ كَزْمَنْتْ سِتْنَصِفْ

D'i l hem etslaouin,
r'our sen el fethena b es sif;
thâia aggour ner' sin,
ad' er'lin, h'ad our it t'if;
el fatsih'a our tser'erin;
ferroun, gezzemen ts si tsenaçif.

Ils ne se plaisent que dans le mal, — la guerre civile est pour eux une nécessité ; — mais elle dure un mois ou deux au plus, — puis tout s'apaise et pas un ne persiste; — ils ne lisent pas le fatha [1]; — ils se réconcilient et partagent le différend par moitié.

motifs les plus insignifiants occasionnent des rixes auxquelles prennent souvent part tous les habitants d'un village. Il est rare que des coups de fusil soient tirés, les seules armes employées sont les pioches, les pierres et surtout les ongles, que les hommes laissent croître à cette intention. Ces rixes éclatent principalement en automne, à l'époque de la maturité des figues. Les Kabyles mangent immodérément de ces fruits, qui produisent sur eux une espèce d'ivresse.

La vraie cause des çofs est la nécessité où se trouvait chacun de veiller à sa sûreté individuelle, l'autorité et les lois étant impuissantes à protéger les personnes. L'agglomération de la population dans des villages resserrés où les mille rapports de voisinage engendrent des inimitiés qui se changent en haines et divisent les familles pendant de longues années, contribue singulièrement à entretenir l'esprit de çof.

On arrivera à atténuer les plus mauvais effets de cet esprit, mais il sera toujours aussi difficile de le détruire que de faire cesser les coteries et les commérages dans nos villages et nos petites villes de province.

[1] Lorsque deux çofs, après s'être battus longtemps, étaient fatigués de la lutte, les marabouts intervenaient et négociaient la pacification. On se réunissait alors en armes,

أَغَرْ نَـلْـوِيـنْ
غَسْ آمْلَوْجَهْ آلنِّي أَسْضِيفْ
أَهْـعَمْ أَنـْهَـكِّـيـنْ
نِينِدْ غَيْحَزْوِينْتْ آلرِّيفْ
أَرْسَــنْ تَــبْـــيـــنْ
كَلْشِي هَكْسَنْتْ هَعْجِيفْ

Our' en toulaouin
r' as em el oudjah enni ousedhif.
t' âam etsehaggin
thinidh d' ai d zouint er rif.
our asent ebrin
koul chi d'eg sent d' am ed djif.

Ils n'ont épousé que des femmes — au visage noir. — Le kouskous qu'elles préparent, — vous diriez la suie balayée du plafond ; — ils ne les répudient pas — et pourtant tout en elles tient de la charogne.

أَلْـفَـصَّـحْ أَنْـتَـنَـدِيـنْ
تَغَّرْ هَكْنَبَعْ أَعْتَمْبِيفْ
أَنـــمْ وَرْنَــيِّــــيـــنْ
وَنْـمْ فَصْدَعْ أَنْـوَسِـمِـفْ
أَعْنُوغْ أَنْتْ كَمُنِينْ
أَقْلِيبِي أَمْصَدَّاءْ وَرْنَطِّيفْ

El feçah'a tsenad'in
theffer' en d'eg ounebd'ou ed' le kherif,

et, pour attester la sincérité de la réconciliation, on lisait solennellement le *fatha* (première sourate du Coran), puis chacun déchargeait ses armes en l'air. Le poète reproche aux gens de Tiguemmounin de ne pas se conformer à cet usage et de faire les choses trop sans façon pour ne pas retarder la paix.

a nek our nessin!
ouannag keçed'er'ath Ouasif.
ainour' aït Tigemmounin
ak'hi am ceggad' our net't'if.

Les poëtes parcourent le pays, — ils sortent habituellement en été et en automne[1]. — Ignorant que j'étais! — si j'avais su, je me serais dirigé vers les Aït-Ouasif; — mais je suis allé chez les gens de Tiguemmounin — et me voici comme un chasseur qui a fait buisson creux.

As mi ebbodher' r'er d'in
k'eçeder' thadjemaâth d'eg etsnaçif
ar fell i tsâaddin
koul oua am el ihoud bou çennif,
our sâin tisemin.
ekkan ak d'eg mailellif.

Lorsque j'y arrivai — je me rendis au milieu de la djemâa[2]; — les gens passaient devant moi — comme des juifs à l'odeur infecte; — ils n'ont aucune susceptibilité. — Ils prenaient tous à travers champs.

[1] En été, pour faire une collecte de grains et en automne de figues.

[2] Voir la note 1, page 156, sur la signification du mot *djemâa*.

TIGUEMMOUNIN.

غَلْبَنْ إِطَانْ يَسْكْلِيفْ
غَسْ نَبْتْ غَسْمِيـــزْ
بَغَدْ أَكْرَ اَمْسْكْلِيفْ
أَرْدْ يَسْتَــمْعِــيــزْ
أَعَمْرَانْ أَبْرُوعْ الْخِيفْ

D' arrach ü d izzin
r'elben idhan thiseglif.
r'as n aït tir'esmarin.
iffer' ed kera oumesgellif,
ar d i isthemâin,
ou Âmran abrouâ el h'aif.

Les enfants m'entouraient — en aboyant plus fort que des chiens. — Ce n'étaient que gens aux mâchoires saillantes. — Survint une espèce d'imbécile, — me faisant des allusions ; — c'était Ou-Âmran au pan de malheur.

أَغَــزْ يَــرْكْــيــنِــيــزْ
كُلْوَ اَخْجَفَلْ أَنِّي اَشْعِيفْ
يَثْنِي اَتْــمْغَــمِــيــزْ
تَقْبِيلِتْ عَدْرْ كَفْكِيفْ
أَلْقَحْ اَنْغَــنِــيــزْ
أَنْنَغْرَضْ ٱللّٰهَ ٱلطَّـفِيفْ

Our'en thirekenin [1]
koul oua amm ih'aïk'el enni ouchâif.

[1] *Tharekkount*, pluriel *thirekenin*, désigne la pente d'une montagne ; ces pentes sont si roides, qu'il suffit de passer à quelques mètres au-dessous d'une personne pour qu'elle ne vous voie pas. En employant le mot *thirekenin*, l'auteur veut dire que les gens prenaient des chemins détournés pour n'être pas aperçus.

nithcui et timr'arin
thak'ebailith âdelen kif kif.
el feçah'a enner'nin,
thenâredh Allah el lat'if.

Tous prenaient des chemins détournés sur les pentes de la montagne, — comme un coq de perdrix qui se méfie du chasseur [1]. — Eux et les vieilles femmes — ont autant de fierté kabyle les uns que les autres. — Les poëtes furent humiliés, — soutiens-les, Dieu de bonté !

Aoudden our ii zerin,
iak le feçièh' seg ath etsdhiif!
thamarth em mouchin,
el h'adj Meh'ammed' d'eg our'ilif,
d' oud'ai our ikhethin
am thadjalt d'eg ath Âfif.

Ces gens feignaient de ne pas me voir, — et cependant le poëte est de ceux à qui l'hospitalité est due. — La barbe de mouchi [2], — El-Hadj-Mehammed, de malheur, — est un juif incirconcis — comme une veuve des Aït-Âfif [3].

[1] Les Kabyles élèvent beaucoup de perdrix femelles pour chasser à la chanterelle.

[2] C'est-à-dire la barbe de juif. Beaucoup de juifs portent le nom de *mouchi* (Moïse).

[3] Les Aït-Âfif font partie de la tribu des Aït-Aïdel de l'Oued-Sahel.

أتْرَعْ لَمْ تـﹾﺒﹻـﻌﹻـﺒﹴـﺮْ
أكْرَأتِيزْ يَلّاَنْ دَشْرِيفْ
دَتْ سِعِ عَتْمَانْ دِيزْ
وَيْتْكُومْ يَرْجَالْ أَحْنِيفْ
إِيتْ كَـﻤـﹹﻨـﹻـﻴـﺰْ
تَحَمَّلْتْ أَبْـﻐﹻـيـﺮْ أَسـِﹻـﻴـفْ
إِيتْ كَـﻤـﹹﻨـﹻـﻴـﺰْ
تَحَمَّلْتْ أَبْـﻐﹻـيـﺮْ أَمَـﺎنْ

Etsrer' le mrabt'in
ekra b ouin illan d' echrif,
d' ath sid'i Âthman d'in
ou ain koum, ia rdjal ah'nif,
i ait Tigemmounin
thah'ammalt b r'ir asif.
i ait Tigemmounin
thah'ammalt b r'ir aman.

Je vous en prie, ô marabouts, — et tout ce qui est chérif, — vous aussi Sidi-Âthman de là-bas, — et vous hommes de H'anif, — aux gens de Tiguemmounin — envoyez l'inondation sans rivière. — Aux gens de Tiguemmounin — envoyez l'inondation sans eau[1].

صَوْتَغْ إِسَـﹹﻐـﺮَازْ
نَدْ أَتْرِيغْ أَتْكَرْسِلِي
أَرْصَّعْ تَعْيَانْ
شَطَّعْ إِرْكَـﻤـﹶزْ ألْعَلِي
وَرْنِعِيمِـﹻﻴْ وِبْـﻠْـﻘـﺎنْ

[1] Voir la note 1, page 218.

أَنْتْ كَمْنِيزْ جَمِيلِي

Çouber' iseferan,
nek r'erir' d'eg ersali;
ar k'eççed'er' l âian
chekkerer' irgazen el ḥali;
our thoufidh oui ilhan
ait Tigemmounin djamili.

Je compose des chants, — j'étudie les écritures[1]; — je vais d'habitude chez les gens distingués — et je fais l'éloge des hommes de bien; — mais vous ne trouverez pas un homme convenable — parmi tous ceux de Tiguemmounin réunis.

فِتْصِيقْ الدَّعَزْ
بَمْ آنْنِ أَسْكَتْ أَعْلِي
أَمَّ أَرْسَوَعْبَانْ
أَكْنِي أَنْتَسْلْتْ ذَمْلِلِي
نَسَبَ أَكِّضَانْ
أَرْسَهُونْ أَوْقَمِلِي

D'i etteçer'if eddân
beddoun ts id seg aith Âli,
akka ar ath Ouâban
Agouni n Teselent d' amelili.
d' en nouba egg idhan
ar serroun ed' le h'amali.

Ils se livrent à la mendicité — et commencent leur tournée par les Aït-Âli-ou-Harzoun; — ils vont jusqu'aux Aït-Ouâban — et se donnent rendez-vous à Agouni-n-Teselent[2]. — C'est un troupeau de chiens — marchant la nuit par bandes.

[1] C'est une pure fiction poétique, Idir-ou-Bahman n'a jamais su ni lire ni écrire.

[2] Agouni-n-Teselent (le plateau du frêne) est un village de la tribu des Akbil.

TIGUEMMOUNIN.

بَجْـنَـاحْ يَـغْـمَـازْ
نَفْـرْ كَـفْـكْ عَلِي
أَتَـهْـوِرِضْ إنْـرَازْ
مَتَسْـهُـوضْ ذَكُـوَّلِـي
عَـرَنْـى سِـع عَـتْـمَانْ
هَدُمْ جَوَاعْ رَسْـمَـلِـي

Bou l djenah' ir'man
nek'k'el d'egg ifeg ik, âalli,
atezouiredh ithran
ma teseroudh d'eg oullili
r'er ath sid'i Âthman,
had'ouk le djouad', ras mal i.

Oiseau aux ailes peintes, — élève-toi dans ton vol, monte vers les cieux; — tu précéderas les étoiles, — si tu te diriges dans la nuit — vers les Aït-Sidi-Âthman[1]. — Voilà de nobles cœurs, mon meilleur capital!

أَثْ سِـع أَسْـلِـمَـازْ
تَهْوَارْ إِجَّـدِّيتْ تَـوْلِـي
أَرْسَّـشَّـانْ سَـهْـمَـانْ
تْلِـعْ يَلَّـزْ عَ لُمَسْـلِـي
أَجَّـنْتْ الَـرْطُـوَانْ
عِزْ أَعْرَعْ عَنْ تَعْـلِـي

Ath sid'i Seliman
thezouar i thedjaddith l ouli.

---

[1] Les Aït-Sidi-Âthman sont des marabouts des Aït-Bouakkach dont le village n'est séparé de Tiguemmounin que par un petit plateau servant de cimetière.

ar essetchan s edhan
le kheliâ illan d' ei mesli
ed djenneth er redhouan
d'inna ad' zed'er'en l aâli.

Les Aït-Sidi-Seliman[1] — ont eu un saint pour aïeul ; — la nourriture qu'ils offrent est apprêtée au beurre, — leurs kheliâ sont secs à point[2]. — Le paradis de Redhouan[3] — telle sera leur demeure, ils y auront les places les plus élevées.

اَلطَّمَّانْ وَهَزْ
أَنَّانْ سَخِينِي أَتَنِّلِي
أُوفِعْ أَكَّمْ إِسَغَوزْ
لَمِنْ أَدْ سِيعْ أَحْمَدْ وَعْلِي
يَجِيمْ غَسْ أَمْكَانْ
أَقَلْوَاشْ أَنْكَمْ وُلِّي

Et' t'emman oukhan,
ennan : s agouni ad' en nali.
oufir' d kera iser'ouan
l amin ed' sid'i Ah'med ou Âli,
idji d r'as amkan
ouk'elouach en gar oulli.

Les Temman étaient bien disposés[4] ; — « Nous allons monter

---

[1] Nom d'une famille du village des Aït-Sidi-Âthman.

[2] Les khelia sont des morceaux de viande de mouton séchés au soleil et conservés dans du beurre.

[3] *Redhouan* est le nom de l'une des parties les plus privilégiées du paradis musulman.

[4] Lorsqu'un amin de village entre en fonctions, il choisit dans chacune des fractions un homme qui est chargé de surveiller sa fraction et de dénoncer les délits qui arrivent à sa connaissance. Cet agent est en quelque sorte responsable de sa fraction vis-à-vis de l'amin, il en est la caution. C'est ce qui lui a fait donner le nom de *dhamen*, « caution, garant », au pluriel *t'emman*. Les t'emman aident l'amin dans ses fonctions

au plateau, » nous dirent-ils[1]. — Je trouvai là quelques ficelles. — leur amin est Sid-Ahmed-ou-Âli; — il ne nous laissa que la place vide, — ce bouc au milieu des brebis.

إِقِجَّنِسْ اَلْوَانْ
ثَمَارْثْ أَمْـزُنْ وُشُلِـي
وُرْيِسِّـينْ لـكْـفُـرَانْ
أَحْرَامْ أَحْـلَـلِـي
أَوْخَـلِـيسْ أَرْكَانْ
مَيْذْكَرْ اَلله مَيْصَلِّـي

Ifadden is oulouan,
thamarth amzoun d' Ouchouli:
our issin le k'ouran
d' el h'aram d' el h'alali;
douakhel is erkan,
ma id'eker Allah, ma içelli.

Ses genoux sont faibles, — sa barbe ressemble à celle d'Ouchouli[2]; — il ignore le Coran — et ne sait pas distinguer ce qui est défendu et ce qui est permis; — ses parties naturelles

pour tout ce qui regarde leurs fractions, mais ils n'exercent aucune autorité directe: leur rôle se borne à prévenir l'amin, qui avise.

[1] Le poëte était allé chez les Aït-Sidi-Âthman avec l'espoir qu'on ferait pour lui une collecte. Les Temman paraissaient disposés à céder à ses désirs et lui donnèrent rendez-vous sur le plateau qui domine le village (voir note 1, p. 227). L'amin, Sid-Ahmed-ou-Âli, lui fit aussi des promesses. Mais, en arrivant au lieu du rendez-vous, il trouva la place vide, ou, du moins, il y rencontra seulement quelques habitants du village que, dans sa colère, il traite de ficelles. L'amin et les Temman, manquant à leur parole, s'étaient dirigés d'un autre côté.

[2] Ouchouli était un homme de Taourirt-Mek'k'eren, chez les Aït-Iraten, exerçant le métier de mesureur de grains sur les marchés. Cette profession étant très-méprisée des Kabyles, l'auteur, en comparant l'amin des Aït-Sidi-Âthman à un homme qui l'exerçait, a eu l'intention de lui adresser une injure.

sont pourries[1], — il ne répète pas le nom de Dieu, il ne prie pas.

يَقْنَاعْ هَكِينِغْمَانْ
يِـوَنْ هَكُـوزْ أَيُوتِّـي
نَتَّ هَالتَّـمَّـانْ
مَعْلِكُومْ أَيْنَبْعَامْ أَقْلِـي
أَهْخَـدَعْ أَكَّـلَّـنْ
عَرْنَعْرُوثْ يِبَّـة يَكْلِـي

Ik'k'en ar' d'eg inir'man;
iioun d'eg ouen ad ioulli;
netsa d' et't'emman,
ma âlikoum, ai thebr'am ak'lii,
d' el khedaâ eg ellan,
r'er ther'ezouth ibd'a thikli.

Il nous allécha par une promesse de figues; — « L'un de vous reviendra, » — nous disait-il ainsi que les Temman; — « à votre service, ce que vous désirez, nous sommes prêts à vous le donner. » — C'était une supercherie, — il se dirigea vers le bord de la rivière.

أَرْسِـيْ أَرَكَّـانْ
أَحْدِيُو يَسْمُزْكْتْ يَسْلِـي
عَى الْدَنِبْ يَكْبَازْ
عَلَمْ الشَّمْ اَلَه أَنْكَلِّـي
أَمَـلَهْ يَـزْمَانْ
يُعَـلْ اَجُـوزْ عِلِـي

[1] Le poëte veut dire par là que l'amin Sid-Ahmed-ou-Âli ne faisait pas les ablutions prescrites par la loi religieuse à tout musulman, accusation très-grave lorsqu'elle est dirigée contre un marabout qui doit donner l'exemple.

TIGUEMMOUNIN.

A ras i our eggan,
ouh'ad'ik' ismouzeketh isli,
r'ef ed dounith ikfan,
r'iler' ech cherfa oulah enkelli.
amalah! ia zman,
iour'al ed djouz d' ilili.

Ô ma tête, ne prends pas de repos, — l'homme intelligent écoutera mes paroles et les comprendra; — le monde touche à sa fin, — je pensais que les Cheurfa ne revenaient pas sur leur parole. — Malheureux temps! — la noix a pris l'amertume du laurier-rose.

أَللَّهَ إِنْيَنْشَانْ
أَخْنِبْ كَشْ عَمْوَلِي
أَدْعَاعْمْ سَتْلَفْرَانْ
أَتْرَكُوعْ عَكُوَّلِيلِي
نَنَمْ نَكُمْ تَبَدَّنْ
تَرْحَمْصَنَعْ جَمِيلِي

Allah its inechan,
ai ah'anin, ketch d' amouali.
dâar' k s ath el k'ouran
ath erkouâ d'eg oullili
la nek la kera d'a illan
therh'amadh aner' djamili.

Dieu qui as créé le monde, — Dieu compatissant, toi qui vois tout, — je t'implore au nom des gens qui lisent le Coran, — au nom de ceux qui s'inclinent la nuit dans la prière, — moi et ceux qui sont ici, — comprends nous tous dans ta miséricorde.

V

GARDEZ-VOUS DES INTRIGANTS ET DES MENTEURS[1].

PAR MOHAND-OU-ÂÏSSA, DE TALA-N-TAZARTH.

بُـغْـنِـيـمْ إزِمْ أَبْـغْـيْـسْ
أَذْنْـسَـعْ أَزِيـنْ أَلْـتَـامْ
عَفِي اَكْرَ اَنْتَدْيَانْتْ سَلْعْ يِسْ
حَكُّنَعْنِـيـمْ أَلْـعُـلَـمْ

Bou r'anim, izem b ousthis
ad' aleser', a zin eltham,
r'ef kera en tad'iant seller'i is,
h'akkoun ar' ts id el âoulam.

Maître du roseau, lion du bord des rivières, — je veux redire ici, Prophète au voile élégant, — une histoire que j'ai entendue. — Voici comment nous la racontent les savants.

يَوْنْ أَكَـلِّـيـمْ سَلْـمَـلِـسْ
بَنَّـيَـاسْ إحِـصِّـي أَغْـتَـامْ

[1] Cette pièce de vers est un spécimen d'un genre de poésies très-répandues chez les Kabyles et consistant en des narrations de faits qui viennent à l'appui d'une maxime ou d'un principe moral; elles offrent en général pour nous peu d'intérêt.

Les Kabyles prétendent, mais sans donner aucune raison à l'appui de cette opinion, que l'événement raconté dans ces vers est celui qui donna naissance aux partis appelés, parti d'en haut (çoff-oufella), et parti d'en bas (çoff-bouadda), qui divisèrent pendant si longtemps la Kabylie tout entière; c'est une des explications les moins probables.

Mohand-ou-Âïssa, l'auteur de ces vers, vivait dans le dernier siècle.

بَمَّاسْ يَكْرَاصْعْ نَمْيِسْ
غَمْصَبَعْ مِدْا نَمَامْ
اَلسُّوقْ يَكْشَمْ اَلكَّمْ مِيسْ
يَفْ أَكْلِي أَرْعَكْسْ يَتْسَوَامْ

Iioun ougellid' s el mal is,
inna i as : ikhouçç i ou nekhed'am[1].
ibbou ass ikker çebah' le h'aris,
d' amçafer fi d'ouk el iiam,
es souk' ikchem d et' t'erj is,
iaf akli ar d'eg s itsaouam.

Un roi opulent — se dit : « Il me manque un serviteur. » — Un jour il se leva le matin de bonne heure — (il était alors en voyage), — il entra au bord du marché, — trouva un nègre et le marchanda.

إِعَدْ وَرْعَكْسْ أَنْسَنَكِمِسْ
بَنُّلْ نَجَبْ أَرْنْ خَنَامْ
أَرِ يَمْرَضِ أَسِعِبِسْ
خَضَرَهْ الْقَبْضْ نَمَخَنَمْ
وِنْ إِبَيْنَاسْ أَضْرَيِيسْ
أُولِدِ أَكَلِي عَلَمَامْ

Iâoud our d'eg s etsenak'is,
innoul l âdjeb our th ih'atham.
ar mi imeradha d' es sid' is,
ih'adher d el k'obdh, themekhatham.
ouin ibiin as d edhrair is :
a oulid' i, akli d' alemmam.

---

[1] *Ou nekhed'am* est ici pour *oui ikhedemen*, celui travaillant.

Il pensait qu'il n'avait aucun défaut pouvant déprécier sa valeur, — mais il rencontra une chose étrange, sur laquelle il ne comptait pas. — Après être tombé d'accord avec le maître du nègre, — quand l'argent eut été reçu, que le marché fut conclu, — le marchand lui indiqua les défauts du nègre : — « Mon enfant, lui dit-il, cet esclave est un menteur intrigant. »

بَتَّاسْ أُفْكِيمْ مَجَّزْ آشْغُلِيسْ
ڢَالْهَضِي إِخَدَّمْ لَوْفَاةْ
مَيْلَمْ اَثَرْ أَدْكَلْعَقْلِيسْ
مِسَوَّلْعْ أَدْ يِنِي اَنْعَامْ
غَسْ أَيْنْ الْعَيْبْ أَكَّلْسِيسْ
اَثْنَوِ السَّكْسْ اَيْسْلامْ

Inna i as : efk i id, ma idjeza ech cher'oul is,
d' er radhi, ikheddem el ouk'am,
ma imelek kera d'eg el âk'el is,
mi s saouler', ad' i ini : anâm.
r'as ain el âib egg iles is,
a th naoui esseg s, a l islam.

« Donne-le-moi, répondit le roi ; si son service est convenable, — s'il est obéissant, travaille bien, — et est en possession de sa raison ; — si quand je l'appellerai il me répond : « Voilà ! » — et qu'il n'y ait à lui reprocher que le défaut de sa langue, — je l'accepte devant l'islam. »

مَيْسْ يَزَرْ إِيَغْمِيسْ
يَلَّه ڢَتَّحْمَاسْ إِقَامْ
اَلصُورْ أَرْتْنْ يَتْمَلِّيسْ
وَكِّلِي يَزْكَ يَنْهَمْ

رَبْعِينْ يُومْ بَرْجَعْ لَطْلِيسْ
يَفْقَدْ لَعْوَايَدْ أَعَكَّامْ

Mi d'iousa, ioud'er i ir'ef is :
ilha d' el khed'ma s ik'am
eç çour ar as th id itsmellis :
ouakli izgad innefeh'am,
arbáin ioum irdjà l açel is,
ifk'ed' l âouaid' ouâkkam.

En arrivant chez son maître, le nègre courba la tête; — son travail était irréprochable, — il crépissait un mur d'enceinte; — mais bientôt il se fatigua, — au bout de quarante jours, il revint à son naturel — et reprit ses habitudes de brouillon.

يِمَّاسْ أَكَّرَ آغَبَارْ آنْتَهَوِيسْ
يَــلَّدْ زِنَــتْ لَــوْشَــامْ
أَكَّــرَ أَكِّــوتْ سِــدِ أَنْــتَهْمِــبِتْ
يَــبْغَــاتْ غَـزْيَــدَ فَــلَّمْ
لَكِينْ يَــسْهَــلْ لَــمْــبِــسْ
غَلْبَغْ اَلطَّلَبْ أَسْلَفَّدَمْ
أَرَا أَنْزَاعْ سِنَمَرْ تِــيــسْ
أَبَدَ أَرْيَــتْبَــدِّيــلْ فَــلَّمْ

Ibbou as kera el lekhebar int'ek' i is :
ia lalla, zint el oucham,
kera egg iouth sid' i thesah'r ith,
ibr'a ts d' eziada fell am.
lakin isehel l amer is,
r'elber' et' t'aleb s el k'elam :
arra anzad' si thamarth is
ebd'a our itsbeddil fell am.

Un jour, il alla prévenir sa maîtresse et lui dit : — « Maîtresse aux beaux tatouages, — une femme a ensorcelé mon maître, — il veut l'avoir pour épouse en même temps que toi; — mais l'affaire est facile, — je suis plus fort qu'un taleb avec sa plume; — donne-moi un poil de sa barbe, — et jamais il ne changera pour toi. »

أَسْيَنْ يُغَازْ غَمْ سِدِيسْ
حَقَرْ أَمْرَأَمْ بَغَقَرْ نَمْتَاعْ
نَلَّ نَكْرَ المَّلْ سِيسْ
عَمْ يِصِّي أَيْ كِمْ أَسَّرَاعْ
أَكْنَرْ أَنْمْ إِعْلِيسْ
أَرْبِغْتْ أَيْـقَمْ نَشَّخَـاعْ

Si in iour'al r'er sid' is :
k'ad'er am ar ak ir'ed'er le menam,
lalla theger ouzzal s isi s,
r'er idh ai k id essaram¹,
a k thezelou themoud ir'il is.
zerir' ts ai d'eg thessekhed'am.

De là, il alla vers son maître : — « Prends garde, lui dit-il, de te laisser surprendre par le sommeil, — ma maîtresse a mis un fer sous ses vêtements², — elle a de mauvaises intentions contre toi : cette nuit — elle étendra le bras pour t'égorger. — J'ai vu ce qu'elle veut faire. »

عَمْ يِصِّي بَّاسِي وَرْ نَمْ مِيزْ

---

¹ *Essaram* pour *thesaram*.
² Les femmes kabyles ont l'habitude de laisser déborder la chemise au-dessus de la ceinture de manière à former une espèce de poche où elles placent les objets qu'elles veulent cacher. Cette poche s'appelle *isi* ou *ichioui*; les vêtements des Kabyles n'ont pas de poches.

DES INTRIGANTS ET DES MENTEURS.

بَنْفْضَعْ سَكْـــمِــسْ آنْخَــسْ
يَنْ مِنَكَّرْ أَرْنَسْتَخْـذِيـرْ
نَكْنَ غَفِي آنْزَاعْ أَنَكَّــسْ
ونْ إِسْرَاسْعْ غَــمْوَنْـيــرْ
بَنْغْ أُمْلَعْدَاءْ آلـتَّـفَـسْ

R'er idh inna s : our nezmir.
ink'adhâ seg mi s el h es.
 'n mi thekker ar thestheh'ad'ir.
 ..ekena r'ef anzad' at tekkes,
ouin ichir as d r'er ouniir.
inr'a em l âdad en nak'es.

La nuit venue, le roi dit à sa femme : « Je n'en puis plus. » — Puis sa bouche resta muette. — La femme se leva, s'avança doucement — et se pencha pour enlever un poil de la barbe. — Le roi alors la frappa au front — et tua l'imprudente.

آكْلِي غَرْتَهْلِيسْ إِسِيــرْ
إِحَارْسُمَعْيَ أَنْـمَـلَـسْ
وَلْتَمَتُونْ أَءْ وَنَّشِيــرْ
تَمَزْلْ سَلْهَـنْـعْ إِنَـفَـسْ
سِـذِيَّ دَكَـعْـيَــرْ
مَعْنَ أَءْ كُنوا أَكَـسَّرْخَسْ

Akli r'er l ahel is isir ;
ih'ar s oumed'ia a th iales.
oult ma th ouen ad' aoun nechir ;
themezel s el hind ithek'k'es,
sid' i idda d'eg oukefrir,
mâna ed' kounoui ag essarekhes.

Le nègre aussitôt se dirige vers les parents de la femme; — il a hâte de raconter ce qui s'est passé. — « Je viens, leur dit-il, vous donner des nouvelles de votre sœur; — elle a été égorgée avec un fer tranchant. — Mon maître a agi avec colère, — mais c'est de vous qu'il a fait bon marché. »

بڭسن رڤدنْ دْ سُتْسْرير
عْوُدنْ ابْريدْ سْبـرسْ
شدّن اِنْعَلينْ نَحَـمْـزوير
كلّ وا يفرا دْ اوُلْ انس
اَتْرَ مور سنَـمْـزير
ايوَتْ اَسْواهْ اَنْـتَـمَـسْ

Begesen, refed'en d south esrir,
r'oud'en d abrid' s oufares;
'choudden i ther'allin, themeh'azouir,
koul oua ifera d' ououl in es :
et tsara ma our as nezmir,
iouatha asouad a th names.

Ils se ceignent, saisissent leurs fusils, — et se mettent en route avec rapidité; — ils sellent leurs juments et luttent de vitesse, — chacun disant en son cœur : — « Si nous ne pouvons en tirer vengeance, — il nous faudra nous couvrir de suie [1]. »

ونّ ابْحَهْ ناسْ عهْوعْعِير
عَرْ الصّورْ يبْـنَ اِـوَسّ
امْهْيانْ يكّمْ يغْـيـير

---

[1] Allusion à l'usage des femmes, tant kabyles qu'arabes, de se noircir le visage, en signe de deuil, avec la suie attachée aux marmites.

DES INTRIGANTS ET DES MENTEURS.

نَسكَّارْثْ بَعْمُوِبْثْ يَـكْـسْ
تَحَقَّرْ عَقَسْ مَهَزْ يَـكِّـيـرْ
ةَالكُسْ إعَمْ رِبْثْ يـضَسْ

Ouinna, ebded'en as d r'er ouâfir
r'er eç çour ibna ik'ouous;
amezzian ikker, ifrir,
thasoukkarth bâd oua its ikkes
leh'ak'en r'efs, mazel ikkir,
d'egg ousou ir'eder ith idhes.

Ils s'arrêtent au pied de l'enceinte du roi, — près du rempart voûté; — le plus jeune alors se lève et escalade. — Après qu'il a enlevé le verrou, — ils trouvent le roi encore couché : — le sommeil l'avait surpris sur son tapis.

مِقَلَّدْسْ آلسُكَنْ أُكِـيـرْ
وَكْلِي أَمْشْهَابْ مِتْيَكْـرَسْ
نَتْ ةَالهّـوجَاسْ آلـمـيـرْ
كُـلْ إِةٍمْ ةَكُسْ كْـنْـنَسْ
نَتْ ةَالهّـوجَاسْ آلـمـيـرْ
إِسْنِيرْ كُـلْ ةَمَفْـثُـولْ

Mi fell as essouken dekir
ouakli amechehab mi ts ikeres,
netsa d' ezzoudj as el mir
koul oua id'im d'eg s ikhenounes,
netsa d' ez zoudj as el mir
i senin koul oua d' amek'thoul[1].

Après qu'ils eurent porté sur lui l'acier, — le nègre

[1] Voir la note 1, page 218.

brouillon ayant conduit toute l'intrigue, — l'émir et sa femme — étaient tous deux baignés dans leur sang, — l'émir et sa femme — étaient tués tous les deux.

اَكَّنْ اَكْ دَكَّبُوسْ نَـلْـمُوثْ
غَفْ وَرْ نَوْجِبْ اَلْحْصُولْ
يَقُّلْ وَرْكَازْ عِـنَـمَـطُّوثْ

Ekkan ak d'egg oufous n el mouth
r'ef tha our noudjib, el h'açoul,
ik'k'oul ourgaz d'i themet't'outh.

Ils passèrent tous dans les mains de la mort — pour une chose qui, certes, n'en valait pas la peine. — L'homme fut sacrifié à la femme[1].

اَيْـمَـكَّـازْ حَـكَّـرْ لَـقْـسُـولْ
اَيَـكِـى اَكْـعَمْرَغْ اَحْـصُـولْ
تَيْمِى وَرْ تَلْعِيضْ اَلْمُـولْ
وَرْ تَسْعِ الَّذِينْ اَحْصُوثْ

Ai ameggaz, h'akker le k'oul,
aiagi ak haderer' h'açou th,
d'a imi our thelehidh almoul,
ouar nesâi ed din, akhedhou th.

Homme réfléchi, médite ce chant; — ce que j'ai dit, tiens-le pour vrai. — Ne cède donc pas à la bienveillance, — celui dont la parole n'est pas sûre, repousse-le.

[1] D'après les règles de la coutume kabyle, si un homme tue une femme, les parents de la victime ne peuvent exercer de représailles que sur une femme de la famille du meurtrier et non sur le meurtrier lui-même. La vie d'un homme est regardée comme ayant une valeur bien supérieure à celle de la femme.

DES INTRIGANTS ET DES MENTEURS.

السلطان أبغير أزمول
ترغ الميع يكنوث
أغاغ تسيمع نهول
دعم يتكن المون
الكيمج إج النقضول
رحماع أركاز نمطون

A essolt'an ebr'ir ezmoul!
tserer' ek, a rrafid thigenouth.
daâr'k s es siad'i le feh'oul
d' ekra itsaouggaden el mouth,
d'egg üdh egidji el façoul,
reh'am ar' ergaz thamet't'outh.

O Roi qui n'as pas de suivants! — je t'en prie, toi qui as élevé les cieux! — au nom de nos seigneurs les saints, — et de tout ce qui craint la mort, — dans la nuit du départ sans retour, — aie pitié de nous, hommes et femmes.

VI

SENTENCES, MAXIMES, RÉFLEXIONS.

PAR SIDI-KALA, DES AÏT-AÏDEL.

ونْ يَتْحِيتِيمْنْ يَعْمِيمْنْ
تَعْقَلْ ورْنْ يَسْعِي عَكُورْ
آلـهَّيْ إصْبَّـرْ عَرِيـنْ
أَنْحـوجْ نَـڎُنِـيتْ إڎُولْ

Ouin itsah'ibbin thir'imith
l âk'el our th isâi d'egg oul,
er rai idhebber d'irith ;
el h'aoudj n ed dounith idhoul.

Celui qui aime l'oisiveté — n'a pas d'intelligence au cœur ; — il est mal inspiré. — Les besoins de ce monde sont de longue durée.

ونْ إكْـبَّـنْ حَـيّـتْ
ونْ إكَـرْهَـنْ والسَّـعْ
ونْ إكْفَـنْ مَّنْ عَرِيـتْ
تَقِيمْ تَحَكْسْ أَهَّمَـعْ
أَكّـنْ أَكَـلّ عِتْـجِـيتْ
ونْ يَـنْـغَـاتْ أَلْ عَشَّـمَـعْ

Ouin ik ih'aoubben h'aoubb ith,
ouin ik ikerehen oussâ,

ouin ik ek k'aren medden d'irith
la faid'a, la d'eg s et t'emâ.
akken ag ella d'i l h'adith ;
ouinna inr'a th oula d' ech cherâ.

Celui qui t'aime, aime-le; — celui qui te hait, fuis-le! — Celui que tout le monde désigne comme méchant — ne peut être utile; il ne faut pas le rechercher. — C'est ainsi qu'il est écrit dans les traditions; — la loi même le punit de mort.

ouin ilk'emen seg ilili
nefâ our illi,
ag khouççen d' el mâirfa.
akken le mah'ibba b ouakli,
amm in ithetsen d'eg ed djifa.

Celui qui prend des greffes sur le laurier-rose — ne fait rien d'utile; — c'est manquer de bon sens. — De même se lier d'amitié avec un nègre, — c'est agir comme celui qui mange de la charogne.

Ik'k'el ouk'elmoun s igourzan;
oud'emaoun ouzan;
d' aâr ag our'en en nouba.
d' izan ag zed'eren thid'ouirth
khelant ak thezizoua.

Le capuchon est aux talons[1]; — les visages sont écorchés[2]; — c'est la honte qui a pris son tour. — Les mouches habitent la ruche; — elles ont expulsé toutes les abeilles.

Ouin our nendjim i l fet't'a
iak d' el khiat'a,
ouin âoudd ith seg el mal!
sers en nok't'a r'ef en nok't'a
el h'adja enni atsennek'mal.

Celui qui ne sait pas distinguer l'argent, — qui n'entend rien à la couture[3], — celui-là, compte-le au nombre des brutes! — Fais un point après l'autre, — et la chose sera parfaite.

---

[1] En d'autres termes, le monde est renversé.

[2] C'est-à-dire, sont sans pudeur.

[3] Tous les travaux de couture sont faits par les hommes; les femmes ne savent pas coudre.

SENTENCES. MAXIMES. RÉFLEXIONS.

اَنْكُوِ أَرْئِبَوِ الْعَارْ
اَكْتَّكِي أَغْيَسْمَنِسْ

Ouin our nezmir i le k'emar
ecber, d' el khethiar!
ed djid' ih'adder iman is,
angouf ar d' iaoui el âar
ag etsaouki d' iman is.

Celui qui ne peut lutter, — qu'il patiente, c'est le mieux! — L'homme sensé veille sur lui-même; — l'imbécile attend qu'il soit couvert de honte — pour ouvrir les yeux.

أَدْوَ أَسَمِّيضْ اَلـتِّـمَـسْ
ذَالشَّتْوَ وَرْنَـسْـعِ اَلَتَّبَّ
ذَكْنَبْـذَ نَقِيمْ وَحْـمَـسْ
اَلَّـمَ نَـلَّ اَلسَّـبَّ

Doua ousemmidh et times
d'i ech chethoua our thesâi en nouba;
d'eg ounebd'ou thek'k'im ouah'ad' es,
alemma thella es sebba.

Le remède du froid, c'est le feu; — en hiver, il n'a pas de tour[1]; — en été, il reste seul, — jusqu'à ce qu'il y ait un motif pour s'en approcher.

نَسَّـلْبَـاغْ نَـجْ نَـزْغَاتْ
قَـلَّـسْ اَبْـنَـتْـوَاتْ
نَسَّـلِـي إِمَـعَّنْ اَسَـوَنْ
اَمْـلَـبْـنَـرْ اَمْـذْهَنْ

---

[1] C'est-à-dire que rien ne peut le remplacer.

246 POÉSIES POPULAIRES DE LA KABYLIE.

وَرْبَسِيمْ ٱلسَّكْسْ يَـوَزْ

Thesseleb ar' thama n ezd'ath,
fell as ai netsouath,
thessali i medden asaoun;
am le beraber ' amm edhath
our iselik esseg s iioun.

Notre devant nous rend fous; — c'est pour lui que nous nous battons; — il fait gravir aux hommes la montée; — kabyles comme marabouts, — personne ne lui échappe.

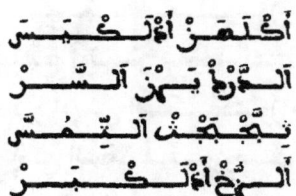

Ag elhan d' el kiasa
ed derk irna es ser,
thibechbechth et timoussa,
ez zoukh d' el keber.

La meilleure qualité est la politesse; — la gravité ajoute à la considération; — la légèreté est insipide; — la vanterie est un vain orgueil.

قَـمَعْ سَـحَّـبِـيـنْ
نَـعْ سَـكَّـنْـيِسِـيـنْ
لَـعْـمُ ٱلنَّسِي إِكْـضُـور
أَمَّـا أَبـعَـسَّـرْفَـرْ
أُبَـقَـمْ أُولَّـنْ تَخْسُـورْ

---

[1] Ce sont les marabouts que l'on désigne par le mot *beraber.*

Le khedâ segg ouh'abib
ner' segg ounesib,
l aâd'ou oula ansi ik idhour.
akka a th ifesser K'ala
efhem, a oui illan d' ah'arour.

La trahison vient des amis — ou des alliés[1]; — l'ennemi n'a aucun moyen de te nuire. — Ainsi s'exprime K'ala: comprends, toi qui es de race pure.

D' ad'rim ag khed'men le fdhoul,
bab is d' amekheloul,
le br'i ououl is iououdh ith,
iroua ar'elmi i l makoul.
imetsâ ech chahed' ne tezizouith.

C'est l'argent qui procure les jouissances; — son possesseur vit dans les plaisirs; — il satisfait les désirs de son cœur; — il se rassasie de chair de mouton, — et savoure les rayons de l'abeille.

---

[1] C'est-à-dire des parents par les femmes.

تَقِمَصْ أنِعَ قَحصَزْ

An djab ik at tebegesedh aseroual,
a ouin our neffal ?
an ebboui k ad' ak th k'issen ?
thouthedh i oujellab thikhellal.
thek'k'imedh anid'a ih'açen.

Qui t'a porté à ceindre une culotte, — toi qui n'oses franchir les crêtes [1]? — Qui t'a porté à te la faire essayer? — Mets des épingles à ta djellaba [2] — et reste en lieu sûr.

نَذْ أَغْرِغْ غَمْ تَلْوِحْيَنْوْ
عَالَعْلَمْ بَرْقْ قَمَرْغْ
أَحْتَكِّرْغْ أَبْنَعَمْ أَسْتِهِيَوْ
أَسْنَغْ أَحْبِيبْ أَعَعَشْرَغْ
وْلِوْ أَيسْ عَالْسَحِيوْ
أَيْرْ عَفْ يَنْعَى وَحَرَغْ

Nek r'erir' d'eg thelouih'ath iou.
d'el dlem bezzef k'emrer' ;
tseh'akkirer' ben adem es thit' iou,
essener' ah'abib ar'a âcherer'.
d' oul iou ais d' och chikh iou,
ain r'ef ineha oukherer'.

J'ai étudié sur ma planchette [3]; — je suis un savant puis-

---

[1] Dans les combats de montagne, lorsque la position de l'ennemi est inconnue, ceux qui se présentent les premiers sur une crête sont les plus exposés aux coups de l'ennemi qui peut se trouver à peu de distance sur le versant opposé. C'est donc une preuve de courage que de franchir les crêtes dans le voisinage de l'ennemi.

[2] Les épingles, appelées *thikhellal* (de l'a- rabe خَالَ « percer »), sont exclusivement à l'usage des femmes. La djellaba est un vêtement d'homme consistant en une longue chemise descendant jusqu'aux pieds.

[3] Dans les écoles musulmanes, les enfants se servent pour écrire d'une petite planchette en bois. Lorsque cette planchette est couverte, on efface les caractères et on recommence à écrire dessus.

sant; — je juge les hommes d'un coup d'œil — et reconnais l'ami que je dois fréquenter. — C'est mon cœur qui est mon maître; — ce qu'il me défend de faire, je l'évite.

أوينقان تعسرْ كِفْ الْـوَادْ
تْـلـوبـِنْ كِـفْ تْجْـرَادْ
يـلـى آلَـهْ اَجَّـرْ
اَحْرُونْ مَــعَّنْ اَمْ ازْوَاجْ
اَدْ يـلـى تْخبَارْ اِضَـرْ

A oui ioufan l âsel kif el oued
thoulaouin kif le djerad
thili oulah ah'adjer,
ad' erououn medden ak ezouadj
ad' iali le khebar idher.

Puissé-je trouver le miel comme une rivière, — les femmes comme des sauterelles, — et qu'il n'y ait pas de propriétaires! — Les hommes se rassasieraient de mariage; les nouvelles monteraient et descendraient.

آتْنـى نَـوْعَـرْ آلـشَّــتْـو
ءَكْسْ اَسْمِيضْ ءُقَمْ يبْقْ
وَاللهْ اَرْتِـلَـهْ نَـقْـسُـوتْ
اَكْسَمْ ءَكْسْ اَتْنْلَغْلِـيـقْ
اَلْ ءَنْـبْـهْ يَـلَـهْ
ءَكْسْ اَتْنْقُـو اَصْعِيسْ
نَـمـرْةْ الـسَّـى اَقَـرْ
يَـلـى اَرْنْكـى نْقَـى يـقْ

*Ennan i thouâr ech chethoua,
d' eg s asemmidh d' oulerrif.
Oullah! ar thelha thefsouth
aksoum d' eg s ag tseleflif.
oula d' anebd'ou ilha,
d' eg s ag tsek'aoui edh dhâif;
lemmer d' er rai K'ala
iali our izouggi le kherif.*

On me dit que l'hiver est pénible; — c'est la saison du froid et de l'onglée. — Par Dieu, le printemps est agréable; — c'est alors que la viande devient grasse. — L'été aussi a du bon; — le faible alors se fortifie; — mais si l'on prenait l'avis de K'ala. — l'automne ne finirait jamais[1].

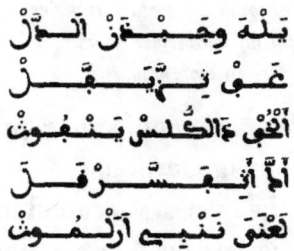

*Ilha oui ijebed'en ed dal!
r'ef thizza iffal
el khouf d'egg oul is infou th,
akka a th ifesser K'ala,
l ânaia n enbi ar el mouth!*

Honneur à celui qui tire le dal du fusil[2]! — Il franchit

---

[1] L'automne est l'époque de la récolte des figues. C'est peut-être la seule saison de l'année où les Kabyles puissent satisfaire leur appétit. C'est aussi l'époque où les poëtes et chanteurs font les collectes les plus productives.

[2] Le dal est une pièce de fer ayant la forme du ‍د dal arabe, qui surmonte le chien, et que l'on saisit entre les deux premiers doigts de la main droite pour armer le fusil. Un homme qui tire le dal est donc un homme brave.

les cols[1] — et bannit la crainte de son cœur. — Ainsi dit K'ala; — la protection du Prophète jusqu'à la mort!

El k'oum agi d' izerman.
oui iddan d' ouaiedh a th ik'k'es.
thoura d' akhir ez zaman.
theggouth d'i medden thenk'es,
ouin mi kheddemer' el khir,
ik'k'el i i tsabenâmmets.

Cette génération est un peuple de reptiles. — Celui qui fait route avec un compagnon le pique. — Nous touchons à la fin du monde. — Les vices s'accumulent parmi les hommes. — Celui à qui je fais du bien — devient mon ennemi.

Ekker, a l dounith, at tezeredh — ai id' em idherroun;
el bizan edjan thout' efa — ezgan d em bâid', tsekoukeroun.
ik'k'el isr'i d' akennas — iour'al bou thejoujar mâloum[1].

Lève-toi, ô monde, tu verras — ce qui est advenu de

---

[1] Voir la note 1, page 248.

[2] Les Kabyles comparent les taches des pattes du percnoptère ou vautour aux rougeurs d'érythème produites par le feu et appelées *ijoujar* ou *thik'k'ad*. (Voir la note 3, page 189.)

toi. — Les faucons ont abandonné la proie; — ils se tiennent au loin, ils ont peur. — Le vautour est devenu un chasseur impétueux; — l'oiseau aux pattes tachées est maintenant illustre.

اللّه اخذ الدّني ذراعين ايمّيقمز
ارعن اسمان عبلّوث اعلتيز
البزيقم علفع يسغ اتسوّنز

Allah! el k'ad, a ed denia, — d'râ in ai am ik'k'imen.
ird'en geran — d' abellout' ag er'lain
el baz ik'k'im r' el k'âa — d' isr'i ag saoualen.

Dieu te garde, ô monde! — Deux coudées, voilà ce qui te reste. — Le froment est sans valeur; — ce sont les glands qui ont haussé de prix. — Le faucon reste coi sur la terre; — c'est le vautour qui a la parole.

ارّ اخب انتغليظ
تسزرث تخليظ
تغنيمث نغ اجنجار
سمعخّر كر نهو انتيمزيظ
اوفثاث اقزّم اوقزّار

arra d el k'ab en ter'elit',
thazarth thoukhelit',
thar'animth ner' ajenjar,
soumek'er' kera thourou thiazit'
ed' oufthath igezzem ougezzar.

Donnez-moi des fruits du figuier[1], — figues sèches mé-

---

[1] Sidi-Kala étant allé, dans une de ses tournées, demander l'hospitalité à des gens pauvres qui n'avaient à lui offrir que des figues, répondit par ces vers aux excuses que lui faisaient ses hôtes de ne pouvoir le traiter plus convenablement.

langées, — tar'animt ou ajenjar[1]. — Je vous dispense de ce que pond la poule — et du morceau que coupe le boucher.

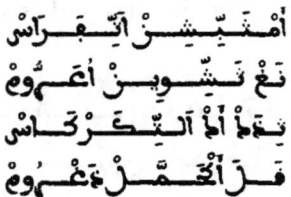

*Em thibbouchin et tifiras,
ner' thachchiouin ouârroum,
thid'ak ak etsikerkas.
K'ala ag h'ammel d' ar'eroum.*

Femme aux seins comme des poires[2] — ou des cornes de jeune taureau, — tout cela n'est que ruse; — ce qu'aime K'ala, c'est le pain.

---

[1] On appelle *tar'animt* une espèce de figue blanche; *ajenjar* est une figue violette. Les Kabyles comptent trente-deux variétés de figues.

[2] Sidi-Kala avait conservé, dans sa vieillesse, la réputation d'un vert-galant. Quelques habitants d'un village, voulant le mettre à l'épreuve, le laissèrent seul avec une jeune fille d'une grande beauté; mais le poëte, qui peut-être avait deviné le piége, répondit par ces vers aux avances de la tentatrice.

VII

SENTENCES, MAXIMES, RÉFLEXIONS.

PAR MOHAND-AGAOUA, DE TALA-N-TAZARTH (ZOUAOUA).

Rechd'er' k, a l k'alb bou l mah'anath .
edj ah'ih'a [1], *ebrou i l k'oual ,*
el âref d'eg ezman ifath ,
ir'ab, idja d r'as le khial.

Je veux te diriger, ô cœur affligé ; — abandonne tes refrains, cesse tes chants. — La sagesse n'est plus de notre époque ; — elle a disparu, ne laissant que son ombre.

---

[1] Le mot أحِيحْ *ah'aiah'*, que les Kabyles appliquent au chant, est employé par les Arabes, surtout dans le sud, pour désigner une chasse, au lièvre ou au sanglier, au moyen de traqueurs dont les cris reproduisent à peu près le son de أَحِيحْ.

Ebd'ou ouah'ed' seg el maânath
ed denia k'rib thour' ermal.
l âdhem d'i thouddar itsouath
d' erd'i thoura ay our'en aoual.

Commençons par la première sentence[1] : — le monde est près de sa fin. — L'homme de bien, dans les villages, est maltraité; — c'est le méchant qui maintenant a pris la parole.

يـسـتـنـيـز أسكـلـمـعـنـاث
إصب دم بـمـقـنـز أشـوال
كـرنكمـاث نكّث النّـقـمـاث
ورنبحـي مـكـمـاس قـال

This thenain seg el maânath :
içab gar imed'anen choual ;
gar thagmats theggouth en nek'emath.
ouar nebdhi d' egma s, la h'al.

Deuxième sentence : — La discorde règne parmi les hommes; les vengeances s'accumulent entre frères. — Celui qui ne se sépare pas de son frère — n'est pas dans l'état normal[2].

---

[1] Afin de conserver, comme l'auteur, la même expression dans toute cette pièce de vers, j'ai toujours traduit معاني ou معانة par *sentence*, bien que souvent ce que le poëte désigne par ce mot soit une maxime ou quelquefois même une simple réflexion. En arabe معانة à ces différents sens.

[2] Dans la société kabyle, l'unité sociale est la famille et non, comme chez nous, l'individu. Les biens restent en commun et sont administrés par le père de famille, et à sa mort par celui de ses fils qui est jugé le plus capable de les gérer. Le produit du travail de chaque membre de la famille revient à l'association. Il arrive cependant quelquefois que la désunion se met dans la famille et amène la dissolution de l'association. C'est ce dont se plaint ici le poëte.

L'exclusion des femmes de l'héritage paternel est la conséquence naturelle d'une pareille organisation sociale, car, si les filles héritaient au même titre que leurs frères,

بَسْتَلَتْ سَمْ اَلْمَعْنَاتْ
اَنْخِيفُ اَوْكْنَمَّارْ
يَجّْ تَوْفَرْةَ تَشْمَاتْ
نَى اَيَوْنْ دَاعْنْ قَوَارْ

This thletha seg el madnath :
ai ouk'ad'ik', ad' ak nemmal,
iggroudj l ouk'er d' el h'achemath.
noufa aiaoun dåan le khoual.

Troisième sentence : — Homme sensé, viens que je te montre; — la délicatesse et la pudeur nous ont quittés. — Nous voyons les neveux plaider avec leurs oncles.

يَسْبَعَ سَمْ اَلْمَعْنَاتْ
اَوْمِنْ عَزّْ اَسْمَ اَلْعَقَّارْ
حَرّْ اَمْرَ اَلَّعْمُ تَسْنَعَاتْ
اَلَّنِي اَنْعَالَّرْ تَسْبَارْ

le partage des biens aurait bientôt amené la dispersion de la famille. C'est à cette organisation que l'on doit attribuer, selon moi, l'état d'abaissement où est tombée la femme chez les Kabyles.

La domination française modifiera nécessairement avec le temps cet état de choses, l'action d'un pouvoir fort, capable de protéger l'individu isolé, rendant inutiles les associations qui avaient leur raison d'être dans l'état d'anarchie où vivaient les Kabyles, anarchie qui forçait les individus à se grouper, pour se défendre contre leurs ennemis.

Avant la révolution de 1789, il existait dans les provinces du centre de la France, le Nivernais, le Bourbonnais et le Berry, un grand nombre de communautés nées d'une exigence féodale et présentant beaucoup d'analogie avec ce qu'on observe maintenant en Kabylie. Il n'y a pas plus de trente ans que la dernière communauté du Nivernais, celle *des Jaux*, a cessé d'exister. De même que chez les Kabyles, les biens restaient en commun et étaient gérés par le vieillard jugé le plus capable. La femme qui épousait un homme étranger à la communauté perdait tous ses droits aux biens de la famille et ne recevait qu'une dot en argent, une fois payée. (V. Dupin, *Coutume du Nivernais.*)

SENTENCES, MAXIMES, RÉFLEXIONS.

This arbâ seg el maânath :
d' ouin âoudden seg el âok'k'al,
h'ad'er ammar ad dek thessenâath,
en nif en touddar isfal.

Quatrième sentence : — Ô toi qui es compté parmi les sages, — prends garde qu'on ait rien à te reprocher, — l'esprit de parti fait glisser dans le mal.

يَخَمَّسَ سَغْ ٱلْمَعْنَاثْ
أَكَّا أُولَّنْ دَعَسَقَّازْ
وِيُمْنَنْ أَسُوخِيبِسْ يَنْعَاثْ
يَنَّيَاسْ أَثْخَدْعَرْ يَكْلَلْ

This khamsa seg el maânath :
akka, a oui illan d' ar'effal[1].
oui ioumenen s ouh'abib is, inr'a th,
inna ias : a th khed'âr', ikelal.

Cinquième sentence : — Et toi, écoute, homme confiant : — Celui qui se fie à son ami est sa victime; — il dit : « Je le trahis, parce qu'il le mérite. »

يَسَّتْ سَغْ ٱلْمَعْنَاثْ
أَنْسِي أَرْبَ سِقَازْ أَقَازْ
بِيسْ يَتْجَبَعْ ٱلسَّيَّاثْ
أَعْ جَعُوشْ أَيْتَمْ يَنْنَوَازْ

This setsa seg el maânath :
ansi erba? si k'al ou k'al ;

---

[1] *Ar'effal* veut dire ici *confiant, crédule.* Ce mot a pour racine le verbe arabe عمل « négliger, omettre », que les Kabyles ont détourné de sa signification.

bab is itsedjabed es siiath.
ed' dâoussou ai d'eg itsnaouał.

Sixième sentence : — D'où vient la discorde, si ce n'est des on dit? — Celui qui les colporte ne s'attire que désagrément. — Le mal, voilà ce qu'il prépare.

يَسْبَعْ سَمْ ٱلْمَعْنَاتْ
أَيْ نَلْخِيرْ دَرَتْطَلْ
وِيْ زَرْعَنْ دِجْلْ يُفَاتْ
غَرْ جَوَاتْ أَرْدَ سْمِعَالْ

This sebâ seg el maânath:
aia n el khir d' aret't'al,
oui izerân d'i l djel ioufa th,
r'er le djouad' ar d'as iour'al.

Septième sentence : — Le bien que nous faisons n'est qu'un prêt; — celui qui sème dans une bonne terre retrouve ce qu'il a semé; — il lui en est tenu compte chez les honnêtes gens.

يَسْتَمْنِي سَمْ ٱلْمَعْنَاتْ
دَمْ بَسْطِي إِرْبُنْ لَرْسَالْ
أَيْنْ إِدْ يَنْ أَنْبِي يَغْرَاتْ
أَرْيَنْغَمِدْ أَرْيَفَالْ

This ethmeniâ seg el maânath:
d' amrabodh irebboun l ersal,
ain id inna enbi, ir'era th,
ar itsâmmid' ar iffal.

Huitième sentence : — Ce marabout qui a sans cesse les

prophéties sur ses genoux, — tout ce qu'a dit le Prophète, il l'a lu, — et, de propos délibéré, il transgresse la loi.

يَسْتَتْسْعَ سَمْ اَلْمَعْنَاتْ
ءَالْقَضِى اِنَمْ يَبْغَـازْ
اَنْـقْ اَجْـمِزْ يَـكْـمَـاتْ
يَتْجَهِ اِوِ اِحَـزَنْ اَرْيَـازْ

*This tesâa seg el maânath :
d' el k'adhi itheg thifoukal,
el h'ak' ougoujil ikma th,
itedjahi i oui ikhezenen rial.*

Neuvième sentence : — Le kadhi cherche des faux-fuyants; — le droit de l'orphelin, il le cache, — et il se met du côté de celui qui a entassé les réaux.

يَسْعَشْرَسْ اَلْمَعْنَاتْ
وِبْـغَـازْ اَلـتُّـبَ يَـمَّـزْ
اَوِنْ اِرَجُّـنْ لَـوْقَـاتْ
اَلْـخَـتِـمَ اَدْرَسْلْـمَـازْ

*This âchera seg el maânath :
oui ibr'an et tsouba izzal,
a ouin iredjoun l ouk'ath,
el khatsima ed' ras el mal.*

Dixième sentence : — Celui qui veut revenir à Dieu prie. — Ô toi, qui observes scrupuleusement l'heure des prières, — souviens-toi qu'une bonne fin, voilà le capital!

اَرْحْضَاشْ سَمْ تْمَـعَـنِـىِ
اَتـتَّـازْ تَـزْغَ اِبَـطُّـوزْ

17.

عَكَزْنَقَانْ أَوْلَـقْـنِـي
تَبَعْثْ يَمْهَبْنَـزْ أَرْتَخْلُونْ

> Ar ah'dhach seg le mâani :
> et touddar la dr'a ibet't'oun,
> d'eg zenk'an ed' le fethani
> thebân ts imzabenen ar ts kheloun.

Onzième sentence : — Les villages qui laissent pénétrer chez eux la discorde — voient la guerre civile dans leurs rues ; — les apostats des partis s'attachent à eux — jusqu'à ce qu'ils les aient rendus déserts[1].

يَسْتَنَاشْ سَمْ لَـمْعَـنِـي
اَلَـهْـزَنْ يَـنُّـوَّرْ لَـفْـمُـرُونْ
أَرْوِ يَبْمَـعْ أَوْتَـسْتَـرْنِـي
أَعْـرْ أَزْهَاتْ سِيدِيسْ مَبْكُـونْ

> This ethnach seg le mâani :
> errezen si thouddar le k'eroun,
> erd'i ibr'a ad' isnerni ,
> r'er ezdath sid' is ma ikoun.

Douzième sentence : — Les cornes des villages sont brisées[2] ; — l'homme de rien veut s'élever au-dessus d'elles. — Dorénavant, il ne reconnaîtra plus de maître.

تَلْطَاشْ سَمْ لَـمْعَـنِـي
أَوْ يَعْبَانْ سِـتَرْ يُوفَـلْمُـونْ

---

[1] On appelle *amzabeni*, au pluriel *imzabenen*, un homme qui va sans cesse d'un parti à l'autre.

[2] C'est-à-dire, les sommités, les gens marquants, les grands des villages. (Voir la note de la page 267.)

SENTENCES, MAXIMES, RÉFLEXIONS.

أَتْمَشُومْ تَمْ أَسْلَكْنِي
حَقَرْاكَلِّمْ يَسَرْنِسْ

Thelt'ach seg le mâani :
a oui iâban, sid'er i ouk'elmoun,
ai amechoum, theddou s el keni,
h'ad'er agellid' isserousoun.

Treizième sentence : — Homme puissant, abaisse ton capuchon. — Malheureux, marche avec humilité; — rappelle-toi que le maître souverain abaisse l'orgueil.

أَرْبَعْهَاشْ سَمْ تَمْعَنِي
أَمْزِلْ سَلْجَهَدْ أَيْثْكَنُوزْ
وَرْأَرْجَالْ يَزْكَلْتْ تَمْنِي
مَغْنَعْثَذَنْ اَخْلُوزْ

Arbât'ach seg le mâani :
amzil s ed djehed ai th kennoun,
oua ar erdjal izgelt le meni
ma r'a th âthad'en, a th kheloun.

Quatorzième sentence : — Le ressort se ploie par la force. — Celui qui n'a pas de soutiens manque son but; — si on l'attaque, il est perdu.

خَمْسَطَاشْ سَمْ تَمْعَنِي
اَلدَّنْيَ أَيْذَكْسْ إِضَهُّوزْ
يَكَنْ تَسَمْ وَنَّنِي
وَزَعَنْ أَمَسْضَلُوزْ

K'hamst'ach seg le mâani :
ed denia ai d'eg s idherroun!

iggouth el h'ased d' ech cheh'ani
oui izeddigen ad' as edhloun.

Quinzième sentence : — Le monde, voilà ce qui s'y passe! — L'envie et la haine y abondent; — celui qui est pur, on le couvre de boue.

This set't'ach seg le mâani :
k'ouir' i l âbd' itsr'oulloun,
sioudh ar k ih'oub el r'ani,
be khelaf el r'edheb ai rennoun.

Seizième sentence : — Je regarde avec étonnement l'homme envieux. — Fais-toi aimer du dispensateur des richesses, — et l'envieux n'aboutira qu'à attirer sur lui sa colère.

Sebât'ach seg le mâani :
d' ouin illan d' aouchfoun
ma our thelli d'eg s themouseni
akken issaoul ad' as enh'oun.

Dix-septième sentence : — L'homme disgracié de la nature, — s'il n'a pas l'intelligence prompte, — quoi qu'il avance, on le contredit.

أَثْمَنْهَاشْ سَمْ تَمْعَنِي
غَالرَّعَلْ أَبَمْغُونْ أَسْعُونْ
أَرْنَوَ أَمْرَحْبَ أَنِينِي
اِنْبَعْ أَغَمْ بَتْلَغُونْ

Thement'ach seg le màani :
d' er red'ela ai br'oun sdoun,
our tsek'a merhaba a th iini
i inebgi ar'a d innoulfoun.

Dix-huitième sentence : — L'homme inhospitalier peut posséder ce qu'il voudra, — ne lui demandez pas qu'il souhaite la bienvenue — à l'hôte qui se présente chez lui.

نِسْتَعْقَاشْ سَمْ تَمْعَنِي
أَوُ إِكَنْ تُجْمِيلْتْ إِمُنْ
بَطَلْ أَلْخِيرْسْ أَكَّنِي
غَنْتْفَعَ أَكَتْخُصُنْ

This tsàt'ach seg le màani :
d' oui igan thajemilt imoun,
bat'el el khir is akkenni ;
d'en netsk'ad'a ag etskhouççoun.

Dix-neuvième sentence : — Celui qui rend un service et le rappelle sans cesse, — tout le bien qu'il fait est non avenu ; — c'est le jugement qui lui manque.

نِسْعَشِيرْ سَمْ تَمْعَنِي
أَتَّرْعُمْ أَلَّهْ إِغَتُّونْ

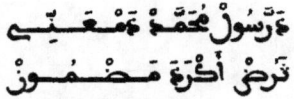

This âcherin seg le mâani :
tserer' k Allah ir'ennoun,
d' er resoul Moh'ammed, d' amâanni,
tharoudh kera d'a medhmoun.

Vingtième sentence : — Je t'en prie, ô Dieu, qui dispenses les richesses, — au nom du Prophète Mohammed, notre protecteur, — inscris tous les assistants au nombre des élus!

VIII

ÉLECTIONS KABYLES DE 1862.

PAR ÀLI-OU-FERHAT, DE BOU-HINOUN.

أَصْلَنْ عَفْمْ أَبَتْخَـــَامْ
أَدْ عَفْمْ عَبَّـدْعْ أَمَـسَّــرْ
إِفْضِيلْ عَضِيمْ الشَّـــنْ
السُّلْطَانْ وَرْنَسْعْ أَشْوَرْ
وَنَسِي مَعْ بَدْلَعْ أَمْكَــانْ
يُومْ قَسَبْ تَكْنِتْ تَـزْوَرْ

Eçlat r'ef k , a bou thekhoutham,
ad' r'ef k âbbed'er' afesser.
ifodhel ik âdhim ech chan,
es solt'an our nesâi chouer !
ouanes ii ma r'a bedeler' amkan
ioum el h'asab thagounits thezouer.

Bénédictions sur toi, ô maître du sceau ! — En ton honneur, je chanterai sans cesse. — Que le Dieu des grandeurs te comble de faveurs, — le Roi qui n'a pas de conseillers ! — Assiste-moi lorsque je changerai de demeure ; — le jour des comptes est un moment difficile.

نَـمْ حَـضَّـاهْ إِسْـفْـــرَانْ
سَلْقُولْ أَجْـنِـبْ أَنْـكَـــتْـرْ

اَسْعْدِيَنْ اُهَتْنَنْ اَلـشَّـامْ
وَلَّنْ هُحْـذِبـقْ إِجْحَـــرْ
آفَلَغْ تَنْتَمْ اَغْـرْ اَطْـلَمْ
اَنَكْـشَمْ اَبِـيـدْ اُرْنَـمَرْ

Nek d' ah'addad' isefran,
s el k'oul ajed'id' an neketser ;
isaâd'iin ahathen ech cham,
oui illan d' ouh'ad'ik' ihoujer.
ak'lar' la netheddou r'er t'elam,
an nekchem abrid' our nezer.

Je suis un artisan de chansons; — je les augmenterai de ce chant nouveau. — Les gens heureux sont ceux qui sont en Syrie, — l'homme bien avisé a émigré. — Nous marchons vers les ténèbres; — nous suivons une route où nous ne voyons rien.

يَـتَـمْ اَلْـوَرْدْ اَلْـبُـنَـانْ
كُلْ اَلْعَمْ بَدْلَتْ تَمْغُـرْ
يَفْكَاهْ اَفْبَكْاَنْ إِعْـسَـانْ
اَقْبَيْلِي اَلسُّوقْ دَمْـضْـيَارْ
يَـمْرَعْ وِنُـورْنْ فَضْـرَلَّنْ
اَنَكْـسْ اِزَعْ اِكْـتَّـرْ

Iousa d el ourd el bounan¹ ;
« koul l âm, bedeleth themr'our »
ifka d ouk'obt'an ir'san,
ak'baili es souk' d' amdhiar.
izerâ d'i thoud'rin k'edhran
anek'as ized' iketser.

¹ El ourd el bounan est l'altération du français, « l'ordre de bon an » ou « de bonne année ».

L'ordre de bonne année est arrivé[1] : — « Tous les ans, changez l'autorité. » — Le capitaine nous a jeté des os —

[1] L'auteur veut dire que, chaque année au premier janvier, le capitaine, chef du bureau arabe, envoie aux villages l'ordre de procéder au renouvellement des amins. Il compare cet ordre à des os que l'on jette aux chiens pour les faire se battre. Dans les couplets suivants, il développe sa pensée, qui est une pensée de critique du mode d'élection à la majorité des voix que l'on a cherché à introduire chez les Kabyles. Ce système, qui nous paraît juste et rationnel, est tout à fait en dehors des habitudes des Kabyles, ce qui fait dire au poëte qu'ils marchent vers les ténèbres et suivent une route où ils ne voient rien. Il est, de plus, complétement contraire à leurs idées sur le degré d'influence qui revient à chaque classe de citoyens. La société kabyle, en effet, admet, sous des apparences très-égalitaires, des distinctions de classes fort prononcées. Un grand (*amek'k'eran*) de village, c'est-à-dire un homme jouissant d'une aisance relative ou ayant acquis de l'influence dans sa tribu par sa bravoure à la guerre ou sa sagesse dans le conseil, se croit de très-bonne foi supérieur au fellah, qui n'a pour vivre que le travail de ses bras et a toujours été tenu à l'écart de la direction des affaires. Le fellah, de son côté, tout en s'inclinant sans hésiter devant la supériorité des grands, rougirait d'être assimilé à un boucher ou à un mesureur de grains. Je ne parle pas des marabouts, qui forment une caste religieuse à part. Nous voyons tous les jours les Kabyles pousser la passion de l'égalité jusqu'à l'extrême absurde, mais il est facile de s'apercevoir que chacun ne porte que dans la classe à laquelle il appartient ce sentiment qui est plutôt, du reste, celui de la jalousie que de la vraie égalité. Un fellah cédera, sans humiliation, à un homme qu'il regarde comme son supérieur, ce qu'il contestera au péril de sa vie à un fellah comme lui.

Un système d'élection qui accorde à tous les citoyens indistinctement la même influence dans les affaires du pays, doit donc choquer profondément les préjugés des classes habituées à diriger seules ces affaires. Il ne choque pas moins l'opinion, universellement admise par les Kabyles, sur les droits que donne à l'homme l'expérience de la vie. Il n'est pas un Kabyle, à quelque classe qu'il appartienne, qui puisse admettre, comme raisonnable, l'idée d'attribuer la même valeur à la voix d'un jeune homme de vingt ans et à celle d'un homme de cinquante.

D'après les usages kabyles, lorsqu'un village a à choisir un amin, les grands du village, les anciens, les chefs de famille (voir la note 2, page 255), tous les hommes en un mot à qui l'opinion publique confère le droit de prendre part à la délibération, se réunissent pour examiner les titres des divers candidats. La discussion est toujours longue et occupe souvent plusieurs séances, car chacun tient à faire son discours. Si l'on parvient à se mettre d'accord, tous les hommes du village, petits et grands (*mezzi mouk'k'er*), suivant l'expression consacrée, sont convoqués et on leur fait connaître le nom de l'amin qui vient d'être choisi. Lorsque ce choix a eu lieu dans des conditions normales, c'est-à-dire avec la coopération des différents çofs, il n'y a jamais opposition. On lit alors le *fatha* sur le nouvel amin et il entre en fonctions après avoir prêté sur un livre saint le (pour le Kabyle mauvais présage). — Il sème du goudron dans les villages[1]. — Les haines s'enveniment et se multiplient.

أَلْعَجَزْ تَفْحُوزْ إِزْرَمَانْ
يَمُّتْ وِنَّزْ هَالشَّهَرْ
عَذْلَنْ الْهَنْ هِسَلْنَانْ
أَحْزَنْحَيْ الصَّرِ الْبَحَرْ
أَتْهَنْ النَّفْسَبْ هِزْرَمَانْ
ألَنَّشْ أَحْبِيبْ أَغْيَسْتَرْ

Ekfan le fch'oul id'erman,
immouth oui illan d' ech chat'er.
ad'elen ez zen d' iselnan,
Ikeh'azenedh, a ç çari el lebah'ar!
geren el k'osba d' izerman ;
oulach ak'abib ad' isther.

C'en est fait des hommes qui guidaient les fractions; — tout ce qui était intelligent est mort. — Le zèn et le frêne sont devenus égaux[2]. — Prenez le deuil, ô mâts des navires!

serment suivant, bien rarement tenu : « Je jure par ce livre que je ne jugerai pas avec partialité; je ne cacherai pas le droit; mon fils sera l'égal de mon ennemi; le coupable ne me trouvera pas de son côté. »

Si l'assemblée des notables ne peut arriver à s'entendre, elle s'en remet ordinairement du choix à faire, soit à l'un de ses membres dont la sagesse et l'expérience lui inspirent confiance, soit à un marabout, soit même à un homme étranger au village; elle procède enfin par voie de transaction et de conciliation, sans jamais tenir compte du nombre des voix, à moins que ce ne soit pour écarter les prétentions d'une minorité tout à fait infime. Afin d'éviter les jalousies, les rivalités et surtout les vexations qu'un çof ne manquerait pas de faire subir à l'autre s'il restait trop longtemps au pouvoir, elle choisit aussi quelquefois l'amin dans chaque çof à tour de rôle et successivement dans toutes les fractions du village.

La coutume kabyle n'admet pas non plus le renouvellement des amins à époque fixe.

[1] Les Kabyles comparent au goudron toute chose amère et mauvaise.

[2] Le chêne zèn est un arbre dont la tige s'élève droite et sans branches comme un

— Ils disent que les intestins et la bonne viande sont des parts égales [1]. — Il n'y a pas d'amis pour étouffer l'affaire.

خْمَمْسْ كَلْهَزْ يِنَازْ
ثَرَاقْلَنْ أَكْ ذَلْعَسْكَرْ
أَرْوَانْ أَشْهَدَ أَسْلْثْمَانْ
عَفْلَغْ إِفْمْ نَشَّرْ
أَرَبِّي إِلِ ذْوِ إِغْبِسْعَانْ
إِومِ نَغْزِ الْغْمَرْ

Le khamemsa gelzen inan,
thoura ak'k'elen ak d' el âsker;
arouan echehada s el theman [2].
âk'eler' ik'oud'am n ech cher.
a rebbi, ili d' oui ir' isâan
i oumi ther'zi el lâmer.

La parole était interdite aux métayers [3]; — maintenant, ils sont tous devenus des soldats; — ils se sont rassasiés de votes à cinq sous [4]. — Je connais ces visages de malheur. —

mât de navire, jusqu'à une grande hauteur. Le frêne, au contraire, pousse des branches de tous côtés et est moins estimé comme bois que le zèn.

[1] Par cette allusion aux partages de viande appelés *thimecheret*, l'auteur veut encore faire entendre qu'en introduisant le mode d'élection à la majorité des voix, nous ne tenons compte que de la quantité et non de la qualité des suffrages. Dans le vers suivant, il se plaint qu'il y ait toujours des gens disposés à aller porter plainte, si le village veut choisir son amin d'après les usages du pays.

[2] Le *themen*, pluriel *theman*, est une pe-

tite monnaie d'argent autrefois frappée à Alger. Il y en a deux espèces: le *themen ajedid* ou *tezirith*, vaut vingt-cinq centimes, et le *themen içah'an*, en arabe ثمن, vaut trente centimes.

[3] Le mot arabe *khammas*, pluriel *khamemsa*, que j'ai traduit, faute d'autre mot, par «métayer», désigne un homme qui cultive la propriété d'un autre, à condition de donner au propriétaire le cinquième de sa récolte, s'il fournit lui-même la semence et les bœufs de labour, ou les quatre cinquièmes, si c'est le propriétaire qui fait ces avances.

[4] L'abus que signale ici le poëte est très-réel. Les Kabyles appartenant aux classes

Ô Dieu, sois propice à ceux qui nous possédaient[1]! — A quoi bon une vie plus longue!

أَلْـوَلْـدِ يـنْ إِغْـدِ رَبَّـانْ
وِسْـعَـانْ أَمِّـسْ دَسَخْـخَـرْ
يَـسَـدْ وُمَخْـزَنِـي أَسْـوُزْلَنْ
وَرْ نُـفِـي أَبْـرِ يـدْ أَنُـوَخَّـرْ
أَقْـلَـعْ يَـقَّـرْ نَـزْمَانْ
آلْـعِيشْ أَرْزَمْ أَمْ لَـخَـمَـرْ

A l oualdin ir' d irebban,
oui isâan emmi s, d' asekhkhar.
iousa d oumekhazeni s ouzelan,
our noufi abrid' an noukhkher;
ak'lar' d'i l akhkher n ezman,
el âich erzag am le khemer.

Ô parents qui nous avez élevés, — celui de vous qui avait un fils n'a fait qu'un corvéable. — Un mekhazeni éperonné arrive, — nous n'avons aucun moyen d'échapper; — nous sommes à la fin du monde. — La vie est amère comme le vin.

سَقَـرْ تَـمْـبَّـرَعْ أَبَّـمَـانْ
يَقَّـلْ أَمْـهْـيَـابْ عَـلْعِـنْـصَـرْ

de la société habituées à être tenues à l'écart de la direction des affaires ne voient dans la faculté qui leur est donnée de participer au choix de l'amin, qu'un moyen de se procurer quelque argent en vendant leur vote. On peut établir en principe général, sans crainte de se tromper, que, chez les Kabyles, partout où la corruption est possible, elle existe.

[1] Pour demander, en kabyle, à un enfant quels sont ses parents, on dit : *Oui k ilan?* «Qui te possède? Sois propice à ceux qui nous possédaient», signifie donc : «Sois propice à nos parents».

إيجٍ أُوكُورْ أُعْـمَـبَـانْ
أَشْمْعْ أَكْـرَنْـمْ عَـرْ لَمْغَـرْ
أَخْـزَنَـظْ أَلْـوزْ أَمْـيَـانْ
نَـتْ أَمْ أَرْبْـثْـعَمَّـارْ

*Sak'en l embouared' b ouaman
ik'k'el oumeziab d' el âinçer,
it't'ij ed' ouaggour r'eban,
achmoud egeran d r'er lemr'er.
theh'azenedh, a louiz amezzian,
netsa ed' douro bou ther'emmar.*

Les fontaines ont disparu ; — le conduit n'a plus qu'un filet d'eau[1]. — Le soleil et la lune se sont cachés ; — les lueurs qui restent viennent de l'étoile de Vénus. — Prends le deuil, ô petit louis[2] ! — et toi aussi, douro aux pans coupés[3].

أَشْـكِـي أَمِـسْ إِشَـانْ
إِرْزِبِسْ بَغْلَبْ تَـعْـنَـصَـرْ
يَـغْـرْحُـونْ أَبَـلْ آلْـمِـزَانْ
إِعَـبْ أَرِبْـزْ تَـغَـرْ
قَـسْـوَرْيَ أَكْـغَـرْ أَمْـكَـانْ
تَـغَـلْ آلـرْحْـبْ قَـفْـشَـرْ

Chekout'i oud'em is ichan

[1] Le mot *oumeziab*, que j'ai traduit par «conduit», s'applique ici au conduit qui amène l'eau dans les moulins kabyles et consiste ordinairement en un tronc d'arbre percé dans le milieu.

[2] Le «petit louis» est notre pièce de cinq francs en or.

[3] Le douro aux pans coupés est le douro d'Espagne, dont les bords, souvent rognés, présentaient des angles saillants, et qui servait aux transactions commerciales de la compagnie d'Afrique avec les indigènes. C'est ce que ceux-ci appelaient le *rial chekouti*.

izeri s ir'leb l ânacer.
itsrouh'oun bla el mizan
ir'ab our iban l ather.
d' es souarda ag our'en amkan.
thek'k'el er rah'aba d' ak'echcher.

La figure du chekouti est altérée [1]; — ses larmes coulent plus fort que les fontaines. — Il avait cours sans balance; — maintenant il a disparu, on n'en voit plus trace. — Ce sont les sous qui ont pris sa place. — Le marché est devenu un trafic de détaillants.

Si Gerrouma ar K'irouan
koul le mek'am houden as le çouar.
sid'i Khelil r'ed'eren l iman,
khalet'en le h'alal d' el menker.
r'as emchará s inagan
ad' fell ak dhebân s ez zouer.

Depuis Guerrouma [2] jusqu'à Kairouan [3], — ils ont détruit l'enceinte des tombeaux des saints. — Ils ont perfidement mis de côté la loi de Sidi-Khelil — et confondu ce qui est

---

[1] Voir à la page précédente, note 3. *Chekouti* est l'altération de l'italien *scudi*.
[2] *Guerrouma* est le nom d'une zaouia chez les Beni-Djâad, subdivision d'Aumale.
[3] *Kairouan*, ville de la régence de Tunis.

permis et ce qui est défendu. — Plaidez avec de bons témoins, — et ils vous imposent leur cachet de force[1].

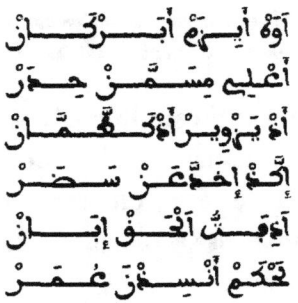

Aouah, a izem aberkan,
Âali mi semman H'aider,
ad' izouir d'eg et' t'emman,
iggad' ikheddâan s adhar.
ad' ifettou, el h'ak' iban,
le h'akoum en sid' na Âomar.

Où es-tu, ô lion noir, — Âli, qu'on a nommé Haïder[2]? — Viens, commence par les temman[3]. — Ce sont eux qui donnent le croc-en-jambe. — Tu montreras la vérité, on verra le bon droit apparaître. — Ce sera le règne de notre seigneur Omar[4].

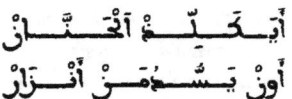

[1] Le poëte fait ici la critique de la justice des djemâa de villages, qui, délivrées, depuis la domination française, de la crainte de voir la partie lésée faire appel aux armes, ne jugent pas toujours avec impartialité. Les premiers vers du couplet s'appliquent aux chrétiens.

[2] Le mot haïder est persan et signifie lion.

[3] Voir sur le mot t'emman, note 4, p. 228. Âli-Haïder, gendre du prophète, passe pour avoir été un grand coupeur de têtes. Le poëte en lui faisant appel, lui recommande de commencer par couper la tête aux temman.

[4] Omar-ben-el-Khettab est un des compagnons du Prophète; il est très-souvent invoqué par les musulmans de l'Algérie.

18

أُرْغَبْ أَبَابْ إِجَنْوَانْ
سَعْلِي يَدْبَزْ ٱلْكُفَّرْ
أَفْكَاغْ ٱجْنَّتْ ٱلرَّضْوَانْ
أَجْمِيعْ أَنَّمَ نَحْضَرْ

*Ai agellid', a l h'annan,
a ouin issoudoumen anzar,
etsrer' k, a bab igenouan,
s aâli ideben el kouffar,
efk ar' ed djenneth er Redhouan
djemiâ akka d'a nek'adher.*

Ô roi bienveillant, — qui fais tomber la pluie! — je t'en prie, ô maître des cieux! — au nom d'Âli, vainqueur des infidèles, — accordez-nous le paradis de Redhouan — à nous tous qui sommes ici présents!

IX

DIALOGUE

ENTRE YOUSEF-OU-KASSI DES AÏT-DJENNAD ET MOHAND-OU-ÀBD-ALLAH DES IÂZZOUZEN (CONFÉDÉRATION DES AÏT-IRATEN)[1].

YOUSEF-OU-KASSI.

نـﺎ هَجَنَّهْ مَنْ نَصْلِيوْ
يَنْهُزْ لَعْهْ
مَيَّ اَكَرْكَبَنْ اُرِيسْ
دَمْنَيْ نَتْعُهْ
اَنْجَبَّهْ ادَّلْ اَسْقِيسْ
مِغْ يَهْرَ وَعْهَوْبَكْنْ

Nek d'ajennad' men l açel iou
itsrouzoun l âd'ou,
miia ag rekeben our iris,
d' amnai netsâouddou,
nejebbed' ed dal s el h'aris,
mi ir' izera ouâd'aou iknou.

Je suis originaire des Aït-Djennad, — habitués à vaincre

[1] Yousef-ou-Kassi et Mohand-ou-Âbd-Allah étaient deux poëtes-chanteurs contemporains et rivaux. Ils vivaient à la fin du siècle dernier. S'étant rencontrés un jour dans un village, ils commencèrent par s'injurier en vers et, comme chez les Kabyles les coups succèdent promptement aux injures, ils ne tardèrent pas à se livrer bataille avec les instruments de leur profession, c'est-à-dire le *tigdemt* ou tambour de basque. C'est le dialogue qui précéda la lutte que nous reproduisons ici.

l'ennemi. — Cent guerriers à cheval toujours au complet, — voilà notre cavalerie! — Nous tirons vivement le dal du fusil[1]. — Lorsqu'il nous voit, l'ennemi se soumet.

MOHAND-OU-ÂBD-ALLAH.

مَعْلُومٌ لَصْلِيوَةٌ يِرَاثْ
إِكَّذْ إِلْمَـعَـنْ ٱلْشِّــعَ
أُرْكْنْشِهْوِيــنْ يِفِرَاثْ
مَهَرَوُقْعَـنْ وَٱلْـفِـتْنَـى
زَالَّـنَـعْ مَـعَّنْ ٱلرَّخْلَاتْ
مَرَنَمْلِيــلْ دْ اَلْـكَـمَى
إكْشْ أَيْسَفْ أَنْـتِـنَّـاثْ
يِبِذْ ٱلـمَّجْــزَرَ قَــطْــمَ

Máloum l açel iou d' Airath,
iggad' ilmed' en ech chiâa,
our ak tsechihouin thiferath,
ma ra ouk'ân d'i l fethena.
zelloun ar' medden er rekhelath
ma ra nemelil d' el kerma.
i ketch, ai Yousef, en tinnath,
thif ik er redjela Fat'ma.

On sait que je suis Airath de naissance[2]. — Nos gens sont habitués aux hauts faits; — ils ne sont pas avides de paix, — lorsque leur survient la guerre. — On égorge pour nous de gras moutons — quand nous nous rencontrons avec des hommes généreux. — Et toi, Yousef, fils de celle-là[3], — en fait de virilité, Fatma vaut mieux que toi.

[1] Voir sur le mot *dal* la note 2, p. 250.
[2] *Airath* est un singulier de *aït Irathen*, et veut dire un homme des Aït-Iraten.
[3] C'est une injure en kabyle de désigner un homme par le nom de sa mère. Le vers suivant complète la pensée.

DIALOGUE.

YOUSEF-OU-KASSI.

مَهْيَبْغَ هَجُّورْ مَقَّرْ
إعَبُّدَنْ أَجِّرْزِنْس
يَكِيثَنْ أَزْءَتْ وَمْتَارْ
حَدْمَدْحَسْتْ إلْتَّيْبِسْ
مَيْبْغَ تَمَّرْ نَثْغَمَّارْ
أَفْضِعُو أَيْهَ تَمَثْلِس

Mer¹ ibr'i d' ed djour, mek'k'ar,
Iâbbouden ed djiran is,
ikkath ithen ezd'ath oumenar,
h'ad ma d' ih'azzeb i tsar is.
ma ibr'a thouddeza² en ter'emmar
ak'oudhiâou ai d' el methel is.

Lorsqu'il a la fantaisie d'opprimer quelqu'un, eh bien ! ³ — les Iâbbouden sont ses voisins ⁴; — il les frappe devant le seuil de leur porte — sans avoir à craindre la vengeance d'aucun d'eux. — Mais, s'il veut jouer des coudes, — il trouve dans les Aït-K'odheâ de dignes adversaires ⁵.

MOHAND–OU–ÂBD-ALLAH.

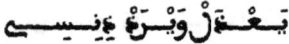

---

¹ *Mer* pour *lemmer* « si ».

² *Thouddeza* est le nom d'action du verbe *eddez* « piler ».

³ L'auteur veut désigner ici Mohand-n-Aït-Kassi, aïeul du bach-agha Bel-Kassem-ou-Kassi, qui, sous la domination turque, commandait les Âmraoua du haut de la vallée, et exerçait une grande influence chez les Aït-Fraouçen et les fractions des Aït-Ira-ten qui possèdent des terres dans la vallée du Sebaou.

⁴ On désigne sous le nom de *Iabbouden*, la réunion des villages de Isahnounen, Ir'il-bou-Hamama, Ir'il-bou-Anou et Taguemmount-Iabbouden, qui font partie de la tribu des Aït-Oumalou, confédération des Aït-Iraten.

⁵ La tribu des Aït-K'odheâ est une des

278 POÉSIES POPULAIRES DE LA KABYLIE.

ألكّيي أبْعَدَلْ نُبَاتْ
بتكّرمْ ورَيكْسي
أخْمِسْ ورَيعْ يَسّنْعَاتْ
ٱلْعَرْشْ إلْمَغَنْ أيسّي
كلْوَ ٱنّجْ نَشّاتْ
أرمِ نُوثَمْ أݣَتْعِسي
أتونْبغْا ٱلْغَنْهَزْ نفْرَاتْ

Iâd'el ouairad' d' inisi
akenni ai âd'elen thouiath.
itsegririb our iksi,
oud'em is our th id issenâath.
a l ârch ihned'en ak'issi,
koul oua el moudja thetcha th,
arni thouthem d'eg ath Âissi
ai aoun ifka l makhezen thiferath.

Le lion est l'égal du hérisson, — comme leurs épaules sont égales. — Le hérisson roule et ne paît pas; — il ne montre pas son visage. — Eh! la tribu habituée à réfléchir, — la vague vous a tous couverts. — Il vous a fallu combattre les Aït-Âïssi — pour que le Makhzen vous accordât la paix[1].

trois qui forment la confédération des Aït-Djennad. D'après l'opinion générale du pays, ils descendent des anciens Romains.

[1] Les Aït-Djennad s'étaient révoltés contre les Turcs de concert avec les Aït-Aïssi. Les Turcs les ayant menacés de brûler leurs moissons, ils demandèrent la paix, qui ne leur fut accordée qu'à la condition qu'ils marcheraient les premiers à l'attaque des Aït-Âïssi.

LES SINGES.

PAR MOHAND-OU-SAÏD, DES AÏT-OUAK'OUR[1].

ⵍⵜⵛⵖ ⵖⴰⵍⵅⴷⵎⴰ ⴰⵜⵍⵃⵍⴰⵍ
ⴽⵛⵎⵖ ⴷⴽⵎⵜⴰⵏⵄ ⴼⵔⵙⵖ
ⵙⵏⵢ ⴰⵍⵀ ⴰⵜⴽⵍⴰⵍ
ⵜⵎⵖ ⴷⴾⵏⴰⵏ ⵖⵔⵙⵖ
ⴰⵍⵛⵏⵜ ⴷⴼⵙⴷⵏ ⵍⵎⴰⵍ
ⵎⵖⵢⵓⵥ ⵢⴱⴾⵉ ⴰⵄⵙⵖ

*Letehar' d' el khedma el leh'alal
ketchemer' d'eg ounad'ar' ferreser',
s en nia oulah en tekhelal,
thezzour' d'i l djenan r'erreser';
etchan t oufesid'en el lâmal.
ma d' ioun ibk'i, a th àsser'*:

[1] La tribu des Aït-Ouak'our ou Iouak'ouren habite le versant sud du Jurjura.

ma djir', idkchar aoun el h'al.
ma nr'ir', oulah egg iser'.
mennar' a oui iddemen akal,
d' el âinçer enni d'eg etsaleser'.
ar ak itheadou, itsal
ar enga our zedder'en, erser'.

J'ai des occupations honnêtes [1]; — je vais dans la broussaille, je défriche — en conscience et sans négligence. — Je plante des arbres dans mon jardin; — les animaux malfaisants par nature me les ravagent. — S'il n'y avait qu'un seul singe je pourrais le surveiller. — Si je laisse faire, vous verrez ce qui arrivera. — Les tuer! c'est un acte peu honorable. — Je voudrais pouvoir emporter mon terrain, — avec la fontaine à laquelle j'ai droit; — je marcherais, j'interrogerais, — jusqu'à ce que j'aie trouvé un lieu où ils n'habitent pas; c'est là que je m'établirais.

[1] Les rochers les plus élevés du Jurjura sont habités par des troupes de singes qui, en été et en automne, descendent dans les jardins des villages sur les deux versants de la montagne et y commettent de grands ravages. Les propriétaires sont obligés de laisser toujours des hommes de garde dans leurs jardins. Malgré les déprédations des singes, les Kabyles ont pour eux un respect superstitieux; ils les regardent comme des hommes que Dieu, par punition, a privés de la parole.

XI

LALLA-KHEDIDJA ET LES IGAOUAOUEN.

LALLA-KHEDIDJA.

أَيْنْ أَسْمَعْ اَلْعُلُومْ نَوِيمْ أَبْرِيدْ مِتَسَّنَمْ
نَتْفَمَعْ نَكْنِي أَكْتِي أَدْ يِعْ سِدِّي أَكْسْتَحْسَنْ
أَنْتَا أَكْبَنَانْ تَشْفَفْ أَيْنْ يَخْزَنْ دَكْسَنْ يَسَّنْ

Aïn, a siad'i el douloum[1] — *thaouim abrid' mi tessenem;
thanefem ar' noukni d'eg en nia* — *ad' ieg sid'i ag estheh'asen,
ed' netsa ag benan le chk'af* — *aïn ikhezen d'eg sen issen.*

Eh! messieurs les savants, — prenez la bonne voie, puisque vous la connaissez; — laissez-nous dans notre simplicité. — Dieu fera ce qui lui semble bon. — C'est lui qui a créé les corps; — il sait ce qu'ils renferment.

LES IGAOUAOUEN.

أَيَمّْ أَخْلِجْ أَبْهَرْ بَرْءَ أَسْعَرْ أَبَلَّنْ
نَكْنِي نَبْعَعْ تَمْبَاتْ نَسْ أَيْسْنَلْ وَكْوَاوَنْ
أَزْلْ يِوَنْ وَكَّخِنِوَنْ

[1] Lalla-Khedidja, appelée par les Kabyles *Lalla-Khelidja*, était une sainte maraboute de la tribu des Imecheddalen qui, pendant le siècle dernier, habitait, dans le Jurjura, une maison isolée située au pied du pic qui conserve son nom. De toutes les tribus on se rendait en pèlerinage à son ermitage. Un jour, des tolba des Zouaoua se mirent en route pour aller lui rendre visite, mais, pendant le voyage une discussion s'éleva entre eux, quelques-uns trouvant qu'il n'était pas digne de savants comme eux d'aller visiter

A imma khelidja b ouzrou — barka asendoud'er b ouallen!
noukni nebâd — ai nella d' Igaouaouen,
lembath nensa — ezlou iioun d'egg ouaknioun.

Ah! maman Khedidja du rocher! — c'est assez détourner de nous les yeux! — Nous habitons loin d'ici; — nous sommes des Igaouaouen. — Nous passerons ici la nuit; — égorge-nous donc un de ces jumeaux [1].

LALLA-KHEDIDJA.

اَرِّبِّی اُفِکَـدْ اَمـشِّـمْ ۞ دْکَنِّی اَدْیَـدْ اِعْـلَـوَنْ
اَدْیَقْبَلْ بِرْ نَمْشُـومْتْ ۞ یَکَّـنْ کَـهِی عِـوَاوَنْ
لَهِّـبَّ اَنْسَنْ عَـعِـلِـمْ ۞ تَمَسْنِی اَنْسَنْ عَـسَوَنْ

A rebbi, efk ed ametchim — d'eg genni ad' ieg iâlaoun,
ad' ik'efel thizi thamechoumth — ikkan gar i d' Igaouaouen!
le mah'ibba n esen d' ar'ilif, — thamouseni n esen d' asaoun [2].

Ô Dieu, donne-nous la neige; — qu'elle voltige en flocons dans le ciel! — Qu'elle intercepte le col maudit — qui me sépare des Igaouaouen! — Leur amitié est un chagrin: — leur connaissance est un chemin escarpé.

une simple derviche. Dieu le fit aussitôt connaître à Lalla-Khedidja; aussi, lorsque les visiteurs se présentèrent, ne daigna-t-elle pas lever les yeux sur eux; tout en continuant à faire tourner son moulin à bras, elle leur reprocha vivement leur morgue de savants.

[1] Ces jumeaux étaient deux jeunes chevreaux.

[2] Ce vers est resté comme dicton populaire à l'adresse des Zouaoua.

XII

ÉTUDE DE LA LANGUE FRANÇAISE.

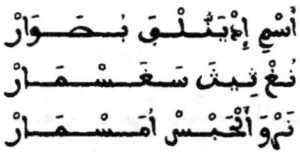

As mi id innoulfa bouçouar,
nour' thiitha s ar'esmar,
neroua el h'abs oumesmar[1].

Le jour où nous fut révélé *bonsoir*, — nous avons reçu un coup sur la machoire, — nous avons été rassasiés de prison à clef.

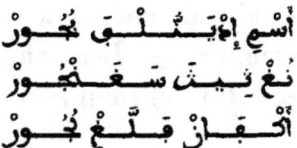

As mi id innoulfa boujour
nour' thiitha s ar'endjour,
ekfan fell ar' l oujour.

Le jour où nous fut révélé *bonjour*, — nous avons reçu un coup sur le nez; — les bénédictions ont cessé pour nous.

[1] La peine de l'emprisonnement n'a jamais existé dans les coutumes kabyles. Le mot *mesmar*, qui signifie un clou, désigne ici une clef française.

أَسْمِ إِدْيَنْلَفَى مَرْسِى
نُغْ يِمَتْ عَرْاَنْيَمْسِى
يِقَعْ اَلْعَمَتْ يَخْسِى

*As mi id innoulfa mersi
nour' thiitha r'er thürsi.
thif ar' el hiba thikhsi.*

Le jour où nous fut révélé *merci*, — nous avons reçu un coup sur la gorge; — la brebis inspire plus de crainte que nous.

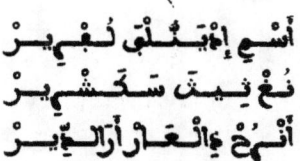

*As mi id innoulfa kouchoun,
iif ar' el h'orma ouk'ejoun,
akhemmas iour' aserd'oun.*

Le jour où nous fut révélé *cochon*, — un chien valut mieux que nous pour l'honneur; — le Khammas a acheté un mulet[1].

أَسْمِ إِدْيَنْلَقَى نَغْبِيرْ
نُغْ يِمَتْ سَكَشْبِيرْ
أَنْرُحْ عَالْعَارْ أَرَالَّجِّيرْ

*As mi id innoulfa lou frir
nour' thiitha s agechrir,
nerouk' d'i l d̄ar ar ed dir.*

---

[1] C'est la même idée, en d'autres termes, au sujet des élections kabyles de 1862, que l'on trouve exprimée par Ali-ou-Ferhat page 269.

Le jour où nous fut révélé *le frère*, — nous avons reçu un coup sur le genou ; — nous marchons dans la honte jusqu'au poitrail.

أسِي إِدْيَنُـلْـفَى أَدْيَـبَـزْ
نُـغْ ثِـيتْ نَـهْـبَـزْ
نُـغَـلْءِحَـدَّمَـنْ نَـزَّبَـلْ

As mi id innoulfa diabel,
nour' thiitha nehabel,
nour' al d' ikheddamen n ez zebel.

Le jour où nous fut révélé *diable*, — nous avons reçu un coup qui nous a rendus fous ; — nous sommes devenus des porteurs de fumier.

TROISIÈME PARTIE.

NOTE

SUR

LA POSITION DE LA FEMME CHEZ LES KABYLES

POUR SERVIR À L'INTELLIGENCE DES CHANSONS COMPRISES DANS CETTE TROISIÈME PARTIE.

La position civile et morale de la femme dans la société kabyle est des plus misérables et témoigne de la civilisation peu avancée où se trouve encore cette société; elle est bien inférieure à celle que la législation musulmane assure à la femme et, sous ce rapport, la loi du Coran, fidèlement observée, est un progrès incontestable sur les usages kabyles.

L'état d'infériorité de la femme se manifeste dès son entrée dans la vie. La jeune mère qui vient de mettre au monde un fils pare avec orgueil sa tête du bijou spécial qui doit apprendre à tous qu'elle a donné le jour à un homme. La naissance d'une fille, au contraire, loin d'être un sujet de joie, est pour la mère presque une honte; ce sera peut-être un jour pour elle, si elle n'a pas d'enfant mâle, la cause d'une répudiation injurieuse.

Toujours en tutelle, la femme n'a pas qualité de personne civile. Non-seulement elle est exclue du partage de l'héritage paternel (Voir la note 2, page 255), mais elle est elle-même un des biens meubles de la famille.

Le mariage est simplement un acte de vente. Le père dispose à son gré de sa fille, sans lui demander son consentement, sans jamais la consulter sur le choix du mari. A défaut du père, ce sont les frères, les oncles, même le tuteur, qui disposent de la fille; en l'absence de tout parent mâle, c'est la mère qui exerce les droits paternels.

L'homme majeur peut se marier sans le consentement de son père: les convenances lui font néanmoins un devoir de le consulter.

Il n'y a d'âge minimum fixé pour le mariage ni pour les hommes ni pour les femmes; tout est laissé à la discrétion des parents, ce qui entraîne de graves abus, aussi contraires à la morale qu'à la vigueur de la race; car le plus souvent les jeunes filles sont mariées avant l'âge indiqué par la nature.

Le mariage ne donne pas lieu à un contrat écrit; toutes les conventions se font verbalement, avec ou sans témoins. Lorsque la mariée quitte la maison paternelle, un taleb quelconque, c'est-à-dire un homme sachant lire, récite sur elle la première et la quatrième sourate du Coran. Il n'y a pas d'autre cérémonie religieuse.

Le père reçoit, pour prix de sa fille, une somme d'argent débattue à l'avance qui se nomme *thâmamth* ou *thoutchith* (manger). Cette somme varie naturellement suivant l'âge de la femme, sa beauté et ses qualités comme ménagère et ouvrière; elle varie surtout avec la position de fortune du père et du gendre. J'ai vu des femmes payées 75 francs et d'autres 1,200 francs; mais ce sont là des limites extrêmes, le prix ordinaire est de 2 à 500 francs.

La valeur marchande des femmes est soumise aussi aux mouvements de hausse et de baisse correspondant aux fluctuations de la fortune publique; elle donne la mesure exacte de l'état de prospérité du pays. Dans les années où la récolte a été bonne et le commerce fructueux, la hausse se fait sentir; si, au contraire, le prix des denrées alimentaires augmente, la baisse arrive rapidement. Depuis la soumission complète de la Kabylie à la France, le prix moyen des femmes a sensiblement augmenté.

Dans certaines tribus, il est établi pour la *thâmamth* un prix maximum qu'il est défendu, sous peine d'amende, de dépasser. Au village de *Taselent*, par exemple, chez les Illoulen Ousammer, ce maximum est fixé à 58 réaux (145 francs): mais on comprend qu'il est facile d'éluder les dispositions de ce règlement ultra-égalitaire.

Outre la *thâmamth*, le père peut imposer comme conditions (*cherout'*), qu'il lui sera donné certaines provisions en nature, telles que viande, grain, figues, etc. S'il ne fait pas ces conditions, le gendre apporte de lui-même des provisions, mais alors le prix de ces provisions est compté en déduction de la *thâmamth*.

Le père donne à sa fille des vêtements, une ceinture et des bijoux; c'est ce qu'on appelle la dot (*çedak'*). Ces objets deviennent la propriété de la femme et personne ne peut les lui enlever; dans quelques localités cependant, le père a le droit de reprendre la dot, s'il n'a pas déclaré expressément la donner à sa fille en toute propriété. Comme conséquence de la dot, le mari ne doit aucun vêtement à sa femme pendant la première année du mariage.

Si le père a reçu la *thâmamth* et que sa fille vienne à mourir avant la consommation du mariage, la somme reçue reste sa propriété.

Si le mari meurt, laissant sa veuve sans enfant et non répudiée, celle-ci rentre dans la maison de son père, qui en dispose de nouveau à son gré et reçoit une nouvelle *thâmamth*.

Lorsque la veuve, non répudiée, a des enfants, son père ne peut la revendre malgré elle; elle a même le droit de se racheter de la puissance paternelle en donnant à son père une somme d'argent équivalente à la *thâmamth* qu'il percevrait pour elle. La coutume l'autorise à prendre cet argent sur l'héritage de ses enfants, avec le consentement du tuteur, si elle n'est pas elle-même tutrice. La femme ainsi libérée peut se remarier avec qui bon lui semble, et le mari n'a pas à donner de *thâmamth*, mais il doit s'engager à prendre les enfants à sa charge et à habiter la maison où se trouvent la mère et les enfants.

Si un homme répudie sa femme étant malade et qu'il meure de

la maladie dont il est atteint, la *thâmamth*, en cas de nouveau mariage de la femme, est partagée par portions égales entre le père de la femme et les héritiers du mari.

Si une femme ne veut pas vivre avec son mari, elle se retire dans la maison de son père; elle est alors ce qu'on appelle *tamenafek't*, c'est-à-dire insurgée (de l'arabe نفع « s'insurger »). Le père n'est plus libre d'en disposer, et le mari conserve sur elle tous ses droits de propriétaire; il a le droit de la revendre à un autre le prix qu'il veut, sans pouvoir toutefois la contraindre seul à épouser celui qu'il désigne; le consentement du père est nécessaire. Lorsque le père accorde ce consentement, il reçoit une nouvelle somme d'argent appelée *thimerna* (supplément).

Une veuve ne peut se remarier que quatre mois et dix jours après la mort de son mari. Cet intervalle de temps se nomme *aïdda*, comme dans la loi musulmane.

Pour la femme répudiée, l'*aïdda* est de trois mois.

Le mari peut répudier sa femme quand il lui plaît et pour quelque motif que ce soit; personne n'a à lui demander compte de sa conduite; il lui suffit de dire à sa femme : « Je t'ai répudiée », ou de dire devant témoins : « J'ai répudié ma femme », pour que la répudiation soit complète.

Le mari qui a répudié sa femme a le droit de lui reprendre les bijoux et vêtements qu'il lui a achetés. Mais cette exigence est réprouvée par l'opinion publique.

Le mari ne doit pas de pension alimentaire à la femme répudiée qui est retournée dans sa famille.

En cas de séparation, les enfants restent chez le père. S'il y a un enfant à la mamelle, la mère le conserve pendant tout le temps de l'allaitement; le père ne doit rien pour les dépenses qu'il occasionne.

Si, après avoir répudié sa femme, un homme veut la reprendre, il est libre de le faire et il n'a rien à donner au père de la femme, mais il doit payer au village une amende qui est généralement de

5 réaux (12 fr. 50 cent.), et de plus, faire à la femme des cadeaux en bijoux et vêtements. Un taleb lit de nouveau sur les époux la première et la quatrième sourate du Coran; ce second mariage se nomme *iriri* (action de rendre). La même chose peut se renouveler plusieurs fois, mais celui qui userait de ce droit serait mal vu de ses concitoyens.

Un homme qui a vendu sa femme à un autre peut la reprendre après que ce dernier l'a répudiée; il n'y a pas lieu à amende.

Si un homme qui a répudié sa femme meurt pendant que celle-ci est dans sa famille, les héritiers du mari disposent de la femme dans certaines tribus; chez d'autres, ce sont les parents de la femme.

L'homme qui répudie sa femme en reste toujours propriétaire, comme il a été dit plus haut. Il est libre de fixer lui-même la somme qui devra lui être payée pour que la femme ait le droit de se remarier. La femme est alors *thamâouok't*, c'est-à-dire retenue (de l'arabe عوق « retenir »). Lorsque la répudiation a lieu par suite de motifs de haine survenus entre les deux familles, le prix fixé par le mari est quelquefois tellement élevé, que l'obligation de l'acquitter équivaut pour la femme à une défense absolue de se remarier. J'ai connu des femmes qui se trouvaient depuis quinze et vingt ans dans cette position. L'influence française a déjà fait disparaître d'une partie du pays cet usage barbare, et il ne sera pas, je crois, très-difficile de l'abolir entièrement, car les Kabyles en reconnaissent eux-mêmes l'abus.

Il ne faudrait pas toutefois se hâter de conclure de ce succès partiel qu'il soit facile de relever la position de la femme dans la société kabyle; il se passera sans doute de longues années avant de voir se produire une amélioration notable dans ce sens. Les Kabyles sont unanimes pour trouver bonnes leurs coutumes relatives à la femme, sauf peut-être quelques détails dont ils ne contestent pas les inconvénients, et pendant bien longtemps encore les mœurs seront plus fortes que tous les bons conseils qu'on pourrait leur donner ou les mesures administratives que nous serions tentés de prendre.

Dans beaucoup de tribus, lorsque le mari d'une femme *thamâouok't* vient à mourir, ses héritiers ont le droit de maintenir le prix fixé par lui pour le rachat de la femme dont la position reste toujours la même; dans d'autres, au contraire, celles du bord de la mer principalement, la mort du mari rend la femme libre, et ce sont alors les parents de celle-ci qui la revendent.

D'après les usages, la polygamie est de droit commun; elle est cependant peu répandue dans le pays, non pas que les Kabyles éprouvent à son égard aucun scrupule, mais parce qu'il en est très-peu d'entre eux qui soient assez riches pour acheter et entretenir plus d'une femme; il n'y a guère que quelques marabouts qui puissent se permettre ce luxe.

Les tribus du Jurjura, et en particulier les Zouaoua, sont très-sévères pour les infractions à la fidélité conjugale. L'adultère demande du sang, et, dans beaucoup de villages, le mari qui, ayant connaissance de l'inconduite de sa femme, ne tue pas le séducteur, ou au moins ne fait pas de tentatives pour le tuer, est mis à l'amende et voué au déshonneur.

Une tentative de violence à l'égard d'une femme, de simples propos malséants, un geste indécent, suffisent aussi pour obliger, sous peine d'infamie, le mari ou les parents de la femme à tuer celui qu'elle désigne comme s'en étant rendu coupable. Par une contradiction assez bizarre et, il faut le dire, peu sage, ce cas est le seul où la femme soit crue sur parole; sa seule déclaration fait foi, et son témoignage qui, dans toutes les autres circonstances de la vie, n'a aucune valeur, est admis sans examen et sans qu'on puisse le révoquer en doute, lorsqu'il s'agit d'un attentat à son honneur. Les femmes kabyles sont très-loin cependant de mériter un tel excès de confiance. J'ai eu occasion de faire instruire plusieurs affaires de meurtres commis par suite de semblables déclarations faites par des femmes et, presque toujours, l'instruction a fait ressortir l'innocence de la victime et a démontré que les femmes avaient agi, soit à l'instigation de tiers intéressés à se débarrasser d'un ennemi, soit pour des motifs de vengeance ou de jalousie personnelle, soit encore dans le seul but de susciter à leurs maris une mauvaise affaire.

D'après la coutume kabyle, en effet, la société ne se charge pas de punir l'adultère, pas plus, du reste, que le meurtre et la plupart des crimes contre les personnes, tout au plus se réserve-t-elle le droit d'infliger une amende en expiation du scandale. Le soin de la vengeance est laissé tout entier au mari offensé, qui demeure soumis à toutes les conséquences de la dette de sang, c'est-à-dire aux représailles des parents de sa victime; aussi n'est-il pas rare que, pour se soustraire à ces conséquences, le mari se borne à un simulacre de vengeance; il fait feu sur l'homme qui lui a été désigné comme l'ayant outragé, mais il a soin de le manquer, ou bien, il ne charge son arme qu'avec du sel, des grains de blé ou toute autre matière inoffensive. L'honneur est satisfait et la dette de sang n'existe pas.

Avant notre conquête, il arrivait quelquefois que, dans certains cas d'adultère, un village croyait son honneur engagé, soit que le coupable fût étranger au village, soit pour tout autre motif. Les habitants se soulevaient alors en masse et faisaient sommairement justice, en les lapidant, de l'homme et de la femme qui avaient produit le scandale. Mais ces exécutions populaires n'étaient que des accidents ne formant pas précédents; elles n'infirmaient en rien la coutume générale de laisser à l'offensé le soin et la responsabilité de sa vengeance.

Le mari étend rarement sa vengeance à la femme coupable; lorsqu'il n'agit pas sous l'empire d'une passion réelle de jalousie, il évite, tout en satisfaisant au point d'honneur, de se créer deux dettes de sang à la fois, et il respecte généralement dans sa femme un capital dont la mort le priverait.

On pourrait être tenté de croire que les femmes kabyles déplorent leur sort et se regardent comme très-malheureuses. Ce serait une grande erreur. Elles ne souffrent nullement d'un abaissement moral dont elles n'ont pas conscience et ne songent pas à revendiquer des droits qu'elles ignorent. Il n'est jamais venu à la pensée d'aucune d'elles qu'il pût exister une société où les choses se passent autrement que ce qu'elles ont sous les yeux depuis leur naissance.

Les conditions matérielles de leur existence sont assez dures, il est vrai; à peine vêtues, n'ayant qu'une nourriture trop souvent insuffisante, elles doivent se livrer aux travaux, quelquefois très-pénibles, du ménage. Mais la vie des hommes n'est pas plus douce, et elles ne font en réalité que partager la misère et les rudes labeurs de leurs maris.

Les Kabyles, du reste, dans la vie ordinaire, ne sont des maris ni plus exigeants ni plus intraitables que le reste des hommes et, chez eux comme partout, la femme acquiert toujours, dans le ménage, l'influence qu'elle mérite, soit par l'affection qu'elle sait inspirer à son mari, soit par la supériorité de son intelligence.

Dans cette note succincte, j'ai dû me borner à indiquer sommairement les faits principaux qui caractérisent la position de la femme et dont la connaissance m'a paru indispensable pour l'intelligence des poésies contenues dans la troisième partie de cet ouvrage. On trouvera, dans un travail prochain que j'ai entrepris en collaboration avec M. Letourneux, conseiller à la cour impériale d'Alger, des détails beaucoup plus complets sur tout ce qui touche à l'état des personnes, et, en général, au droit civil et pénal.

DES MARIAGES.

I

DES MARIAGES.

PAR SI-MOHAMMED-SAÏD DES AÏT-MELLIKEUCH.

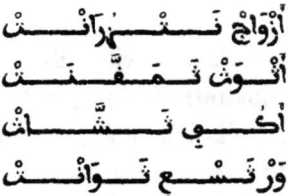

Azouadj n etzourant,
thouatha thamak'k'ant :
akoufi thetcha th
our thesâi thaouant.

Une femme grande et robuste — doit être tenue à l'attache : — elle mange les provisions du koufi [1] — et n'est jamais rassasiée.

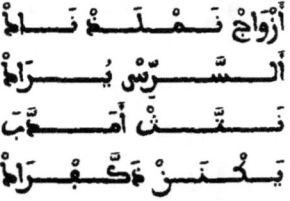

---

[1] On appelle *akoufi* un de ces grands vases en terre qui se voient dans la plupart des maisons kabyles et qu'on emploie pour conserver les provisions, telles que grains, figues, fèves, glands, etc. C'est, en général, le seul magasin de la famille. Dans quelques tribus l'*akoufi* est en roseaux ou en sparterie. Le pluriel d'*akoufi* est *ikoufan*.

Azouadj n em l ed'nag,
es serr is iourag,
netsath am ed dabba
igenen d'egg ouferag.

Une femme aux joues pendantes — n'a plus aucun attrait, — c'est comme une ânesse — qui couche dans la cour.

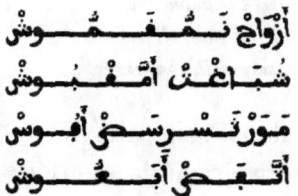

Azouadj n em ouk'emmouch
choubar' ts amm ouk'ebouch.
ma our thesirisedh afous
attafedh abdouch.

Une femme qui a une grande bouche — se compare à un pot. — Si vous ne le couvrez de la main, — vous y trouvez un insecte.

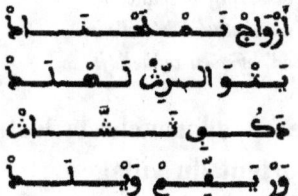

Azouadj n em el h'anak
itsourrith el helak ;
d' akoufi thetcha th
our ik'k'im ouaila k.

Le mariage avec une femme joufflue — engendre la maladie ; — elle vide ton koufi — et ton bien a disparu.

DES MARIAGES.

أَزْوَاجْ أَنْــتَــمَّرْثْ
بَــتْــسَــلِّــزْ ثَــمَرْثْ
أَدْكَــسَّــلِــي أَسَــوَنْ
أَتَــرْنُــوضْ ثَــگْــسَــارْثْ

*Azouadj en taddarth
itset't'il thamarth :
ad' ak thessali asaoun,
atsernoudh thaouksarth.*

Prendre femme dans son village, — c'est se raser la barbe [1] : — elle te fera gravir la montée — et tu devras encore descendre.

أَزْوَاجْ أَنْــكُــمِــشْتْ
تَــسَّــفَــغْ ثَــمَــعِــشْتْ
مَــتْــتَبَــعْ إِعَــرْدَيَــنْ
أَدْفَــغَــرْ ثَــلِــجْتْ

*Azouadj en toukemichth,
thessafag thamâichth.
ma thethebâ ir' erd' ain
ad' effer' en takhelidjt.*

Une femme ridée — effarouche la fortune. — Les rats, à son approche, — sortent du village.

Azouadj en...

---

[1] C'est-à-dire abdiquer sa volonté et sa dignité d'homme.

Azouadj n emm ijoujar.
choubar' ts amm amrar.
ma djir' ts d'egg iri ou.
d' emmi n ougezzar.

Une femme qui a des rougeurs aux jambes [1], — je la compare à une corde. — Si je la laisse à mon cou, — je suis un fils de boucher [2].

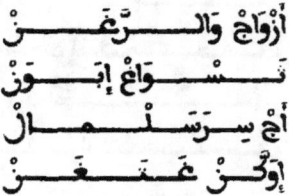

Azouadj ourrar'en,
thesouar' ibâoun,
edj si ras el mal
iouakken r'a ts ar'en.

Une femme jaune — gaspille les fèves [3]. — Abandonne une partie de ton capital — pour qu'on te la reprenne [4].

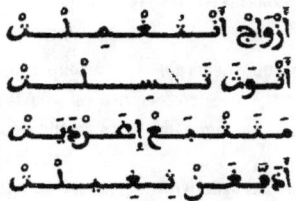

[1] Voir la note 3, page 189.

[2] C'est-à-dire un homme vil et méprisable. La profession de boucher est très-méprisée des Kabyles. Elle est exercée presque exclusivement par des nègres et leurs descendants.

[3] Pour compléter la pensée de l'auteur, il faut ajouter : «comme l'insecte jaune (antoine) appelé *thifekerth ithetsen ibâoun*, insecte mangeant les fèves, qui, en enlevant le pollen des fleurs, empêche la fécondation, » ou bien encore : «comme la maladie appelée *ourrar'* (le jaune) qui attaque les fèves.»

[4] Le mari qui répudie sa femme a le droit de la revendre. Voir la Note sur la position de la femme chez les Kabyles, p. 287.

DES MARIAGES.

*A:ouadj en tour'emilt,
thouatha thasilt.
ma thethebâ ir'erd'ain,
ad' effer'en tir'ilt.*

Le mariage avec une femme sale[1] — nécessite une marmite[2]. — Si elle poursuit les rats — ils sortent de la crête[3].

*Azouadj n etfennichth
choubar' ts am thamchichth.
iouatha ougechd'our
s el k'aâ en tichchichth.*

Le mariage d'une femme camarde[4], — que je compare à une chatte, — doit donner lieu à des lamentations — avec le dessous d'une motte de fiente[5].

---

[1] Le mot *tour'emilt* s'applique généralement à une chose moisie.

[2] Pour se noircir la figure en signe de deuil.

[3] Le mot crête (*tir'ilt*) est ici synonyme de rue. Les villages kabyles sont, en général, situés sur des crêtes très-étroites de montagnes. La rue principale, et le plus souvent la seule du village, est la crête elle-même, ce qui fait que, dans la conversation, on emploie indifféremment pour la désigner les mots crête ou rue.

[4] La siphilis exerce d'affreux ravages dans la population kabyle, aussi rencontre-t-on beaucoup d'hommes et de femmes dont le nez est affaissé par suite de la destruction des cartilages intérieurs.

[5] Chez les Kabyles, comme chez les Arabes, lorsqu'un malheur survient dans une famille, les femmes ont l'habitude de témoigner bruyamment leur douleur en poussant des gémissements et des cris perçants. Elles s'arrachent en même temps les cheveux, s'égratignent le visage et se couvrent de cendre, de poussière, de suie et même d'ordure. Le poète veut dire dans ce couplet que le mariage avec une femme camarde est un malheur qui doit être pleuré

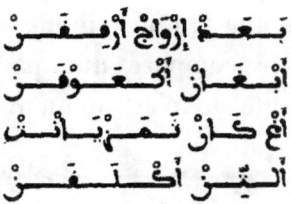

بَعَدْ إِزْوَاجْ أَرْقِقَنْ
بْغَانْ أَكَعَوْفَنْ
أَغْ كَانْ تَمَهْيَانْتْ
اَلَيْزْ أَكَلَفَنْ

Baâd' i zouadj erk'ik'en,
br'an a k douk'en;
ar' kan thameziant,
tsin ag elak'en.

Repousse tout mariage avec une femme maigre; — on veut que tu ne sois ni marié ni à marier[1]; — prends seulement une jeune fille, — c'est ce qui te convient.

أَزْوَاجْ نَشَلْهَابْتْ
اَثْوَتْ نَنْدَابْتْ
شُبَعْنْ أَسْفَجُونْتْ
أَيْتَكَتْ تَمْبَابْتْ

Azouadj n etchelhabth:
thouatha thendabth:
choubar' ts am thak'jount,
ai thekkath tharbabth.

avec les lamentations ordinaires. Il regarde ce malheur comme assez grand pour que les pleureuses se barbouillent la figure avec la fiente encore fraîche prise à la partie inférieure d'une de ces mottes que les femmes kabyles font sécher en les appliquant contre les murs, pour s'en servir ensuite comme combustible. Ces mottes de fiente s'appellent en kabyle *thichchichin* et au singulier *thichchicht*; en arabe on les nomme جلَّة.

[1] Le verbe arabe *douok'* عوف, dans le sens que lui donnent les Kabyles, ne peut pas se traduire en français, l'idée qu'il exprime n'existant pas dans notre société. *Br'an a k douk'en* signifie: «On veut te mettre dans la position d'une femme *thamaouk't*,» c'est-à-dire, d'une femme qui n'est plus mariée et ne peut plus se remarier. (Voir la Note sur la position de la femme chez les Kabyles, page 287.)

Le mariage avec une femme albinos — est une cause de lamentations[1] : — je compare une pareille femme à une chienne, — ce qu'elle dit n'est qu'un aboiement.

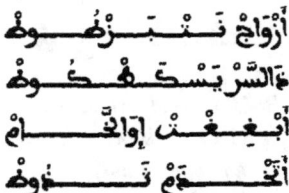

Azouadj n etbezt'out'
d' esser isget'egout' :
br'ir' ts i oukhkham
at tsekhed'em thad'out.

Le mariage avec une jeune enfant[2] — c'est le bonheur qui gazouille : — j'en voudrais une dans ma maison — pour travailler la laine.

Azouadj bezt'out'en
d' el mesk itsfouah'en :
d'i chk'of em babour
mi rkeben rouh'en.

---

[1] Le mot *thend'abth* est la forme kabyle de l'arabe ندب ou ندبة « lamentation ». Il est employé ici, pour les besoins de la rime, à la place du mot kabyle *agechdour*, qui se trouve dans un des couplets précédents. On peut voir, par cet exemple, pourquoi la proportion des mots arabes est plus grande dans la poésie kabyle que dans la conversation ordinaire. Suivant les exigences de la rime, le poëte prend indifféremment ses expressions dans l'une ou l'autre langue.

[2] Le plus souvent les jeunes filles sont mariées avant d'être nubiles. (Voir la Note, page 287.)

Le mariage de deux jeunes enfants, — c'est le musc odorant : — sur un bateau à vapeur, — quand on s'embarque, on part[1].

أَزْوَاجْ نَـمْـغَـنْجُـورْ
أُوتَلْبِنِـى نَـجُّـورْ
أُوَفْـكَـغْ مِيَّـى
غَمْسْ أَيِـتْـغُـورْ

Azouadj n emm our'endjour
d' el beni n el lajour :
ad' efker' mïa
r'as ad' ii ther'our.

Une femme au nez bien fait, — c'est une maison en briques : — je donnerais pour elle cent réaux[2], — dût-elle ensuite me quitter.

Azouadj n em el âioun,
tsah'ibbin ts le djenoun :
a ts ar'er' s ouelef,
r'as ad' ii enfoun.

Une femme aux sourcils arqués[3] — est aimée des génies. — Je la prendrais pour mille réaux[4], — dût-on ensuite m'exiler.

[1] C'est-à-dire, le voyage est sûr et facile.
[2] Cent réaux représentent 250 francs.
[3] Le mot *âioun* est arabe et signifie « les yeux », mais les Kabyles l'emploient dans le sens de sourcils.
[4] Mille réaux valent 2,500 francs.

DES MARIAGES.

أَزْوَاجٌ أَنْيِنْ أَرْنَمْ وَرْنَمْ يِفْ
شَبَعْنَ أَتْحَيِفْ
تَوَزْ عَذَ إِفِسْسُ
كُلْشِسْ تِسِّيِفْ

Azouadj en tin our nezour our nerk'ek'
choubar' ts amm ah'arek';
l aouan d'eg ifessou,
koul chi s itsirrek'.

Une femme ni grosse ni maigre — est comme une forêt[1], — lorsqu'elle s'épanouit, — tout en elle brille d'un vif éclat.

بَعَّدْ إِزْوَاجْ أَنْيِنْ يَبْرَازْ
دَسَعْ إِمَكْرَازْ
كُلْ يُومْ أُوَلْطَهْرَاشْ
تَسْوَاعْ أَجِّرَازْ

Baâd' i zouadj en tin ibran
d' asakou imegeran.
koul ioum d' el harach
thesouar' ed djiran.

Repousse toute union avec une femme répudiée, — c'est un sac de faucilles[2]. — Tous les jours ce serait des disputes, — à troubler le repos des voisins.

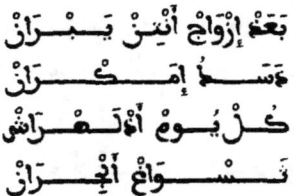

---

[1] *Ah'arek'* est une forêt où se trouvent plusieurs espèces d'arbres et surtout des fleurs, généralement des cystes. Une forêt où il n'y a qu'une seule essence d'arbres, chênes verts, chênes zèn, etc. se nomme *thezgi*.

[2] On exprime la même idée en français, en comparant une personne à un fagot d'épines. On remarquera la ressemblance d'*asakou* avec notre «sac»; on sait que ce mot se retrouve presque dans tous les idiomes.

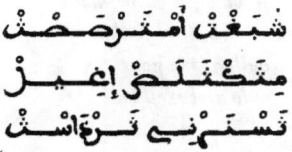

Azouadj en temessasth,
choubar' ts am therçacth.
mi thekthaledh ir'il
thesnerni thard'ast.

Une bavarde insipide — est semblable à une balle[1]. — Si tu mesures la longueur du bras, — elle y ajoute l'empan.

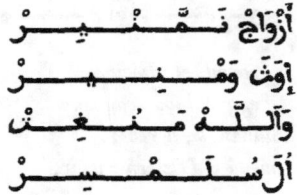

Azouadj n emm eniir ;
iouatka oumenir.
oullah ! ma nour' its,
oula s oulmesir.

Une femme au front saillant — est une cause de deuil. — Par Dieu ! je ne l'épouserais pas, — même pour une peau de mouton[2].

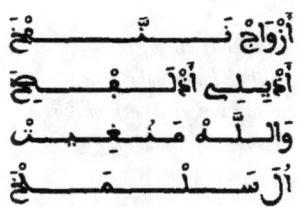

[1] Qui dépasse le but.
[2] On appelle *almesir* la peau de mouton qui se place sous le moulin à bras pour recevoir la farine.

*Azouadj n en nefkha
ad' iïli d' el fodhih'a.
oullah! ma nour' its
oula s el melkha.*

Une femme orgueilleuse — est un sujet d'opprobre. — Par Dieu! je ne la prendrais pas, — même pour une semelle de soulier.

*Azouadj el lâmoum
d'egg oul iou semmoum,
ânnar' k, a reb'i,
menâ i d'eg ech choum.*

Épouser une cousine — est aigre à mon cœur. — Je t'en prie, ô mon Dieu! — préserve-moi de ce malheur.

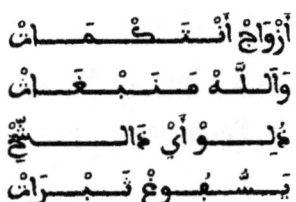

*Azouadj en tagmats,
oullah! ma nebr'a th!
d'oul iou ai d' ech chikh
issoufour' thabrats.*

Épouser sa nièce! — par Dieu! je m'y refuse. — Mon cœur est ici le maître — qui me dicte cet ordre.

أَزْوَاجْ أَنْتَجَّلْنْ
شْبَعْنْ أَمْتَغْدَدْنْ
وَآللَّه أَرْنُغَعْ
أَسْوَزْكَنْ أَنْتَمْيَانْ

Azoundj en tadjalt
choubar' ts am ther'elalt:
oullah! our ts our'er'
s ouzgen en terialt.

Une femme veuve — se compare à une boule[1]; — par Dieu! je ne la prendrais pas — pour un demi-réal.

أَقْبَيْلِي يَغَزْ تَمْرَبَطْ
وَآللَّه وَرْيَتْسْتَحْ
أَقْجُونْ تَمْمَشْرَطْ
وَرْدَكُّسْ تَمْلَحْ

Ak'baili iour'en thamrabot'
oullah! our itestheh'i!
ak'joun en temecheret'
our d'eg s le melah'i.

Le Kabyle qui épouse une maraboute[2] — n'a, par Dieu! pas de vergogne. — Le chien qui court les partages de viande[3] — n'a rien de bon en lui.

[1] *Ther'elalt* est une boule en bois ou en chiffons avec laquelle jouent les enfants. Dans les tribus de l'Oued-Sahel, auxquelles appartient l'auteur, le mot *veuve* est pour ainsi dire synonyme de *prostituée*. En comparant une veuve à une boule, le poëte veut dire qu'elle est le jouet de tout le monde.

[2] C'est-à-dire un homme qui prend une femme d'une condition supérieure à la sienne.

[3] Dans les villages, il est d'usage d'acheter avec l'argent de certaines amendes, de dons et d'offrandes faites au village, des bœufs ou moutons dont la viande est partagée par portions égales entre tous les habitants du village. Ces partages se nomment *temecheret'* en kabyle, et en arabe *ouziá*.

وِنْ يَـغَـزْ يَـاغْ أَلْـعَـلِـى
وِتَـصَـلْ أَكَـيِّـلِـى أَنْـفَـعْ
أَدْ تَـخْـزُوزْ وَلْـمَـبْـلِـى
وِالـدُّمَّـيِـثْ أَيَـمَـتَّـعْ

Ouin iour'en iar' el âali,
d'i l açel ag etsili nefaâ,
ad' iah'lou oul d' el mebli,
d'i ed doummith ad' imetsaâ.

Que celui qui se marie prenne une femme de bonne famille! — La naissance garantit la convenance. — Le cœur malade se guérit — et jouit des plaisirs de ce monde.

II

PHILTRES ET SORTILÉGES[1].

PAR MOHAND-OU-MESÂOUD, DU VILLAGE DE THAK'ERBOUZT[2],

CHEZ LES AÏT-KANI.

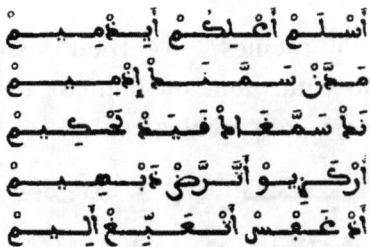

Eslam âli koum, a id'mim,
medden semman ak id'mim
nek semmar' ak k'aïd' el h'akim !
ergaz iou at terredh d' abehim,
ad' r'ef s etsábbir' alim !

Salut, aubépine[3] ! — les hommes t'ont nommée aubépine, — moi je t'appelle le caïd qui commande[4]. — Transforme mon mari en un âne — à qui je ferai porter la paille !

[1] Les femmes kabyles sont très-adonnées aux pratiques superstitieuses. Elles composent des philtres et des sortiléges avec une foule de substances auxquelles elles attribuent des vertus mystérieuses pour faire obtenir ce qu'on désire. Dans ce morceau, qui est plutôt de la prose rimée que des vers, l'auteur passe en revue quelques-unes de ces substances, en y ajoutant toujours les vœux qu'il suppose être le plus habituellement formulés par les femmes qui en font usage.

[2] *Thak'erbouzt*, en arabe *Grebissa*, est un village des Aït-Kani, tribu du versant sud du Jurjura. *Thak'erbouzt* est le diminutif de *ak'erbouz*, qui signifie un arçon de selle.

[3] Ce commencement de phrase est la formule adoptée pour toutes les invocations.

[4] Les diverses qualifications élogieuses données par les femmes aux substances

PHILTRES ET SORTILÉGES. 309

أَسْلَمْ أَعْلِيكُمْ أَيِكْنْسِيُوزْ
أَدْيَسَّغْعلِي رَبِّي ثُلَوِزْ
ثِينْ خَطْبَنْ اسْتَلْتْ مَىَّ
أَرْبَعْ مَىَّ وَرْتَسَّوِينْ

Eslam âli koum, a thigounsiouin,
ad' issar'li rebbi thoulaouin!
thin khet'eben es thelt miia,
arba miia our ts etsaouin!

Salut à vous, ô racines[1]! — Dieu fasse renchérir les femmes[2]! — que celle dont on donnait trois cents réaux[3] — ne soit pas livrée pour quatre cents!

أَكْنْتْ إِعَزِّرَبِّي أَيْزَرْ أَنْتَمْشُمِينْ
أَدْكْنْتْ يَذْ رَبِّي أَمَرْحَتْ نَتْغَضُوزْ
خَمْسَ تَسَّ أَسْبُعَشِيزْ

A kount iâzzi rebbi, ai azar en temchoumin!
ad' akount ieg rebbi, amm er rah'ba en ter'edhouin,
khamsa setta s bou âcherin!

Dieu vous afflige, souche de méchantes femmes! — qu'il fasse de vous un marché de mauvaises chèvres, — qu'on en donne cinq ou six pour trois sous[4]!

qu'elles emploient pour leurs sortiléges sont, en général, choisies dans cette chanson pour les besoins de la rime. Le caïd qui commande, *k'aid el h'akim*, est ici pour rimer avec *id'mim*, le nom de l'aubépine.

[1] On appelle *thigounsiouin*, au singulier *thagounsa*, les racines du dis, du palmier nain et de plusieurs autres plantes. *Thagounsa* est aussi le nom d'une plante.

[2] Voir la Note sur la position de la femme chez les Kabyles, p. 287.

[3] Trois cents réaux représentent 750 fr.

[4] Les Kabyles appelaient *bou âcherin* la vingtième partie du double réal boudjou, c'est-à-dire seize centimes ou environ trois sous de notre monnaie. C'est une simple manière de compter, il n'y a pas de pièce de monnaie de cette valeur. Maintenant que les

أَسْلَمْ أَعْلِـيـكُمْ أَثَـزَكَّارْثْ
غُرِ أَرْكَازْ أَثْـهُـلْـمِـنْ تَـمَرْثْ
مِعْ يَكْشَـمْ أَرَزْعْـنْ أَسْـتَـمْرَارْثْ
أَقْعَـعْ نَـعْـدِبـمْ تَـمَرْثْ
غَسْ أَعِـيسَعْ تَـقَضْعِيتْ مَمْ تَلَّمَى أَتْكَـرَارْثْ
غَسْ أَعِـيسَعْ أَسْنْ أَتْسْـتَانْ يَنْ تَكْمَارْثْ
غَسْ أَعِـيسَعْ تَيَـا بَـسَّـهُونْ مَى أَتَّـنَّـارْثْ
أَبَـيـى غَـة سَـكَّـعْ عَـقَّـامْ
وَرْ يَـسَّـكَّارْ لَـثْـمِـى بِـرْ وَلَا تَـمَرْثْ

Eslam âlikoum, a thazouggarth!
r'our i ergaz thet'olm ith thamarth ;
mi d ikchem, arezer' th es themrarth
effer'er' nad'ir' d iak thaddarth.
r'as ad' isâou thak'edhâith d'eg thella miet takerarth.
r'as ad isâou senath en testhan irnou thagmarth.
r'as ad' isâou thaiouga isserouth mïet tannarth.
aiagi r'a d'a sekker' d'egg oukhkham,
our issagar la thimzin oula thazarth.

Salut, ô jujubier nain[1]! — j'ai un mari auquel la barbe a poussé injustement[2]; — lorsqu'il entre, je l'attache avec une corde. — puis je sors et vais me promener dans tout le village. — Eût-il un troupeau de cent brebis[3], — eût-il deux vaches et encore une jument, — eût-il une paire de bœufs

Kabyles sont habitués à la monnaie française, *bou âcherin* veut dire trois sous exactement.

[1] *Thazouggarth* est le nom kabyle du jujubier nain appelé vulgairement par nos soldats « déchire-capotes ».

[2] *Thet'olm ith thamarth* veut dire littéralement : « la barbe l'a lésé, lui a fait une injustice ». *T'olm* est l'altération de l'arabe ظلم.

[3] En faisant cette énumération, la femme veut donner l'idée d'un homme très-riche. On peut juger par là de ce qu'il faut entendre par richesse chez les Kabyles.

qui battrait cent meules de grain [1]. — tant que je serai dans sa maison, — avec tout cela, il n'économisera ni orge ni figues.

أكْمِعَمّ رَبِّي أَتْغْبُولْتْ نَوَالسَّرْنْ
أَرْكَبِمْ أُد بَابْ نَتْنَمَّارْثْ
أَدْيَوِ الْحَجَلْ نَسُمَّرْثْ
كَمْ أكَمْ تَرْ أتَكْسَارْثْ

A kem idzzi rebbi, a thar'ioult thaoussarth!
ergaz im ed' bab en tenemmarth,
ad iaoui el h'adjela en tesoummarth,
kem, a kem id'egger et taouksarth.

Dieu t'afflige, vieille bourrique! — ton mari est un homme ferme et persévérant; — il prendra une jeune perdrix du versant sud, — et toi, il te fera rouler en bas de la descente.

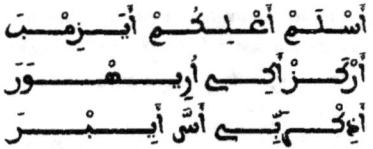

Eslam alikoum, ai azimba!
ergaz agi our i theou ara,
ad' ieg rebbi ass a a i ibra.

Salut, ô pomme de pin [2]! — ce mari que j'ai ne me plaît pas, — Dieu fasse qu'il me répudie aujourd'hui!

أكْمِعَمّ رَبِّي أَمَطْمَبْ

[1] En Algérie, comme dans le midi de la France, le battage des grains s'opère au moyen de bœufs, de chevaux ou de mulets que l'on fait tourner en cercle sur les gerbes.
[2] On appelle en kabyle *azimba* ou *azoumbi* le fruit des conifères, pin, sapin, cèdre, etc.

أَرْكَمْ يِعَزْ رَبِّي يَعَبْ
أَرْكَزْ يَمْ دُوزُمْ آلرَّقَبْ
كَمْ آكَمْ يُدْجَ أَمْتَرَحْوِيتْ أَنْتَسِّرْتْ تَشْبَ

A kem iâzzi rebbi, emm et' t'emba!
ergaz im d' ezâim iâba,
ad iaoui t'ouilt er rek'ba,
kem, a kem iidj am tharah'ouith en tessirth n ath Chibba.

Dieu t'afflige, femme aux grosses lèvres! — ton mari est renommé pour sa bravoure, — il prendra une jeune fille au col gracieux — et te mettra de côté comme la meunière du moulin des Aït-Chibba [1].

أَسْلَمْ أَعْلِيكُمْ أَيْ أَكَرُّوشْ
مَعَنْ سَمَّنَا أَكَرُّوشْ
نَكْ سَمَّعَرْ ألْقَيَدْ عَمْرُوشْ
أَبْغِعْ أَرْكَزْ يُو أُورِيكَّاتْ أُورِيتْسْرُوشْ
أَبْغِعْ أَتَسْبَدْعْ أَمَعْشُوشْ
أَتَكَّتَعْ سَقَنْبُوشْ

Eslam âli koum, ai akerrouch.
medden semman ak akerrouch,
nek semmar' ak el k'aid' Amrouch.
br'ir' ergaz iou our i ikkath, our i itsr'ouch,
br'ir' a th sebedeger' amm âchouch
a th ekkather' s akhenfouch.

Salut, ô Kerrouch [2]! — les hommes t'ont nommé Ker-

---

[1] Les femmes préposées à la garde des moulins sont généralement de vieilles indigentes ayant une réputation équivoque.

[2] Kerrouch est le nom par lequel on désigne le chêne vert. Peut-être ce mot vient-il de *quercus*.

rouch, — moi je t'appelle le caïd Amrouch. — Je demande que mon mari ne me batte ni ne me querelle, — je demande à le faire tenir debout devant moi comme une hutte de branchages, — pendant que je le frapperai sur le museau.

اَتِّـمَـعَـنْ رَبِّـي اَمْـمَـقْـرُوشْ
اَرْكَـمْ اِنَـمْ دَمُّـرُوشْ
اَدْيَـوِ الْحَـجْـلَ اَمِّـنْـكُـشْ
كَـمْ اَكَـمِـةَ كَّـرْ اَمْـقَـشُّـوشْ
اَتَـغْـيُـولْتْ يَـنْـهَـرْ حَمُّـوشْ

A kem iâzzi rebbi emm oukerouch !
ergaz in em d' amouh'arouch,
ad iaoui el h'adjela emmenkouch,
kem, a kem id'egger am k'echchouch,
a thar'ioult inhar h'ammouch.

Dieu t'afflige, mère de bâtard ! — ton mari est un dégourdi, — il prendra une perdrix au plumage varié, — toi, il te fera rouler comme une écorce de liége. — ânesse que pousse devant lui Hammouch.

اَسْلَـمْ اَعْـلِـكُـمْ اَيَـمَـزِّيـرْ
مَـدَّنْ سَـمَّـنَـمْ اَمَـزِّيـرْ
نَـكْ سَـمَّـمْ قَـمَـمْ لَـوْزِيـرْ
اَبْـغِـغْ اَرْكَـهْ وَارْ بَكَّـاثْ اُرِيـهْمِـيـرْ

Eslam âlikoum, ai amezzir !
medden semman ak amezzir,
nek, semmar' ak k'aid' elouzir !
br'ir' ergaz iou our i ikkath, our i izmir.

Salut, ô lavande ! — les hommes t'ont nommée lavande,

— moi, je t'appelle le caïd vizir[1]. — Je demande que mon mari ne me batte pas, ne puisse rien sur moi.

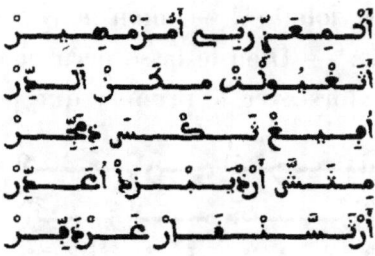

A kem idzzi rebbi emm ouzemhir !
a thar'ioult mi egan ed dir,
oufir' theksa d'i mejjir ;
mi thetcha ar d' ibzeg ouâddir,
ar thessenk'ar r'er d'effir.

Dieu t'afflige, grosse ventrue ! — ânesse à qui on a mis un poitrail — et que j'ai trouvée paissant dans les mauves ! — Lorsqu'elle a mangé jusqu'à ce que son ventre soit enflé, — elle lâche des vents par derrière.

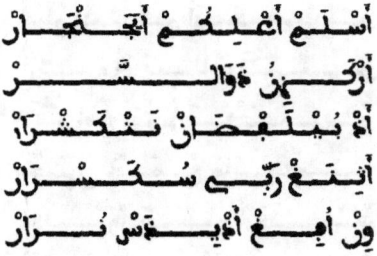

Eslam âlikoum, ai ajenjar !
ergaz in ou d' aoussar,
ed' bou ilfedhan en tegoucherar,

[1] *K'aid' el ouzir* est ici pour rimer avec *amezzir*, nom de la lavande sauvage qui croît en très-grande abondance sur les montagnes de la Kabylie.

a th iner' rebbi s ougousrar!
ouin oufir' ad' id' es nourar.

Salut, ô figue violette[1]! — mon mari est vieux, — ses genoux sont sales : — Dieu le fasse périr sous la hache! — Je pourrai jouer alors avec le premier que je rencontrerai.

$$\text{أَكِمْ يَعَزِّي رَبِّي أَمْ زَمْهَارْ}$$
$$\text{أَرْكَزِ إِنْ مْ دَ شَوْرَارْ}$$
$$\text{أَدْيَوِي الْحَجْزَ نَ تَسُمَّارْ}$$
$$\text{كَمْ أَكِمْ تَكَّرْ أَوْكْسَارْ}$$

A kem iâzzi rebbi, emm ouzemhar!
ergaz in em d' achaourar,
ad iaoui el h'adjela en tesoummar,
kem, a kem id'egger aouksar.

Dieu t'afflige, femme au gros ventre ! — ton mari est vif et alerte, — il prendra une perdrix du versant sud. — toi, il te fera rouler en bas de la montagne.

$$\text{أَسْلَمْ أَغْلِيكُمْ أَيَسْغَرْسِفْ}$$
$$\text{أَرْكَزِ يُوَأَمْ بَابْ نَ نِّفْ}$$
$$\text{عَسْ إِسْغْ أَيْغَمْ يَسْحْتَشِرِفْ}$$
$$\text{تَحَمَدْ تَجْمَعْ وَرْتِصِّفْ}$$
$$\text{أَغِيَمْ وَرَبِّي أَزْعَنَسْ}$$
$$\text{أَمَرْ أَغْكَمْعَ إِجِيبْسِفْ}$$

Eslam âlikoum, ai asr'arsif!
ergaz iou ed' bab n ennif,
r'as iser' ai d'eg iseh'atherif.

---

[1] On appelle *ajenjar* l'une des espèces les plus estimées des figues violettes.

316 POÉSIES POPULAIRES DE LA KABYLIE.

ik'azen ed djemâa our it't'if;
ad' i izzour rebbi ezdath es!
ammar ad' ougerir' i l h'aif.

Salut à toi, aune! — mon mari est un homme d'honneur. — il ne fait que de belles actions; — le deuil est dans l'assemblée où il n'assiste pas. — Dieu me fasse mourir avant lui! — peut-être, en lui survivant, serais-je opprimée.

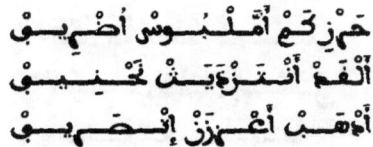

H'erz ikem, emm elbous oudhrif!
a l k'od en tazed'aith n ek'anif,
a deheb adzizen i tçarif.

Dieu te conserve, femme aux vêtements gracieux! — taille de palmier d'Hanif[1], — or précieux et recherché!

[1] Le pays appelé *Hanif* est situé au sud-est du fort des Beni-Mançour.

III

CHANSON.

PAR ÂLI-OU-ÂMROUCH DES AÏT-MEDDOUR[1].

السّ أَڭّرَغْ تَفْشِيشْتْ
تُوجَبْتْ دَكْبْ إِسِسْنْ
السُّنْغْتْ نَّمْ حْ
أُوِزْ أَعْزِزْ أَمْ مُسّ
تَغْمُشْتْ سُغْنْ أَرْتَمْوُضْ
أَرْاَخّمْ أَكْنَنْمُنْ

Ass agi emmougerer' thak'chichth,
thaoudjaith d' el h'ab isisnou;
essoud'ener' ts, thennak : çah'a.
a ouin aâzizen am moummou,
thak'emmouchth soud'en ar terououdh,
ar akhkham ad' ak nernou.

Aujourd'hui j'ai rencontré une jeune fille[2] — aux pommettes vermeilles comme le fruit de l'arbousier. — Je l'embrassai, elle me dit : « Grand bien te fasse[3] ! — toi que je

---

[1] Âli-ou-Âmrouch est un vieillard aveugle des Aït-Meddour, tribu du versant sud du Jurjura. Il a une très-grande réputation comme poëte et chanteur, et les tribus les plus éloignées l'appellent chez elles pour égayer leurs fêtes par ses chansons. C'est un des t'ebabla les plus connus de la Kabylie.

[2] Les vers de cette chanson se composent de deux hémistiches assez longs, pour que, dans le but de faciliter l'impression, nous ayons cru devoir écrire chaque vers en deux lignes.

[3] Le mot çaha ﺻَﺤَّﺔ, que j'ai traduit par « grand bien te fasse ! » est arabe et signifie

318   POÉSIES POPULAIRES DE LA KABYLIE.

chéris comme la prunelle de mes yeux ! — baise ma petite bouche à loisir, — à la maison, j'ajouterai à ton bonheur.

السّعِ أَمْكْمَعْ تَفْشِيشْتْ
أَتَّ سَبَّعْ إِسْغَمَرْ
السُّنَّعْتْ تَنَّمْ جَّ
الْكَعَّمْ أَشْضِبي إِمَّمَرْ
شِكَّعْ دَبَمْعِزْ تَمْوَاحْ
السَّمْلْنَاعْ إبَضْمِبَنْ

Ass agi emmougerer' thak'chichth.
atsa thebboui d isr'aren.
essoud'ener' ts, thennak : çah'a!
a l kar'et' achedhbi imh'aren!
chikker' d'a izd'in le rouah'
essemlalen ar' ibadhnien.

Aujourd'hui j'ai rencontré une jeune fille, — elle apportait du bois. — Je l'embrassai, elle me dit : « Grand bien te fasse ! — ô papier chedhbi lustré [1] ! — nos âmes, je crois, sont unies, — les saints nous ont fait nous rencontrer. »

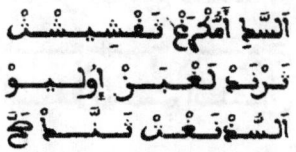

littéralement *santé*. Dans la conversation, c'est un terme de politesse que l'on adresse à une personne qui vient de boire, de dîner, d'éternuer, de prendre un bain, de faire, en un mot, une chose que l'on suppose lui avoir été agréable. Quelquefois même c'est une formule de remercîment. On peut le traduire en français, suivant les circonstances, par : «Grand bien vous fasse ! à vos souhaits ! Dieu vous bénisse ! »

[1] Le papier *chedhbi* est un papier lustré comme le vélin et de qualité supérieure. Nous avons déjà eu occasion de faire remarquer combien les poëtes kabyles s'inquiètent peu de l'analogie qui peut exister entre les choses qu'ils comparent.

CHANSON.

أُوزْ أَعْـزَزْ أَمْـيهِـيـو
أَكَّلَّعْ نَكْـنُوبْ نَشْـرْقَ
أَرْكَسْكْنَعْ دْنَعَـبُّهِـيـو

Ass agi emmougerer' thak'chichth,
therna d le r'eben i oul iou,
essoud'ener' ts, thennak : çah'a!
a ouin aâzizen am thit' iou!
eggouller' l ekthoub n ech cherfa,
ar k'essegener' d'i thabbout' iou.

Aujourd'hui j'ai rencontré une jeune fille, — elle a ajouté à la mélancolie de mon cœur, — je l'embrassai, elle me dit : « Grand bien te fasse! — toi que je chéris comme mes yeux! — j'ai juré par les livres des Cheurfa — que je te ferais dormir sur mon sein. »

أَلسَّـا أَمُّكْمَعْ نَقْشِـيشْ
تَرْنَـمْ إغَـبْـلَانْ إوُلْ
أَلسُّـنْعْـتْ نَـمَّـجْ
أَلْبَزْ إمْرَبِّـي أَمَخْـلُوزْ
شِـكَّـعْ دَيِـمْعِنْ لَـرْوَاجْ
أقسَمْعَـا تَكَّسْـمْ أَنْـلُوزْ

Ass agi emmougerer' thak'chichth,
therna d ir'ebelan i oul,
essoud'ener' ts, thennak : çah'a!
a l baz inrebbi amekheloul!
chikker' d'a izd'in le rouah',
k'esemer' ak sougg as mi neloul.

Aujourd'hui j'ai rencontré une jeune fille, — elle a ajouté

à la tristesse de mon cœur, — je l'embrassai, elle me dit : « Grand bien te fasse! — faucon apprivoisé et plein d'ardeur! — nos âmes, je crois, sont unies, — je te suis destinée depuis le jour où je suis née. »

اَلسِّعْ اَمُّكْمَعْ تَفْشِمِشْتْ
نَوْجَمِيْتْ دَالْحَبْ نَرَّمَانْ
اَلسُّدْنَغْتْ تَنَّمْ جَّ
اَدَهَبْ يُلِنْ غَفْ الْكَامْ
تَقَمُوشْتْ سُدْنِتْ نَرْ
يَبِتْشْ اَرْدْ يَغْلِي اَلظَّلَمْ

Ass agi emmougerer' thak'chichth,
thaoudjaith d' el h'abb n er remman.
essoud'ener' ts, thenna k çah'a!
a deheb ioulin r'ef algam!
thak'emmouchth soud'en its thoura,
thibebbach ar d ir'li et'lam.

Aujourd'hui j'ai rencontré une jeune fille — aux pommettes comme le fruit du grenadier, — je l'embrassai, elle me dit : « Grand bien te fasse! — or qui monte sur la bride! — baise maintenant ma petite bouche, — quand tombera la nuit, tu baiseras mon sein. »

اَلسِّعْ اَمُّكْمَعْ تَفْشِمِشْتْ
اَمْتَكْسَمْتْ نَشْتَبْ اَزْرِيبْ
اَلسُّدْنَغْتْ تَنَّمْ جَّ
اَلْوِيزْ اَعْرِزْ إِنْضِيبْ
تَقَمُّشْتْ سُدْنِتْ نَرْ
يَبِتْشْ اَرْدْ يَغْلِي اَلْكِيبْ

CHANSON.

Ass agi emmougerer' thak chichth,
em thaksoumth thecheba azarif;
essoud'ener' ts, thennak : çah'a !
a louiz adzizen i tçarif!
thak'emmouchth, soud'en its thoura,
thibbouchin ar d ir'li el kif.

Aujourd'hui j'ai rencontré une jeune fille, — à la peau blanche comme l'alun; — je l'embrassai, elle me dit : « Grand bien te fasse! — louis d'or précieux et recherché! — baise maintenant ma petite bouche, — tu baiseras mon sein à l'heure du plaisir. »

Ass agi emmougerer' thak'chichth
thessar' i l k'alb in ou el r'idh :
essoud'ener' ts, thennak : çah'a!
a thichchi oukerzi ouàridh!
thak'emmouchth soud'en its thoura,
thibbouchin ar d ir'li iidh.

Aujourd'hui j'ai rencontré une jeune fille, — elle a allumé la passion dans mon cœur; — je l'embrassai, elle me dit : « Grand bien te fasse! — éclat de la large ceinture! — baise ma petite bouche maintenant, — quand tombera la nuit, tu baiseras mon sein. »

اَلسّمْ اَتْكَمْعْ نَفْشِيشْتْ
اَمْلْبَىْ اَزْدَتْ لَوْتَوْ
اَلسَّوْنَعْنْ تَمْ حَج
اَلْوِزْ نَدْهَبْ اِشْرَاقْ
اَكَحَفْ اَكْفَبْلَعْ يِبَّاسْ
تَكْضَاسْ اَطْلَبَ اَمَشْتَاقْ

  Ass agi emmougerer' thak'chichth,
  amm el bey ezd'ath l outak'[1],
  essoud'ener' ts, thennak : çah'a !
  a louiz n edeheb ichourak' !
  ougad'er' a k k'ebeler' ibbou as,
  thegedh as at'laba oumechthak'.

Aujourd'hui j'ai rencontré une jeune fille, — comme le bey devant sa tente, — je l'embrassai, elle me dit : « Grand bien te fasse ! — louis d'or étincelant ! — je crains, si je t'accueille un seul jour, — que tu n'aies les exigences d'un créancier besoigneux. »

تَمْ رَحْ اَلْعَـلِي
غَمْ اَلسَّلَى اَكْتَغْلِي
رَبْهِتْ وَتَـيِ سَرْ اَوْرَاغْ
وَلْعَهْ اَمْ غَفْسْ تَلِي
حَمَّرِتْ وَلْمَسْ مَرْوَغْ
تَمْهَمْ اَرْغْ غَسِي

  Thenna k : rouh', a l adli,

---

[1] *Outak'* est le nom turc de la tente d'un bey ou d'un grand personnage. Il est passé dans la langue arabe.

CHANSON.

r'our ek[1] *es salef ad'ak ir li.*
rebot' ith d'i l h'arir aourar'.
d' el fet't'a ad' r'ef s thali.
khemmer ith d'i l mesk d' er rouaiah'.
therret't' i d ar d'a r'our i.

Elle m'a dit : « Va, noble jeune homme, — prends garde de perdre cette mèche de cheveux, — tresse-la avec de la soie jaune — et de l'argent qui montera autour, — impregne-la de musc et d'essences — et tu me la rendras ici. »

[1] *R'our ek* a ici le même sens qu'en arabe *bal ek*.

IV

AUTRE CHANSON.

PAR ÀLI-OU-ÀMROUCH.

أَقْـمَـامْ إِلِـكْ دَرَقَّـدْ
نَـتْخِـلَـكْ أَبُـرِّشْ حَـمْـرَ
تَبْشَرْتْ أَعْ أَسَعْ نَعْـدَدْ
أَدْكَـمْغْ تَـبْرَتْ عَـفْ يَ
سَلْ عَلَـى أَسَّبْـقَ أَلْجْـوَادْ
أَغْـلِـى عَكْـرِتِـى أَمِّـرَ

A l h'amam, ilik d' arek'k'ad',
netskhil ek . a bou er rich h'amra,
thabecharth ar' seg i la âdad,
ad' ak arour' thabrats r'ef ia.
sal âla es sabk'a el le djouad',
er'li d'eg rebbi 'em Mira.

Ô pigeon, sois mon éclaireur! — je t'en prie, oiseau aux plumes rouges, — prends de moi la récompense que je donne sans compter, — je t'écrirai une lettre à ce sujet. — Informe-toi de la cavale des Djouad[1], — abats-toi sur le sein de Mira.

[1] On appelle *Djouad* les tribus arabes qui appartiennent à la noblesse guerrière. La véritable noblesse, chez les Arabes, est, comme on sait, la noblesse religieuse, représentée par les Cheurfa, descendants du Prophète par sa fille Fatima.

CHANSON.

خْكْضْ إِنَغْزَالْتْ نَلْوَاذْ
إِرَبْ أَذْ كَسّْرَ
مَغْ أَذْ مَجْ أَذْكَتّْسَعَاذْ
نَقْشِيشْ نْشِحْتْ نَصْرَ
أَمَسْ ذِجْ مَ يَجْبَمَذْ
غَفْثَمْكُوظْ يَهْوَرْ أَهَى

Thch'akoudh i ther'zalt n el oued,
irebban d'eg es sah'ara :
ma r'a d foudj d'eg tsiâad',
thak'chichth thouchebih'eth n eç çoura,
oud'em is d' it't'ij ma ijeba d
r'ef thamgout', izouar t'ia.

Parle à la gazelle de la rivière, — nourrie dans le sahara : — quand elle paraît au rendez-vous, — cette jeune fille à la taille élégante, — son visage est comme le soleil, lorsqu'il se lève — sur le thamgout[1]; la lumière le précède.

نَمْ أَتَعْ بَزْ نَسْلَمْ
أَيْنَشْكُرَضْ أَمْ الدُّرَ
غَعْنَمْ أَذْكْتَعْ لَمْرَاذْ
أَغْبَ السَّرْحَمْ زِ نَسَرْ
غَقُمَ نَقْعَغْ نَغَلْمْ
أَوِ السَّلَقْ أَمْ لَمَرَ

Thennak : ai âziz, nesela d
ai thechekeredh d'eg i ed doura,

---

[1] Le mot *thamgout'* veut dire un pic de montagne. Le pic dont il est ici question est celui de Lalla-Khedidja, situé dans le Jurjura, à l'est des Aït-Meddour, tribu du versant sud à laquelle appartient l'auteur. C'est le plus élevé de la chaîne.

dar' nek, ad' ak eger' le merad',
ar'bou es ser, h'erz i thousera ;
r'effoud'em ik noufek'er' nour'al d.
aoui es salef ed' l imara.

Elle m'a dit : « O mon bien-aimé, j'ai appris — l'éloge que tu as fait de moi récemment. — Moi aussi, je ferai ce que tu désires, — sois discret, garde-moi le secret; — pour toi je me suis insurgée [1], je suis rentrée chez mes parents. — Emporte cette mèche de cheveux comme gage. »

---

[1] Voir la note sur la position de la femme chez les Kabyles, page 287.

V

CONSEILS AUX MARIS.

PAR MÀMER-N-ESSAÏDI, DES IÀZZOUZEN, CONFÉDÉRATION DES AÏT IRATEN.

بيرومتْ أجيمْ بَتْ
أَقْبَلْ أَكُنْتَشْرَكْ أَلدَّرِّي
أَرَكْتَهَرَّزَ أَخْمَكْ
أَرْكَنْتَسَرَبِّي أَكْلَ
مِسَنْ إنْبْكَوزْ
بْزَا عَفِيلِيسْ أَلْبَرَ
أَمِنْ إكْمْبَزْ أَلْمَخْزَنْ
كُلْ يَوْمْ قَلَّسْ دَّالدِّيَ

I ür[1] *met't'ou*[2] *a khir bet't'ou*
ak'bel a koun techerek ed deria.
our ak thekh'arrez akhkham ik,
our ak thetsrebbi agla.
mi d ousan inebgaoun
izga r'ef iles is : oula ira[3].
amm in ik'erben el makhzen
koul ioum fell as d' ed dia[4].

[1] Le mot *ür* veut dire « mauvais, méchant. » On l'emploie plus ordinairement en le faisant précéder de la particule *d'* et suivre des affixes personnels, ce qui donne les expressions *d'irith*, *d'irits*, etc. (Voir la *Grammaire kabyle*, p. 92.)

[2] *Met't'ou* pour *thamet't'outh*; c'est le radical dépouillé des lettres formatives du féminin.

[3] *Ira* pour *ara* « chose. » *Oula ira* « n'est pas chose, il n'y a rien. »

[4] Le mot arabe *dia* دية signifie le prix

A mauvaise femme le divorce ! c'est le mieux, — avant que des enfants ne vous aient liés l'un à l'autre ; — elle ne surveille pas ta maison — et ne soigne pas tes intérêts. — Quand surviennent des hôtes, — elle a toujours sur la langue : « Il n'y a rien. » — Ainsi celui qui est près de l'autorité — est chaque jour frappé d'amende.

أَزْوَجْ أَجِّمْ أَنْــمَــسْ
أَكَّيْ أَيْسْكْــعْ لْــمْــثَــلْ
أَعْلَى مْبِيدْ عَفْنْــمَاسْ
فَلَّسْ أَكْسَنَّ أَلْ تَعْمَرْ
أَزْوَجْ أَجِّيدْ أَهْــثِــلَــسْ
أَنْوعْقَضْ تَكِــيــرْ نَــصْــرْ
خَسْ أَنْفِــسْ بَاسْ كُــلَّــسْ
الْعَرْ دَكْسْ أَكْسَنْــفَــلْ

Ez zouadj amm ajgou alemmas,
akkenni ai seked'er' le methel,
aâlai em bâid' r'eff athema s
fell as ag senned' ak l âmel.
ez zouadj, a l djid', ah'athil as,
atsouk'âdh d'egg ür l açel :
khas[1] *tek'ezzib as koull as,*
el aâr d'eg s ak thenfel.

La femme est comme le faîte du milieu, — c'est ce que je vois de mieux à lui comparer : — beaucoup plus élevé que ses frères, — c'est sur lui que repose toute la toiture. — La

du sang, l'argent donné en expiation d'un meurtre. Il est détourné ici de sa signification et veut dire « amende. »

[1] *Khas* pour *r'as*. Les Aït-Iraten, auxquels appartient l'auteur, remplacent assez souvent le son du غ arabe par celui du خ.

femme, homme de cœur, réfléchis avant de la prendre, — tu pourrais tomber sur une femme de basse extraction : la flatterais-tu tout le jour, — qu'elle te couvrirait de honte.

*Thamet't'outh ma d'ai thetchah',
thint' as d' inebgi ai thougi,
our ak thekheddem le çelah',
khas iles in es izga ioudi*[1]*;
ergaz is ad' innefedhah',
amm akhkham isâan aid'i.*

Lorsque la femme est de mauvaise humeur, — tu peux dire que c'est l'hôte qui ne lui plaît pas; — elle ne fait rien de convenable, — sa langue est toujours prête à l'attaque; — son mari sera couvert de confusion — comme la maison qui possède un chien[2].

[1] *Iles in es izga ioudi* signifie littéralement : «Sa langue est toujours montée comme le chien d'un fusil prêt à faire feu.»

[2] Les chiens kabyles sont très-hargneux et se jettent souvent sur les personnes qui veulent entrer dans les maisons, ce qui, aux yeux des Kabyles, est une infraction grave aux lois de l'hospitalité.

بيـش نـجـم اقـقـى
يـرأزواج أمـلـمـعـمـى
أڤـلـع أنـز إقـى

Oukemer' d'egg oul iou iseleb,
mi iseleb our isâi er ria;
ouin iour'en iar' illi s n el medhrob,
illi s n ed djouda d' el h'aia;
iir ez zouadj amn el mor'ereb
at'elam athan ikiia.

Je suis étonné de l'égarement de mon cœur, — en s'égarant, il n'a plus de retenue. — Que celui qui se marie prenne une femme de bonne maison, — une fille noble et chaste; — un mauvais mariage est comme le coucher du soleil, — l'obscurité le suit de près.

VI

CHANSON DE TIRAILLEURS.

اَخْـزَنَـعْ اَلـطِّـهِـرْ
اَثْـرْفَـضْ عَـكْفِـكْ عَـلِـى
اَبْـرِدْ عَـيِّ اَنْـعَـدَلْ
نَـمْـبَـنْ اَبْ اَلْـحَـلِّـى
ثِـحْـيِـنْ عَـسْـيِـوَرْ
فَـطِـمَ عَـسَّـرْجَـانْ ثَـلِـى

A k azener', a t't'ir,
therfed'edh d'eḡḡ ifeg ik, alli,
abrid' ik âddi ath Aïd'el,
I embath ik d'eg ath H'alli.
thih'ad'ain d' et taraioul,
Fat'ima d' es serjan thouli.

Je te charge de mon message, ô oiseau! — élève-toi dans ton vol, — dirige-toi vers les Aït-Aïdel[1], — passe la nuit chez les Aït-H'alli. — Les jeunes filles sont des tirailleurs, — Fatima est passée sergent.

اَثَـمَخْـتَـلْـنْ تَـلْـسْـيِـرَتْ
مِـعَـوَةْ اُرِمْ اَلـصَّـنْـعَ
يَـكَـسْـنْ اَرْنَـةْ بَـثَـمْـشَـطْ

[1] Tribu de la vallée de l'Oued-Sahel.

يسَرْكِبَاسُ الخَمْرَق
عِينِي أَزْكَعْ فَلَّسْ
وَتَسْمَعْ عَرْلَكُمَنْمَ

A thamokh'alt thaldzirith
mi iâoud' ouroumi eç çenâa;
ikkes as ez zenad' bou themechet
iserkeb as el h'arraka.
Aïni ad ezger' fell as!
d' et tesrièh' r'er le komanda.

O fusil algérien[1], — auquel le chrétien a ajouté son travail; — il lui a enlevé la batterie à pierre — et l'a remplacée par celle à capsules. — Aïni[2], je la posséderai! — j'ai la permission du commandant.

أَقْلِي أَمِّزْ يَسْوَزْ أَشْرَابْ
تَغَفَرْ إِعَبْ وَرْبَلِّي
أَقْلَى صَوْتَعْ لَمْعُوزْ
أَنِزْ مِتْسْمَعْ يَمِّي
قَلْحَم تَكْيِنِيزْ
جَقَرْ عَسْمَجَازْ فِلِي

[1] La comparaison d'une jeune fille à un fusil est très-familière aux Kabyles, on la trouve dans un grand nombre de chansons. Ce rapprochement, qui peut paraître bizarre, s'explique par l'amour du Kabyle pour son fusil. C'est le seul objet pour lequel il se permette un certain luxe, et le seul aussi dont il soit véritablement soigneux. Il n'est pas rare de rencontrer dans une maison, dont tout le mobilier ne vaut pas cent francs, un fusil garni d'argent et de corail qui a coûté trois ou quatre cents francs. C'est un meuble de famille respecté; enveloppé avec soin dans un fourreau d'étoffe, il occupe une place choisie à l'abri de l'humidité et est toujours tenu dans un état de propreté qui contraste avec le reste de la maison et la personne du propriétaire.

[2] Aïni, en arabe mon œil, est un nom de femme très-répandu chez les Kabyles.

CHANSON DE TIRAILLEURS.

Ak'lii amm in isouan cherab.
l'ak'el ir'ab, our illi.
ad' fell am çouber' le methou!,
a thin mi theseber' thimmi!
Fat'ma d' ekouninir...
Djouhra d' es serjan thouli.

Je suis comme celui qui a bu du vin, — ma raison a disparu, elle n'est plus. — Je ferai des chansons pour toi, — jeune fille aux sourcils teints[1]! — Fatma, c'est le colonel...[2]. — Djouhra est passée sergent.

أفـلــي وإِسَـمَـعَ
وتَعْلِـي إصْـحَـزْ سَـتَّـشِـرْ
أَحَـمـاهْ أَكَــنَــسَــيِّـرْ
نَقَـلْ وكَفْكِـيهْ أَيْـثِـيـرْ
أعَدِي أَفْكِـيـهْ تَـفَـمُّـشْ
إسْـحِـيهْ لَـكُـنِـيـيـرْ

Ak'lii d'i l Arbâ
d'i l âli içedh'an s en nechir.
a l h'amam, a k ensiir,
nek'k'el d'egg ifeg ik, a ithbir!
a Âdidi, efk i id thak'emmouchth
iserrah' i d le kouninir.

Je suis à l'Arbâ[3] — dans une caserne couverte en plan-

---

[1] On sait que les femmes kabyles ont l'habitude de se teindre les sourcils et les cils avec la poudre de galène.

[2] Pour préciser mieux la différence de beauté des femmes dont il parle, l'auteur a emprunté ses termes de comparaison aux grades de la hiérarchie militaire. Il a voulu dire que Fatma est aussi supérieure en beauté à Djouhra que le colonel est supérieur en grade au sergent.

[3] Les Kabyles continuent à appeler *Fort-Napoléon* l'Arbâ des Aït-Iraten, du nom du marché qui se tenait sur l'emplacement même du fort.

ches, — ô pigeon! sois mon messager: — élève-toi dans ton vol, ô colombe! — Adidi, donne-moi ta petite bouche, — le colonel me l'a permis.

أڤــلــي دٜلْــبُــرْج نــثْــمــنْــضــور
ٱلْــمـڤــثــاح لــدٜ يــثْــعــرْضــيــق
سْــوڤــلّــنْ ٱيــنــودْعــرْ ثــمــورْث
سْــضــَهــرْ يــوڤ ٱدْ يــكّــسْ ٱلْــخــيــق
ٱ فــطْــمــعْ ٱرّه دْ ٱيــڤــوسْ
ٱنــوڤ ٱمْــرْوزْ وَرْ نــضــْلــيــق

Ak'lii d'i l bordj n ath Mençour
el mefthah' la d it't'erdhik';
s ouallen ai noud'ar' thamourth,
s oudhar iou ad' ikkes el khik'.
a Fat'ma, arra d aiffous,
anoua amarouz our nedhlik'.

Je suis au fort des Aït-Mançour. — la clef grince sur moi. — Je parcours le pays des yeux, — quand mes pieds pourront le parcourir, mon ennui sera dissipé. — ô Fatma! donne-moi ta main, — quel prisonnier n'est pas remis en liberté?

ٱڤــلــي دٜ رْع ٱلْــمــيــزٱنْ
ٱبْــشْــكــيــدْ يــهــبــتْ ثــيــتْ
ٱلْــمــثْــلْ ٱِزْ عــالــصــبّْ
ٱكْــسُــمْ زٱلْــكــزْ وَرْ ثــنْــتــتْ
ثــعْــلــيــضْ عــثْــمــرّيْ ٱِمــــّــ
ثــكْــسْــمــثْ ٱنْــثــمّْ ٱنْــعْــمْــقــتْ

Ak'lii d'i Drâ el Mizan,
abechkidh ihaba thaits,

el makela in ou d' eç çoubba.
aksoum zeddigen our th enthets.
ther' lidh d'eg rebbi i Fat'ma
thaksoumth therebba ther'ourfets.

Je suis à Drà-el-Mizane, — le fusil toujours sur l'épaule ; — ma nourriture est de la soupe, — de la viande pure nous n'en mangeons pas [1]. — Abats-toi sur le sein de Fatma [2], cette peau douce élevée dans la chambre !

[1] De la viande pure, c'est-à-dire de la viande d'animaux égorgés suivant les prescriptions de la loi musulmane.

[2] C'est toujours à un oiseau messager que cette recommandation s'adresse. On retrouve sans cesse la même image.

VII

CHANSON.

عَزُكَّغ السِّنِس
شَمَّنْ الهَيَّس
آسِمِ إِدَفَّعَزْ دِلَبْحَزْ
وِعَنْ عَبْسُرَّتْخَاس
كُلْ وَسَلْمُنَتَاس
التَّرْكُ اَلِّي مَجْبَّزْ
اِلْعَجْ اعَنْ قَلْدِي
اَعْدَوْ اَدْيَهُو اَنَفْضَزْ

D' azouggar', a n nas,
choudden er riias
as mi id effer'en d'i le bak'ar.
ouid'en d' aith ourendjas[1].
koul oua s el mòuna s;
et terk elli ma ih'abber;
iggad' iâoud'en le khelaç,
aâd'aou ad' irouou anemdher.

Rouge, Messieurs, est la bannière — qu'arborent les corsaires, — le jour où ils prennent la mer; — gens aux vêtements de soie, — chacun a ses provisions; — ce sont des Turcs qui jamais ne réfléchissent au danger; — ils sont ha-

---

[1] *Aïth ourendjas* signifie aussi des gens résolus et de bon conseil.

bitués à faire payer l'impôt, — leur ennemi sera rassasié d'exil.

أَفَلْ يَوْنَنْ دَفْسْتَاسْ
عَفْ يَزْ اِحْسُوْنَسْ
بَسْوِجْ أَرْ أَبْسَلَّمْ
اجِّحْ أَمْكُوذْ أَسْلْكْسَرْ

*Ad'fel iouthen d' afthathas
r'ef thizi ih'aoul as,
isseoudh ar mi d' bou Sellam
ijüah' amgoud' s el keser.*

La neige tombant à flocons — sur le col où elle s'amoncelle, — est arrivée jusqu'au Bou-Sellam[1]; — elle brise les branches en tombant.

دَسْقِيقٌ دْبَعْنْتْ قِلَّسْ
دَرْنَادْ أَعَـبَّاسْ
أَدْلَلْ أَمْنِيطْ أَمْتِمّ أَنَّجَّـرْ
أَنْبَكْـرْ دَفْـشَمْشْ أَرَّسْ
وَبْعَانْ أَبْيَمَتْ تَحْضَرْ

*D' esfaif[2] dhebânt fell as,
d' ez zenad' Aâbbas
ed' lal em thit', em thimmi thâdjer.
a ts igzan d' ak'chich aras,
oui ibr'an ad' immeth ih'adher.*

Les cordons de sa ceinture dessinent sa taille; — c'est une

[1] Le *Bou-Sellam* est une rivière qui se jette dans l'Oued-Sahel.

[2] On appelle *sfaif* ou *thisfifin* des ceintures de femme, formées de plusieurs cordons liés ensemble. Ces ceintures sont à la mode, surtout dans l'Oued-Sahel.

batterie des Aït-Abbès[1], — la femme aux beaux yeux, aux sourcils arqués. — Celui qui la possède est un jeune homme brun ; — que celui qui veut mourir se présente !

اَفْهَمْتْ آلْـكِـيَّـاسْ
اَسْـمَعِـيـنْ اُمِ اَنْـهَـدَّرْ
غَفْ جُـهْرَتْلَه آلـصِّـهَـاسْ
اَلْقَدْ تَعَرجُوزْ نَـتْـمَـرْ
بُخَّنْ سَبَيْـ اَوْ الْعَطَرْ

Efhemth, a l kiias,
a s samâin oumi nehadder,
r'ef Djouhra, thelha ec cifa s,
el k'od d' aârdjoun n etsmer
boukhkhen ts s ez zebed ed' el ât'er.

Comprenez, gens avisés, — auditeurs à qui je m'adresse : — je parle de Djouhra, sa figure est belle, — sa taille est comme une branche de palmier — parfumée de zebed[2] et d'essences.

نَـتَّـا اَرْكَـزْ هَـمَـسَّـسْ
اَمْـغَـرْ هَـعَـسَّـسْ
نَـشْـتَـوْ اَجْـدَ اَكْـنَـرْ
مَـلَّـا اَمْرَعْ اَيعَـلَّـسْ
هَخِيبيُو وَرْ كَـنَّـكَّـرْ
اِجُفْرَ اَهْـصَبْـهَضْ مَـلَّـسْ
اَمْـرَ اَنْـزَفْعْ مَـضَـرْ

[1] Les Aït-Abbès sont renommés pour la fabrication des armes et surtout des batteries de fusil.

[2] Le *zebed* est le parfum produit par la civette ou le zibet. Les indigènes de l'Algérie en font un grand usage.

CHANSON.

Thennak : erga: d' amessas
amr'ar d' aässas,
nechthak', a l djid', a k enzer,
fell ak, a drouâ our'ilas,
d' ah'abib iou, our k en nekker,
i Djouhra, ad çebeh'edh fell as,
ammer an nezd'er' Maçer.

Elle m'a dit : « Mon mari est insipide, — le vieux me surveille [1]; — mais je brûle du désir de te voir, ô noble enfant! — je suis à toi, ô bras de panthère! — tu es mon amant, je ne te renierai pas : — tu viendras dans les bras de Djouhra, — dussions-nous aller habiter le Caire. »

[1] Il reste toujours à la maison un homme de la famille pour surveiller les femmes. C'est généralement un vieillard qui ne peut plus travailler.

22.

VIII

ISEFRA[1].

PAR ÀLI-OU-ÀMROUCH DES AÏT-MEDDOÙR.

El h'amra[2] en tid'erth,
ech chahed' en teh'ad'erth!
mi d bed'erer' Fat'ma,
chekerer' thamezziant,
thour'al i id thezmerth.

Froment de l'épi ! — miel du rayon ! — quand je répète le nom de Fatma, — que je fais l'éloge de cette jeunesse, — la vigueur me revient.

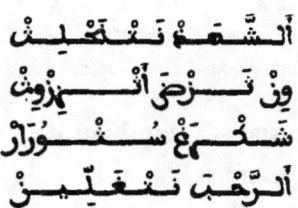

[1] Ce genre de chansons composées de couplets (*isefra*) n'ayant aucun rapport les uns avec les autres, ni pour le rhythme ni pour le sens, est très à la mode parmi les chanteurs appelés *tebabla*.

[2] El-h'amra est une variété de froment.

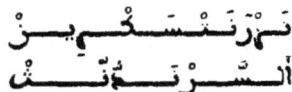

Ech chahed' en tenh'alith[1],
ouin thezdha thezizouith !
chekerer' south ouourar,
er rah'ba n ter'allin,
thazera n tesekerin,
es ser n eddounnith !

Miel du rayon — qu'a pétri l'abeille ! — je chante les maitresses de la fête, — troupe de cavales, — collier de perdrix, — bonheur de ce monde !

El k'oul iou meferouz,
a th t'ebâr' kifach !
le h'arir oubrin, azegza el leriach !
chekerer' south Bechkhikh
ai agoudi el lesrar !
ma ellant d'a ner' oulach ?

Mes vers sont choisis, — combien de fois je les retouche ! — soie tressée, aux franges bleues ! — Je chante les filles de

---

[1] *Tenh'alith* est la forme kabyle de l'arabe نحلة, qui veut dire *abeille*. Le nom kabyle de l'abeille est *thezizouith*, qui se trouve au vers suivant. La traduction littérale de ces deux vers est donc : « rayon de l'abeille qu'a tissé l'abeille. »

Bechkhikh[1], — cette mine de bonheur! — Sont-elles ici, oui ou non[2]?

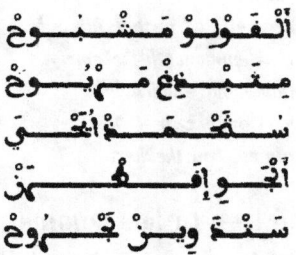

El k'oul iou mechebouh',
mi th ebdir' meriouh':
south Ahmed' ou Yahia!
ed djaoui ik'et'ran
setsd'aouin le djerouah'.

Ma chanson est belle, — quand je la commence elle excite la joie; — filles d'Ahmed-ou-Yahia! — benjoin purifié, — qui guérit les blessures!

[1] *Bechkhikh* est le nom d'une famille de la tribu des Aït-Yala, du versant sud du Jurjura.

[2] Cette question, toute naturelle dans la bouche de l'auteur, qui est aveugle, a pour but de provoquer les you! you! des femmes de la maison où se donne la fête et de faire appel à leur générosité.

Allah! Amm el kheir!
amzoun d' a our thezeridh!
em thagousth tharek'ak'th
emm el k'od ouchah'idh,
thak'emmouchth thezemem.
thaâbbout' thouchchit'.
kem am el zair
ala em bou thekherit'.

Dieu! Am-el-Kheir! — tu fais comme si tu ne m'avais pas vu! — ta ceinture est mince, — ta taille élancée, — ta petite bouche mignonne, — ton ventre doux au toucher; — tu es comme Alger, — accessible seulement au riche.

I ouas mi aâzizeth en nefkha
thid'ma am thazarth n es souk'.
akherbouch ioudjou s er rekha,
oufrin d'i r rah'ba mâchouk'.
thoura mi thefesed' eç çenâa
thin ikkeren thebd'ou le kherouk'.

A l'époque où la gloire était chère, — les femmes étaient comme les figues du marché. — L'akherbouch[1] se vendait à bas prix, — l'oufrin[2] était recherché sur la place. — Main-

---

[1] *Akherbouch*, espèce de figue de qualité inférieure.

[2] *Oufrin*, figues de choix, des espèces les plus estimées.

tenant que les affaires se sont gâtées, — la première venue s'émancipe.

نكّم أمّز التّعيمق
يسركرم تّضرس
أسليغ تركبّت أعمليق
يتّي أملب إتغّس
أنزيسجّت أجعيغ
يغنيي أسوغ أنتمس

Nekk id' em, em thezra el lâk'ik' !
thisri gar i d' em thedheres,
selir' irkeb ts Ouâmlik'.
itsi oumoulab ithek'k'es,
el baz, isegadj ith oujar'ir',
ifena i asouad' a th names.

A nous deux, femme au collier de verroterie ! — entre toi et moi l'affaire est délicate, — j'ai appris qu'Ouâmlik[1] t'a possédée. — Le lézard maintenant pique, — le geai a évincé le faucon. — Je dois me noircir de suie[2].

يتّرولحم ورّيسوث
أقيز عفي يضرأنبد هز
أمعمهمّج عرّيتث
ينغ أصكّم سفنز
أنزرّتغنّ أنتوقاينت
تسّبغضيي أومّج أشغز

[1] *Aâmlik'*, en kabyle, veut dire un homme brave et vigoureux ; mais il se peut aussi que ce mot soit employé ici seulement par dérision et ne doive pas être considéré comme un nom propre.

[2] En signe de deuil. (Voir p. 299, n. 5.)

Itsrou oul, h'ad our th iouith,
amm in r'ef idhra el bat'el,
am ferroudj r'er thissith,
inr'a ouçeggad' s oukhathel.
a thazouggar'th en taoudjaith,
thessoufer'dh ii ed'farer' cher'oul.

Mon cœur pleure sans que personne l'ait frappé, — comme celui qu'a atteint l'injustice; — je suis comme un perdreau qui va boire, — et que tue le chasseur qui se glisse en rampant; — belle aux pommettes vermeilles, — tu m'as mis hors de moi-même, j'ai abandonné tout travail.

أَنْتَمْرَيْـكْـرَأَنْـسَـرْفِي
دِنْـحَى أَرْغَتْ أَنْـيَـنُّـورْ
إِكْـمَرْتْ أَمْـكَـلْـيَـلِـي
يَـبَّـضْ سَنْـبْـعْ نَـفُّـرْ
أَجْـفَرَ الدَّهَبْ أَمْـرَشِّـي
فَعِمْ يَـثْـبِـرْتْ نَـصُّـرْ

El h'amra ikerez oucherk'i
d'i l oudha ezd'ath ath Innour :
ikerez its d'egg el liali,
ibbodh s anebd'ou thek'k'our.
a Djouhra, ed deheb amrechchi!
Fat'ima, thithbirth n eç çour!

Le bœuf de l'est laboure le froment — dans la plaine en avant des Aït-Innour[1]; — il le laboure dans les liali[2], — et,

---

[1] La tribu des Aït-Innour appartient à la province de Constantine.

[2] Mot arabe (لَيَال) signifiant « les nuits. » Les Kabyles désignent par ce nom une période de quarante jours comprenant les vingt derniers de décembre et les vingt premiers de janvier (calendrier Julien). Les jours du mois de décembre sont appelés *liali thiberkanin*, « nuits noires, » et ceux de janvier, *liali thimellalin*, « nuits blanches. »

quand arrive l'été, le grain mûrit. — O Djouhra, or incrusté ! — Fat'ima, colombe de rempart !

إِزِمَّرْ أَبُغْرَعْ نَشِيخْ
مِيكْسَ إِتْهُبَعْ يَمَّاسْ
أَشَرْقِ إِكَهْزَنْ تَغْلِيظْ
تَحَرَشْ يَتَّ عَنْسَنَاسْ
مِنْعَعْ تُهُرَسْ إِتِّ
تَحْصَ الْمَعُودْ تَنَّمَاسْ

Izimmer abou d'riah' n ech chièh'
mi iksa, ithoubâ imma s ;
acherk'i ikerzen thar'elit'
ih'arech, itcha d'i n nesnas.
mi thâdda thouder as i thit',
ih'aça el moudoud' thenna ias.

L'agneau au corps allongé des pays de chièh, — lorsqu'il paît, suit sa mère. — Le bœuf de l'est qui laboure les figuiers — est intelligent, il a mangé du nesnas[1]. — Lorsqu'en passant elle a cligné les yeux, — il a compris le rendez-vous qu'elle lui a donné.

أَمْشَرَضْ إِتَمَرْنَسْ
تُوجِتْ أَمْهَزْ يَمَلْقَزْ
أَقَعَ أَمَّسْمَرْ أَرَسْ
أَرْمَسْكِعْ تَمْتَلْ
يَمَّشْ أَتَّ بَجَرَاسْ
نَعْ التَّقَاعْ أَعَرْلْ

[1] Le *nesnas* est une plante fabuleuse qui donne la science universelle.

Em thecheradh etsibernas.
thaoudjaith amzoun d' ifelfel.
a Fat'ma, emm amezour aras.
our am eskid'er' le methel.
thibebbach et tsifiras,
ner' et tseffah' Aâid'el.

Maîtresse des tatouages entrelacés, — aux joues comme des poivrons, — Fatma, aux bandeaux bruns, — je n'ai jamais vu ta pareille. — Tes seins sont comme des poires ou des pommes des Aït-Aïdel.

IX

CHANSON[1].

PAR MOHAMMED-TAÏEB-OU-TEBOUDAOUTH DES AÏT-ABBÈS (OUED-SAHEL).

تَعْلَمْ إِنْـــدْ غَـــرْ اَنَّضِــــحْ
اَلْبَى غَفْ إِدّيَّ الْـسّــنْجَــاقْ
غَفْ اَلْعَزّ اَتَّلْبُوسْ اَمـــلِــــحْ
اَنُوشْبُورْ يَضْعْ غَفْ اَلْــمَقْ
وِنْ عُدَّنْ اَخْلَنْتْ سَــدِيحْ
طَيْبَنْ وِلَّنْ قَمْــنَــفَــقْ

L âlam ichoud r'er en nedhièh'[2]
el bey r'ef id idda es sendjak',
r'ef eddan ath elbous oumelèh',
ath ouchebour idhbâ r'ef etsmak'.
ouin d'oud'an khelan t s ezd'ièh'[3].
t'aïben oui illan d' amenafek'.

[1] Cette chanson appartient à un genre très à la mode, surtout dans les tribus de l'Oued-Sahel. On appelle quelquefois ces chansons *âlamats*, du mot *âlam* « bannière, » par lequel elles commencent invariablement. Le premier couplet est une allusion à la guerre, le second à la neige. C'est une manière d'indiquer que les communications ordinaires sont interceptées, et de motiver l'envoi d'un messager ailé, pigeon ou faucon, qui est chargé de porter les paroles de l'amant à sa maîtresse. Toutes ces chansons sont d'un modèle uniforme, et il reste peu de chose à faire à l'imagination du poëte pour en remplir le cadre; elles sont néanmoins en grande faveur parmi les Kabyles.

[2] *Nedhièh'* est l'altération de l'arabe نضح. La lettre ح, adoptée comme rime dans cette chanson, n'existe pas dans la langue berbère. Le poëte a donc dû emprunter à l'arabe tous les mots devant former rime.

[3] *Zedièh'* est probablement l'altération de صدح, qui signifie « crier fort, faire du bruit. »

Il a saisi la bannière pour le combat, — le bey, en l'honneur duquel est porté ici le drapeau; — il guide les guerriers aux beaux vêtements, — aux éperons bien ajustés sur les bottes. — Tout ce qui était hostile, ils l'ont détruit avec fracas, — ils ont mis à la raison les insurgés.

أَتَّـلْجُ يَـنْـصُـبُّـنْ ڢُـسِـيحْ
سـلْـغـيـمْ أَدْيَـزْوَارْ تَـبْـرَقْ
يَـكْنـانْ أَمْڭُدْ يَـنْـڅَحْـضِـحْ
أَتَّـجْـرَ أعْـلَـيَـنْ أَمْ تَـنْـشَـقْ
أَتْـلْـمَـالْ حَـدْ وَرْيَـسْـرِحْ
يَـڢْـضَـعْ إِلـتَّـجَّـرْ تَـسْـوَاقْ

Et tsildj itçoubboun d' ouk'sièh' [1]
s el r'im ad izouar le berak',
iknan amgoud' itsdhah'dhièh'.
et tedjera âlain ak thenchek'.
ath el mal h'ad our isrièh'.
ik'dhâ i tsedjar le souak'.

La neige tombe avec violence — dans la brume qui précède l'éclair; — elle fait fléchir les rameaux jusqu'à terre, — les arbres les plus élevés éclatent en morceaux. — Parmi les pasteurs, nul ne peut faire paître son troupeau, — elle ferme aux trafiquants les chemins des marchés.

أَتْـبَـمْ إِمْـسَـيَّ أَيْـشِـيحْ
نَـڢَـرْ ةَـڭْـڢِـيـكَ أَسْـوَضْـلَـقْ
مَـحْـبِـيـبْ اَلْـخَـمَـضْ أَمـحْ

[1] *Ouk'sièh'* vient de l'arabe فسح.

نَصَبِّحِتْ أُزُورْ أَشْمَقْ
غَرْ أَقَرْسْ أَقَصْ سَمْحْ
أَنْخَقْ بَمْ غَرْ النَّهَقْ

A l baz imrebbi, ai ouchebièh'!
nek'k'el d'egg ifeg ik s oudhelak',
ma d' ah'abib thekhed'medh mlèh'.
thaçebah'ith ezouir acherak',
r'er el h'ara s ekçed', serthièh',
el h'ad'k'a bed r'er et't'ak'.

Gentil faucon apprivoisé, — élève-toi dans ton vol, déploie tes ailes, — si tu es mon ami, tu me rendras ce service. — Le matin, précède le lever du soleil, — dirige-toi vers sa maison, arrête-toi, — va te poser sur la fenêtre de la belle aux manières gracieuses.

تَحَكُوطْ إِنْ هَرْزَرْتْ نَسَحْ
أَنْقَهْرَصْ إِمْلَبْعَزْ شَمَقْ
مَلْ أَسْقَابْ يَنْقَعِيحْ
مَتْعَدْ يَشْمَحْ وَزْفَاقْ
مَنَّعْتْ إِزْوَاجْ النَّمَحْ
وَمَ كَدْنُوبْ نَنْغَمَقْ

Theh'akout' i thzerzerth n ech chièh',
thehad'eredh i m le bed'en chourak'.
moult es sekhab itsfah'fièh' [1];
ma thâdda, ichebah' ouzek'ak';
mennar' ts i zouadj, an nerthièh'.
ouamma g ednoub nenr'errak'.

[1] *Itsfah'fièh'* vient de l'arabe فاح « être odorant. »

Parle à la gazelle des plaines de chièh¹, — à la belle au teint éclatant de fraîcheur, — à la maîtresse du collier odorant; — si elle vient à passer, la rue prend un aspect de fête; — je voudrais l'avoir pour épouse, nous trouverions le repos, — sinon, nous serons noyés dans le péché.

نـــمّـــا ألجِـــمْ وَرنَـــسِج
أقْلَعْ نَـقَّـنْ أُؤكَـلْـمِـتَـنْ
حَصْلَـعْ عَـكَـرْكَـزْعُفِـج
يَـكُّـمَّ أُوْبَـعَـزْلَ أَصْلَـقْ
أَمْـلَـعْ أَمْ أَوْءَ ٱلـسَّـوْجِ
نَـكِـعَـمْ وَرْمَـمْزْ لَـعْـرَقْ

'Thennak : a l djid' our netchièh'².
ak'lar' net't'ef d'eg el mithak';
h'aceler' d'egg ourgaz d' ouk'ebièh',
igoumma ad' iâd'el³ t'elak'.
ak'lar' ak d'eg etsoudhièh',
nekk id' ek our mazel le ferak'.

Elle m'a dit : « Ô noble jeune homme! je ne me rétracte pas, — je suis inébranlable dans la foi jurée; — je suis tombée entre les mains d'un méchant homme, — il refuse de me répudier. — Nous sommes tous dans les tourments, toi et moi ne pouvons plus être séparés.

عَشْ عَالسَّــــبّ يَـــّـج
أمِـعْنْ أَنْـمْ عَـرْ نَـشْـفَـاقْ

---

¹ Le *chièh* شيح est un thym sauvage qui croit dans les plaines du Sahara.
² En arabe شاح, « nier, désapprouver. »
³ Dans l'Oued-Sahel, le verbe *dd'el* veut dire « faire». Les Zouaoua lui donnent le sens de « être égal. »

ازْرِيسْ يِمَكِّي يَنْسِيحْ
أَمْلَوَاهُ أَبْيَمْغَلَّقْ
أَغْبَلَّمْ سَبْلَغْ أَرْوِيحْ
أَشُ أَرْدْكَنْ إِمْغْرَاقْ

D' achou d' es sebba n ej jïëh' ?
oufır' ts thebed r'er l echk'ak' [1].
izeri s s imet't'i itsièh',
amm el oued ad imr'oullak'.
ad' fell am sebeler' arouièh',
achou ara d egen imr'erak' ?

Quelle est la cause de l'égarement de ma raison? — Je la trouvai debout près des fentes de sa porte, — les larmes coulaient de ses yeux — comme la rivière lorsqu'elle déborde. — Pour elle je sacrifierais ma vie; — que peuvent faire les méchants?

أَقْلِي أَشْبِغْ تَغْبِحْ
غَيْ عَزَّرْتَمْنَفَاقْ
سَلْقُولْ أَجْدِيعْ نَشَّحْ
بَسَّيِي أَخَّبَّسْ أَخَافْ
أَحْغْ ضَلْقَسْمْ السَّحْ
كَمْلَرْ نَعْعَوَّاقْ

Ak'lii chebir' le fecièh',
r'ef âzza, gar themenoufak'.

[1] Les portes des maisons kabyles sont très-grossièrement faites, et il existe ordinairement d'assez grands intervalles entre les montants et les vantaux de la porte, ou entre les vantaux eux-mêmes. Ce sont ces intervalles que l'auteur appelle ici *echk'ak'*, pluriel de l'arabe شَقّ, « fente, fissure. » Lorsque la curiosité des femmes est excitée par ce qui se passe dans la rue et qu'elles ne veulent pas être vues, elles laissent la porte fermée et regardent par ces ouvertures, qui permettent aussi de les voir de la rue.

CHANSON.

*s el k'oul ajed'id' netcherrièh.
iouser ii el h'aoubb is nekhak :
a ch chikh, dhelk as d et tesrièh.
g edlala thenaouak'.*

Je suis semblable au poëte; — pour ma bien-aimée seule, parmi les insurgées [1], — j'improvise un chant nouveau. — Son amour m'a étreint, je brûle de désirs. — O cheikh, rends-lui la liberté; — elle est mise aux enchères sans pouvoir être vendue [2].

[1] Voir la Note sur la position de la femme kabyle, page 287.

[2] C'est-à-dire qu'elle est *thamaouok't*. (Voir même note, page 287.)

X

CHANSON.

PAR SI-MOHAMMED-SAÏD-OU-SID-ALI-OU-ABD-ALLAH DES AÏT-MELLIKEUCH.

لَعْلَمْ شَدَّنْ دْاٰ مَصَرْ
غَفْ إِبَنْ اَنَّصَرْ
دْجْدِيدْ رَفْدَنْتْ الشَّرْفَ
إِمَرَ إِدْيَبَّعْ الْعَسْكَرْ
وِدْجْبَدَنْتْ سَنْتْكَرْ
غَفْ الْبَيْ تَدَّ الطَّفْبِي
وِنْ ضَانْ أَدْيَتَيَسَّرْ
الرَّعْي اَتْرَكَّزْ أَمْسَفَّ

*L âlam choudden d' eg maçer
r'ef iban en neçer,
d' ajed'id', refed'en t ech Cherfa
imara id iffer' el âsker.
ouid' djebed'en t s en nether,
r'ef el bey thedda et' t'aifa.
ouin ôoud'an ad' itisser,
er râia therouggel amsaffa.*

On a arboré au Caire la bannière — qui toujours annonce la victoire; — elle est neuve et les Cheurfa la portent — lorsque sortent les soldats. — Ceux-là serrent vivement la détente; — les troupes marchent avec le bey. — Tout ce

CHANSON.

qui est ennemi sera fait prisonnier, — les râia[1] de loin prennent la fuite.

اَلتَّلْجْ يَتْصَبّنْ يَكْثَرْ
سَلْغِيمْ أُوَ الْمَطَرْ
يَوثَنْ سَرْحْ عَالشَّضْى
يَكْنَانْ أَمْكُودْ إِكَسَّرْ
أَنْكَمْ زَرْعَ يَشْجَرْ
ءَكُلْصَ يَعْتَلْ أنْحَمْى
بَسَّوطْ أَلّم يَسَوْطَرْ
إِقَضَعْ أَبرِيدْ الْكَنْفَا

*Et teldj itçoubboun ikther
s el r'im ed' le met'er;
iouthen s er rîeh d' ech chedhfa.
ikuan amgoud' ikesser;
ai g erza g ech chedjer !
d' eg el oudha idd'el el h'arfa.
issaout' abni d' es souat'er
ik'dhân abrid' i l kounfa.*

La neige en tombant s'amoncelle — par la brume et la pluie; — elle tombe chassée par le vent et la tempête, — elle fait fléchir, elle rompt les rameaux; — que d'arbres elle a brisés ! — elle s'accumule dans la plaine, — elle est arrivée jusqu'aux souat'er[2], — interceptant la route aux convoyeurs[3].

اَلقَهْرْ أَزْكَهْوَ نَشَّعَرْ

---

[1] Les *râia* ou sujets: de l'arabe رَعَى.
[2] Les *souat'er* sont des villages de la tribu des Ait-Iadel dans l'Oued-Sahel.
[3] Le mot *kounfa* me paraît être la corruption de notre mot convoi; c'est bien le sens, du reste, que les Kabyles lui attribuent.

زِرْج أَكَنْسَــيَّــرْ
أَنْـــمَــلّــمْ زِرْج سَــغْــتَــى
نَبْشَـرِنْ خُدْ ةَقْــضَـرْ
نَـــصَـــبِـــيـــتْ بَـــگَّـــرْ
قَلِّي أَرْتَّــخَى مَيْ أَنْكَــلْــفَى
أَبْرِيهْ عَمِّ ٱلْعِــنْــضَــرْ
غُــرْ يَــمِــنَ ةَاشَّــرِ فِي

A t'tʼir azigzaou n ech châr.
rouh', a k nessiir.
athalla k rouh' s el kheffa,
thabecharth ik khoud' d' el h'adher.
thaçebeh'aith bekker.
fell i ar tedjedh miet koulfa,
abrid' ik âddi el âinçer,
r'our Iamina d' ech Cherifa.

Oiseau aux plumes bleues, — va, sois mon messager! — surtout, je te le recommande, use de vitesse; — prends dès à présent ta récompense : — lève-toi le matin de bonne heure, — pour moi néglige cent affaires, — dirige ton vol du côté de la fontaine, — vers Iamina et Cherifa.

تَحْكُوثْ إِمْسْبْغَثْ أَشَّـبَـرْ
إِوْعَـمْ جُـزْ نَـسْـغَـمَـرْ
إِلَّ أَمْثَمَخَّثْ نَــضَــى
أَمْنَـسْـضْـسُونْ أَمَـجَّــعَــرْ
نُـوجْـبِـنِـسْ أَٱحَّـمَّـرْ
نَسْفْـلِـيزْ أَدْكَـضْـرِي
أَجْـحِـمْ أَدْكَـفْـعَــرْ

CHANSON.

ألتّركوعْـتْ أمْكَـشْـنَـقَ

Theh'akout i mesbour'et ech chefer
i ouârdjoun n etsemer,
i lal em themeggah'ath thecfa,
em thesadhsouts amm ed djouher.
thaoujaith is theh'ammer
thesmekhelil d'eg ed dhrafa
thedjih'a i d'eg el khat'er
tsargour' ts d'eg ethnafa.

Adresse-toi à la jeune fille aux cils noircis, — adresse-toi au régime de dattes, — à la belle au cou d'un blanc si pur, — aux dents comme des perles. — Les pommettes de ses joues sont vermeilles, — ses charmes gracieux ont égaré ma raison; — elle a jeté le trouble dans mon âme, — je la vois sans cesse dans mes rêves.

تَّمْ أَبْصَدِقْ نَـنْـغَـرْ
مَـغْـرَبَـي خَـصَـرْ
كُـزْ يومْ نَـاْ أَخْـكَـلْـفَـق
قَـلْـمَـا نَـكُـمْ أَنْـصْـبَـرْ
أَيَـبْـسُـهُـوخْ نَـخْـرْ
أَيَـمْـرَبِـي أَخْـكَـشَّـى
أَشْنَعْنَاعْ مَـنْ ضَـهَـرْ
أَنَّهُ كَـزْ أَمْـلَـمْسَـعْـفَـقَ

Thenna k, ai açedik', nent'er,
ma d' rebbi ih'adher!
koul ioum nek d'eg el legefa.
fell ak negoumma an neçeber.
ai afroukh n el h'ar,

a imrebbi d'eg ech chafa.
chenin ar' medden, dhahar,
an neddoukel d' el mesaâfa.

Elle m'a dit : « Ô mon ami, je suis malheureuse, — Dieu en est témoin! — chaque jour je gémis dans la douleur; — je ne puis supporter ton absence, — jeune faucon de noble race, — élevé dans les rochers escarpés. — Les gens causent de nous, c'est visible, — mais nous nous réunirons pour vivre ensemble. »

D' el mâna, aith el meh'adher,
ma tsefehemem l amer,
a l djouad', ath el mârifa.
el k'oul agi, a th id nencher
r'ef er ra[1] *idhehar,*
l âk'ab issegera r'ef el fa.
r'ef thaâziztk ai th nefesser,
d' ajed'id' ai th id nesnoulfa.

Le sens de ces paroles, vous le saisissez, ô assistants, —

---

[1] C'est-à-dire que l'une des rimes adoptées dans cette chanson est la lettre arabe ر, la rime finale est *fa* ف. C'est toujours la rime à une lettre.

si vous comprenez l'amour, — gens nobles et intelligents!
— J'ai réglé ce chant — sur le *ra*, on le voit; — la finale
reste sur le *fa*. — C'est pour ma bien-aimée que je l'ai composé, — je viens de l'improviser.

نْحكُكْ إِنْفِطْ تَسْلَمْ
أَنْهَذَرِصْ إِدْهَبْ نَصْصِي
مَزرِعْتْ الْفَلْبِيو يَنْحَكْ
إضَسْ غُرَةً لَعِي
نَا أَنِعْ تْحَبِيبْيو عَسْ نَكْ
زِرْعَنْ تْحَعُوبْ أَحْلَفِي

Theh'akout' i l fet't'a n es silk.
thehad'eredh i d deheb n eç çafi.
ma zerir' ts el k'alb iou ineh'ak
idhes r'our i d' el lafi.
nek ennir' : tsah'abibth iou r'as nek.
zir'en theh'oub akh̬lafi.

Dis-le bien à l'argent des broderies[1], — dis-le à l'or pur :
— si je la vois, mon cœur est vivement ému, — le sommeil a fui ma paupière. — Je me disais : « Ma bien-aimée
n'est qu'à moi seul, » — et voilà qu'elle en aime un autre !

لَمَزْ نَا يَنْعْ أَنْفِتْ
أَوِتْرْ هَحْخِق يَفْصَعْ
أَمَزْ إِرْقَزْ تَسْهَرْتْ
خَسْ تَزْمَرْسْ أَكَعْتَمْ

[1] Littéralement : « a l'argent des fils. »
L'argent étiré en fils pour les broderies est
renommé pour sa pureté. C'est toujours à la
jeune fille que cette comparaison s'adresse.

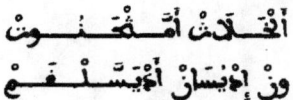

l̤ aman d'eg thid'ma, enfou th!
a oui illan d' ouh'ad'ik' ifehem.
amm in irfed'en thazerouts
khas thazemerth is ag âd'em.
el khalath amm ethah'anouts
ouin id iousan ad' isselk'em.

La confiance dans les femmes, repousse-la ! — toi qui es intelligent, comprends. — Ainsi celui qui porte une pierre ne fait qu'épuiser ses forces. — Les femmes sont comme une boutique de forgeron, — le premier venu y travaille.

XI

CHANSON.

PAR OU-EL-HARIR, DES AÏT-ÀBBÈS (OUED-SAHEL).

تَعْلَمْ بِيْمْ زَارْ يَنْفَقْ
رَسَمْ غَفْ ٱلْخَرْبَنْتْ نَدَّهَبْ
رَفِيدْنْ بَرْغْ بَرْكَقْ
اِكَّنْ اِدْ يَكَّنْ كَلْحَرْبْ
خَلَّصْنِيدْ مَنْ كُلْ فَرْكَقْ
وِنْ عَدَّانْ لْجَلْسِ يَقْرَبْ

l. alam bou izouzar inek'a,
resemen r'ef theh'arbount n ed deheb
rafed'in baroud' berrak'a;
iggan id ikkeren g el h'arb,
khalleçen ts id men koul ferk'a,
ouin douḍ'an l adjel is ik'ereb.

La bannière aux franges est sans tache; — ils l'ont attachée à une hampe d'or, — les guerriers à la poudre luisante; — ils sont exercés au combat, — ils ont soumis toutes les tribus, — quiconque résiste, sa fin est proche.

ٱلتَّلْجْ سَبِّدْ أَنْسَغْقْ
يَقْوَدْ أَعَهْ أَسْلَغْصَبْ

تَعْكِسُ اَلْوحْـةَ إِنَّوّ
اَلتَّجْـرَ أَمْ تَـتَّعَـرَفـُبْ
يَسَوْطْ اَلْـمِ أَلَـمْـعَـتْـقَ
بَكَّىَ اَلْمَالْ ءَكْـلَعْـزَيَبْ

Et teldj s ennig ath Sed'k'a
ik'oua d our'erbi s el r'eçeb.
ifka s el oukhed'a i thak'k'a.
et tsedjera ak thetsouârk'eb.
issaout' almi ed' le Mâathk'a
ikfa el mal d'eg l âzaib.

La neige, au-dessus des Aït-Sedk'a [1], — tombe abondante, chassée par les rafales du vent d'ouest; — elle porte la dévastation dans les genévriers : — tous les arbres sont brisés. — Elle est arrivée jusqu'aux Mâatka [2]; — elle a fait périr tout le bétail dans les âzib [3].

مَتَرْبَحَطْ تَجَمَلَتْ وِشْقَ
بَرَقَى نَشْبَحْتْ نَضَـلَـبْ
اَعْ اَبَرِيدْ بَعْـدْ اِلَـرَّقَـقَ
تَعَـمّـبَتْ اَلْـقَـضَّ زَنَـبْ
تَغْلِظْ عَكْـرَبَـى لَـحَـقَ
نَضَاسْ اَحْبِيعْ بَـعْـضَـبْ

Ma terbeh'et' thadjemilt, ouichk'a,
bou erricha thouchebik'ath theçeleb,
ar' abrid' badd' ir rafk'a,

[1] La confédération des Aït-Sedk'a appartient au cercle de Drâ-el-Mizane. Plusieurs des tribus qui la composent habitent le massif du Jurjura.

[2] La confédération des Mâatka fait partie du cercle de Tizi-Ouzou.

[3] Les âzib sont des cabanes en branchages qui servent à l'exploitation des terres situées

CHANSON.

Thak'errabth ak'çed' Zineb.
ther'lit' d'eg rebbi n el h'ad'k'a
thint' as : ah'abib im ir'dheb.

Si tu veux t'acquérir ma reconnaissance, oh! merci, — oiseau aux belles plumes lissées! — mets-toi en route sans compagnon, — va à Thakerrabth[1], dirige-toi vers Zineb, — abats-toi sur le sein de cette jeune fille éveillée, — dis-lui : «Ton ami est dans la tristesse.»

نَنْأَ أَمْلِيبِي كَنْـتْـلَـقْ
نَمْ الْتَمْغَارْنْ دَمْنَـشْـبْ
أَمِكْهَنْ كَـمَـلْـقْ
سْـنَـوْقَـرْ أَكْبَنْ أَلْـلَـبْ
أَكْـلْغَـامْ كَـمْـلْـقْ
عْمْعْمْ أَكْمْ أَرْقَ نْـوَرْبْ

Thennak : ak'lii g ethlak'k'a,
nek et temr'arth d' amenechcheb;
amm igeren g ethmalek'a;
s en nouâr eg berren el touleb.
eggoullër' ak g el h'alk'a
douha'der' k, agma, ar d' nouareb[2].

Elle m'a dit : «Je suis dans la détresse, — moi et la vieille nous sommes toujours en lutte[3]; — je suis comme celui qu'on a jeté dans un gouffre; — mais c'est par l'adresse qu'on tourne la vis; — je t'en ai fait le serment par l'assemblée

---

loin des villages; elles ne sont habitées qu'une partie de l'année.

[1] Village des Aït-Âbbès.

[2] Le verbe *ouareb*, en parlant d'une femme, veut dire se sauver de la maison de son mari. C'est sans doute une altération de l'arabe هرب «se sauver.»

[3] La vieille dont se plaint la femme est sans doute sa belle-mère, chargée de la surveiller.

sacrée, — je t'ai promis. ô mon frère, de me sauver de chez mon mari. »

نَحْكُوتْ إِتْـمَـرْ اعْـقْ
نَـتَّخْلَتْ وُمِ الْزِّيْنْ أَسْـزَرْبْ
أَبْـنِـينْ وَرْ دَكْـسْ الَّـقْ
دَكْلَتْ انْرَكَتْمُرْتْ انْلْعْرَبْ
وَرْ تُـسِـوفْ دَكْـلَـلِـقْ
مَيَـهْرَنْ وَشَّـنْ أَدْ يَـرْهَبْ

Theh'akout' i tsemer ouâk'k'a,
thenekhelets oumi ezzin ez zerb,
ebnin our d'eg s el lik'a,
deglet en nour g ethmourth n el âreb,
our ts oufir' d'eg le khalik'a
ma izera ts ouchchen ad' ireheb.

Adresse-toi au fruit du dattier, — produit d'un palmier entouré d'une haie : — sa saveur est douce, il n'a pas de suc laiteux, — c'est le deglet en-nour[1] du pays des Arabes. — Je n'ai pas trouvé sa pareille parmi les créatures ; — si le chacal la voyait, il serait émerveillé.

قَلْسْ اتْشْيعْ بَـلَّـسْـقْ
امْنْـعَـزْ اسْـبْـطَـلَـبْ
بَـكْمْـتَبْ أَمْـكَـلْغَـمْقْ
بَعْكِيي الْهْوَاجْ اَعْـلَـبْ
امْبَـعْـمْ نَـكْـرْ انْـوَسْـقْ
أَبْـطَانْ نْهْيِنْ عَالـطَّـلَـبْ

[1] On appelle *deglet en-nour* l'espèce de dattes la plus estimée.

CHANSON.

Fell as ai chebir' bou el lesk'a[1].
amm its iour'en es bou t'aleb :
iger i baba d'eg el r'erk'a,
ifka i izzouadj i thâleb,
am bâd' neger el ousk'a
ebthan thouziint d' et' t'aleb.

C'est à cause d'elle que je ressemble au blessé — qu'a frappé le bou taleb[2]; — « Mon père, a-t-elle dit, m'a jetée dans la boue, — il m'a donnée en mariage à un renard. » — Après que nos cœurs se furent mis d'accord, — ils ont séparé la belle de son taleb[3].

تَزْأَمْنِعْ أَمْعَـرَّقْ
تَحْكُوطُ إِمْيطْ تَحْيَبْ
حَطْ الْمِدَاءْ فَلْوَرْقْ
السَّمْعِينْ النَّشْ تَكَّـبْ
عَسْ مَتَلَّا أَنْكَبْسِقْ
أَنْقَرْزَءَا نِـعْمْ تَغَـمْبْ

Lal em thimmi mârrek'a
theh'akout' i m thit' theziib,
khot' el midad fel ourk'a ;
a s samâin, oulach le ked'eb,
r'as ma thella d'eg frik'a,
thefaz d'eg thid'ma, ther'ereb.

[1] *Bou el-lesk'a* est arabe et signifie littéralement : « celui qui a un emplâtre. » Dans les cas de fractures de membre, les indigènes emploient un emplâtre composé de farine et de blancs d'œufs.

[2] Les Kabyles appellent *bou taleb* des espèces de chevrotines. *Bou taleb* est le nom d'une montagne située au sud de Sétif et dans laquelle se trouvent des mines de plomb, très-anciennement exploitées par les indigènes. On a donné au produit de ces mines le nom de la montagne qui les renferme.

[3] Un *taleb* est un étudiant ou aspirant à la science.

Adresse-toi à la belle aux sourcils arqués, — à l'œil noir fendu, — semblable à un trait d'encre sur le papier : — ô vous qui m'écoutez, ce n'est pas un mensonge, — à moins que sa pareille n'existe en Ifrik'ia[1], — elle l'emporte sur toutes les femmes en beauté, elle est sans rivale.

---

[1] L'Ifrik'ia, proprement dite, est la partie de la régence de Tunis comprise entre Bizerte et la frontière française près de la mer. Les Kabyles appliquent ce nom à toute la régence de Tunis dont les femmes ont une grande réputation de beauté. D'après un dicton populaire, très-accrédité dans le pays, si les houris venaient à manquer au paradis, Dieu les remplacerait par des Tunisiennes.

XII

CHANSON.

لغْلَمْ أجْدِيدْ يُرَّقَـزْ
رَفْدَنْ ٱلْطَّلْبَ دِسُوسْ
أيْثْ أرْكَابْ يَتْسِرِّقَـزْ
أيْثْ أزّدْ كُلْشِي أرْخُصْ
وذْ عَمَنْ عُدّنَزْ فَرْقَـزْ
أغُودِجْ أثَّـنْ مَحْهُوسْ

L âlam ajed'id' iourrak'en,
refd'en t et' t'olba d'i Sous[1].
aith erkab itsirrik'en
aith ez zad, koul chi our ikhouç.
ouid' âoud'an, âoudd ithen ferk'en,
oudouidj a th edjen meh'arous.

La bannière neuve brille au soleil, — elle est portée par les tolba du Sous; — guerriers aux étriers étincelants, — aux provisions nombreuses, rien ne leur manque. — Ceux qui leur sont hostiles, regardez-les comme dispersés; — ils laisseront les récalcitrants sous bonne garde.

مِدِكَرْ ٱلْغِمْ إِفَـرَّقَـزْ
أَوَمَلْ عَفْ نِـزْ أَوْتَـمْـرِسْ

[1] *Sous* est une province du Maroc.

يَكْنَانْ إِمْكَنْزْ أَنْشَقَّزْ
إِجَحَّ أَسْكِمْ أَلَّغَمْوُسْ
أَلَّتْجَارْحَمْ إِشَرْفَزْ
يَرْتَاسْ يَغْمَبْ عَرْأُمَسْ

Mi d iger el r'im ik'erreh'an
ad'fel r'ef thizi ed' le merous,
iknan imgoud'en enchek'k'en;
ijièh' asegmi el le r'erous [1]*.*
et tedjar h'ad icherk'en;
irs as, ik'ereb r'er edhous.

Lorsque s'élève la brume glacée, — la neige s'amoncelle sur le col : — elle fait fléchir les branches, qui se brisent — et détruit les pousses des jeunes plants. — Aucun marchand ne peut aller vers l'est [2]; — elle arrive jusqu'aux bords de la rivière.

أَبْصُ أَبْرِمْ عِفْنَقَزْ
أَلَّغَرْأَزْكَـزْ إِمْسُوسْ
جَعَلْيَمْ كَفْنِقَزْ
أَوْ مُرَمْشِي أَوَلَّعَلُوسْ
سَلَّمْ عَفْ بَزْ إِحَمْفَزْ
مَسْعَمْ أَلَّعِنْ سَكَّكَسْ

Ebdhou abrid' d' ik'ounak'en,
a t' t'ir azigza ifesous,
thadjâlt ik d'egg ifnik'en

---

[1] *R'erous* se dit ordinairement des jeunes plants de figuier. Il vient de l'arabe غرس « planter. »

[2] Un grand nombre de tribus kabyles font le commerce avec la province de Constantine, qui se trouve à l'est de leur pays. L'auteur de cette chanson appartient vraisemblablement à une tribu de l'Oued-Sahel.

ed' dourou machi ed' le felous.
sellem r'ef thin ih'ad'k'en
Mesâoud'a, et't'ef its segg ouagous.

Divise ta route par étapes, — oiseau bleu, aux ailes rapides, — ta récompense est dans des coffrets, — ce sont des douros et non de la menue monnaie. — Salue de ma part la jeune fille gracieuse, — saisis Mesâouda par la ceinture.

تحكوظ إمِيمِ إعَرَّفَنَ
إمْتَبَّشْ أَمَلْكَبُوسْ
عَفَ آنَنْ وَتَوَنْ حَرَّفَنَ
أَرسَّنَّعِى عَمَّقْ آلسُّسَنْ
نَسَعَّ كَصَرَفَنَ
إعَوَّفْ أَمَعَّنَ أَمَضَلُسْ

Theh'akout' i m thimmi iârrek'en
i mm ethbebbach amm el kabous,
r'ef ezzan oulaoun h'ark'en[1]
our asen noufi ârk' es sous[2];
thasedda d'egg Idhrik'en[3]
iñouak', a medden, oumedhlous[4].

Parle à la belle aux sourcils arqués, — aux seins comme des pommeaux de pistolets; — tous les cœurs brûlent pour elle, — et nous n'avons pas trouvé pour eux de remède. — C'est la lionne d'Idhriken: — un impuissant, Messieurs, l'empêche de se remarier.

---

[1] Les mots ezzan et h'ark'en ont la même signification, le premier est kabyle et le second arabe.

[2] Ârk'es sous est le nom de la racine de réglisse, qui s'emploie comme remède.

[3] Idhrik'en est le nom d'une forêt du pays des Aït-Yala.

[4] Voir la Note sur la position de la femme kabyle, page 287, pour la signification du verbe douok'.

24

تَنِّي أُونْ إِحَذْقَنْ
أَتَّي أُفُذْوْ إِسُسْ
مَشِي تَّنْ أَيْنَضَنْ
مِسْلِعْ يسْ تَحَبُوسْ
يُونْ لَمَرْ أَيْسْضَعْبَنْ
عَالسَّلَفْ إِدْكْمْ سَلْمُوسْ

Thenna i i, a ouin ih'ad'k'en,
athaia oufoud'iou isous:
machi d' at't'an ai noudhen
mi selir' iss ek d' amah'bous.
iioun l amer a isdhâfen,
d'es salef id egzem s el mous.

Elle m'a dit : «Ô toi qui es intelligent! — mes jambes fléchissent; — ce n'est pas la maladie qui cause ma souffrance, — mais bien la nouvelle de ta captivité. — Une seule chose me fait dépérir, — c'est (le souvenir de) la mèche de cheveux coupée avec le couteau.

يَقَعْ يَعْبِسْ أُكَّفْ
إِشَّرْوِ نِ أَسْلَكْمَمْ
إِلَعِيدْ أَسْيطِيسْ
أَسْيمِسْ أَبَّتَرَّ أَسْلَعْ
وِزْ إِدْ شْنْعَنْ قِلِّي
أَمَا أَعَنْ أَجَّعْ أَيْسْلَمْ

Iffer' ed ir'ef is d'eg et't'ak',
icherrou thid'i s el kemam,
ilouâ i d es thit' is
es thimmi s ai d irra es selam.

ouin id chenân fell i
amek ar'a th edjer', a l islam.

« Il met la tête à la fenêtre — et essuie avec sa manche la sueur de son front; — il me parle des yeux — et me salue d'un signe du sourcil. — C'est à cause de lui que les gens parlent de moi. — comment pourrais-je l'abandonner, ô musulmans?»

lioun ouas ed' l arbâa,
thâdda d fell i d'eg ouzal:
thaksoumth is et tsamellalt,
thamezourth is d' er rich ououakbal:
ibr'a ts oul iou a ts it't'ef,
d' el k'obdh machi d' el mijal.

Un mercredi — elle passa près de moi à l'heure de la chaleur : — son teint est blanc, — ses bandeaux sont semblables à la soie de l'épi de maïs; — mon cœur voudrait la saisir — sur-le-champ et non dans l'avenir.

اتغمغ أُتَمْزَمِتِي
اَتِنِي اتحَبِب تَشَرْ

Tsekhil ek, a l ahel iou, serh'a i.
r'er d'akhal bezzaf nent'er.
es sebba in ou, d' el Mesâoud'a
therh'a ii theberkant n echfer:
br'ir' ad therzou fell i
at tini : ai h'abib, la cher¹.

Je vous en conjure, ô mes parents! donnez-moi votre consentement, — un mal intérieur me consume: — Mesâouda en est la cause, — je souffre pour la belle aux cils noirs, — je voudrais qu'elle vînt me visiter — et me dît : «Ô mon ami, tout ira bien!»

أَمّْ عَجَرْتْ تَكْرُزَانْتْ
مِتْعَمَّا اُرِبَرْ تَشَرْ
اَمْتَعَنِقِفْثْ اَلتَغَمْقِانْتْ
اَمِيجْ مِدِنَقَّرْ
اَتَحَضْرْ اَلعَةْ ثَمَزْيَانْتْ
مَسْعُةَ اَتِدَنَغَجَرْ

Emm ethk'ejjirth thagrourzant,
mi thâdda, our iban l ather,
emm ethânk'ik'th et tsar'ezfant,
am it't'ij mi d inek'k'er.
thek'adher d el âid' thameziant,
Mesâoud'a, a ts id enr'afer.

Ses pieds mignons sont parfaits; — lorsqu'elle passe, elle

---

¹ *La cher* لا ضر est arabe et signifie «pas de mal.» C'est une formule de consolation qui s'adresse à un malade ou à celui qui a éprouvé ou qui craint un malheur.

ne laisse pas de trace: — son petit cou est allongé, — elle est comme le soleil lorsqu'il se lève. — Mesâouda assistera à la petite fête, — nous nous pardonnerons mutuellement nos offenses [1].

[1] A l'époque de la petite fête qui se célèbre pendant les trois premiers jours qui suivent le ramadhan, il est d'usage entre parents et amis de s'embrasser en signe de pardon réciproque des offenses. «Nous nous pardonnerons mutuellement nos offenses» doit donc être pris dans le sens de, «nous nous embrasserons.»

XIII

CONVERSATION CONJUGALE.

PAR EL-HADJ-ÂMEUR-OU-DAHMAN, DE TALA-N-TAZART (ZOUAOUA).

بَنَّ وَرْكَازْ إِلْمَـمُّـوثْ
أَلَلْ أَنْتِـدِّ إِكِّيسَنْ
نَـكْ أَفْكِـغَـامْ ثَـسَـرُوتْ
كَمْ إِلِي سَـڭْ إِكِّيسَنْ
أَكْـلَرْ دَ نَـزْدَعْ ثَـزْروثْ
أَلَـوَعَـمْ يِسّيسَنْ

*Inna ourgaz i themet't'outh:
a lal en tiddi ik'iisen,
nek efkir' am thasarouts,
kem, ili segg oui ikiisen.
ak'lar' d'a nezd'er' thazerouts
oula oui ir' d issisen.*

Le mari dit à sa femme : — «Maîtresse du tissage aux bandes bien réglées, — je te donne la clef, — sois bonne ménagère. — Nous habitons sur un rocher, — personne ne pourvoit à nos besoins. »

نَـمْ مَـدْكَـشْ أَرْكَـتْـسْمَـزْكَـتْ
أَلْمَـتْـلِـمْ سَـڭّ إِكِّـسَـنْ
أَفْـقْـتْـلَـعْ أَرْتِـشَـرْ نَـمْ بُـوتْ

CONVERSATION CONJUGALE.

غَشْ كَمْ زْغَكْڨِسَـنْ
رُحْ أَنْكَسْبَحْ تَمَرْنْ
تَسُوجَـدَحْ إخَمَّسَـنْ

*Thennak : ma d' ketch, our ak nesmouzegouth,
el methel ik seg oui ikessen,
ad' fetheler' ar tsachar therbouth,
r'as kerrez d'egg ifthisen.
rouh', at tekesebedh thamourth
thesoudjed'edh ikhemmasen.*

« Toi, répondit-elle, je ne t'écoute pas, — les pareils mènent paître les troupeaux. — Je ferai du couscous à plein plat, — tu n'as qu'à labourer les terres d'alluvion; va acheter de la terre — et tiens prêts des métayers. »

أَيِنْ أَشِيبَة أَنْتَفْعُرْنْ
أَتْغْيُولْتْ غَكِّفْلِسَـنْ
أَدْجَلَّمْ إعَرْنغْ تَمَطُّنْ
إدْرِمِنُو مَزَلْتَنْ أَرْسَنْ
أَزَكَّ أَتَكَّحْ تَبُّرْنْ
أَكَمْخَلْطَعْ أَوُقْـرَسَـنْ

*A in achebiah en tek'ed'ourth,
a thar'ioult d'egg iflisen!
ad' fell am id ernour' thamel't'outh,
id'rimen iou mazel ten ersen.
azekka atsekkedh thabbourth,
a kem kholt'er' ed' ouafrasen.*

« Toi qui ressembles à une marmite, — ânesse des Flissa[1]!

[1] Les Zouaoua et beaucoup d'autres tribus kabyles regardent comme un déshonneur la possession d'une ânesse. On n'en voit pas une seule dans leur pays. Les Aït-Djennad

— je prendrai avec toi une seconde femme. — mon argent est tout prêt: — demain tu passeras la porte, — pêle-mêle avec les ordures. »

تَنَّمْ يمْ وَالْ وَرْعَكْسْ أَسْنْثْ
أَيَــتْــهْمِ أَنْــدَرْ أَحْــسَـنْ
نَرَاءْ عَبْمَعْ نَفْدْحْتْ
أُونَـخْ سَجْ إِكَــيْــسَـنْ
خَسْ وَرْخَــدْمْ نَــمُــرْثْ
مَــزَدْعْ كَــمْ إِفَــسَّـنْ

*Thennak : iir oual our d'eg s senounnouth.
ai atherki en dar Ah'sen!
thoura ad' âbberer' thaked'ouh'th.
ad nedheh'ou segg oui ikiisen.
khas our kheddem thamourth,
ma zad'er', egzem i ifassen.*

Elle reprit : « Ne répète pas ces vilains mots, — ô Turc de la maison d'Ahsen Pacha! — maintenant je rationnerai chacun à l'écuelle [1], — nous deviendrons des gens économes. — Tu peux ne pas travailler la terre, — si je dépasse la mesure, coupe-moi les mains. »

poussent plus loin le préjugé, et n'admettent chez eux ni ânes ni ânesses. Les Iflissen-Oum-el-Lil sont à peu près les seuls avec les Aït-Ouaguennoun qui soient exempts de ce préjugé et possèdent des ânesses.

[1] Dans les familles, la femme qui dirige la maison mesure chaque jour, avec une écuelle destinée à cet usage, la ration de couscous de chacun des membres de la communauté. C'est une de ses attributions les plus importantes et elle ne se repose de ce soin sur personne.

XIV

CHANSON.

أَسِــــمْ رَبِّــــى
إِدْيَسَّبَّــــزْ لَـــخْـــرِفْ
أُفِــــى تَسَعْـــدِيـــتْ
أَمْـــلَّـــبُـــوسْ أُضْــــرِفْ

A Sid'i Rebbi,
id issebbouan le kherif !
efk i Thasâd'ith
emm el lebous oudhrif.

Ô seigneur Dieu, — qui fais mûrir les fruits d'automne ! — donne-moi Tasadit, — aux vêtements gracieux.

أَسِــــمْ رَبِّــــى
إِخْـــلْـــقَـــزْ الـــرَّمَّـــزْ
أُفِــــى فَـــطْـــمَــــى
أَمْرَكَـــلَـــزْ أَغْـــمَـــازْ

A Sid'i Rebbi
ikholk'en er remman !
efk i Fat'ima,
emm ergalen r'eman.

Ô seigneur Dieu, — qui as créé les grenades ! donne-moi Fatima — aux cils noircis.

أَسِـغ رَبِّـي
إخْـلْـقَـزْ ٱلـتَّـفَّـح
أَهَـدُ يَمِـنَـز
أَتِّـنِـي أَرْوَحْ

A sid'i Rebbi
ikholk'en et tseffah'!
ahad'ou Yamina
at tsini : arouah'!

Ô seigneur Dieu, — qui as créé les pommes! — inspire à Yamina — de me dire : « Viens. »

أَسِـغ رَبِّـي
إخْـلْـقَـزْ إِيـرَسْ
أَفْـكِـي ٱلْـيَسْـمِـيـنْ
أَمِـتِّـيْ أَنْـقَـوَّسْ

A sid'i Rebbi
ikholk'en ifires!
efk i i el Yasmin
em thimmi thek'ouous.

Ô seigneur Dieu, — qui as créé les poires! — donne-moi El-Yasmin — aux sourcils arqués.

أَسِـغ رَبِّـي
إخْـلْـقَـزْ أَسْفَـرْجَـلْ
أَفْـكِـي فَـفْـبَـيّ
أَبْـعَـمَـغ ٱلْـعَـزْ

A sid'i Rebbi
ikholk'en esferdjel!

CHANSON.

efk i i D'ehabia,
hr'ir' at tedjel.

Ô seigneur Dieu, — qui as créé les coings! donne-moi Dehabia, — puisse-t-elle devenir veuve!

أَسِــــغْ رَبِّــــي
إِهَـلْـقَـنْ أَنْـكَـرْ
أُفِـكِـيـي عِـيـنِـي
أَدْيَـمَّـتْ وَمْـغَـارْ

A sid'i Rebbi
ikholk'en aboukar!
efk i i Aïni
ad' immeth oumr'ar.

Ô seigneur Dieu, — qui as créé les figues-fleurs! donne-moi Aïni, — périsse le vieux!

أَسِــــغْ رَبِّــــي
إِتِـبْـطَـانْ سَـلْحِـيـفْ
أَبْعَـضْ تَفْكِـضَـاسْ
أَبْـعَـضْ يَـحِـيسِّـفْ

A sid'i Rebbi
i ts ibdhan s el h'aif!
abâdh thefkidh as,
abâdh ish'aissif.

Ô seigneur Dieu, — qui as fait les parts inégales! — tu as donné aux uns, — les autres sont jaloux.

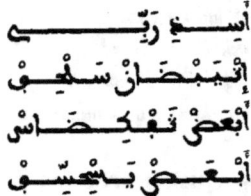

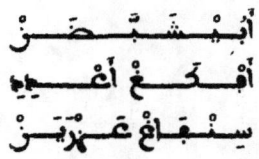

A sid'i Rebbi,
a bou ichebbouadhen[1]!
efk ar' Âdidi,
sinef ar' Âzrain[2].

Ô seigneur Dieu, — à qui nous devons les crêpes! — donne-nous Âdidi, — éloigne de nous Azraïl!

[1] On appelle *ichebbouadhen* un mets préparé avec des crêpes de farine de froment émiettées ou coupées en morceaux, sur lesquelles on met du sucre, du miel ou des dattes. C'est ce que les Arabes nomment *refis*.

[2] *Azraïl* est l'ange de la mort. Dans ce nom les Kabyles changent l'*l* finale en *n*.

XV

DADDA-ÂLI[1].

PAR ÀMEUR-OU-BEL-KASSEM, DES MAÀTKA.

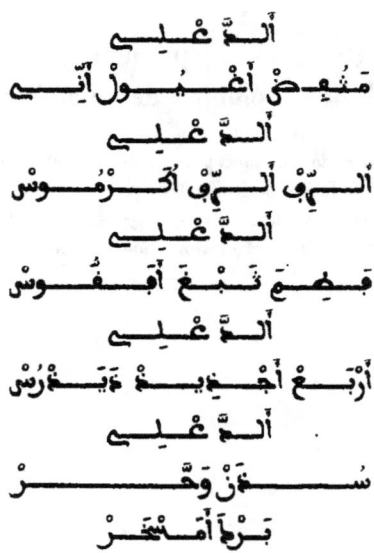

Adda Âli,
ma thoufidh ar'ioul enni ?

---

[1] Les Kabyles donnent au mot *dadda* le sens d'aîné. Lorsqu'on fait précéder le nom d'un individu plus âgé que soi du mot *dadda*, c'est une expression de familiarité respectueuse. *Dadda Âli* peut donc se traduire en français par *père Âli*, pris en bonne part. A Alger, le mot *dadda* est appliqué exclusivement aux négresses.

Cette chanson a eu un très-grand succès populaire. Pendant ces dernières années, on l'entendait chanter partout dans la vallée du Sebaou. Le héros Dadda-Âli est un homme des Aït-Aïdel de l'Oued-Sahel, établi depuis longtemps à Drâ-ben-Khedda, village des Âmraoua situé sur la route d'Alger à Tizi-Ouzzou.

Adda Âli,
er rif, er rif oukermous,
Adda Âli,
Fat'ima thebr'a afek'k'ous.
Adda Âli,
arbâ ajed'id' d' ai d'erous?
Adda Âli,
soud'en, oukhkher,
barka mesekher.

Dadda-Âli, — as-tu rencontré cet âne? — Dadda-Âli, — au bord, au bord des cactus[1], — Dadda-Âli, — Fatima aime le melon. — Dadda-Âli, — un rebiâ djedid[2] ce n'est pas peu de chose! — Dadda-Âli, — embrasse et sauve-toi, — assez de plaisanterie!

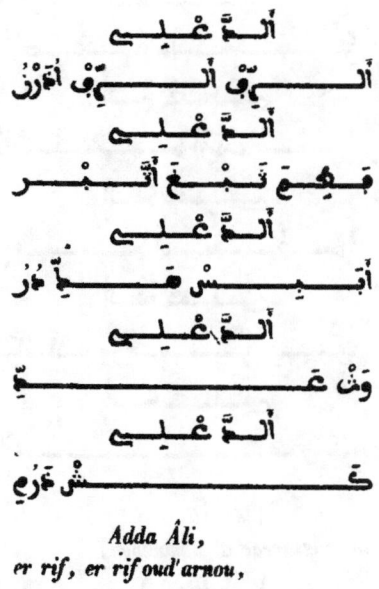

Adda Âli,
er rif, er rif oud'arnou,

---

[1] Le village de Drâ-ben-Khedda est entouré de nombreuses plantations de cactus, appelés vulgairement figuiers de barbarie. Les Kabyles donnent à ces figuiers le nom de *karmous* qui, en arabe, signifie des figues sèches.

[2] Un *rebid djedid* vaut environ 50 centimes.

DADDA-ÂLI.

Adda Âli,
Fat'ima thebr'a at tsebrou.
Adda Âli,
a bab is, haggi dourou.
Adda âli,
outh, âddi
Adda Âli,
ketch d' aroumi!

Dadda-Âli, — au bord, au bord du bosquet, — Dadda-Âli, — Fatima veut divorcer, — Dadda-Âli, — prétendant, apprête tes douros! — Dadda-Âli, — frappe et passe[1], — Dadda-Âli, — tu es un chrétien!

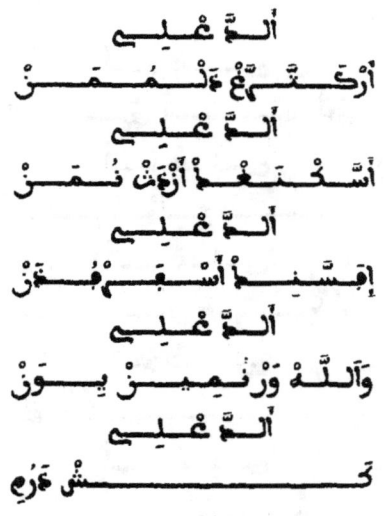

Adda Âli,
ar k etsarrar' d' el moumen,
Adda Âli,
essegener' k ezd'ath, noumen
Adda Âli,

---

[1] *Outh, âddi,* est une expression consacrée pour dire : « fais vite, dépêche-toi. »

ifassen ik esferfoud'en!
Adda Âli,
oullah! our noumin iïoun,
Adda Âli,
ketch d' aroumi!

Dadda-Âli, — je te regardais comme un vrai croyant, — Dadda-Âli, — je t'ai fait coucher près de moi sans défiance. — Dadda-Âli, — et voilà tes mains qui farfouillent[1]! — Dadda-Âli, — par Dieu! je n'aurai confiance en personne, — Dadda-Âli, — tu es un chrétien!

اَدَّ عَلِي
اَيْنَشِّيَبْ اَنْتَمَرْثْ
اَدَّ عَلِي
اَوِعْ تَمْعَمَّزْ اِتَمْعَرْثْ
اَدَّ عَلِي
اَوُكَيُمْهَزْ اَسْتَمْرَازْثْ
اَدَّ عَلِي
اَيْكَمْعِ تَكْتَسَرْثْ
اَدَّ عَلِي
كَشْ قَرُمِ

Adda Âli,
aia n ech chaib en tamarth,
Adda Âli,
oufir' la ir'emmez i thamr'arth,
Adda Âli,
a oui k iourezen es themrarth

---

[1] Le verbe *farfouiller*, quoiqu'un peu trivial, est le seul qui rende exactement le sens du mot *esferfoud'en*, avec lequel il a quelque rapport de consonnance.

Adda Âli.
a k iger d'i thaouksarth?
Adda Âli,
ketch d' aroumi!

Dadda-Âli. — eh! la barbe grisonnante! — Dadda-Âli, — je l'ai surpris clignant de l'œil à la vieille. — Dadda-Âli, — qui donc te liera avec une corde, — Dadda-Âli, — et te jettera en bas de la descente? — Dadda-Âli, — tu es un chrétien!

Adda Âli,
aia n ech chaib am ilis,
Adda Âli,
oufir' la ir'emmez i illi s.
Adda Âli,
thenna i as : rouh', a baba,
Adda Âli,
our illi h'ad d'i l âk'el is;
Adda Âli,
ketch d' aroumi!

Dadda-Âli, — grisonnant comme une toison! — Dadda-Âli, — je l'ai surpris clignant de l'œil à sa fille; — Dadda-Âli, — elle lui dit : « Va, ô mon père, — Dadda-Âli, — il n'y a plus personne dans son bon sens. » — Dadda-Âli, — tu es un chrétien !

أَدَّ عْلِي
أَرَ اقْلْمُونْ اَثْكَشْمَضْ
أَدَّ عْلِي
أَرْبَعْ أَجْدِيدْ أَتْ تَفْكَضْ
أَدَّ عْلِي
أَخْمَسْ قَلْمَرْكَضْ
أَدَّ عْلِي
أَلَّا وِتَ سَعَضْ
أَدَّ عْلِي
كَشْ ذَلْ قَسَحْ

Adda Âli,
er ak'elmoun ethkechmedh!
Adda Âli,
arbâ ajed'id at tefkedh
Adda Âli,
akhkham is d' el merkedh.
Adda Âli,
oula oui thaouggad'edh,
Adda Âli,
ketch d' el k'asah' !

Dadda-Âli, — abaisse ton capuchon et entre! — Dadda-Âli, — tu donneras un rebiâ djedid. — Dadda-Âli, — sa maison est une place publique, — Dadda-Âli, — tu n'as personne à y craindre. — Dadda-Âli, — tu es un paillard!

XVI

COUPLETS DE DANSE[1].

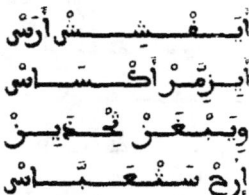

Ai ak'chich aras,
ai izimmer aksas!
oui ibr'an thih'ad'ain
irouh' s ath Âbbas!

Enfant brun! — agueau frisé! — qui veut des jeunes filles, — qu'il aille chez les Aït-Âbbès[2]!

REFRAIN[3].

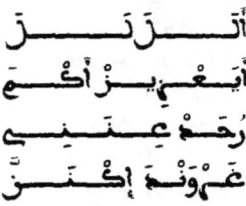

[1] Ces couplets sont chantés par les femmes, lorsque, dans les noces, elles dansent soit entre elles, soit avec les hommes. Elles indiquent en même temps le rhythme au moyen d'un tambour de basque ou simplement en frappant pendant la danse les mains l'une contre l'autre.

[2] Les mœurs passent pour être très-relâchées chez les Aït-Âbbès.

[3] Il se répète après chaque couplet.

25.

A lala lala
ai âziz, egma
rouh' ed âmani
r'er ouand'a ik nenna.

A lala lala! — ô mon chéri, mon frère, — viens tout droit — là où nous t'avons dit.

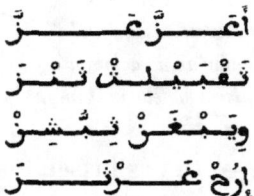

A âzza, âzza!
thak'ebailith thenza!
oui ibr'an thibbouchin,
irouh' r'er Thaza[1]!

Ô chérie, chérie, — l'honneur est vendu! — qui veut des tetons, — qu'il aille à Taza!

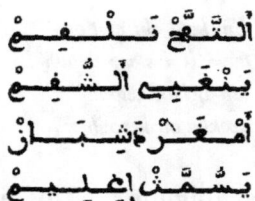

A t tseffah' nelk'im
inr'a i ech chouk' im!
amr'ar d' achiban
issoummeth ir'il im.

Ô pomme greffée, — ton amour m'a tué! — un vieux grisonnant — repose sur ton bras.

[1] Il y a plusieurs villages kabyles qui se nomment *Thaza*.

COUPLETS DE DANSE.

أَلْـقَـدْ أَغَـنِـيـمْ
تَـرْزِدْ إِيـمَـانِـمْ
أَمْـغَـرْ دَشِـبَـانْ
يَـسُّـمَّـثْ إِعِـلِـيـمْ

A l k'od our'anim,
therzidh iman im!
amr'ar d' achiban
issoummeth ir'il im.

Ô taille de roseau, — tu t'es brisée toi-même! — un vieux grisonnant — repose sur ton bras.

أَمْـكُـلْـشِـي شِـيـطْ
تَـنْـغِـيـطْ سَـرَّحُـوحْ
إِضْ اَڨِـي أَنَّـڬَـنْ
أَزِڨَّا أَنَّـسَّـرُوحْ

Em koul chi chit'ouh'
thenr'it' i s er reh'ouh'!
idh agi an negen
azekka an nerouh'.

Toi chez qui tout est mignon, — tu m'as tué par ta gentillesse! — cette nuit dormons ensemble, — demain nous partirons.

أَيـسْ ورنَـسـهُـوْ
أَجْـمَـثْ أَمَـسْـهُـوْ
تَـكِـي أَرْضَـجْ
أَمْـتَـبْـعَـجْ وَلَّـوْ

*A thid' our nouriou
edjemth amour iou!
thagouni ar ecbah'
ad' iferah' oul iou.*

Vous qui n'avez pas enfanté, — laissez-moi ma part! — que je dorme avec vous jusqu'au matin, — mon cœur sera satisfait.

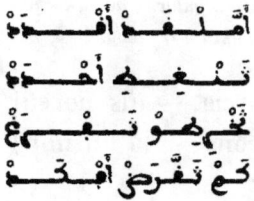

*Emm el k'od ak'eded
thenr'it' i, ah'aded!
thakherit' iou theferer'
kem thek'k'aredh efk ed.*

Femme à la taille accomplie, — tu m'as tué, hélas! — ma bourse est vide, — et tu me dis toujours : « Donne. »

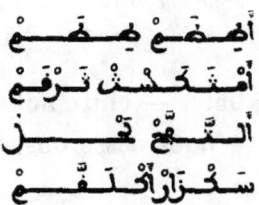

*A T'it'em, T'it'em
em thagoust therk'em!
et tseffah' el h'alou
seg ouzar ag lek'k'em!*

Ô Titem, Titem, — à la ceinture bariolée! — pomme douce, — greffée sur la racine!

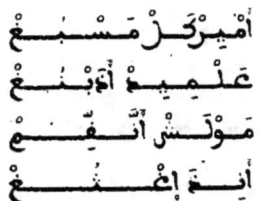

Em irgel mesbour'.
dlem ii d ad' ebnour'.
ma oulach, an nek'k'im
anid'a ir' thour'.

Femme aux cils noircis, — dis-moi sur quoi je dois compter ; — sinon, nous resterons — là où nous en sommes.

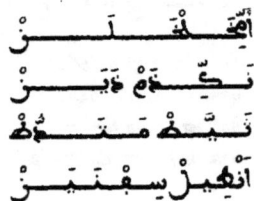

Emm ikholkhalen
nekk id' em d' ain.
thiiat' ma tseddout'
an net'il s Ifnaien.

Maîtresse des kholkhal [1], — entre nous c'est fini. — Viens, si tu veux me suivre — nous passerons chez les Ifnaïen [2].

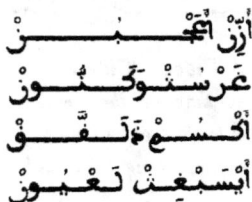

[1] Les *kholkhal* sont des anneaux qui se portent aux jambes.

[2] La tribu des Ifnaïen habite le versant de l'Oued-Sahel.

*Ez zin aâdjeboun
r'er south Ouagennoun.
aksoum d' alek'k'ak'
ai sebr'ith l âioun.*

La beauté merveilleuse — se trouve chez les femmes des Aït-Ouaguennoun; — leur peau est douce — et leurs yeux sont noircis.

*Oui ibr'an ah'atchoun
izzenz aserd'oun,
ad iaoui thak'chichth
thousebir'th el l âioun.*

Qui veut une femme [1], — qu'il vende un mulet! — il épousera une jeune fille — aux yeux noircis.

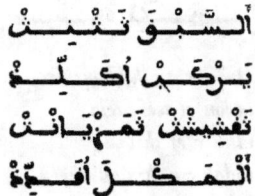

*Es sabk'a thathenith
irkeb ougellid',
thak'chichth thameziant
el makela ouk'eddid'.*

---

[1] La bienséance ne permet pas de reproduire littéralement en français la fin du premier vers de ce couplet, qui définit en termes grossiers, mais avec une grande vérité, le rôle et la position de la femme dans la société kabyle.

Pouliche de deux ans — est un monter de roi, — jeune tendron — est un plat de keddid [1].

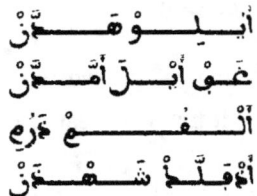

Ai oul iou, hedden!
r' ef aila em medden!
el k'oum d' aroumi
ad' fell ak chehed'en.

Ô mon cœur, calme-toi! — ne convoite pas le bien d'autrui! — les gens sont des chrétiens, — ils témoigneraient contre toi.

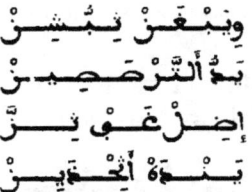

Oui ibr'an thibbouchin
iddou et tserçaçin,
idhil r'ef thizza,
indah : a thih'ad'ain!

Qui veut des tetons, — qu'il marche avec les balles! — qu'il franchisse les cols — et crie : Ô jeunes filles!

---

[1] On appelle *keddid* de la viande de mouton coupée en menus morceaux et séchée au soleil.

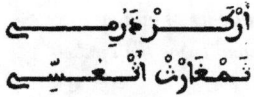

Thenna i thak'chichth :
a l djid oula ansi,
ergaz d' aroumi
thamr'arth thâouss i.

La jeune fille m'a dit : — « Noble enfant, ce n'est pas possible. — mon mari est un chrétien, — la vieille me surveille. »

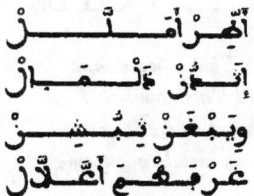

At't'ir amellal
itheddoun d' el mal!
oui ibr'an thibbouchin
r'er Fat'ma aâllal!

Oiseau blanc[1] — qui suis les troupeaux! — qui veut des tetons, — qu'il aille chez Fatma Âllal[2]!

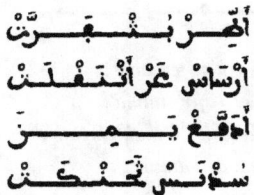

At't'ir bou theferrets
ers as r'er thenek'elets!

---

[1]. C'est le petit héron touche-bœuf.
[2]. Nom d'une femme du village de Isikhen- Ou-Meddour, situé chez les Amraoua, sur la route de Fort-Napoléon à Alger.

ad effer' Yamina
soud'en as thah'ankets.

Oiseau qui as des ailes, — abats-toi près d'elle sur le figuier! — quand Yamina sortira — tu baiseras sa petite joue.

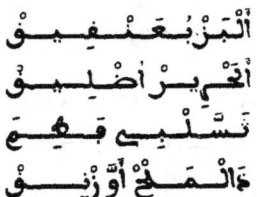

A l baz, bou ânk'ik
a l h'arir oudhlik'!
thesseleb i Fat'ima,
d' el melah' ououzenik'.

Faucon au long cou! — pièce de soie déployée! — Fatima m'a rendu fou; — elle est l'ornement de nos rues.

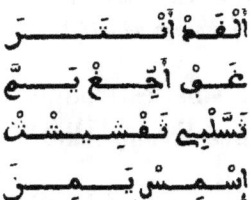

A l k'od en tara.
r'ef edjir' imma!
thesseleb i thak'chichth,
ism is Yamina.

Taille de cep de vigne, — pour toi j'ai quitté ma mère! — une jeune fille m'a rendu fou, — son nom est Yamina.

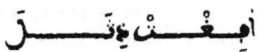

نَغْتِيغْ أَسْوِغْ
حَزِغْتْ سِشْعَنْفِيفْتْ
أَنْسُوذْنَغْتْ أَرْوِيغْ

Oufir' ts d'i thala
thefka i d. souir';
h'aouzer' ts si thånk'ek'th.
essoud'ener' ts erouir'.

Je la trouvai à la fontaine, — elle me donna à boire; — je la saisis par son petit cou, — je l'embrassai à loisir.

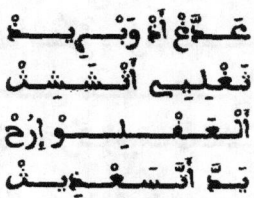

عَدَّغْ أَذْ وَبْرِيذْ
تَغْلِيِي أَنْشَشِيثْ
أَنْعَقْلِيوْ إِرُحْ
يَدَّ أَتْسَغْدِيثْ

Addar' ed' oubrid'.
ther'lii thechachith;
l âk'el iou irouh',
idda et Tasad'ith.

Je passais dans le chemin, — ma calotte est tombée; — ma raison est partie, — elle voyage avec Tasadith.

XVII

CHANSON DE FEMMES[1].

بِسْمِ ٱللَّهْ أَقَبْدُعْ تَغْوَارْ
أَوِاتَّنْ دُحَـذِقْ أَسْلِـي
أَيمَ حَنَّ
أَنَـأْ يُغَنْ يِرْكُـمْـمِ
أُمِسْ دَلْـمَعْـهَنْ
مِدِحْضَرْتَوُ إِمْـنْـسِـي

B ism Allah ad' ebd'our' le k'oual,
a oui illan d' ouh'ad'ik' esel ii !
a imma h'anna !
a nek iour'en iir kourmi !
oud'em is d' el mor'ereb,
mi d ih'adher louhi imensi.

Je commencerai mes chansons en invoquant le nom de Dieu : — toi qui as l'esprit éveillé, écoute-moi ! — ô ma tendre mère ! — Hélas ! j'ai épousé un homme sans virilité[2] ; — sa figure est comme le coucher du soleil, — quand vient l'heure du souper.

---

[1] Cette chanson est une de celles que chantent les femmes en tissant la laine ou en tournant le moulin à bras. Elle est l'œuvre exclusive des femmes, comme toutes les chansons du même genre, et il serait fort difficile d'en trouver l'auteur ; chaque femme qui se sent inspirée ajoute son couplet et expose ses griefs.

[2] La traduction littérale de ce vers est : *Hei mihi invalidæ mentulæ nuptæ.*

أبَحَ حَزَّ
أنَا يُعَزَّ أمْ خَضَمِي
مَيْكَشَعْ وَتَبُورْث
يَوْم تَشَكَّرْث وُسْبِسِي
مِتَحَزَلْكَرَّا كَفَّرْ
أرْيَتْمَحْ أمِيزِرْدِ

A imma h'anna!
a nek iour'en ad'khakhni!
mi d ikchem d'i thebbourth,
iaoui d thachekkarth d' ousibsi.
mi t teh'aouza el gerra ougeffour,
ar itsrah' amm izird'i.

Ô ma tendre mère! — hélas! j'ai épousé un fumeur[1]! — lorsqu'il rentre à la maison — il n'apporte que sa blague et sa pipe; — s'il est surpris par la pluie, — il exhale l'odeur du raton[2].

A imma h'anna!
a nek iour'en bou rourou!

---

[1] Les fumeurs et les priseurs sont très-rares parmi les Kabyles. En revanche, beaucoup d'entre eux ont l'habitude de se mettre sous la langue des pincées de tabac en poudre.

[2] Cette image n'est pas, comme on pourrait le croire, une simple métaphore. Les Kabyles ne lavent, pour ainsi dire, jamais leurs vêtements, qu'ils portent sans les quit-

d' oud'em ouiazidh
ma ra iali s akentou.
a sid'i rebbi!
âzzi id d'eg s d' oumathou.

Ô ma tendre mère! — hélas, j'ai épousé un hibou! sa figure est celle d'un coq — qui monte à son perchoir. — Ô seigneur Dieu! — fais-moi bien vite porter son deuil!

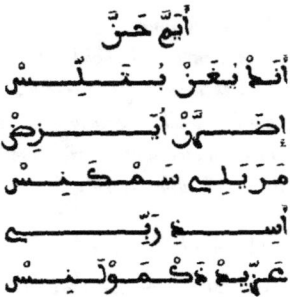

A imma h'anna!
a nek iour'en boutellis!
idharren ouiazidh
ma ra iali s amkan is.
a sid'i rebbi!
azzi i d d'eg imaoutan is.

Ô ma tendre mère! — hélas! j'ai épousé un héméralope[1]! — il a les pieds d'un coq — qui monte à son juchoir. — Ô seigneur Dieu! — fais-moi porter le deuil de ses parents!

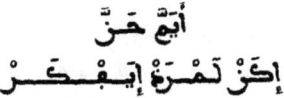

ter jusqu'à ce qu'ils tombent en lambeaux. Aussi, quand ces vêtements sont mouillés par la pluie, exhalent-ils une insupportable odeur de bête fauve.

[1] L'héméralopie est très-commune en Kabylie. Le mot *bou tellis*, par lequel les Kabyles désignent un héméralope, est appliqué par les Arabes au cauchemar.

أَيِفْغَرْ مَدَّنْ فِلَّمْ
تَفْكِضْ إِيمْسِسْكَرْ
أَنْتَ أَيْ دَلْحَجْنْ فِلِّي
سُسُ مَرَدْ يَكَّرْكَرْ

A imma h'anna
igan le merad' i ifker!
d'a iouk'an medden fell am?
thefkidh i i imsisker.
enta ai d' el hadjena fell i
s ousou ma ra d ikkerker.

Ô ma tendre mère! — tu as fait ce qu'a voulu la tortue[1]. — Il n'y avait donc pas pour toi d'autres hommes, — tu m'as donnée à un chaudron! — Quel effroi me saisit, — quand il se traîne vers mon tapis!

أَيِمّ حَنّ
أَنَ أُيِغَرْ رَبَحْ
ذَكّسْ يَتَّرَ أكْلْمُونْ
ذَكّي يَسْنَس ٱلْمَضْجَعْ
أَسَكَّسَ ذَنَّمَنْ
قَبَلْ ذَنَّبَ نَهَوَحْ

A imma h'anna!
a nek iour'en Rabah' !
d'ougg as itsarra ak'elmoun
d'egg idh isnousou el meçbak',
aseggas a d' ath nernou,
k'abel, d' en nouba n er rouah'.

Ô ma tendre mère! — hélas! j'ai épousé Rabah. — Le

[1] Le nom de la tortue (ifker) est masculin en kabyle.

jour, il abaisse son capuchon. — la nuit, il éteint la lampe. — Je lui sacrifie encore cette année. — l'an prochain viendra le tour de la fuite.

A imma h'anna!
efkan i, our âlimer'!
ek'k'aren el fatsih'a,
nek esmouk'ouler'.
d' ar'boub ai our'er',
azekka ad' rouler'.

Ô ma tendre mère! — on a disposé de moi à mon insu! — ils ont lu le fath'a [1] — et moi je regardais. — C'est une bécasse que j'ai épousée [2] : — demain, je m'enfuirai.

[1] Le *fath'a* est la première sourate du Coran. On la lit sur la mariée lorsqu'elle quitte la maison paternelle.

[2] Les Kabyles ne mangent pas la chair de la bécasse, pour laquelle ils éprouvent une grande répugnance. Ils ne savent pas ce qui a pu donner lieu à ce préjugé. Le nom de la bécasse, *ar'boub*, est masculin en kabyle.

A imma h'anna!
efkan i i ouâdjemi amanoun;
idharren b oumchich,
thagouni ennig el kanoun.
nek ad' rouh'er'
ad' ar'er' ak'chich bou l âioun.

Ô ma tendre mère ! — on m'a donnée à un bouvillon non dressé ; — il a des pattes de chat, — il passe sa nuit sur le foyer. — Je m'enfuirai de chez lui, — je prendrai un jeune homme aux beaux yeux.

A imma h'anna!
a nek izoudjen r'our ath Âisi!
efkan i i ouâdjemi amedhlous,
aniir is ourdjin ifsi.
laz r'our es ag esthâfa
l âmer id nouk'kem imensi.

Ô ma tendre mère !. — hélas ! je suis mariée chez les Aït-Âïssi[1] ! — on m'a donnée à un bouvillon rétif; — son front jamais ne se déride; — la faim chez lui a pris domicile, — jamais nous n'avons apprêté un souper.

---

[1] La confédération des Aït-Âïssi appartient au cercle de Tizi-Ouzzou.

CHANSON DE FEMMES.

إِكْرَزْ أَلتَّلْكِيزْ
قَلَّسْ أَيْتَمَّزْ
أَكَّلَزْ أَتَّسَّنْ
أُرِقَمَّزْ غُرْ أَلْكَنُونْ

A imma h'anna !
a nek iour'en amer'boun !
ikourd'an et tselkin
fell as ai theddoun,
ouglan ekkesen,
our iferrez r'our el kanoun.

Ô ma tendre mère ! — hélas ! j'ai épousé un écloppé indigent. — Les puces et les poux — courent sur sa personne : — ses dents sont tombées, — près du foyer même il ne voit pas.

أَيْمَ حَنّْ
أَنَكْ بُغَنْ بُقَرْضَاسْ
مَرَأَنْقَمَّبْ سِمَنْسِي
عَمْيَانْ أَدْجَ تَخَنَاسْ
أَحَلَّغْ رَبِّي
أَتْسُوتْ أَجْغَرْبَمَّاسْ

A imma h'anna !
a nek iour'en bouferdhas !
ma ra nek'erreb s imensi
àrian ad idja thakhenas.
ad' h'aller' rebbi
atsououth agcchd'our imma s.

O ma tendre mère ! — hélas ! j'ai épousé un teigneux ! — quand nous nous approchons du souper, — il laisse voir sa nudité[1]. — Je prie Dieu — que sa mère se lamente sur lui[2].

A imma h'anna!
a nek thegeredh d'i themd'a!
our zid' iles is,
our isâi eç çifa.
mi kechmer' akhkham,
khas ar'ioul d'eg et trika.

Ô ma tendre mère! — hélas! tu m'as jetée dans un gouffre. — Sa parole est sans douceur, — sa figure est informe; — quand je suis entrée dans sa maison, — je n'ai trouvé qu'un âne pour tout bien.

---

[1] La traduction littérale de ce vers est : Nudam præbet mentulam.

[2] C'est-à-dire qu'il meure. (Voir la note 5, p. 299.)

XVIII

CHANSON.

PAR MOHAND-OU-ZÀICH, DU VILLAGE DE TIZI-HALOUAN,

CHEZ LES AÏT-ABBÈS (OUED-SAHEL).

مَتْبَغِضْ أَمْنَكَّرْ
أَحَفْ إِبَهْلَلْدْرْ
أَرْكَزِيمْ نَيْخَطَّبْ
أَذْيَوِي أَمْلَهْلَلْ
نَتْشْ أَنْيَتْحَجَبْ
كَمِّينِي إِيْغَمَّازْ
أَرْفَعْ أَضَرِيمْ
هُوزَّأَعَوِيمْ

Ma thebr'idh ad' am neggal
ou h'ak' Ibahalal!
ergaz im la ikhet't'ob,
ad iaoui am el halal.
netsath a ts ih'adjeb,
kemmini i ir'ial!
erfed' adhar im!
houzz ad'aoui m!

Nous te le jurerons, si tu veux, — par les Ibahalal[1] **! —
ton mari veut prendre femme; — il en épousera une belle**

[1] Il y a plusieurs villages qui portent le nom de *Ibahalal*. (Voir la note 1, p. 131.)

comme la pleine lune. — Elle, il la gardera à la maison, — toi, tu soigneras les ânes. — Lève le pied, — trémousse le derrière !

*Ma thebr'idh, ad' am neggal
ou h'ak' bou Chek'fa !
ergaz im la ikhet't'ob,
ad iaoui e Chrifa.
netsath, a ts ih'adjeb,
kemmini, i l h'alfa.
erfed' adhar im!
houzz ad'aoui m!*

Nous te le jurerons, si tu veux, — par Bou-Chek'fa [1]! — ton mari veut prendre femme ; — il épousera Chérifa. — Elle, il la gardera à la maison, — toi, tu travailleras l'halfa [2]. — Lève le pied! — trémousse le derrière !

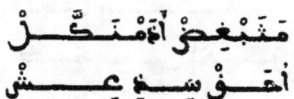

---

[1] C'est-à-dire : « Par la mosquée du village de Bou-Chek'fa, situé chez les Aït-Abbès. »

[2] L'halfa est une plante saharienne avec laquelle on fait des nattes, des paniers, des cordes, etc.

CHANSON.

أركيم يسمْ تيختّطب
أْبتو أَمغيشسْ
نتّش أنتجحبْ
كمّيني إتحشيشْ
أرفعْ أضاريمْ
هزّ أتَويمْ

*Ma thebr'idh, ad' am neggal
ou h'ak' sid'i Âich!
ergaz im la ikhet't'ob,
ad iaoui emm ak'chich.
netsath, a ts ih'adjeb,
kemmini, i l h'achich.
erfed' adhar im!
houzz ad'aoui m!*

Nous te le jurerons, si tu veux, — par Sidi-Âich[1]! — ton mari veut prendre femme; — il en épousera une qui lui donnera un fils. — Elle, il la gardera à la maison, — toi, tu iras à l'herbe. — Lève le pied! — trémousse le derrière!

متبغيضْ أمتكّزْ
أحفو الشّرف
أركيمْ يتختّبْ
أْيتو الضّرف
نتّش إنكيني
كمّيني إفرزْ
أرفعْ أضاريمْ
هزّ أتَويمْ

[1] *Sid'i-Âich* est un marabout enterré chez les Ihassenaouen près de Tizi-Ouzzou.

Ma thebr'idh, ad' am neggal
ou h'ak' ech Cherfa!
ergaz im la ikhet't'ob,
ad iaoui ed Dhrifa.
netsath, i thegouni
kemmini, i le khela.
erfed' adhar im!
houzz ad'aoui m!

Nous te le jurerons, si tu veux, — par les Cheurfa! — ton mari veut prendre femme; — il épousera Dhrifa; — elle pour le lit, — toi aux champs. — Lève le pied! — trémousse le derrière!

Ma thebr'idh, ad' am neggal
ou h'ak' thissegnith!
ergaz im la ikhet't'ob
ad iaoui thiselith.
netsath, a ts ik'adjeb,
kemmini, am thid'ith.
erfed' adhar im!
houzz ad'aoui m!

Nous te le jurerons, si tu veux, — par ton aiguille! — ton mari veut prendre femme; — il amènera une fiancée;

— elle, il la gardera à la maison, — toi, tu seras comme la chienne. — Lève le pied ! — trémousse le derrière !

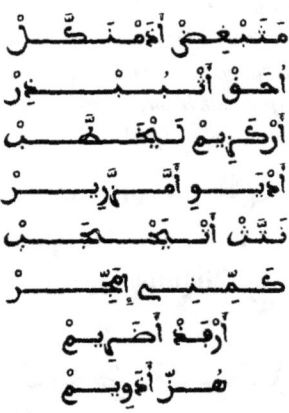

Ma thebr'idh, ad' am neggal
ou h'ak' ath Boubed'ir¹ !
ergaz im la ikhet't'ob,
ad iaoui emm ez zerir².
netsath, a ts ih'adjeb,
kemmini i mejjir.
erfed' adhar im !
houzz ad'aoui m !

Nous te le jurerons, si tu veux, — par les Aït-Boubedir ! — ton mari veut prendre femme ; — il épousera une jeune fille à diadème. — Elle, il la gardera à la maison, — toi, tu iras couper les mauves³. — Lève le pied ! — trémousse le derrière !

---

¹ La zaouia des Aït-Boubedir est située chez les Aït-Yala.
² On appelle *zerir* un bijou en forme de diadème, que les femmes portent sur la tête.
³ Les Kabyles ont l'habitude de manger les feuilles de mauve.

أَحَقْ أَنْ فَـكَّرْ
أَرْكَبِمْ يَخَـطَّبْ
أَدْيَوْ أَمْ لَـغْبَارْ
نَتَّتْ أَتْيَحْجَبْ
كَمِّينِي إِلَّغْبَارْ
أَرْفَدْ أَضِيمْ
هُزَّ أَدْ أَوِيمْ

Ma thebr'idh, ad' am neggal
ou h'ak' ath K'eggar!
ergaz im la ikhet't'ob,
ad iaoui em le r'iar.
netsath, a ts ih'adjeb,
kemmini, i ler'ebar.
erfed' adhar im!
houzz ad' aoui m!

Nous te le jurerons, si tu veux, — par les Aït-Keggar[1]! — ton mari veut prendre femme; — il épousera une fille aux vêtements éclatants. — Elle, il la gardera à la maison, — toi, tu iras au fumier. — Lève le pied, — trémousse le derrière!

مَنْمِغِضْ أَمْ نَـكَّـلْ
أَحَقْ تَقَرْزُطْ
أَرْكَبِمْ يَخَـطَّبْ
نَشِغْنْ نَعْبُوطْ
نَتَّتْ أَتْيَحْجَبْ

[1] Les Aït-Keggar sont des marabouts de la tribu des Aït-bou-Yousef du cercle de Fort-Napoléon. Leur village est situé au pied du Jurjura, à droite de la route de Fort-Napoléon à Tirourda. *K'eggar* est sans doute la forme kabyle de l'arabe فَيَّارٌ

CHANSON.

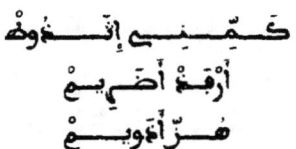

*Ma thebr'idh, ad' am neggal
ou h'ak' Thaferkout'!
ergaz im la ikhet't'ob
thouchebih'ath en tâbbout'.
netsath, a ts ih'adjeb.
kemmini, i thad'out'.
erfed' adhar im!
houzz ad'aoui m!*

Nous te le jurerons, si tu veux, — par Thaferkout[1]! — ton mari veut prendre une femme — au beau ventre. — Elle, il la gardera à la maison, — toi, tu travailleras la laine. Lève le pied, — trémousse le derrière!

[1] La zaouia de Thaferkout est située chez les Sebkha de la subdivision d'Aumale.

XIX

ISEFRA.

PAR MOHAND-OU-MOUSSA, DES AÏT-OUAGUENNOUN.

أِيعْ اَلـزِّنْ اَلْمَعْـلُومْ
سَـكَّـلَنْ أَرِيسِـيَخَـنْ
أَمْسْـتَـلْـبَسْ اَلْحَـرِيـرْ
سْتَـلْقَمْ كُـلْشِي يَـوقَمْ
قَضُّـنْتْ اَلْحَجْ أَسْـثِـمِّ
اَلْكُـثَـرَ اَلَّعَـذُرْ قَـنْ

Oufir' ez zin el mâloum
segg ouaklan ar Isiakhen[1].
ed' south el lebsa el leh'arir
south el k'od koul chi iouk'em;
k'et't'ount el h'adja es thimmi,
el kouthera el lehad'our fouh'en.

La beauté la plus remarquable se trouve — chez les femmes des Âbid et d'Isikhen-ou-Meddour; — elles portent des vêtements de soie, — leur taille est d'une élégance irréprochable; — elles expriment tout d'un signe de sourcil — et dédaignent les discours superflus.

[1] Les Kabyles donnent le nom d'*aklan* « les nègres, » aux descendants des colonies noires établies par les Turcs près de Drâ-el-Mizane et de Tizi-Ouzzou. Nous les connaissons plus généralement sous le nom arabe d'*Âbid*. Ceux dont il est ici question sont les

ISEFRA.

أَڤْهَرْ اَتَّزْنَغْ كُسْلَّسْ
نَوِضِدْ لَهْدَرْ وُفْمَنْ
اَمْكُرَعْتْ يُذْفِيِي اَرْعَاشْ
اَقْلِيِي اَمْخَاجْ إعَوْفَنْ
قَطْعَمْ اَشْهُوبْ اَعَلَّسْ
اَلْشَّشْ وَرْعَاذْ نَتَّغَّرْ

A t't'ir etsazener' koull as,
thaouidh id le had'our ouk'emen;
emnougerer' ts ioud'ef ii er raâch.
ak'l ii amm el h'adj idouk'en [1].
Fat'ima, a cheroub our'ilas,
a ch chach our âad' netsak'k'en.

Oiseau que j'envoie chaque jour en message, — rapporte-moi de bonnes paroles. — Quand je l'ai rencontrée, un frisson m'a saisi, — je suis comme le pèlerin arrivé trop tard. — Fatima, moucheture de panthère, — mousseline qui n'a pas encore été portée.

نَتَّا اَيْتَغْ بِزْاَرُوحْ
اَقْلِيِي غَتَّمْ وَخَمْ
تَغْرَشْ إهَا يَسّْ
تَكْسُمْتِيُو اَوْلَفْضَلِي
اَشِيِي إنَا غَمَرْشُوشْ
اَلْحَّرِدْ اَوْنَكِّينِي

Âbid de Chemlal, près de Tizi-Ouzzou. Le village de Isikhen-ou-Meddour est situé au confluent du Sebaou et de la rivière des Aït-Âïssi.

[1] En employant ici le verbe *douok'*, l'auteur veut dire que le pèlerin auquel il s'applique est arrivé à la Mecque après l'époque du pèlerinage. Il n'a pas acquis le titre de *h'adj* et ne peut plus l'obtenir Son pèlerinage est manqué.

Thennak : ai âziz, arouah'!
ak' l ii d' egg oukhkham ouah'ad' i;
le ferach ihegga issa,
thaksoumth iou ed' le fedhali,
outchi in ek d' amerchouch.
eç çeh'our ik ed' nekkini.

Elle m'a dit : « Viens, mon bien-aimé, — je suis seule à la maison : — le tapis étendu est tout prêt, — ma peau est blanche comme une pièce d'étoffe; — tu auras du merchouch [1] pour nourriture, — et moi pour second repas [2]. »

أَمْـزَلَـكِـنْ أَرْكُـوسْ
كَرْ اسَّكَابْ لَـكْ دُعَـقُـشْ
أَتَمَعْـزُوزْتْ اَلْـيَسْمِـيـنْ
اَلْفَتْ مِضْبْعَنْ أَنْـفُـوشْ
لَخْـرِيفْ الْـمَّـدَنْ أَكْ يَـبَّ
وَنَّمْ مَـزَلِـيتْ دَقَـرْقُـوشْ

Em thezelagin ar agous,
gar es sekhab lak d' ouâk'k'ouch [3]
a thamâzouzth, a l Yasmin!
a l fet't'a mi dhebân ank'ouch!
le kherif em medden ak ibboua,
ouinnim mazalith d' ak'erk'ouch.

Maîtresse des colliers pendant jusqu'à la ceinture, — colliers odorants et colliers de verroteries, — ô Yasmine, ma chérie, — argent orné de ciselures! — les fruits de tous les autres sont mûrs, — les tiens seuls sont encore verts [4].

[1] Le *merchouch* est le couscoussou préparé avec la farine de froment la plus pure.
[2] On appelle *çeh'our* le second repas, qui se fait au milieu de la nuit pendant le ramadhan.

[3] *Sekhab*, collier formé de grains faits avec une pâte odorante. *Adk'k'ouch*, collier de petits grains de verroteries.
[4] Allusion à une jeune fille du village des

أَمْنَعَصَّبَنْ الْقِطْ
عَفَى تَنِيرْتْ أَيْدَ الشَّرْشَرْ
أَنْجَنْ أَمَعَّنْ أَمْ يَنْـهَـقْ
وِنَّوْ يَحَّمْ عَلْـكَـفَـرْ
يَسْ الْـقَـلَـبْ إِسْـيُـرَانْ
أَيَـمِـنَ أَيْـدْ يَـدْ شَـرْ

Em thâççabth el fet't'a
r'ef theniûrth ai d ech chercher!
ed djenn em medden ak int'ak'
ouin niou idheh'ad d' el kafer;
iousa d et' t'aleb is iouran,
ed' Yamina ai d issouther.

Maîtresse du diadème d'argent[1]. — dont les ornements retombent sur le front! — le démon de chacun a parlé[2], — le mien seul était récalcitrant. — Un taleb est venu le conjurer — et c'est Yamina qu'il a réclamée.

تَتْرَ نَرْقَـافَـتْ إِضْـغَانْ
الْبَـهَـلْ يَـضْـهَـنْ يَـنَّـسْ
عَكَّمْ يَـزْءَ أَعَـسَّـاسْ
غَرْبَـلْ نَـعَّنْ يَـنَّـسْ
رَبِّـي عَفَـسْ أَمَـقَّـرَانْ
وَقَمَاعْ إِبَـمَعَانْ غَـرْبَـسْ

Aït-Halli chez les Aït-Iraten, qui avait été mariée à un enfant trop jeune pour remplir ses devoirs de mari. *Ak'erk'ouch* est le nom de la figue encore verte.

[1] La *thâçabth* est un bijou de même forme que le *zerir* (voir la note 2, p. 409), mais plus grand.

[2] Lorsqu'une personne est malade, elle est censée possédée d'un démon qui cause le mal. On fait alors venir un lettré, qui fait

*Thetsrou therk'ak'th idhoud'an,
i l bat'el idhran id' es,
d'egg oukhkham izga ouâssas,
r'er thala theddoun id' es.
rebbi d' afous amek'k'eran,
ouk'em ar' iberd'an r'our es.*

La femme aux doigts effilés pleure — sur l'oppression dont elle est victime. — A la maison, elle est sans cesse surveillée, — on la suit à la fontaine. — Dieu à la main puissante, — ouvre-nous la voie pour arriver à elle!

أَخْـلَـمْ ٱلْـبَـازْ ٱلْـعَـرَفْ
مَتْرُحَضْ سَبِي اِعْـيَـلْـزَمْ
تَجَـعْلْـتِـكْ اَمَّـتْ عُـسِـي
نَقْشِيشْ أَوَّلَّـمْ نَـفْـعَـمْ
يَـمِـنَ بَـدْ غَـرْ ٱلْـرَفْ
مَتَفْتَحْ ٱلْبَابْ ٱلـنَّـكْـشَمْ

*Etsekhil ek, a l baz, a l âref,
ma tserouh'edh sani ir' ilzem,
thadjâlt ik eddem its r'our i.
thak'chichth ad' fell ak thefehem;
Yamina, bed r'er er ref,
ma thefthah' el bab, an nekchem.*

Je t'en prie, faucon intelligent, — va là où ta présence m'est nécessaire! — prends de moi ta récompense, — la jeune fille comprendra en te voyant; — pose-toi sur l'auvent de la maison de Yamina — et si elle ouvre la porte nous entrerons.

des exorcismes, brûle du benjoin, écrit des talismans, etc. Lorsque le démon est vaincu par la science de l'exorciseur, il parle par sa bouche et indique le traitement à suivre. Ici le démon a déclaré que Yamina seule pouvait guérir le malade.

قَـهِـمَ يَـثْـيِـرْثْ نَـرْفْ
أَثَرْقَاقْثْ أُكْسَـمَـيِـمْ
أَمْـثِـكْـلِـي لَـبْـدَ أَثْـخُـلْـفْ
تَـكْـسُـمْثْ دَلْوَرْدْ مَيْـلَـكّـمْ
تْـشِـبِـضْ أَسْـطَـمْـبُـلْ الـصَّـفْ
إِسْمِمْ دَكّـرَارْ يَـغْـضَـمْ

Fat'ima, thithbirth n er ref
a therk'ak'th d'eg es semaim,
em thikli lebd'a thekhoulef.
thaksoumth d' el ouerd ma ilek'k'em!
thechebidh Est'amboul cc çof,
ism im d'egg oud'rar iâdhem.

Fatima, colombe de l'auvent, — aux traits délicats[1], — à la démarche distinguée, — à la carnation couleur de la rose greffée! — tu ressembles à Stamboul pour le nombre des admirateurs, — ton nom est célèbre dans la montagne.

أَقْـلِـيـي أَمْـجَـرُحْ إِعَـسْ
نَعْ أَمُـضِـينْ تَـهَـبِـضْ أَشَّـرْ
قَلَّمْ أَرْكُـوبْ نَـلْـفَـرَسْ
أَزِّيـنِـمْ أَقَلْـمَـيْـرْ
تَـتْـكْـضِـيمْ عَـسْ إِلَـسْ
اَلَـسْ أَعَـمْ إِوَحَّـرْ

Ak'l ii am medjerouh' ir'es,
ner' amoudhin thehabidh, a ch cher,
fell am erkoub n el fares.

---

[1] *Semaim*, en arabe, comprend le nez, les narines, la bouche, les oreilles.

> ez zin im ed' l oumaier,
> thetsakedh i id r'as iles,
> oul im, a âzza, ioukhkher.

Je suis comme le blessé atteint dans ses os, — ou comme le malade exténué par la faim; — tu es une monture de bon cavalier, — ta beauté est une merveille. — Tes paroles ne viennent que des lèvres, — ton cœur, ô ma chérie, s'est éloigné de moi.

بَتَرُ الْقَلْبِيُو يُرِفْ
غَىْ لَلْ أَمْتَكْسْتْ تَلْغَمْ
أَنْضَمِعِتْ مَـ إِدْهَـتَـفْ
غَـهُوَنْـدَ تَـغَـهَبْ إِلْخَـصَمْ
مِـتَـزِرْغْ بَـزَفْ نَضْـعَفْ
مَعْـذُرُوَرْ نَـكْـزِ طِـطَمْ

> Itsrou el k'alb iou, iouref
> r'ef lal em thagousth thelt'em;
> nedhemâ its, ma d'ai dehad'ef
> r'er ouand'a thek'ereb i le kheçem.
> mi ts zerir' bezzaf nedhâf,
> mâd'our[1] ouar negzi T'it'em.

Mon cœur pleure, il est brûlé de désirs — pour la belle à la fine ceinture; — je suis impatient de la posséder, lorsqu'elle paraît — près du lieu où je puis l'entretenir. — Quand je la vois, je dépéris : — il est excusable de ne pas aimer, celui qui n'a pas possédé Titem.

تَـنَّـمْ أُوزْ أَغْـــزَرْ
أَكَـمْ أَغْـكَـشْ أَيْـتَـشَـرْ

---

[1] De l'arabe عَذَرَ «excuser.»

```
نـكِّـمْ نـمْـزْرَنـزْ
نـمْـعَمْ ەْكـبَـقْـسْ
قـرِعَ الـسْـمْ ابْـدَمْ
نـهْـدرِهْ ەْكـلْ ارْسنْ
```

Thennak : a ouin adzizen,
egma, ed' ketch ai nessen.
nekki d' ek nchad'er nenna,
nemâhad' d'eg iiffousen.
le khediâ ess ek ai d ekka,
le had'our ik d'egg oul ersen.

Elle m'a dit : « Toi que je chéris, — ô mon frère, c'est toi seul que je connais. — Nous avons échangé nos paroles, — l'étreinte de nos mains droites a ratifié nos promesses. — La trahison vient de toi, — tes paroles sont restées dans mon cœur. »

```
اتـمـعْـزوزْتْ يـمـنْ
مشي امْ ابْـعـمْ اتـضـرْ
ابْلِيـعْ ەْكـحْ نـهْـلَمْ
حـسْبـعْكـمْ اتـزيـنـتْ إنْ
نـزنـضْ ارْعبوبْ بـيـلـفْضـرْ
اتَـتـبـضْ ء ەْعـوسْ
```

A thamâzouzth Yamina,
machi akka ai âoudder' atsedhrou !
ai lah'ir' d'egg idh n et'lam !
h'aseber' kem, a thouziint, in ou.
thezenidh ar'eboub bou ilfdhan ;
ai thebbouidh d'i dâoussou !

Ô ma Yamina chérie, — je ne pensais pas qu'il en arriverait ainsi! — que de courses j'ai faites dans l'obscurité de la nuit! — Je te croyais à moi seul, ô ma belle, — et tu t'es livrée à une bécasse crasseuse! — Quelle malédiction tu attires sur toi·!

تحكم إنسم أنعشر
إبسان نوء نحور
بن إرعن سلعيض
عوس أيتنمضور
أوغ إحبسن ومعار
يسوان أمهن ﺗﺴور

Thek'akout' i thesedda endoucher,
id iousan louhi n eç çeh'our,
thin irâd'en s el r'idh
d' afouad' is ai d' el medhrour,
oufir' ih'abes its oumr'ar,
isoua ts, amzoun d' asennour.

Adresse-toi à la lionne que j'aimais à voir — lorsqu'elle venait à l'heure du çehour[1]; — elle rugit de colère, — son cœur est blessé, — un vieillard la retient prisonnière: — il a bu sa fraîcheur, elle est restée maigre comme une anguille.

[1] Le çehour est le repas du milieu de la nuit pendant le ramadhan.

XX

CHANSON.

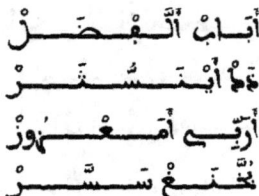

A bab el lefedhol !
d' ek ai nessouther.
a rebbi amâzouz,
boukhkh aner' s es ser.

Dieu de bonté! — c'est toi que nous implorons. — Seigneur adoré! — parfume-nous de bonheur.

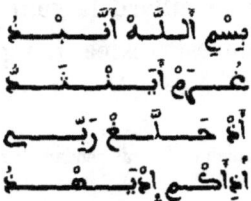

B ism Allah an nebd'ou !
r'our em ai netheddou,
ad' h'aller' rebbi
ad' ikem id ihadou.

Invoquons en commençant le nom de Dieu. — C'est vers

toi que je veux aller[1] : — je prie Dieu — qu'il te conduise à moi.

Ad'r'ar' en tchintchin,
a bou thek'ebouchin !
efk i id thak'emmouchth
ernou d thibbouchin.

Pierre de laitier[2] — percée de trous ! — donne-moi la petite bouche, — ajoutes-y tes seins.

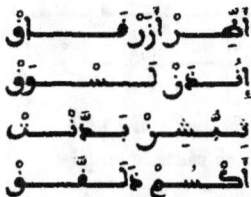

At't'ir azerk'ak'
inoud'an le souak'
thibbouchin beddent',
aksoum d' alek'k'ak'.

Oiseau aux yeux bleus — qui parcours les marchés ! — ses seins sont fermes, — sa peau est douce.

تـلـمْ اَبـعَـيـبـز

[1] Après avoir invoqué le nom de Dieu, le poëte s'adresse à une femme.
[2] L'intention de l'auteur n'est pas de comparer la femme dont il parle à une scorie de forge. Il est facile de s'apercevoir que, dans ces couplets, comme dans toutes les poésies du même genre, le poëte est plus préoccupé des rimes que des idées.

CHANSON.

اَلـحّـجْ بـشّـهـورْثْ
اَدَعْ يـعْـمْ
اَدَجَـعْ ثَـمـورْثْ

Thennak : ai âziz,
a d dah' bou thecherourth !
ad' eddour' id' ek
ad' edjer' thamourth.

Elle m'a dit : « Ô mon bien aimé, — bracelet orné de pendants ! — j'irai avec toi, — je quitterai mon pays. »

ثَـنّـاَ أَقّـبـيـبْ
اَلـشّـشْ لَـمْـجَـعّـبْ
ثـوْعَـرْ لَـمْـحِـبَّ
وِنْ وَرْ تَـنْـجَـرَّبْ

Thennak : ai h'abib,
a ch chach le medjâeb !
thoudr le mah'ibba
ouin our ts endjerreb !

Elle m'a dit : « Ô mon ami, — mousseline rayée ! — l'amour est cruel — pour qui ne l'a pas encore éprouvé. »

إِوَسْ أَقّـمـيـسْ
أَكْـشّـعْ وكّـيـسْ
أَرْكَـرْ أَقّـمْ
ثَمْغَارْثْ سَلْعَـلْـمِـسْ

I ouas el le khemis,
ag cheggâ oukiis,

ergaz oula h'ad
thamr'arth s el âlem is.

C'est le jeudi — que le galant lui envoya un message; — le mari n'y est pas, — la vieille est dans le secret.

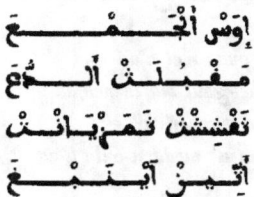

I ouas ed djemâa
mek'eboulth ed douâa;
thak'chichth thameziant,
etsin ai nebr'a.

Le vendredi — la prière est exaucée; — une jeune enfant — est celle que j'aime.

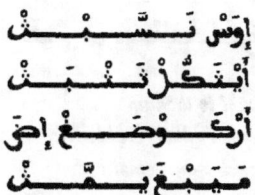

I ouas n es sebth
ai theggoul thethebeth;
ar k aoudher' idh a
ma ibr'a immeth.

C'est le samedi — qu'elle fit le serment qu'elle a tenu; — j'irai, m'a-t-elle dit, vers toi, cette nuit, — il en mourra s'il veut[1].

[1] Sous-entendu, « mon mari. »

CHANSON.

إِوَسْ نَلْحَدْ
تَكُّلْ مَتَنَحَدْ
أَتَكْنَغْ يِدَمْ
مَؤُمَّنْ أَحَدْ

I ouas n el h'ad
theggoul ma theneh'ad;
ad' egener' id' ek
ma d' medden oula h'ad·

Le dimanche — elle me jura que rien ne pourrait la retenir. — Je dormirai avec toi, m'a-t-elle dit, — il n'y aura personne.

أَسْ الَّتْنَينْ
نَسَّحْضَرْ مَدَّنْ
أَزِقَّا أَنَمْلِيلْ
غَسْ أَدْ غَنْغَنْ

As el le thenain
nesseh'adher medden,
uzekka an nemelil,
r'as ad' ar' enr'en.

Le lundi — nous avons dit devant témoins. — Demain nous nous réunirons, — dussent-ils nous tuer.

إِوَسْ نَتَّلَتْ
مَشَّحْرَغْتْ إِوَتْ
تَسْكَشَّعْ غَفْسَنْ
نَثْنِي غَنْلَتْ

*I ouas n et tsletha,
ma chekkerer' ts iouatha;
thesekchem i r'ef sen,
nitheni d'i thletha.*

Le mardi — elle a mérité des éloges ; — elle me fit entrer chez elle à leur insu, — ils étaient trois.

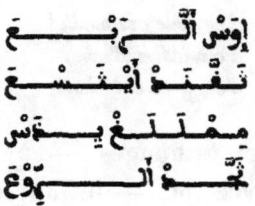

*I ou as el larbâa
thek'k'en d ai thesâa.
mi melaler' id' es
thedja d er riouâa.*

Le mercredi — elle se para de tout ce qu'elle possédait. — Quand je la rencontrai — je fus émerveillé.

*Thennak : iahin !
Allah ibarek !
an nessou le frach,
an ned'el s ouh'aik.*

Elle me dit : « C'est bien ! — que Dieu soit béni ! — nous étendrons le tapis, — nous nous couvrirons d'un haïk. »

CHANSON.

أَمْسَبْعَ نَشْرَضْ
وَكْفُسْ أَزْلْمَاضْ
أَوَالَّذَنْ يِدَّمْ
وَكْسْ الْعْيَاضْ

Em sebâa thecheradh
d'eg fous azelmadh!
a oui iddan id' em,
d'ougg as el l âiadh.

Maîtresse des sept tatouages — à la main gauche! — puissé-je marcher avec toi, — le jour du combat!

XXI

CHANSON.

يَنْ إِزْوْجَنْ أَحَـوُ
مَعْذُورَتْ أَمَدَنْ مَتْرُو
يَنْغَثْ الْوَحْشْ دِكُرْدَانْ
كُلْ يُومْ تَسَّكَنْ أَزْرُ
اتْسْعَضْ أَرُومِي اَبْسَمْهَنْ
أُدَّايْ دِالْكَلْ أَدْ اَوْرُ

Thin izoudjen ah'aoui
mäd'oureth, a medden, ma therou.
inr'a ts el ouah'ach d' ikourd'an,
koul ioum la thessegan azrou.
atsr'adh aroumi b Ouahran,
oud'ai d'i l Koul ad' irou.

La femme qui a épousé un homme impuissant — est bien excusable, messieurs, de pleurer. — L'isolement et les puces la tuent[1]; — chaque jour elle couche avec une pierre. — Elle excite la pitié du chrétien d'Oran, — le juif de Collo pleure sur elle.

تَمَرْةَكْ مَرّ

[1] Les Kabyles prétendent que la femme est beaucoup plus exposée aux attaques des puces lorsqu'elle est seule qu'en compagnie d'un homme. Tous les hommes, néanmoins, qui ont couché dans des maisons kabyles ont pu constater, aux dépens de leur sommeil, que le sexe mâle n'est pas une garantie bien efficace contre les piqûres de ces insectes.

CHANSON.

أَتَـرْجُـعْ أَدْيِـمّـغْـورْ
تَـمّـرْةَ تَخـوسْ
أَتْذوِيعْ مَتْ يَـمَـضْهورْ
زِعَـزْ أَرْكَـزْةَحَـوِ
أَشْعَى إِيتْكَمْ تَعْـهورْ

*Lemmer d' ag mezzi
a th erdjour' ad' i imr'our;
lemmer d' ag h'aous,
a th d'aouir' ma d'ai medhrour;
zir'en ergaz d' ah'aoui,
achou r'ef i i thegam le r'erour?*

S'il n'était que jeune, dit-elle, — j'attendrais qu'il fût devenu grand; — s'il n'était que malade, — je le soignerais tant qu'il serait souffrant; — mais c'est un homme impuissant! — Pourquoi m'avez-vous joué ce mauvais tour?

تَـمّـرْغَـرْ السُّـنْ
أَتَـرْجُـعْ أَيْـسْ تَـعْـشَ
تَـمّـرْغَـرْ الحِـجْ
أَيْـفْضُ الـفَـرْضْ ةَسُـنَّ
زِعَـزْ أَرْكَـزْةَحَـوِ
أَشِـمِ إِيتْـكَـمْ أَيْ

*Lemmer r'er es souk,
a th erdjour' ad ias el âcha;
lemmer r'er el h'aidj
ad ik'edhou el ferdh d' es sounna.
zir'en ergaz d' ah'aoui,
achimi i i thegam aia.*

S'il était allé au marché — j'attendrais qu'il revînt le soir; — s'il était en pèlerinage — au moins il accomplirait le feurdh et la sounna[1]. — Mais c'est un homme impuissant; — pourquoi m'avez-vous fait cela?

Athdhehar i er riba
gar imeçdhan is,
ech châar d' amad'ar'
ag eberen ikhef is.
at tekchem thilefth
ernou arraou is.

Apparuit mihi vorago[2] — inter crura : — pili instar sylvæ — summa parte tortiles; — porca ibi vagatur — nec non et cum suis porculis.

[1] Le *feurdh* comprend les devoirs religieux déclarés par le Coran strictement obligatoires pour tout musulman; ce sont : le jeûne, la prière, l'aumône, le pèlerinage de la Mecque et la guerre sainte. La *sounna* est la loi traditionnelle tirée des pratiques de Mahomet dans ce qui n'est pas expressément ordonné ou défendu par le Coran.

[2] Ce couplet est la réponse de l'homme accusé d'impuissance.

XXII

CHANSON.

PAR MOHAND-OU-ZÂICH, DES AÏT-ÀBBÈS (OUED-SAHEL).

Oufir' ts d'eg ousetsour
la thekkath agechd'our.
aniir b ouid'i
ithetsen amouzzour!
ennir' as : ai r'ef?
thennak : r'ef h'alloul.

Je la trouvai dans le parc aux chèvres [1] — qui se lamentait, — le front de chien — qui mange de l'ordure! — Je lui demandai : « Pourquoi? » — Elle me répondit : « *Propter mentulam.* »

---

[1] Pour mettre à l'abri du froid pendant l'hiver les chèvres et moutons, on les parque dans un coin de la maison habitée par la famille. Cet espace, fermé ordinairement avec des cordes ou des branchages, se nomme *asetsour* sur le versant nord du Jurjura. Dans l'Oued-Sahel on l'appelle *agerour*. Ce dernier mot se trouve au couplet suivant.

Oufir' ts d'egg ougerour
la thekkath agechd'our,
ak'ad'oum aberkan,
ech chenafer b our'ioul!
ennir' as : ai r'ef?
thennak : d' achelloul.

Je la trouvai dans le parc aux chèvres[1] — qui se lamentait, — le visage noir — aux babines d'âne! — Je lui demandai : « Pourquoi? » — Elle me répondit : « *Propter mentulam.* »

Oufir' ts d'eg ouzet't'a,
thek'k'en le blit'a;
akheloul itsoudoum
amzoun d' es sak'ia.

[1] Voir la note de la page précédente.

CHANSON.

akeroum is idoudj
amzoun d' el r it a.

Je la trouvai à son métier, — elle était coiffée d'un mouchoir ; — la morve lui coulait du nez — comme un ruisseau. — *Cunnus ejus torvus* — *instar fistulæ.*

Oufir' is d'i thaddarth,
thaid'ith thaoussarth!
ajelal is irka
agous et temrarth.
thetcha i ourgaz is
akoufi en tazarth.

Je la trouvai dans le village, — la vieille chienne! — sa jupe est pourrie, — une corde lui sert de ceinture. — Elle a mangé à son mari — un koufi de figues[1].

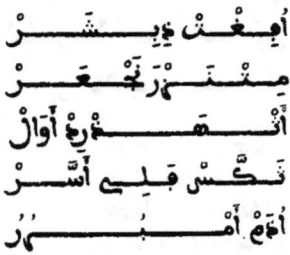

[1] Voir la note 1, p. 295.

وَنَزْلْ آكَجِّزْ

*Oufir' ts d'i Bicher
mi ts nezera nejâr;
thchad'er i d aoual
thekkes fell i es ser.
oud'em em bourourou
d'i thezgi ag effer.*

Je la trouvai à Bicher[1]. — En la voyant, je restai stupéfait; — elle m'adressa une parole — qui mit fin à ma joie. — Visage de hibou — qui se cache dans la forêt!

[1] Village de l'Oued-Sahel.

XXIII

COUPLETS.

أَتَمْغَرْتْ نَبَّتْ ٱلْعَقْلِيمْ
يَقْعِكَمْ تَعْقَلْ تَكْنَصْ
أَرْتَسَمْغَرَضْ دَأْ تَلْقِيمِنْ
دَكْشِي تَنْغَوَلَصْ
شَرَّقَنْتْ وَلَّينْس يِسَّقَى
تَغْلِي تَكْبِتْ أَتْخَبَّصْ

*A thamr'arth, thebbeth el âk'el im
iffer' ikem l'âk'el, thegenedh !
ar thessemr'aredh d'eg thelk'imin,
d'eg outchi thetsr'aoualedh.
cherrek'ent ouallen is d'i s sk'of,
ther'li thagounits, thekhebbodh.*

Eh! vieille, rappelle ta raison, — tu as perdu l'esprit, tu dors! — tu multiplies les bouchées, — tu engloutis précipitamment ton manger. — Ses yeux restent fixés au plafond, — elle tombe sur le sol et s'agite.

أَتَمْغَارْعِتْ تَمْغَرْتْ
سَقَلْ مَتْبِتْ عَجْلَصْ
أَرْمِ تَكْرْ يَمْتَرْكَزْ
يَقْعِتْ أَجْصَمْ يَمْنَصْ

أرمي إسمّز أبقاز
غف تمغارث أكمعرّض
يزّ نكّز أرنّسواز
يموث أد بدلغ وبحي

Ai amr'ar, r'ith thamr'arth,
s oubouk'al ma d'ai thâjeledh!
armi ikker imd'erkal,
iffer' ith ed djehed, imenounnedh,
armi is irrez oubouk'al,
r'ef thamr'arth ag mârredh.
thinna thekker ar thessaoual :
immouth, ad' bedeler' ouaiedh!

Eh! vieux, secours la vieille, — cours vite avec ton pot! — En se levant, il trébuche, — la force l'abandonne, il dégringole; — son pot se casse; — il tombe en travers sur la vieille. — Celle-ci se relève et s'écrie : — « Il est mort, j'en prendrai un autre à sa place. »

XXIV

CUEILLETTE DES OLIVES.

أيـــــوزوز ربّــي أكـيـعـوز
أرنـثـاغ نـرني أمّ أسـوز

A iouazioun, — rebbi a koun idoun!
ernouth ar' thirni — akka d' asaoun.

Dieu vous aide, mes petits auxiliaires! — faites-moi encore cette ligne jusqu'en haut.

أتـاب نـغـوز ضلفغ ألّـمهْ
نـرغزّل إلّـمهْ بـنـغ ألـمهْ

a bab ne touizi, — dholk' ar' an nerouh'
thoura d' azal — it't'ij inr'a er rouh'.

Eh! maître de la touiza[1], laisse-nous partir : — il est maintenant midi, on a vu le soleil tuer les gens.

أتـاب نـغـوز سرحـنـغ أوتـى
نـرأوتـعـش يـخـيسي وتـغـلي

---

[1] A l'époque de la récolte des olives, il est d'usage, dans les villages kabyles, de se prêter réciproquement les enfants pour faire la cueillette. Cette assistance mutuelle, qui se pratique aussi dans d'autres circonstances, est ce qu'on nomme une *touizi* ou *touiza*. Ce mot vient du verbe kabyle *ouiz*, qui signifie « aider. » *Iouazioun* a la même racine. Les Arabes de la province d'Alger ont pris aux Kabyles le mot *touiza* 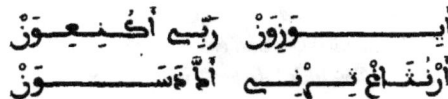, mais ils ont dénaturé la chose. La plupart du temps, chez eux, la touiza a plutôt le caractère d'une corvée faite au profit d'un chef que d'une aide prêtée à son voisin à charge de revanche.

A bab ne touizi, — serrah' ner, a oulid' i!
thoura ed' l âcha — thikhsi d'a tser'li.

Maître de la touiza, rends-nous la liberté, mon enfant! — le soir est venu, et la brebis a été tuée.

A bab ne touizi, — annar', ai h'amam!
thoura ed' l âcha, — la kkathen ijah'mam.

Maître de la touiza, eh quoi! gentil pigeon! — le soir est venu, les merles commencent leur ramage.

A bab ne touizi, — a ouin chourak'en!
thegedh ar' ah'addour — s ez zith erk'ik'en,
thament ed' oud'i — thetsen imrabdhen.

Maître de la touiza, ô joli garçon! — fais-nous des crêpes[1] avec de l'huile légère, — du miel et du beurre, un vrai manger de marabouts.

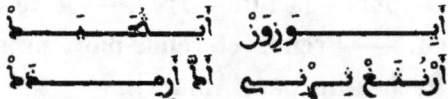

A iouazioun, — ai ath ouh'aik!
ernouth ar' thirni — akka ar imid'ek.

Eh! mes auxiliaires, maîtres des haïks! — faites-nous encore cette ligne, jusqu'à ce lentisque.

---

[1] *Ah'addour* est synonyme de *ichebbouadhen*. (Voir page 380.)

XXV

RONDE D'ENFANTS.

أِسْغْ بلَفْمِيَسْ
إِبْيَسْ أَقْبَلْ مَعْرَسْ
أَفْكِى ثِجَارْ إِعَسْ
أَدَكْفَكْعْ ثِدْ أَتَّمَسْ
أَخَنْ أَلرَّ أَخَنْ أَلرَّ
أَشْلَغَمْ أَنْدَمَّ أَعْمَرْ

A isr'i, bou le ferais,
id iousan k'ebel mor'eres!
efk i thijoujar ir'es
ad' ak efker' thid' et temes.
akhen arra, akhen arra
chelar'em en dadda Âmara!

O vautour[1], mangeur de charognes, — qui es venu avant mars! — donne-moi de la fumeterre[2], — je te donnerai mes rougeurs de feu. — Prends et rends-moi, prends et rends-moi, — moustaches du père Âmara!

[1] On appelle *isr'i* le percnoptère ou petit vautour. (Voir la note 2, page 181.)

[2] Il y a dans ces deux vers un jeu de mots qu'il n'est pas possible de reproduire en français. Nous avons dit, note 3, page 189, que les Kabyles appelaient *ijoujar* ou *ijoujar en temes* les rougeurs d'érythème produites par l'action du feu sur la peau pendant les froids rigoureux de l'hiver. Le nom kabyle de la fumeterre est *ijoujar ire's* «rougeurs d'os» ou *ijoujar g esr'i* «rougeurs du vautour.» Le sens littéral de ces deux vers est donc : «Donne-moi des rougeurs d'os, je te donnerai des rougeurs de feu.»

أيسْـعَ أيـمَـلَّـزْ
إذْ عْـمَـانْ يـرَا عْـمَّـازْ
أجَـجِـجْ أبـمَـلَـزْ
إذْتْسْنَـكَّـرْ دَكْـسُـمَّـازْ
نَفْـرَحْ مِيـذَ نْـمَـلَـزْ
أرُوحْ أدَكْـمْـلَـعْ إغْـيَـازْ

A isr'i, ai amellal,
id ijeban thizi Aâmmal!
ai ajedjig b ouamelal,
id itsnekkaren d'eg soummar!
neferah' mi id' ek nemelal,
arouah', ad' ak emeler' ir'ial.

Ô vautour blanc, — qui as traversé le col des Âmmal[1]! — fleur de chrysanthème[2], — qui croîs sur les versants méridionaux! — je suis heureux de te rencontrer, — viens, je te montrerai des ânes.

أيسْـعَ بـيـسْرْتَـمْ يُوشْ
إصَّـمْ أمْـمَـعْـيـرُوشْ
نْبِيضْ أتْشْشْ أبْـعَـشُـوشْ
ألْـشِّي إنـأ أخْـلَـكْ رُوشْ
رعْ أتْـشْـطِي أسْـرْعُونْ
سْـعَّـدْ أقَـبُـوشْ

A isr'i, bou iir le riouch
idharren am mârirouch!

---

[1] Voir la note 1, page 204.
[2] Les Kabyles appellent *ouamelal* les nombreuses variétés de chrysanthèmes qui croissent dans leur pays. La même plante est aussi appelée *chemlal*, d'où vient le nom d'un village des Abids près Tizi-Ouzzou.

RONDE D'ENFANTS.

*thebenidh annechth bouâchouch
outchi in ek ed' le kerouch;
rouh' at tetchedh aserd'oun
s oufella ouk'abouch!*

Ô vautour aux vilaines plumes, — aux pieds croisés[1]! — tu es grand comme une cabane, — tu ne manges que des tripailles; — va dévorer le mulet — jeté sur le fumier!

———

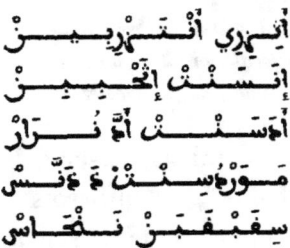

*A thiziri en tezribin
in asent i thah'abibin
ad asent ad da nourar.
ma our d ousint d'a d'ennas,
s ik'obk'aben[2] n enh'as.*

O clair de lune des petites ruelles! — dis à nos amies — qu'elles viennent jouer ici. — Si elles ne viennent pas, nous irons les trouver — avec des sabots de cuivre.

---

[1] *Márirouch* est l'infirmité de celui dont les doigts de pied se superposent les uns aux autres. C'est aussi l'action de se croiser les jambes. On appelle encore *márirouch* un jeu d'enfants analogue au cheval fondu.

[2] *Ak'obk'ab*, pluriel *ik'obk'aben*, espèce de sabot formé d'une planchette horizontale maintenue à dix centimètres environ au-dessus du sol, au moyen de deux morceaux de planche cloués à la partie inférieure et placés de champ. On fixe ces sabots aux pieds avec des courroies de cuir. Les Kabyles s'en servent pendant l'hiver pour marcher dans la neige.

أڤعد نفرع أتفوكث
أدامنكعن نعفوث
أدامنكرز ثعرفوبث
ثعرفوبث ألككعغن
سثيوڤ إعرعدين

Effer' ed, nek'er ed, a thafoukth!
ad' am nek'k'en thar'ifousth,
ad' am nekerez thaârk'oubth,
thaârk'oubth egg id'r'ar'en,
se thiouga ir'erd'ain.

Montre-toi, lève-toi, ô soleil! — nous te mettrons un vieux bonnet, — nous te labourerons un petit champ, — un petit champ de cailloux, — avec une paire de souris.

———

أيكرإن
أوكولان
أغلي وثد لمان
نمرث أسوان
إرخ أميكع
يمرزس أسكع
إشعث سليحض
أريع يسكع
يسون أعمسى
أوكع أتمسى

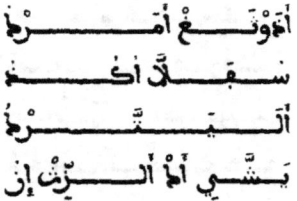

Ai aggour inna,
a oui k ioualan!
Aâli ou Seliman.
thamarth ousiouan.
irouh' ad iagoum;
irrez as ousagoum,
ichoudd i th s el khèdh
ar th id itsagoum.
issaoul Aïcha
efk i d el lemcha
ad' outher' amergou
s oufella ougoud'ou
ala itsargou.
itcha ii ak ezzith inou.

Ô lune de là-haut, — puissé-je te voir! — Âli ou Seliman. — la barbe de milan, — est allé puiser de l'eau. — Sa cruche est cassée; — il la raccommode avec un fil, — et puise avec elle. — Il crie à Aïcha : — « Donne-moi mon sabre, — que je tue une grive — perchée sur le fumier, — où elle rêve. — Elle a mangé toutes mes olives.

NOTE SUR BOU-BER'LA [1]

(L'HOMME À LA MULE).

L'aventurier connu sous le nom de *Bou-Ber'la*, qui, pendant plusieurs années, a promené l'agitation sur une vaste étendue du territoire algérien, vient de trouver une mort obscure et misérable dans un coup de main de maraudeurs, qui mérite à peine le nom de combat.

Surpris en flagrant délit de vol de bestiaux par le caïd des Aït-Âbbès, Lakhdar-ben-Ahmed-Mokrani, il a été tué de la main de ce dernier, presque au même endroit où trois ans auparavant il avait fait assassiner lâchement et de sang-froid un caïd de la même tribu, le nommé *Hammou-Tahar*.

Cette triste fin d'un homme qui devait en grande partie son prestige et son influence à la réputation d'invulnérabilité qu'il s'était faite, réputation du reste cruellement démentie plusieurs fois, semblerait devoir désabuser à tout jamais les gens qu'il avait si grossièrement trompés. Il n'est cependant pas permis de l'espérer, tant est inépuisable la crédulité de ces populations ignorantes, et nous aurons sans doute encore à combattre de nouveaux chérifs, qui, par les mêmes moyens, tromperont encore les mêmes hommes.

On ne peut toutefois méconnaître l'importance de cet événement, et en jetant un coup d'œil en arrière sur la carrière militante de cet agitateur, et les efforts que nous avons dû faire pour détruire sa puissance, on se rendra facilement compte de l'influence que doit avoir sa mort sur nos relations à venir avec les populations kabyles.

Comme tous les agitateurs religieux, Bou-Ber'la cherchait à cou-

---

[1] Le nom de *Bou-Ber'la* revient si souvent dans quelques poésies de la première partie que j'ai cru devoir reproduire ici cette notice que j'ai publiée dans le *Moniteur Algérien*, au commencement de 1855, peu de temps après la mort de Bou-Ber'la.

vrir de mystère son origine et le lieu de sa naissance. L'opinion généralement accréditée chez les Kabyles est qu'il appartenait à la tribu des Attafs, de la subdivision de Milianah.

Vers 1850, on le trouve chez les Ouled-Sidi-Âïssa du Dirah, écrivant des talismans, prédisant l'avenir et, comme tous ses pareils, préludant à son rôle religieux par des tours de jonglerie qui lui permettaient d'étudier jusqu'où pouvait aller la crédulité de ses auditeurs.

Peu de temps après, il alla s'établir chez les Aït-Âbbès; là il commence à s'essayer au rôle de chérif, se fait appeler Mohammed-ben-Âbdallah, se dit invulnérable et fait d'abord confidence à quelques-uns de sa mission. Bientôt il prêche ouvertement la guerre sainte et annonce qu'il est envoyé par Dieu pour chasser l'infidèle du pays de l'islamisme. Les Aït-Âbbès effrayés, et ne se sentant pas assez forts pour donner asile à un hôte aussi compromettant, le prièrent de quitter leur pays; de là, la haine qu'il a toujours manifestée pour cette tribu, et qui le poussa plus tard au meurtre de Hammou-Tahar, son caïd.

Mais son nom était déjà connu des Kabyles de la rive gauche de l'Oued-Sahel, et bientôt les Aït-Mellikeuch l'appelèrent chez eux et allèrent le recevoir en grande pompe jusqu'au bord de la rivière. A peine installé dans le Jurjura, il étendit rapidement son influence chez les Aït-Mellikeuch et les Zouaoua. Pour faire l'essai de ses forces, il appela à lui, vers le commencement de mars 1851, les contingents du versant nord conduits par Sid-el-Djoudi; l'incendie et le pillage du petit village d'Ir'il-Hammad, appartenant aux Mecheddala soumis, révélèrent pour la première fois les desseins et les progrès du nouveau chérif.

A quelques jours d'intervalle, le 19 mars 1851, il conduisit les mêmes contingents à l'attaque de l'Azib de Ben-Âli Chérif à Chellata, et lui enleva trois cents bœufs et trois mille moutons. Ce chef, abandonné des siens, fut obligé de se réfugier presque seul dans un camp français.

Peu à peu cependant ses tribus lui revinrent et finirent par repousser Bou-Ber'la.

Les 5 et 6 avril, des rassemblements formés chez les Aït-Mellikeuch, à l'instigation de Bou-Ber'la, firent mine de vouloir attaquer le camp chargé de la construction de la maison de commandement des Beni-Mansour. Une simple démonstration des troupes les arrêta, et le 10 avril le colonel d'Aurelle, prenant l'offensive, s'empara du village de Selloum chez les Mecheddala. Ce combat brillant, mais isolé et stérile en résultats, ne fit que grandir le prestige du chérif.

Les esprits étaient alors vivement excités par l'expédition du général Saint-Arnaud dans les environs de Collo. Bou-Ber'la sut mettre habilement à profit cette agitation, et en quelques jours la plupart des tribus des deux rives de l'Oued-Sahel reconnurent de gré ou de force son autorité et lui payèrent l'impôt.

Le 10 mai, il se présente dans la plaine de Bougie à la tête de plusieurs milliers de fantassins et de cent cinquante cavaliers. La garnison, sortie de la place sous les ordres du colonel Wengi, fait essuyer à cette petite armée une défaite complète, qui commence à ébranler la fortune du chérif. La fin de mai et le commencement de juin sont marqués pour lui par de nouveaux revers. Les colonnes des généraux Camou et Bosquet, après l'avoir battu le 1er juin, sur la route de Bougie à Sétif, au bord de l'Oued-Bou-Sellam, le poursuivent successivement chez les Beni-Aïdel et les Beni-Immel, et enfin les 26 et 28 mettent fin à la résistance, et complètent la soumission des tribus révoltées, en incendiant les villages des Ouarzellagen, chez qui il avait cherché un refuge.

Bou-Ber'la revint alors chez les Aït-Mellikeuch, et lorsque, à l'approche des chaleurs, les troupes françaises eurent regagné leurs campements, il alla s'établir sur le versant nord de la montagne et se construisit une maison au village de Mecherek chez les Aït-Ali ou Illoul des Aït-Sedka. Pendant l'été, il noua des relations avec les tribus de l'ouest de la Kabylie, entraîna l'une après l'autre les tribus du commandement du Bach-Agha-Belkassem ou Kassi, et ne tarda pas à être appelé par les Guechtoula, Maatka, etc. pour repousser les goums conduits par les officiers des affaires arabes.

Il était dès lors évident que l'insurrection qui se propageait ne pouvait pas être arrêtée sans la présence de forces françaises, et deux petits corps d'observation furent établis, l'un à Ben-Haroun et l'autre dans la vallée du Sebaou.

Enfin, le 30 octobre 1851, M. le général Pélissier arriva avec sa colonne à Drâ-el-Mizane, et, par une suite de combats brillants, amena rapidement la soumission complète des Guechtoula, Flissas, Maatkas, etc. Cette campagne d'automne porta à Bou-Ber'la le plus rude coup qu'eût encore reçu son influence. A partir de cette époque, son étoile commença visiblement à pâlir. Vainement, au mois de janvier 1852, chercha-t-il à rétablir son prestige en dirigeant ses attaques d'un autre côté; à l'est comme à l'ouest la fortune a cessé de lui sourire.

Le 14 janvier, il réussit à s'emparer du village d'Aguemmoun, le seul des Aït-Âmeur qui eût fait sa soumission; le 15, il se porta chez les Aït-Ahmed-Garetz et menaça la confédération des Toudja et la tribu des Mzaïa; mais l'arrivée du général Bosquet, accouru de Sétif, rendit le courage aux tribus soumises qui commençaient à chanceler. Les Beni-Our'lis résistèrent courageusement, et, passant à l'offensive, incendièrent le village des Ouled-Mansour, où se trouvait le chérif, qui fut forcé de retourner chez les Zouaoua.

La soumission de Sid-el-Djoudi et des Zouaoua, qui eut lieu en avril 1852, le priva bientôt de cette retraite et de ses plus puissants adhérents. Forcé de repasser chez les Aït-Mellikeuch, il fut réduit à faire avec le peu de cavaliers qui lui restaient une guerre d'embuscade aux tribus soumises. Mais alors il trouva devant lui les contingents de Sid-el-Djoudi qui avaient été ses premiers auxiliaires, et lorsque, au commencement de 1853, il s'empara momentanément du village de Selloum, il put mesurer la décadence de son influence au nombre des ennemis qui accoururent des montagnes kabyles pour l'en chasser.

La soumission d'une partie des Aït-Sedka, en mai 1853, sembla lui rendre un instant une partie de son ascendant sur les masses; le parti opposé aux Français le prit pour drapeau et l'appela dans son pays comme protestation aux démarches que le parti contraire avait faites à Alger.

Il ne put toutefois se méprendre longtemps sur le sens de cette manifestation; ce n'était plus la foi aveugle des premiers jours dans le succès de sa mission; ses revers nombreux, ses blessures récentes, avaient jeté le doute et le découragement dans bien des esprits; ses appels à la guerre sainte restaient sans écho, il n'était plus que l'instrument des passions d'un parti kabyle contre un autre parti.

En 1854, nous le retrouvons chez les Aït-Idjer cherchant à réveiller l'esprit religieux des tribus du haut Sebaou et développant avec une certaine habileté les germes de mécontentement qu'il découvre chez les tribus de Bel-Kassem ou Kassi. L'annonce d'une guerre en Orient, où les Français vont être engagés, le départ des premières troupes pour Gallipoli lui offraient un prétexte trop heureux pour qu'il ne cherchât pas à en profiter. Il fait, en effet, proclamer partout que les Français évacuent le pays et que l'heure de la délivrance a sonné. Quelques tribus du haut Sebaou et du bord de la mer, telles que les Aït-Djennad et les Flisset-el-Bhar se laissent entraîner, et les hostilités ne tardent pas à s'engager avec les tribus restées soumises au bach-agha. Celles-ci prennent l'offensive, et quelques petits combats livrés chez les Azazga empêchent l'agitation de dépasser les limites des tribus insurgées, et donnent un nouveau démenti à l'infaillibilité du chérif qui, blessé assez grièvement à l'œil gauche dans une de ces rencontres, disparaît de la scène des opérations militaires pour ne plus y reparaître.

Peu de temps après s'ouvrit la campagne de M. le général Randon, en Kabylie: elle est encore trop rapprochée de nous pour que nous ayons besoin d'entrer dans ses détails: il nous suffit de constater qu'elle ruina, à tout jamais, les dernières espérances de Bou-Ber'la, et le réduisit à l'état d'impuissance où il est resté jusqu'à sa mort.

Chassé de retraite en retraite par les colonnes françaises, il se retira après leur départ chez les Aït-Yenni; mais il reconnut bientôt qu'il n'était plus, pour la majorité de la tribu, qu'un hôte incommode, et que les lois de l'hospitalité kabyle empêchaient seules de le livrer. Dès lors il sembla renoncer à son rôle de chérif, et dans le courant de l'été il chercha à ouvrir des négociations pour faire sa soumission à la France. Ses prétentions ayant été repoussées et sa position devenant de plus en plus difficile au nord du Jurjura, il rentra encore une fois chez les Aït-Mellikeuch, qui, seuls, étaient restés fidèles à sa fortune. De là, il ne cessait de faire des offres de soumission, tantôt à Drâ-el-Mizane, tantôt à Aumale et à Bordj-Bou-Aréridj, mais ses prétentions étaient si élevées que ses ouvertures paraissaient peu sincères et étaient accueillies avec beaucoup de froideur. Peut-être est-ce pour faire croire à un reste d'influence et obtenir de meilleures conditions qu'il a tenté le dernier coup de main qui lui a coûté la vie. Le 26 décembre 1854, sorti avec une soixantaine de fantassins armés et deux cavaliers pour enlever un troupeau de bœufs appartenant au caïd des Aït-Âbbès, il avait déjà réussi à s'en emparer et le chassait vers les premières pentes de la montagne des Aït-Mellikeuch, lorsqu'il fut atteint par le caïd Lakhedar à la tête de son goum. Son cheval étant fatigué, il voulut mettre pied à terre pour échapper plus facilement à leur poursuite, mais à peine touchait-il le sol qu'il était saisi et frappé à mort par le caïd lui-même [1].

---

[1] L'opinion accréditée chez les Kabyles, est que Bou-Ber'la fut vendu par les Aït-Mellikeuch eux-mêmes au caïd Lakhedar. Après l'avoir étranglé, ils auraient porté son cadavre dans la plaine, et le petit combat du 26 décembre aurait été simulé afin de cacher leur infamie. Nous n'avons pu vérifier ce que cette opinion peut avoir de fondé.

NOTE SUR SID-EL-DJOUDI,

BACH-AGHA DU JURJURA.

Sid-el-Djoudi appartenait à une famille de marabouts originaire des Aït-Meraou, chez les Aït-Iraten, mais établie depuis longtemps au village d'Ir'il-bou-Ammas de la tribu des Aït-Boudrar.

Sans autre instruction que celle d'un marabout kabyle, c'est-à-dire d'une ignorance à peu près complète, d'un esprit étroit et borné, dépourvu de jugement, Sid-el-Djoudi n'avait aucune des qualités nécessaires pour commander aux masses. Son intelligence n'a jamais pu s'élever au-dessus des roueries vulgaires et grossières de ses compatriotes, et, lorsqu'il a été appelé à jouer un rôle politique, sa conduite a toujours été celle d'un enfant à barbe grise.

Il n'en jouissait pas moins d'une influence considérable dans la confédération des Zouaoua, dont les Aït-Boudrar font partie, et lorsque, vers le commencement de 1852, ces montagnards, fatigués des entraves que les progrès de notre domination mettaient à leur commerce, songèrent à entrer en arrangement avec l'autorité française; ce fut à lui qu'ils s'adressèrent pour leur servir d'intermédiaire.

Après s'être fait prier quelque temps pour paraître sacrifier ses scrupules religieux à l'intérêt de son pays, Sid-el-Djoudi consentit, et peu après il était nommé bach-agha du Jurjura, avec six mille francs d'appointements et l'autorisation de délivrer des passe-ports aux Kabyles voyageurs des tribus soumises à son commandement.

Cette position, sans précédents dans la montagne, lui assurait un revenu considérable et pouvait être regardée comme princière dans un pays où tout le monde est pauvre; elle dépassait assurément les espérances les plus exagérées qu'il avait pu concevoir, et tout devait faire croire qu'elle satisferait amplement son ambition. Il n'en fut rien. Sid-el-Djoudi, en vrai Kabyle, ne vit dans l'exercice du pouvoir qu'une occasion d'augmenter son revenu par les exactions et la rapine. Au lieu de chercher à ramener la paix dans les esprits, il mit tous ses soins à attiser les haines, afin de pouvoir ruiner à son profit, successivement, chaque parti au moyen du parti contraire, par un jeu de bascule assez habilement conduit, et que les mœurs du pays rendent, du reste, très-facile à mettre en pratique.

Les conséquences de ce système ne tardèrent pas à se produire. Le nombre des ennemis de Sid-el-Djoudi augmenta rapidement, et lorsque, en 1856, les tribus du cercle de Drâ-el-Mizane se soulevèrent à l'appel d'El-Hadj-Âmeur, la haine contre le bach-agha du Jurjura arma plus de bras peut-être que le fanatisme religieux.

Le premier acte des insurgés fut de détruire de fond en comble la maison de commandement que Sid-el-Djoudi avait fait construire pour son fils, près du marché des Ouadhia, sur le plateau appelé *Agouni-Guislan* (le plateau des Fiancés).

L'expédition qui suivit cette explosion, et qui fut dirigée surtout contre les Guechtoula, fit encore plus ressortir le discrédit dans lequel était tombé notre bach-agha.

L'autorité française ne s'était jamais fait illusion sur l'intelligence et la valeur personnelle de Sid-el-Djoudi; ses efforts constants pour le ramener dans une voie plus conforme à la raison, aussi bien qu'à ses intérêts et aux nôtres, étaient toujours restés impuissants; mais l'état d'effervescence du pays était tel qu'il était impossible de lui donner un successeur. On résolut donc d'attendre, pour prendre un parti, le résultat de l'expédition qui devait avoir lieu l'année suivante. Personne ne pouvait penser que Sid-el-Djoudi mettrait fin lui-même à sa carrière politique par un acte de folie qui ne surprit pas moins les Kabyles que les Français.

Au mois de juin 1857, l'armée française était, depuis plus de quinze jours, campée au sommet des montagnes des Aït-Iraten, la construction de Fort-Napoléon était commencée, et, aux yeux des moins clairvoyants, la cause de l'indépendance kabyle était déjà désespérée lorsqu'on apprit tout à coup que Sid-el-Djoudi, resté fidèle jusque-là, avait furtivement quitté le camp français et était rentré chez les Zouaoua pour y prêcher la guerre sainte et la résistance à outrance. Plus tard, ses deux fils, aussi peu intelligents, d'ailleurs, que leur père, prirent part, dans les rangs kabyles, au combat de Icherridhen.

La défection d'un chef aussi discrédité ne pouvait avoir une grande influence sur l'issue de la guerre. Sid-el-Djoudi ne tarda pas à s'en apercevoir, et, moins d'un mois après sa trahison, il était réduit à implorer la clémence du vainqueur. La France se montra généreuse; elle lui laissa la libre disposition de ses biens et lui permit de se retirer en Syrie, où il est mort dans les premiers mois de 1862.

NOTE

SUR LA MORT DU KAÏD TURC DE BORDJ-SEBAOU.

La mort du kaïd turc de Bordj-Sebaou, qui a donné lieu au chant n° xv de la première partie, est un des événements qui ont eu le plus de retentissement dans le pays kabyle pendant la période de la domination turque.

Bien que cette scène de meurtre ne remonte pas à plus de quarante ans, il ne m'a pas été possible d'en déterminer la date d'une manière précise. Les fils de Mehammed-n-Aït-Kassi, l'un des principaux acteurs, n'ont pu me donner à cet égard que des renseignements très-vagues. Tout ce dont ils ont souvenir, c'est que les faits se passèrent un jeudi du mois de ramadhan, à l'époque de la récolte de l'orge et des fèves. Or, cette récolte ayant lieu dans la vallée du Sebaou à la fin de mai, on peut en conclure que l'événement qui nous occupe se passa vers 1824 ou 1825.

A cette époque, les Âmraoua étaient, comme les autres tribus kabyles, divisés en deux partis ou *çoffs*, qui avaient des ramifications dans tout le pays environnant. Le parti des Âmraoua d'en haut (*çoff iâmraouien ou fella*), ainsi nommé parce que la plus grande masse de ses adhérents habitait la partie supérieure de la vallée du Sebaou, avait pour chefs principaux Mehammed-n-Aït-Kassi, cheikh de Temda-el-Blat; Ahmed-Azouaou, cheikh de Tikoubaïn; Mançour-Abou-Khalfiou, cheikh des Aït-Bou-Khalfa, et Cheikh-ben-Yahia, de Tizi-Ouzzou.

Le parti d'en bas (*çoff bou adda*), composé surtout d'Âmraoua du bas de la vallée, des gens de Taourga, etc. avait à sa tête Âli-ou-Mahiddin, cheikh de Taourga; Mançour-Abetouch, cheikh de deux fractions de Isikhen-ou-Meddour, et Ahmed-Henni, cheikh des Abid de Chemlal.

Le gouvernement turc, ayant convoqué le goum du Sebaou pour une expédition dans le sud, plusieurs des chefs du parti d'en haut, pour un motif ou pour un autre, ne répondirent pas à l'appel et restèrent dans leurs villages. Dans le cours de l'expédition, leurs ennemis du parti opposé, mettant à profit leurs relations journalières avec l'agha turc qui commandait le camp, lui présentèrent cette abstention comme un symptôme de mauvais vouloir et même de révolte contre le pouvoir existant. Ces accusations, sans cesse répétées, firent sur l'esprit du haut fonctionnaire turc une telle impression que, en rentrant à Alger, il fit nommer aux fonctions de kaïd du Bordj-Sebaou un Turc nommé *El-Hadj-Ismaël*, qui occupait un emploi dans le service du port d'Alger, et lui donna pour mission spéciale d'attirer dans un guet-apens et de mettre à mort les chefs du parti d'en haut qui lui étaient le plus suspects.

Le nouveau kaïd, en arrivant dans son commandement, chercha tout d'abord à faire naître un conflit qui pût lui servir à motiver, sinon à justifier, aux yeux des populations, l'acte de violence qu'il méditait. Étant allé un jour sur le marché du samedi des Âmraoua, il donna l'ordre d'arrêter un homme du village d'Atouch, chez les Aït-Ouaguennoun, qui appartenait au parti d'en haut. Une pareille violation de la neutralité des marchés, toujours respectée des Kabyles, ne pouvait manquer d'exciter du désordre. Les gens du parti d'en haut, indignés, montèrent à cheval, attaquèrent vigoureusement les agents du Makhzen et se firent rendre de force le prisonnier. Le kaïd, qui avait quitté le marché avant l'exécution de son ordre, revint sur ses pas, apaisa l'affaire et promit d'oublier ce qui venait de se passer. Ces promesses rassurantes ne trompèrent personne; à partir de ce jour, les Kabyles, habitués à la façon d'agir des Turcs, s'attendirent à voir le kaïd tirer une vengeance éclatante de l'atteinte portée à son autorité.

Peu de temps après, El-Hadj-Ismaël envoya l'ordre à tous les goums de la vallée de se réunir autour du Bordj-Sebaou. Pour écarter les soupçons et faire croire à un projet de razia, il avait prescrit à chaque cavalier de se munir de deux jours de vivres.

Tous les chefs furent exacts au rendez-vous; les amis du kaïd étaient déjà réunis dans le bordj, lorsque les chefs des Âmraoua d'en haut arrivèrent avec leurs contingents. Le kaïd aussitôt fit prévenir ces derniers qu'il désirait leur parler. Cinq d'entre eux se dirigèrent vers le bordj; c'étaient les nommés Mehammed-n-Aït-Kassi, Mançour-Abou-Khalfiou, Ahmed-Azouaou, un de ses frères, et Âmeur-ou-Henda de Temda. Mis en défiance par la scène du marché, ils avaient caché leurs pistolets sous les burnous.

A peine étaient-ils entrés dans la cour du bordj[1], que la porte se fermait derrière eux et qu'Âli-ou-Mahiddin de Taourga abattait, d'un coup de tromblon, Mançour-Abou-Khalfiou. En même temps, des gens apostés se jetaient sur les autres chefs pour les égorger.

Mehammed-n-Aït-Kassi parvint à se dégager des assaillants qui l'entouraient, et se dirigeant vers le kaïd, présent à la scène, l'étendit roide mort d'un coup de pistolet. Grièvement blessé lui-même à la main par son arme, qui avait éclaté, il ne put faire usage de son second pistolet et tomba bientôt sous les coups de yatagan portés par le chaouch du kaïd.

Mançour-Abou-Khalfiou, blessé par Âli-ou-Mahiddin, n'était pas mort; rassemblant le peu de force qui lui restait, il déchargea un de ses pistolets sur le chaouch qui venait de frapper Mehammed-n-Aït-Kassi et le tua.

Ahmed-Azouaou chercha aussi à vendre chèrement sa vie; mais

---

[1] J'ai suivi, dans ce récit, la version des fils de Mehammed-n-Aït-Kassi. Un homme qui prétend s'être trouvé dans le Bordj-Sebaou, le jour de la scène, et le neveu d'Âli-ou-Mahiddin de Taourga, m'ont affirmé, d'un autre côté, que les chefs kabyles ne furent assaillis que quelque temps après leur entrée dans le fort, alors qu'ils étaient assis autour d'un plat de couscous servi à leur intention par ordre du caïd.

l'un de ses pistolets rata; le chien du second, embarrassé dans les plis du burnous, s'abattit sans mettre le feu à la poudre, et il succomba bientôt sans pouvoir se venger. Son frère eut le même sort.

Âmeur ou Henda parvint seul à se sauver. Profitant du désordre occasionné par la lutte, il s'élança vers la terrasse du fort, escalada le rempart et courut vers les cavaliers de son parti, qui, après un court engagement avec les gens du kaïd, se dispersèrent et allèrent donner l'alarme dans leurs villages.

Le kaïd n'avait confié le secret de la trahison qu'il projetait qu'à un seul homme des Âmraoua d'en haut, le nommé *Oubadji*, originaire des Aït-Iraten, mais établi à Temda-el-Blat, où il avait acquis une certaine influence en se mettant à la tête des ennemis de la famille des Aït-ou-Kassi. Il était convenu entre eux que, aussitôt après la mort des chefs, le kaïd ferait tirer un coup de canon, et qu'à ce signal, Oubadji, appelant aux armes les gens de son parti, s'emparerait des femmes, des enfants et des troupeaux des victimes. La mort du kaïd ayant empêché de donner le signal, ce plan ne put être mis à exécution. Oubadji n'apprit les événements que par l'arrivée des cavaliers échappés du Bordj-Sebaou, et alors il ne disposait plus de forces suffisantes.

Quand les goums des Âmraoua d'en bas arrivèrent, tous les gens qui croyaient avoir quelque chose à craindre avaient eu le temps de se retirer dans la montagne, et ces goums ne parvinrent à saisir que quelques femmes.

Le kaïd El-Hadj-Ismaël fut remplacé par un Turc nommé Kour-Othman, qui chercha à ramener le calme dans le pays. Les familles des victimes du guet-apens du Bordj-Sebaou, après avoir séjourné quelque temps dans les montagnes insoumises, finirent par faire la paix avec les Turcs et redescendirent dans la vallée.

Oubadji vécut tranquille à Temda jusqu'à la fin de la domination turque. Après le départ des garnisons turques de Tizi-Ouzzou et de Bordj-Sebaou, les fils de Mehammed-n-Aït-Kassi, profitant de l'anarchie qui régnait dans les tribus, l'attaquèrent dans sa maison et finirent par le tuer.

Les haines soulevées par cette série de meurtres sont restées très-vivaces et divisent encore les principales familles de la vallée du Sebaou.

NOTICE
SUR
LA MUSIQUE KABYLE,

PAR

F. SALVADOR-DANIEL,

PROFESSEUR DE MUSIQUE À L'ÉCOLE ARABE D'ALGER
ET DIRECTEUR DE L'ORPHÉON ALGÉRIEN.

Avant d'examiner en détail la facture des chansons que nous donnons comme spécimen de la musique des Kabyles, il me paraît nécessaire d'exposer, au moins d'une manière générale, les éléments qui la composent.

J'ai déjà donné ailleurs des indications touchant la musique des Orientaux; chez les Kabyles comme chez tous les peuples de l'Afrique, les deux seuls éléments de la musique sont la *mélodie* et le *rhythme*.

L'harmonie, la science des sons simultanés, leur est complétement inconnue.

Mais, tandis que, d'après le système harmonique employé par tous les peuples civilisés, le chant se développe dans les deux seuls modes, *majeur* et *mineur*, la mélodie orientale emprunte une grande variété à l'emploi de *douze modes* parfaitement distincts les uns des autres, tant par la note qui sert de point de départ que par la position des intervalles dans l'ordre successif des tons et des demi-tons.

Ces modes divisés en trois espèces sont :

1° Pour la première espèce, *irâk*, *mezmoum*, *edzeil*, *djorka*;

2° pour la deuxième, *l'saïn*, *saïka*, *meïa*, *rasdedzeil*;

3° et pour la troisième, *rummel-meïa*, *l'saïn-sebah*, *zeidan*, *asbeïn*.

J'ai indiqué la formation et le caractère de chacun de ces modes que les musiciens indigènes emploient selon le genre d'émotion qu'ils veulent communiquer à l'auditeur[1].

On sait que les Grecs avaient des modes différents pour leurs représentations théâtrales, selon qu'il fallait accompagner une tragédie ou une comédie. Les Kabyles ont aussi des modes ou, si on l'aime mieux, des gammes spéciales, affectées au caractère, au genre de la poésie qu'ils veulent interpréter.

Est-ce à dire que nos musiciens d'Europe apprécieront dès l'abord cette variété et seront sensibles, comme les indigènes, à la mollesse du *mezmoum*, ou à l'ardeur guerrière de l'*edzeil*? Le mode *l'saïn* les fera-t-il rire à la première audition, et leur suffira-t-il d'entendre une chanson chantée sur le mode *asbeïn* pour qu'ils entrent en communication avec les Djinns?

Je crois plutôt que les personnes les mieux disposées à accueillir avec intérêt cette musique essentiellement primitive n'y trouveront d'abord qu'un charivari véritablement diabolique, quel que soit le mode employé par les exécutants. Il faut une étude soutenue pour arriver à comprendre la mélodie indigène, surtout lorsqu'elle apparaît, comme cela arrive ordinairement, ornée de tous les enjolivements qui constituent

---

[1] *La Musique arabe; ses rapports avec la musique grecque et le chant grégorien.* Paris, Challamel, éditeur, rue des Boulangers, 30. Ce travail a paru d'abord en 1863 dans le tome VII de la *Revue africaine*, livraisons 31-40.

le talent essentiel des exécutants, toujours ambitieux d'obtenir le titre de maîtres, *maellem kouitra* ou *maellem kemendja*.

D'ailleurs les Kabyles, comme les Arabes, n'ont pas d'écriture musicale; leurs chansons se transmettent à l'audition, et il n'est pas rare de constater des différences sensibles dans la manière dont on chantera la même chanson chez deux tribus voisines. Les exécutants ont apporté dans l'interprétation du texte musical des enjolivements qui, en raison même du mérite du *maellem*, ont été considérés comme faisant corps avec le texte primitif; il devient alors très-difficile de retrouver la première formule au milieu des changements qu'elle a subis.

C'est ainsi qu'on entendra une des chansons les plus populaires à Alger, *Chebbou-chebban*, chantée de deux manières différentes.

Le *Banni-banni*, qu'on chantait à Tunis en 1857, nous a été apporté à Alger quelques mois après, mais considérablement amoindri et défiguré.

J'ai recueilli cinq textes différents de la *chanson de Salah-bey*, que les musiques des Goums font entendre dans toutes les fêtes en Algérie et dans la régence de Tunis.

Toutefois cette variété, ces divergences de texte ne portent généralement que sur les détails et ne changent en rien le mode, ni, par conséquent, le caractère d'ensemble du morceau.

Je pourrais multiplier les exemples; il me suffira de citer la chanson kabyle n° I, intitulée *Dadda-Ali*, que je transcris ici de deux manières sans prétendre indiquer laquelle des deux formules est originale. Dans les deux textes, d'ailleurs, le mode est le même; c'est le mode *l'saïn*, ayant pour base le *la*, et correspondant à notre *gamme mineure avec le sol naturel* en montant et en descendant. Le mouvement de cet air est vif, on doit l'exécuter presque comme un galop.

Le rhythme d'accompagnement fait par les tambours donne un roulement continuel avec quelques coups détachés fortement sur les mots qui servent de refrain. Ce rhythme est indiqué à la seconde portée. Les notes marquées d'un *s* F > représentent les coups frappés sur le milieu du tambour.

Remarquons que les décompositions rhythmiques de la musique arabe et kabyle offrent déjà par elles-mêmes un intéressant sujet d'étude. Le rhythme indiqué au commencement d'une chanson continue pendant toute la durée du morceau.

Les chansons numérotées III, IV et XII sont en mode *irak* ou en mode *djorka*. Ces chansons n'ayant qu'une étendue de cinq notes, il devient nécessaire d'entendre les enjolivements des flûtes pour déterminer le mode vrai; et encore faut-il que la flûte soit jouée par un véritable artiste indigène.

Les numéros V, VI, VIII et XI, sont sûrement en mode *irak*, mode sévère employé pour les chants religieux. Les faits qui sont l'objet de ces chansons ayant, pour les Kabyles, un caractère religieux, il n'est pas étonnant de voir leurs chanteurs employer en pareille circonstance le mode sur lequel à Alger on chante les versets du Koran dans les mosquées du rite Hanéfi.

Le mode *irak* a pour base le *ré*. Sa gamme est formée ainsi :

ré-mi-fa-sol-la-si-do-ré.

Le plus ordinairement, on trouve comme note grave le *la*, et comme note aiguë le *sol*. La mélodie reste ainsi renfermée dans un intervalle de septième, accessible à toutes les classes de voix.

Observons bien vite que je n'ai jamais trouvé dans la musique indigène ni tiers ni quarts de tons. Cependant je joue la musique arabe avec les musiciens du pays et sur leurs instruments. Ainsi, bien qu'en opposition sur ce point avec tous ceux qui ont traité cette question, puis-je dire que je m'appuie sur une expérience personnelle; à ce titre et dans ces conditions, les renseignements que je donne doivent avoir quelque valeur.

Ceci dit en passant, je reviens à mon sujet.

La chanson n° IX, faite sur l'expédition du général Pélissier en 1851, est toute sur le mode *edzeïl*, mode guerrier par excellence et très-propre à faire parler la poudre. Le mode *edzeïl* a pour base le *fa*. Les quatre premières notes donnent le fameux triton *fa-sol-la-si*, qui fut pendant longtemps la terreur des musiciens. La répétition de ces trois tons produit un effet sauvage dont la dureté est très-appréciable pour tout le monde.

Presque tous les chants de guerre sont faits sur le mode *edzeïl*.

La chanson n° X est un mélange des modes *edzeïl* et *saïka*. Les indigènes ont ainsi des changements de modes comme nous avons des changements de tons. Le mode *saïka* ne vient ici qu'accidentellement pour terminer une phrase incidente; le retour au mode *edzeïl* se fait par la reprise du premier motif, qui sert de conclusion pour la mélodie.

Le mode *saïka* correspond à notre gamme majeure.

Les chants portant les n°ˢ VII et XV sont en mode *mezmoum*. C'est le mode lydien des Grecs, ce mode efféminé que Platon bannissait de sa république. On remarquera l'absence complète de la deuxième note de ce mode, qui a pour base le *mi*.

La gamme réelle serait donc : *mi-sol-la-si-do-ré*. Quelquefois on arrive au *mi* d'en haut pour redescendre rapidement au *do* en faisant entendre le *ré* intermédiaire comme *appoggiature*. Cette étendue est très-rare, la mélodie indigène ne dépassant pas, d'ordinaire, six ou sept sons conjoints. Ce n'est qu'à Tunis et à Alexandrie qu'on emploie l'octave et même la dixième. (Voir l'*Album des chants arabes, maures et kabyles*, publié chez Richault, marchand de musique, boulevard des Italiens, n° 4. Ces chants sont transcrits avec les paroles françaises et un accompagnement de piano qui reproduit le rhythme des tambours.)

En Espagne, les vieilles chansons populaires ont presque toutes gardé l'empreinte du mode *mezmoum*. Les chants de l'Andalousie surtout offrent le caractère langoureux, particulier à ce mode, affecté le plus souvent aux chansons d'amour. A Madrid même, on peut apprécier le caractère de ce mode en écoutant la *rondella*, bien qu'on l'accompagne, à tort selon moi, avec notre mode mineur.

Il y aurait certainement des effets nouveaux à obtenir en essayant pour ces chants ce que Niedermeyer et M. d'Ortigues ont fait pour le chant grégorien; comme c'est là le côté intéressant et sérieux d'une étude de la musique arabe, je ne puis mieux faire que de renvoyer le lecteur curieux au travail que j'ai déjà cité. Il y trouvera tous les renseignements qui ne peuvent prendre place dans cette notice.

Alger, mai 1863.

CHANTS KABYLES.

I

DADDA-ÂLI (page 381).

I bis.

DADDA-ÂLI.

II

SIDI-REBBI (page 377).

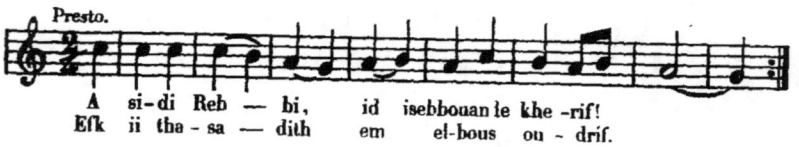

A si-di Reb — bi, id isebbouan le khe -rif!
Efk ii tha - sa — dith em el-bous ou - drif.

III
A-BAB-EL-LEFEDHOL (page 421).

IV
IMMA-HANNA (page 397).

V
ERFED-ADHAR-IM-EHOUZZ ADAOUI-M (page 405).

VI
PRISE D'ALGER. — A-IR'EF-IOU-EKKER-OUR-EGGAN (page 1).

VII
AIT-ERBAH (page 172).

VIII
EXPÉDITION DU MARÉCHAL BUGEAUD DANS L'OUED-SAHEL EN 1847.

IX
EXPÉDITION DU GÉNÉRAL PÉLISSIER CHEZ LES MAÂTKA EN 1851.

CHANTS KABYLES.

X
EXPÉDITION DU MARÉCHAL RANDON CHEZ LES AIT-BOU-ADDOU EN 1856.

XI
SOUMISSION DE LA KABYLIE PAR LE MARÉCHAL RANDON EN 1857.

XII
COMPLAINTE DE DAHMAN-OU-MEÇAL.

470   POÉSIES POPULAIRES DE LA KABYLIE.

XIII
ASS-AGUI-MOUGUERER'-THAK'CHICHT (page 317).

XIV
AI-AK'CHICH-ARAS, AI-IZIMER-AKSAS (page 387)

CHANTS KABYLES.

XV
LÀLAM-ICHOUD-R'ER-EN-NEDIEH' (p. 348).

FIN.

TABLE DES MATIÈRES.

Pages.

Préface.. 1

PREMIÈRE PARTIE.

I. Prise d'Alger, par El-Hadj-Âmeur-ou-el-Hadj, des Imecheddalen... 1
II. Expédition de M. le maréchal Bugeaud dans l'Ou d-Sahel, en mai 1847, par Si-Mohammed-Saïd-ou-Sid-Âli-ou-Âbd-Allah, des Aït-Mellikeuch... 20
III. Expédition de M. le général Pélissier chez les Maâtka en 1851, par Âli-ou-Ferhat, de Bou-Hinoun............................. 40
IV. Par El-Hadj-Saïd-n-Aït-Âmeur, du village d'Ir'il-el-Lemmad, tribu des Aït-Zmenzer, confédération des Aït-Âïssi................ 50
V. Par Âli-ou-Ferhat, de Bou-Hinoun........................... 62
VI. Bou-Ber'la, par Si-Lârbi-n-Aït-Cherif, du village des Aït-Âli-ou-Mehand, tribu des Illoulen-Oumalou....................... 69
VII. Insurrection des Âmraoua en 1856, par Âli-ou-Ferhat, de Bou-Hinoun.. 75
VIII. Insurrection des Âmraoua en 1856, par Mohand-ou-Moussa, des Aït-Ouaguennoun... 82
IX. Insurrection de 1856. — Combat au marché des Ouadhia, par El-Hadj-Rabah, de Taourirt-Moussa-ou-Âmeur, tribu des Aït-Mahmoud, confédération des Aït-Âïssi................................ 90
X. Insurrection de 1856. — Attaque de Drâ-el-Mizane, par El-Hadj-Mohammed-Bachir, des Aït-bou-Yahia, tribu des Aït-Douala, confédération des Aït-Âïssi..................................... 98
XI. Insurrection de 1856. — Combats des 30 septembre et 4 octobre chez les Aït-bou-Addou, par Si-Mohammed-Saïd-ou-Sid-Âli-ou-Âbd-Allah, des Aït-Mellikeuch.................................. 112
XII. Campagne de 1857. — Soumission des Aït-Iraten, par Mâmeur-n-es-Saïdi, du village des Iâzzouzen, confédération des Aït-Iraten. 123

XIII. Campagne de 1857. — Soumission des Aït-Iraten, par Kassi-n-Aït-ou-Yahia, d'Adeni (Aït-Iraten). 128
XIV. Campagne de 1857. — Soumission générale de la Kabylie, par El-Hadj-Mohammed-Bachir, des Aït-bou-Yahia, tribu des Aït-Douala, confédération des Aït-Âïssi. 135
XV. Mort du kaïd turc de Bordj-Sebaou, par Mâmer-ou-Âli, des Ihassenaouen, confédération des Aït-Âïssi. 148
XVI. Complainte de Dahman-ou-Meçal. 154

DEUXIÈME PARTIE.

I. Ir'il-n-Etsedda, par Mohammed-Saïd-n-Aït-el-Hadj, de Tala-n-Tazarth, tribu des Aït-Boudrar, confédération des Zouaoua. 161
II. Aït-Erbah', par le même auteur. 172
III. Ir'il-H'ammad, par le même. 186
IV. Tiguemmounin, par Idir-ou-Bahman, de Tala-n-Tazarth. 211
V. Gardez-vous des intrigants et des menteurs, par Mohand-ou-Âïssa, de Tala-n-Tazarth. 232
VI. Sentences, maximes, réflexions, par Sidi-Kala, des Aït-Âïdel. 242
VII. Sentences, maximes, réflexions, par Mohand-Agaoua, de Tala-n-Tazarth. 254
VIII. Élections kabyles de 1862, par Âli-ou-Ferhat, de Bou-Hinoun. . . . 265
IX. Dialogue entre Yousef-ou-Kassy, des Aït-Djennad, et Mohand-ou-Âbd-Allah, des Iâzzouzen. 275
X. Les Singes, par Mohand-ou-Saïd, des Aït-Ouak'our. 279
XI. Lalla-Khedidja et les Igaouaouen. 281
XII. Étude de la langue française. 283

TROISIÈME PARTIE.

Note sur la position de la femme chez les Kabyles. 287
I. Des mariages, par Si-Mohammed-Saïd, des Aït-Mellikeuch. 295
II. Philtres et sortiléges, par Mohand-ou-Mesâoud, du village de Thak'erbouzt, chez les Aït-Kanni. 308
III. Chanson, par Âli-ou-Amrouch, des Aït-Meddour. 317
IV. Autre chanson, par le même auteur. 324
V. Conseils aux maris, par Mâmer-n-Essaïdi, des Iâzzouzen. 327
VI. Chanson de tirailleurs. 331
VII. Chanson. 336
VIII. Couplets, par Âli-ou-Âmrouch. 340

TABLE DES MATIÈRES.

Pages.

IX. Chanson, par Mohammed-Taïeb-ou-Teboudaouth, des Aït-Âbbès (Oued-Sahel).................................... 348
X. Chanson, par Si-Mohammed-Saïd-ou-Sid-Âli-ou-Âbd-Allah..... 354
XI. Chanson, par Ou-el-Harir, des Aït-Âbbès................. 361
XII. Chanson.. 367
XIII. Conversation conjugale, par El-Hadj-Âmeur-ou-Dahman, de Tala-n-Tazart... 374
XIV. Chanson.. 377
XV. Dadda-Âli, par Âmeur-ou-Bel-Kassem, des Maâtka......... 381
XVI. Couplets de danse.................................... 387
XVII. Chanson de femmes.................................. 397
XVIII. Chanson, par Mohand-ou-Zâich, de Tizi-Halouan, chez les Aït-Âbbès... 405
XIX. Couplets, par Mohand-ou-Moussa, des Aït-Ouaguennoun... 413
XX. Chanson... 421
XXI. Chanson... 428
XXII. Chanson, par Mohand-ou-Zâich....................... 431
XXIII. Couplets... 435
XXIV. Cueillette des olives................................. 437
XXV. Ronde d'enfants..................................... 439

NOTES.

I. Sur Bou-Berl'a.. 445
II. Sur Sid-el-Djoudi, bach-agha du Jurjura.................. 451
III. Sur la mort du kaïd turc de Bordj-Sebaou................ 454
Notice sur la musique kabyle, par M. Salvador-Daniel........ 459
Airs notés.. 465

www.ingramcontent.com/pod-product-compliance
Lightning Source LLC
Chambersburg PA
CBHW060237230426
43664CB00011B/1675